"多媒体画面语言学"研究系列丛书

教育图文融合设计规则的构建研究

温小勇 著

南開大學出版社
天 津

图书在版编目(CIP)数据

教育图文融合设计规则的构建研究 / 温小勇著. —
天津 : 南开大学出版社,2021.5
("多媒体画面语言学"研究系列丛书)
ISBN 978-7-310-06111-2

Ⅰ. ①教… Ⅱ. ①温… Ⅲ. ①多媒体教学—教学设计
—研究 Ⅳ. ①G434

中国版本图书馆 CIP 数据核字(2021)第 076783 号

教育图文融合设计规则的构建研究
JIAOYU TUWEN RONGHE SHEJI GUIHUA DE GOUJIAN YANJIU

南开大学出版社出版发行
出版人:陈　敬
地址:天津市南开区卫津路 94 号　　邮政编码:300071
营销部电话:(022)23508339　营销部传真:(022)23508542
http://www.nkup.com.cn

北京建宏印刷有限公司印刷　全国各地新华书店经销
2021 年 5 月第 1 版　2021 年 5 月第 1 次印刷
260×185 毫米　16 开本　15.25 印张　384 千字
定价:78.00 元

如遇图书印装质量问题,请与本社营销部联系调换,电话:(022)23508339

国家社科基金“十三五”规划教育学课题“信息化教育资源优化设计的语言工具：‘多媒体画面语言学’创新性理论与应用研究”（项目编号BCA170079）资助

序

《教育图文融合设计规则的构建研究》是天津师范大学教育技术学科原创性研究成果“多媒体画面语言学”研究系列丛书之一。“多媒体画面语言学”理论是诞生和成长于中国本土的一门创新理论，是信息时代形成的新的设计门类，其基本目的是使数字化教学资源的设计、开发和应用有章可循，从而促进优质数字教育资源的建设与应用。“多媒体画面语言学”的研究框架包括：画面语构学、画面语义学和画面语用学。画面语构学研究各类媒体之间的结构和关系；画面语义学研究各类媒体与其所表达或传递的教学内容信息之间的关系；画面语用学研究各类媒体与信息化教学环境及学习者之间的关系。“多媒体画面语言学”是一种处方性理论，其应用领域非常广泛，与各种新的研究方向具有交叉点，因而其研究将是一种常态下的与时俱进的实践性研究。

《教育图文融合设计规则的构建研究》一书推导出教育图文融合设计模型，探明了教育图文融合设计模型的工作机制，指出教育图文融合设计的基本途径：即从“图文内容相关”“语义图示”“交互控制”“关联线索”四方面整体建立图文之间的关联映射。作者通过开展眼动实验研究，观测被试在学习图文材料时的眼动行为和学习效果，并对眼动实验数据和结论进行深入分析，发掘出教育图文融合的四大设计规则，即图文相关规则、语义图示规则、交互设计规则、关联线索设计规则，以上规则包括十六条设计细则。该书根据具体研究的需要，灵活选择各种研究方法，既注重逻辑思辨也突出实验验证，特别是采用一致性检验方法对实验室结论进行检验，进一步继承和发展了多媒体画面语言学的研究范式。

作者温小勇是天津师范大学教育技术学专业招收的首批本科生之一。他本科、硕士、博士都就读于天津师范大学，经历了多媒体画面语言学理论创立的发展历程，深受多媒体画面语言学理论的浸润和熏陶。他现任赣南师范大学教育技术学专业的教研室主任、教育信息化发展与研究中心主任。温小勇博士在读和毕业之后持续在多媒体画面语言学、多媒体学习、信息化教学资源的设计与开发等领域探索和耕耘。作者从学术研究到实践应用都取得了丰硕的成果：曾两次获全国多媒体课件大赛（高教组）一等奖；指导学生获中国大学生计算机设计大赛二等奖两项、江西省多媒体课件大赛一、二、三等奖多项；近年来主持省部级课题五项，参与国家级课题和省部级课题近十项；在《中国电化教育》《电化教育研究》《现代教育技术》等教育技术专业期刊发表论文数十篇。作者在“多媒体画面语言学”领域具有较为丰厚的学术研究积淀和扎实的理论素养。

小勇是天津师范大学培养出来的学生，他在校本硕博 10 年的读书期间，我担任了他的多门课程教学，又是他的博士生导师，对他非常了解。现在他虽然远在南方的高校工作，但他对母校有深厚的感情。小勇常说：“我身上烙有天津师大多媒体画面的深深印记”。在此衷心祝贺《教育图文融合设计规则的构建研究》一书正式出版，相信随着作者研究的不断深入，会取得更为深入的研究成果，进一步开拓他的研究领域，进一步丰富“多媒体画面语言学”理论体系，为我国教育信息化的不断推进贡献力量。

王志军

于天津师范大学

2019 年 1 月

前　言

诞生于信息时代的多媒体画面语言通过图、文、声、像等媒体及其组合来表达知识、传递思想及视听觉艺术美感。图、文是多媒体画面中的最基本媒体，在现代数字传播语境下，图文关系更加多样性和复杂化，知识内容的图文表征方式体现开放性、交互性、非线性等诸多新特点。因此，如何有效地利用图文媒体呈现知识内容，帮助学习者有效认知，发展学习者思维能力，促进教育教学质量的提升，已经成为多媒体教材设计与开发必须要考虑的最基本问题。本书的主要内容如下：

1. 多媒体学习与图文设计的相关研究综述

本书的基本目标是构建教育图文融合设计规则，结合研究需要，主要从多媒体学习相关研究、图文研究、可视化促进认知相关研究三大方面进行整理和述评，以期探明其研究现状及发展趋势，为研究奠定坚实的基础。

2. 多媒体画面设计的相关理论及启示

多媒体画面的设计要遵循认知心理、可视化相关理论的基本原理以及多媒体画面语言学理论。认知心理相关理论包括视觉思维理论、双重编码理论、新双重编码理论、工作记忆模型、认知负荷理论；可视化相关理论包括知识可视化理论、思维可视化理论。本研究试图从以上理论中汲取丰富的营养。

3. 教育图文融合设计模型

构建教育图文融合设计的模型目的在于描述各设计变量及其相互之间的转换关系，从而使设计逻辑更加清晰、设计行为流程化和模式化。通过对当前多媒体画面设计及应用中存在问题进行调查，了解学生、教师对多媒体画面设计的一般需求，结合专家关于“多媒体画面中可视化如何促进认知”的访谈，再从理论分析的角度推导出教育图文融合设计的模型，并探索多媒体画面中教育图文融合设计模型的工作机制。一是在理论层面理顺了多媒体画面设计、知识及思维、认知理论之间的因果或相互关系，为后续的规则构建建立了可指导的框架；二是在实践层面为多媒体画面的设计提供了行动指南；三是指出了教育图文融合的基本途径，为后续的实验验证提供了设计依据。

4. 教育图文融合设计规则研究

教育图文融合的实质是建立图文二者的关联，认为教育图文融合的途径是从“内容相关”“语义图示”“关联线索”和“交互控制”四方面相互补充或演化而来。因此，本研究的实验案例设计主要从以上四方面着手。

实验 1：图文相关性与关联线索对不同认知风格学习者的多媒体学习影响研究

实验 2：语义图示与知识类型对多媒体学习的影响研究

实验 3：图示组织结构与关联线索对多媒体学习的影响研究

实验 4：动态图文交互控制方式与关联线索对不同性质材料的多媒体学习影响研究

通过对以上实验案例的结论深入分析，发掘出教育图文融合的四大设计规则即图文相关规则、语义图示规则、交互设计规则、关联线索设计规则，以上规则包括十六条设计细则。

➢ **内容相关规则**

（1）画面以图为主时，应该选取恰当的文本对图的细节进行注解或分析，尽可能明确画面表达的主题或揭示画面的内涵。

（2）画面以文为主时，应该选取恰当的图像对文本的抽象意义进行直观性描述，尽可能使冗长晦涩的文本更加容易理解。

（3）画面中图、文没有明显主次时，应该按照互补、协作的要求选取图文媒体，尽可能使二者和谐共处、相互借鉴、相得益彰。

（4）图文媒体的选取应该与学习者的理解能力、偏爱、学习风格相一致，尽可能使图文媒体与真实情境中的学习者得到最大程度的关联。

➢ **语义图示设计规则**

（1）多媒体画面中避免过多使用纯文本，应尽可能利用图示对知识实现化繁为简、化抽象为具体、化隐性为显性的可视化表征。

（2）图示设计应建基于文本知识的认知语义特性。对于陈述性知识，图示应采取命题网络和结构性表征方法（如概念图、关系图），尽可能展示知识属性、知识点之间关系；对于程序性知识，图示应采取产生式表征方法（如过程图、流程图），尽可能展示事物的状态、发展变化及动态的因果关系。

（3）图示应避免简单的直接呈现，尽可能让学习者投入更多精力、自主完成图示的构建（如采取交互方式引导他们确认、表达）。

（4）不同的图示具有不同的功能和用途，图示的组织结构应与知识结构相匹配（如比较知识结构适合选用矩阵图示；分类知识结构适合选用树形/层级图示；过程、顺序、因果类知识结构适合选用链索形图示等）。

➢ **交互设计规则**

（1）在动态画面中，为保证学习者与图文内容之间的粘合度，画面应该设置交互用来自主调控播放速度和选择学习内容。

（2）当文本内容的抽象程度较高时，画面中图像（可视化）区域应该设置交互用来支持学习者亲身参与认知模拟或思维建模。

（3）为增强图文之间关联性，画面可以设置交互控制图文内部细节的变化过程，使它们实时同步或交替呈现，形成互动呼应的效果。

（4）为激发学习者快速有效建立言语和视觉模型，画面可以设置交互引导学习者对图文关键内容的反馈确认。

➢ **线索设计规则**

（1）大篇幅文本避免使用同一样式，对关键文本应该设置对比（如字号、重量、字体、色彩、材质、方向、节奏变化等）；教学信息量大、复杂图像的关键部位、细节处应该设置标注或提示（如箭头、闪烁、文字、方框或其他物理属性变化等）。

（2）画面中图像与文本存在一定程度的逻辑语义关系时，应该在图像、文本中各自加入关联线索，使二者互为语境、互补意义，形成相互作用又彼此依赖的强关联。

（3）画面中文本语义蕴涵步骤、过程、顺序等动态因果关系时，应该分别在关键文本、关键图像处添加线索（如数字序号、动态箭头、字体样式变化、时间变化、位置变化等），在文本区域形成“言语链”，与此同时在对应的图像区域形成“视觉链”，尽可能形成整合的知识信息。

（4）快速运动在一定程度上会削弱线索的作用，因此在动态图文中不必加入过多线索。如果为保证动态图文中线索的有效性，画面应该设置为可自主控制播放。

本著作的理论创新和学术价值：

1. 理论创新

多媒体画面的巨大潜力和魅力在于支持认知、促进认知，这是本研究的基本认识和定位。本研究通过哲学思辨和宏观分析确立了图文关系，提出了图文融合设计观，认为教育图文融合的真正本质是通过可视化的手段构建知识内容的强关联，建立图文之间的关联映射。

本研究构建了图文融合设计模型，探明了图文融合设计的工作机制，指出图文融合设计需要以知识内容为设计的逻辑起点，借助图文媒体把客观存在的知识表征出来，并通过“内容相关”“语义图示”“关联线索”和“交互控制”四个途径建立图文二者的关联。

本研究以支持认知、促进认知为设计导向，以多媒体画面语言学语义、语构、语用三层为指导框架，突出强调多因素之间的互动匹配，是对多媒体教学信息设计规则研究的深化和超越。

2. 学术价值

本研究采取量化与质性研究相结合，通过大量的实验支撑来构建多媒体教学设计规则，走的是一条循证实践路线。鉴于实验室情境与真实的设计实践之间的差异性，本研究通过一致性研究判定设计规则的可行性及发现其存在的问题，此方法在为多媒体画面语言学的后续研究提供了借鉴。

本研究提出的教育图文融合设计模型，提炼出影响多媒体画面设计的各种关键因素，是对当前多媒体画面设计框架的突破，使多媒体画面设计逻辑更加清晰、设计行为流程化和模式化，为多媒体画面设计提供了一定的模式参照。本研究从四个方面提出的十六条教育图文融合设计规则，可操作性强，是已有多媒体画面设计规则的补充和拓展，对完善多媒体画面语言学体系具有重要的学术价值。

本书撰写工作由温小勇（全文书稿的撰写）完成。我的恩师天津师范大学博士生导师王志军教授对本书的撰写、出版给予了无微不至的指导和悉心关怀。天津师范大学、赣南师范大学等高校许多学生参与本研究的相关实验。

限于作者的水平，本书肯定会存在一些不足或错误，望读者不吝指正。

本书作为国家社科基金“十三五”规划教育学课题“信息化教育资源优化设计的语言工具：‘多媒体画面语言学’创新性理论与应用研究”（项目编号 BCA170079）资助出版项目，得到了天津师范大学教育学部和南开大学出版社的大力支持，在此表示衷心感谢！

目录

第一章 绪论

为学有要，置图于左，置书于右，索象于图，索理于书。

——南宋郑樵

画是无言的诗，诗是有声的画。

——古希腊西摩尼得斯（Simonides）

第一节 背景描述

图像和文字是人类记录历史、表达世界的两种基本手段，在漫长的人类发展史中，人类主要以它们为载体传递知识信息。从现代符号学的角度看，图像、文字属于两种不同类型的符号系统，但两者的关系及历史发展脉络总是交织在一起，有着不可分割的血缘渊源。

在原始社会时期，人类利用图画记录生产劳动、社会生活，表达思想情感，作为人与人相互沟通、交流的视觉符号，这些属于原始意义上的图像。著名的法国拉斯科岩洞壁画和西班牙阿尔塔米拉壁画就是这类图像的典型代表。随着社会的发展，此类图画符号不断完善，更加规范整齐，并具有一定的规律性，具备了简单文字的特征，可以认为是文字产生的萌芽。以我国为例，早期的象形文字甲骨文、石刻文、金文中存在大量的图画性很强的文字，如“月”字像弯弯的月亮形状，“马”字像一匹具有马鬣、四腿的马。可以认为，汉字应该是从“图画”的形式逐渐演变成“象形符号”的。由于单纯的象形文字不能满足人类物质文化生活的需要，为了表达更广泛、更抽象的含义，在发展过程形成了会意、指事、形声、转注、假借等构造方法。但实际上仍须以象形字为基础，经过拼合、增删象征性符号形成新的汉字。

在文字形成独立的文化体系的同时，图像的发展远远超越了洞穴壁画和图绘文字等视觉符号。随着社会经济、技术条件和生产条件的发展，尤其是照相机、摄影机和计算机发明之后，图像的内涵拓展为由绘、写、刻、印及现代电子和数码摄影等手段产生的视觉符号。时至今日，只要睁开眼睛就随处可见图像，不可否认，我们进入了“读图”的视觉文化时代。图像的直观性，加上其独特的想象力、创造力，展示了独特的视觉魅力，使知识信息的传达更加丰富、多元。

图像和文字是语言的物化形态与表述方式，都具有表达意义的功能，二者同属语言符号体系，是人类语言的重要组成部分。①文字是线性、历时、抽象、逻辑的表述方式；图像是面性、共时、直观、感性的表述方式。在漫长的人类文明史中，人们充分利用图像、文字各自的特性及优势，相辅相成、互补共生共同实现知识的传递、共享和创新。例如，宋朝的五言咏梅诗谱集《梅花喜神谱》、明朝的综合性科技著作《天工开物》和百科事典《三才图会》、清朝的《澄衷蒙学堂字课图说》都是图文混合式教材。

现阶段，电子白板、电子书包及其他智能手持设备在教学中正逐步普及，数字学习、泛在学习、智慧学习等概念相继提出，多媒体教材作为呈现在各种设备终端的基础性学习资源，其质量是各种信息化教与学模式得以成功实施的前提。然而，在现代数字传播语境下，图文关系更加多样性和复杂化，知识内容的图文表征方式体现开放性、交互性、非线性等诸多新特点。因此，如何有效地利用图文媒体呈现知识内容，帮助学习者有效认知，发展学习者思维能力，促进教育教学质量的提升，已经成为多媒体教材设计与开发必须要考虑的最基本问题。

（一）有效提升多媒体学习效果是信息化教学面临的现实问题

与纯文字的传统教材相比，多媒体更加丰富、形象生动。因此，越来越多的教师把多媒体引入课堂，试图改善知识内容的呈现和传递方式，提高教学效果。据教育部统计数据显示，当前我国中小学校互联网接入率已达83%，多媒体教室普及率达73%。②我们不可能完全退回到纯粹的“黑板+粉笔”式的传统教学，多媒体对改善教育教学方式的潜在作用得到共识，并取得广泛应用，正逐步走向常态化。

长期以来，多媒体教学的设计被认为是一个技术性活动，采用以技术为中心的设计取向。人们关注多媒体技术的强大功能，聚焦如何使用最新的多媒体技术及如何推广多媒体技术，但最终的教学效果往往不尽人意。以我国为例，不少学者对不同地区、不同类型的高校均进行了多媒体教学的实证研究。例如陈富对甘肃省三所高校的近2000名大学生进行的问卷调查显示，87%的学生反映其任课教师经常或总是使用PowerPoint等多媒体的教学方式，但教学效果不甚理想。③多媒体教学引发的批评愈演愈烈，相当部分学生对多媒体教学的抱怨、抨击从未消停过。④⑤⑥

美国心理学家梅耶（Mayer）把多媒体看成是一种学习技术，其潜在的魅力在于能够促进学习者的学习，并提出以学习者为中心的多媒体设计取向，认为多媒体信息的呈现应该与人类的信息加工系统相匹配。⑦天津师范大学游泽清教授从多媒体艺术呈现的

① 朱永明. 视觉传达设计中的图形、符号与语言[J]. 南京艺术学院学报，2004，（1）：58-62.

② 教育部. 教育部办公厅征求对《关于“十三五”期间全面深入推进教育信息化工作的指导意见（征求意见稿）》意见. [N/OL]. [2015-9-2]. http://www.moe.edu.cn/srcsite/A16/s3342/201509/t20150907_206045.html.

③ 陈富，王嘉毅. 大学教学中PPT应用效果研究[J]. 电化教育研究，2015，（1）：29-37.

④ 熊丙奇. 大学教师为何患上“PPT依赖症”[J]. 上海教育，2009，（11）：25.

⑤ 刘子瑜，马毓，徐中玉，张丽红. 高校逾九成课堂借助幻灯 PPT被指扼杀教学激情有学生称这种教学模式让人昏昏欲睡[N/OL]. [2015-2-9]. http://news.xinhuanet.com/edu/2009-10/10/content_12203372.htm.

⑥ 谢洋，刁文佳，谭思嘉. 过分依赖PPT课堂教学丢灵魂[N/OL]. [2015-2-9]. http://zqb.cyol.com/content/2009-09/25/content_2868916.htm.

⑦ [美]理查德·E. 梅耶. 多媒体学习[M]. 牛勇，邱香，译. 北京：商务印书馆，2006：10-16.

角度出发，认为多媒体是信息时代的语言，属于语言学的范畴，从语法、语义和语用三方面提出多媒体设计原则，认为多媒体的呈现应该优化学习环境、启动学习者的认知活动，即遵循多媒体的艺术呈现规律。①

显然，聚焦如何提升多媒体教学效果已经成为当今教育领域面临的现实问题，虽然国内外众多学者从各个角度探究多媒体的设计策略、原则，但距离多媒体教学实践操作层面的支持还存在一定距离。图文作为多媒体呈现的最基本媒体，探寻其在教学中合理、规范的使用方法对整体提升多媒体教学效果具有明显的导向作用。

（二）技术支持下图文设计为知识的传播与创新带来新的可能

几百年来，传播知识信息的主要方式是通过纸质类的文字教材。随着数字技术、网络技术、移动通信技术的发展，电影、电视、摄影、网络、微博、微信、微视频、智能手机、电子白板、电子书包、电子阅读器等各种新媒体、新媒介如雨后春笋般地不断涌现，形成了以“图文”为中心的视觉传播方式。

例如，沙沙对人民教育出版社近 10 年数字教材中插图的演进历程分析中指出，插图正沿着信息含量、媒体形态及交互性三个方向不断演进发展，使知识信息的呈现具有形象化、直观性等诸多特点，对中小学生的认知、非认知行为及学习效果都有重要的影响。②图文媒体是多媒体教材的重要组成部分，数字技术的发展，使得图文媒体的获取、制作、传输、存储变得越来越便捷，有力推动了优质教育资源的传播与共享。教育部于 2003 年启动“国家精品课程建设工作”，截止 2012 年，建设 4000 余门国家级精品网络课程；教育部于 2003 年启动农村现代远程教育工程，目前建设有国家基础教育资源网、教育资源公共服务平台，收录了基础教育中各出版社、各年级、各科目的数字资源。精品网络课程、基础教学资源库已经成为教育领域不可或缺的重要教学资源，成为全面提升我国教育信息化发展水平的重要保障。

数字教学资源的设计与开发是一项信息密集、高度智能的活动。王宁将学习者的满意程度作为衡量网络课程建设质量的重要评价内容，以此建立回归模型并进行实证分析，研究结果表明“画面的设计友好”是学习满意度的五个主要影响因素之一。③对于被誉为“自印刷术发明以来教育界最大的革新”“未来教育”曙光④的大规模在线开放课程（MOOC），有研究者指出，采用“知识地图”的设计与开发理念可以使 MOOC 的学习目标、学科体系、层次关系和关联关系更为明确，有助于教师组织教学知识，引导学生学习课程知识，从而提高 MOOC 的教学效果。⑤

由此可见，数字教学资源在教育领域中的应用越来越广泛，其设计与开发过程中涉及因素众多，但以“图文”视觉传达为中心的设计是基础性工作，也是多媒体教材设计

① 游泽清. 多媒体画面艺术应用[M]. 北京：清华大学出版社，2012：31-32.

② 沙沙. 我国基础教育数字教材中插图的演进[J]. 科技与出版，2013，(12)：83-85.

③ 王宁，琚向红，葛正鹏. 开放教育网络课程学习满意度影响因素[J]. 开放教育研究，2014，(6)：111-118.

④ Davinia H, Tobias L, Ralf K, et al. Social Tools in a MOOC on Educational Technologies[M]. Berlin: Springer BerlinHeidelberg, 2013.

⑤ 李艳红，赵波，甘健侯. 基于知识地图的 MOOC 课程开发[J]. 现代教育技术，2015，(5)：85-90.

必须考虑的重中之重，很大程度上决定了知识内容的传播效率及创新程度。

（三）多媒体画面对知识及思维的可视化设计需求

多媒体画面是多媒体教材（电子教材、多媒体课件、网络课程、微课、MOOC 等）的基本组成单位，在手机、计算机、平板电脑、电子白板等数字设备的终端呈现，是图、文、声、像等多种视、听觉媒体的综合表现形式。[①]从功能来看，多媒体画面是实现学习者与数字教学资源之间传递、交换知识信息的界面和对话的接口。图文是多媒体画面构成的两种最基本要素，图是非言语（图像）表征，文属于言语表征，但从呈现的视角来看，图文同属于多媒体画面中的视觉刺激。依据梅耶（Mayer）的多媒体学习认知理论，图像通道和言语通道在工作记忆阶段并不是截然分离，多媒体学习中最关键的一个步骤就是基于图像的表征（视觉模型）与基于文字的表征（言语模型）之间形成整合。图文是完成多媒体学习关键步骤的信息输入，作为多媒体画面中基本要素，其呈现方式势必影响学习者的认知加工过程。

随着通信技术不断取得突破性进展，人类传播信息的速度和广度得到了空前增强，实现了全球信息的传递、共享与交互。但与之俱来的问题或“副作用”就是使人淹没在浩瀚的信息海洋中，难以快速精准定位或获得有价值、契合自身需求的信息内容。在教育领域，各种粗制滥造的多媒体教材也纷纷走入课堂，给教育带来负面影响。瑞士卢加诺大学 Martin J. Eppler 教授经过多年实践研究发现，各式各样的“图”，如启发式草图、思维导图、概念图、知识地图等，作为视觉表征的手段，可以使知识信息结构化，抽象数据易于理解。[②]利用知识可视化的图解手段，有利于呈现新旧知识之间的联系，有助于引导学习者记忆、探究图形的意义，应用新知识和促进知识的迁移和创新。[②③]

知识可视化技术在一定程度上的确可以缓解信息泛滥与知识贫困之间的矛盾，对多媒体教材的规范设计也起到了导向作用。于是，不少教育技术学专家曾一度认为，运用多媒体、计算机技术设计并创建可视化的教学内容，那么在将这些内容呈现给学习者时，他们就会学到预期的知识。理想很丰满，现实很骨感。实际上，以上假设存在一定问题，并非知识呈现越完美、传递越好就作用发挥越好，学习者并非从技术中获得知识，而是从思考中进行学习的。近年来，思维可视化在教学中不断取得应用。思维可视化把学习者内在的思维结构、形式、路径或过程以图示或图示组合的手段表征出来。[④⑤]各种思维形式如概括、区分、判断、演绎、归纳、类比、分析、综合等，都可以通过多媒体画中

---

① 王志军，王雪. 多媒体画面语言学理论体系的构建研究[J]. 中国电化教育，2015，（7）：42-48.

② 赵慧臣，王淑艳. 知识可视化应用于学科教学的新观点——访瑞士知识可视化研究开拓者马丁·爱普教授[J]. 开放教育研究，2014，（2）：4-10.

③ Eppler, M. J. & Burkhard, R. A. Knowledge Visualization. Towards a new discipline and its field of application, ICA Working Dissertation#2/2004[R]. University of lugano. In Schwartz, D. G (Ed) Encyclopedia of Knowledge Management. Idea Group, 2004.

④ 刘濯源. 思维可视化：减负增效的新支点[J]. 中小学管理，2014，（6）：10-13.

⑤ 王志军，温小勇，施鹏华. 技术支持下思维可视化课堂的构建研究——以小学语文阅读教学为例[J]. 中国电化教育，2015，（6）：116-121.

图文媒体的相互组合、编排形成视觉信息流，将隐性的思维视觉化、具象化，帮助学生掌握并挖掘知识背后的思维规律。

由于科技的快速发展、媒介技术不断更新，众多与媒体有关的新鲜术语如雨后春笋般地出现。其中，比较频繁的有“数字媒体”“电子媒体”“融合媒体”“线上、线下媒体”“富媒体”“手机媒体”“网络媒体”“全媒体”“新媒体”“新新媒体”等诸如此类，我们把这些词汇统统叫作“X媒体”。以上这些词汇，有些意思相近，只是不同叫法而已，有些则是广告商业领域中的炒作，体现了媒介融合趋势下媒体应用的宽泛与多元，但从用户的终端设备的呈现方式来看，媒体的表现形式无非是“多媒体”，即可用交互控制的图、文、声、像的有机组合。不管媒介技术如何发展、媒体如何演进，“X媒体”实质上是由多媒体（信息的表现形式）和各种媒介（信息的物理载体，包括传输、处理、存储和呈现等设备）组成。毫不夸张地说，“多媒体”已经成为当前信息时代人类传递信息的基本“文本”，是支持人类认知的基础手段。多媒体当前已经常态化使用，是信息化教学的基础资源。对课堂教学而言，高质量的多媒体画面一定需要借助图文基本要素，并且蕴含知识可视化、思维可视化的设计理念，才有可能在教学中达到传授知识和训练思维的双重目的。

第二节 问题提出

问题提出主要基于两方面的现实诉求，一是多媒体如何促进学习，二是多媒体教材如何进行有效性设计。多媒体教材是多媒体学习的物质基础，其有效性设计是多媒体促进学习的先决条件。自20世纪以来，电影、无线广播、电视、计算机网络、多媒体等技术不断出现，每次新技术的兴起都会在教育领域产生技术革新教育的美好愿景，但结果令人沮丧，技术的教育应用并未能显著地提高教学效果。截止目前，事实上西方没有任何一个国家能够通过教育信息化真正实现教学质量的明显提升。[①]梅耶认为，以技术为中心的设计取向是100多年来技术革新教育失败的根本原因，而以学习者为中心的设计取向才是技术促进教育的正确路径。梅耶的“以人为本”设计理念反映了多媒体设计的发展走向，但在理论及实践层面，多媒体教材设计存在诸多问题仍未解决，主要表现在：

（一）多媒体教材设计的原则和理论框架尚未完全建立

为使多媒体教材的设计具有规范性，多年来国内外众多学者在多媒体设计领域不断探索。具有代表性的是，梅耶教授从多媒体学习认知加工的角度总结出多媒体信息设计的 12 条规则[②]；游泽清教授侧重从多媒体艺术鉴赏的角度总结出多媒体艺术设计的 34

① 何克抗. 教育技术专业人员如何创新——2009全国教育技术学博士生论坛上的讲话[J]. 现代教育技术，2010，(3)：5-12.

② Richard E. Mayer. The Cambridge Handbook of Multimedia Learning (Second Edition)[M]. Cambridge University Press, 2009.

条规则[①]。虽然二者的研究出发点或视角不一致，但取得了许多惊人一致的结论[②]。梅耶的贡献在于为多媒体信息的设计提供了科学的研究方法，不足之处是关注点过于狭窄，使研究内容过多局限于对多媒体学习的因果性解释；游泽清的贡献在于从大量的实践中总结出一系列多媒体教材设计的规则与方法，贴近实际操作，不足之处是缺乏严格的实验论证。

二者的前期研究仅仅初步解决了多媒体教材设计规则的有无问题，与实际需求还存在相当大的距离。为使多媒体教材的设计、开发和应用有“章”可循，近年来，在游泽清、王志军教授指导下的研究团队提出构建“多媒体画面语言学”这一具有鲜明时代特色的理论命题，把“多媒体画面语言”当作多媒体教材编制的基本工具，将多媒体教材设计规则的研究上升并纳入语言学的研究范畴，但目前该理论的研究尚处于初级阶段。本研究拟通过图文融合设计，探讨多媒体画面语言学理论中的核心概念、理论基础、基本框架、研究内容、研究方法等，以期为该理论的构建添砖加瓦。

（二）多媒体画面中存在重图轻文、图文割裂化的设计倾向

无论从数量上还是比例上，图文媒体在多媒体教材中都占绝对的主导地位。早期的多媒体教材大多是对传统纸质教材的数字化处理，虽然包含图文媒体，但这不是真正意义上的多媒体教材。在数字技术的支持下，图像的获取、制作越来越便捷，尤其是摄影技术把读图时代推向高潮，图像扩张成为当下生活中不争的事实。在教育领域，有的教师甚至把多媒体教学等同于多用点图片、动画、视频，造成一些低质量、教学主题不明确的图像充斥左右、盲目滥用，给学习者带来视觉污染，给教学带来严重危害。

多媒体学习是对言语（口头语言和文字）和图像表征材料（图片、动画、视频等）的心理建构和加工。[③]巴尔特（R. Barthes）认为，图像与文字之间存在锚定和接力关系。[④]锚定是指由于图像的不确定性、多义性，利用文字固定其某一种含义，图文部分信息存在相同；接力是指图文传达不同内容，两者在信息上互相补充。换言之，言语的表意功能不可能被视觉图像所取代，即多媒体画面中存在“重图轻文”或“图像转向”的设计方式是不可取的。实质上，技术的支持下图文之间呈现出复杂、多元的关系。图文各自有质的规定性，二者之间既互文又和谐共生。但当前与图文相关的研究过多集中在图文之间的位置、时间及简单的相关性变化对多媒体学习效果产生的影响，如梅耶提出的空间接近、时间接近及一致性设计原则。

显然，图文之间深层次的逻辑关系并未得到有效链接，重图轻文、图文割裂化的设计方式不利于学习者在工作记忆阶段中实现图文之间及与长时记忆的有机整合，从而影响了多媒体学习效果的提升。

---

① 游泽清.《多媒体画面艺术理论》是如何创建出来的[J]. 中国电化教育，2010，(6)：6-9.

② 于鵰，苑志旺. 国内外对“设计多媒体教材”研究的比较[J]. 中国信息技术教育，2012，(7)：36-40.

③ Mayer, R. E. (Ed.). The Cambridge handbook of multimedia learning[M]. Cambridge: Cambridge University Press, 2005.

④ Barthes, R. Image Music Text[M]. London: Fontana Press, 1977.

（三）多媒体促进学习的设计研究不够全面、深入

多媒体教学信息设计的目的是促进学习。多媒体学习是一种获得意义的活动，即学习者从多媒体教学信息中建立连贯一致的心理表征过程。但当前对多媒体学习的研究主要集中在认知层面。北京师范大学刘儒德教授认为，多媒体学习的认知机制应着重以建构主义学习理论而不是认知主义的学习理论为背景。①鉴于此，在多媒体画面中对多媒体的设计不仅仅是教学信息的直接呈现，还需要通过呈现来引导学习者注意信息、选择信息、组织信息、加工信息以及与先前的知识联系起来等。事实上，很少有研究针对如何建构知识的多媒体呈现设计原则与方法介绍；已有的多媒体教材设计中，多媒体的作用更多体现在知识表征方面，而非作为学习者意义获得过程的向导和知识建构过程的助手。

黄荣怀教授认为，信息技术促进学习必须以学习活动的体验为外显行为、分析思考为内隐行为。②赵姝博士认为，信息技术促进学习的根本前提是对思维系统进行同步训练。③由此可知，多媒体促进学习的关注焦点包括知识可视化，也应该深入到思维可视化。现今，思维可视化作为教育技术的一个新的研究领域，它的发展在中国仍处于起步阶段，在多媒体学习的设计当中更是缺乏完善的理论、方法指导体系，这也是多媒体促进学习的设计不够全面、深入的原因之一。

（四）多媒体教材设计忽视对复杂教学系统的考量

多媒体教材设计误区林林总总，大致可以归结为以下三方面：一是多媒体的呈现不符合视听觉审美要求；二是教学内容的组织方式不符合认知规律；三是不符合课堂教学环境的需求。实质上，当多媒体教材应用于“教学”这一特定的语境时，多媒体的效用不是“静态”作用的结果，而是在通过电子屏幕将一幅幅画面呈现出来的过程中，在师生“对话”的互动教学环境中加以构建。在多媒体教材的设计阶段，既要遵循多媒体画面语言的语法规则，与此同时，必须了解或预测其使用的语境，即语用假设。对教学而言，“语境”实际上指的是课堂，语用假设的目的就是匹配课堂的教学需要，从而对设计提出具体要求，唯有如此，多媒体教材的设计才不会误入迷途。

教学是由多种要素组合而成的复杂的系统。虽然我国教育理论研究领域对教学系统的构成要素说法不一，但信息技术环境下教学系统构成要素至少包括四大要素，分别是教师、学生、教学内容以及教学媒介，而且此四要素是一个相互作用、相互联系的教学结构。④因此，多媒体教材作为教学系统中一个子系统，应用于课堂教学环境，多媒体教材的设计必须考虑呈现的教学内容是否能够融入教学环境中，考虑多媒体教材与复杂教学系统中其他要素的匹配关系，正确处理好影响教学效果的各类要素，包括教学目标、教学对象、教学模式、教学策略、教学内容、教学媒介等。从已有的多媒体设计规则看，

---

① 刘儒德，赵妍，柴松针，徐娟. 多媒体学习的认知机制[J]. 北京师范大学学报（社会科学版），2007，（5）：22-27.
② 黄荣怀，陈庚，张进宝，陈鹏，李松. 关于技术促进学习的五定律[J]. 开放教育研究，2010，（2）：11-19.
③ 赵姝，赵国庆，吴亚滨，徐宁仪. 思维训练：技术有效促进学习的催化剂[J]. 现代远程教育研究，2012，（4）：28-34.
④ 何克抗. E-learning 与高校教学的深化改革（上）[J]. 中国电化教育，2002，（2）：8-12.

多媒体教材设计缺乏对上述因素的整体考量。

第三节 研究目标与内容

（一）研究目标

20世纪以来，每一次新技术的出现都被寄予革新教育的厚望，但最后的结果常常令人失望。在关于技术与学习的关系讨论中，乔纳森认为："在利用技术支持学习时，如果把技术作为信息的存储工具和传递工具，那么将会剥夺学习者或教师在整个学习过程中的有意义控制——因为学习者不是从技术中学习，而是从思考中获得学习"。技术应该帮助学习者进行更为有效的认知，技术工具是学习者阐释和重组个人知识的思维工具，多媒体技术同样如此。本研究的目的是在"技术支持认知、促进认知"的理念指引下，通过对教育图文融合设计建模，解决多媒体画面设计中图像形态和文本形态的逻辑因果关系的有效链接问题。通过开展相关实验研究，挖掘出教育图文融合的设计规则，为广大教师及教育资源开发人员提供理论和实践借鉴。

（二）研究内容

如何在多媒体情境下设计符合认知规律的学习内容，是本研究的关键切入点。本研究融合多媒体学习、图文设计、可视化等领域现有的研究成果，依据相关利益者的现实需求，提出教育图文融合设计的理论及框架模型，开展眼动实验验证，以此总结教育图文融合设计的规则，形成了如下研究内容。

研究内容一：对多媒体学习认知理论模型、多媒体画面语言学理论、图文设计、可视化等领域现有的研究进行系统梳理和深入分析，阐明以"技术支持认知、促进认知"为取向的教育图文融合设计的重要性，对教育图文融合等核心概念进行界定，解决该研究涉及的理论基础问题。

研究内容二：在核心概念形成的基础上，对当前多媒体画面设计存在的问题及需求进行调查分析，以多媒体画面语言学的语构、语用、语义为基本框架，构建教育图文融合设计的理论模型，阐述该模型的结构特点、工作机理，解决该研究涉及的模型构建问题。

研究内容三：以教育图文融合设计的理论与实践模型为基础，建立实验假设，设计多媒体学习材料，开展实验研究，探索教育图文融合设计对多媒体学习效果、眼动行为的影响，使教育图文融合设计的理论模型建立在科学实验的基础上，解决该研究涉及的实验验证问题。

研究内容四：在验证性实验的基础上，归纳、总结出教育图文融合设计的规则，并对实验室设计规则对设计行为及过渡到现实教学情境的可行性进行检验，解决该研究的理论及实践成果的去向问题。

第四节 研究思路与方法

（一）研究思路

本研究认为，多媒体画面的巨大潜力和魅力在于支持认知、促进认知。基于这一基本认识或定位，查阅梳理相关研究成果，为本研究奠定坚实的基础；分析多媒体画面设计的影响因素、各内部要素的逻辑关系及设计流程，以此构建教育图文融合设计的理论模型；从设计模型中推衍出教育图文融合的途径，开展以图文融合呈现方式为自变量，以多媒体学习效果、眼动行为为因变量的实验，观测教育图文融合设计对多媒体学习带来的影响，验证设计模型中图文融合途径的有效性；分析实验数据和效果，提出教育图文融合设计的规则，进而实现本研究的最终目的。

（二）研究方法

本研究主要运用了如下研究方法：

1. 文献研究法

只有对国内外文献进行全面细致的梳理，才能获得理论创新的基础。本研究的研究主题是“教育图文融合设计规则的构建研究”，与该研究相关的关键词有：多媒体学习、多媒体画面、图文设计等。由于多媒体画面蕴涵了“支持认知、促进认知”的设计需求，因此，本论文文献研究主要从多媒体学习（包括多媒体画面）、图文设计、可视化促进认知三大方面对已有研究进行整理，对研究现状述评，为本研究奠定扎实的基础。

2. 问卷调查和专家访谈法

本研究中，问卷调查和专家访谈主要用于前期的模型构建阶段、后期的规则总结阶段，分别对学生、教师问卷调查和对专家访谈。问卷调查包括学生、教师。在前期的模型构建阶段，通过对问卷数据的分析了解被调查人对多媒体画面设计中的不合理现象的反应，以及对多媒体画面设计的一般需求。专家访谈法用于在模型构建前，向教育技术专家访谈，初步确立在多媒体画面中支持学习者认知加工的关键要素。

在后期的规则总结阶段，通过对教育技术专业教师、教学资源开发人员、学科教学人员进行问卷调查，通过学生对初期画面和依据规则修改画面进行效果比对，检验实验室总结出的规则对设计行为及过渡到现实教学的可行性。

3. 建构模型法

建构模型是方法论的概念，代表一种指导思想，而非专指某种具体方法。该方法在运用时，需要根据特定的研究目的，抓住事物的本质，通过对复杂的原型进行抽象，将之简化、精炼和纯化。在本研究中，需要在多媒体画面语言学的框架下构建教育图文融合设计的理论模型。

4. 实验研究法

教育图文融合设计规则的研究不是根据直觉，而是应该建立在科学的实验基础之上，通过实验提供具有说服力的证据。实验研究是自然科学研究的基本方法，在人为严密控制实验条件的基础上操纵实验变量，观测变量变化带来的现象，探究变量因子和现象之间的关系。本研究共设计四个实验，以图文融合呈现方式为自变量，以多媒体学习效果、眼动行为为因变量的实验，通过实验验证模型中图文融合设计途径的可行性，并根据实验结论总结出教育图文融合设计规则。

第五节　概念界定

（一）多媒体画面①②

多媒体画面是在电子显示屏幕上呈现的图、文、声、像等多种感官媒体的综合表现形式，是介于学习者与多媒体设备之间信息交换的接口。多媒体画面具有如下特征：

1. 多媒体画面是基于电子显示屏幕的画面

多媒体画面的信息呈现、输入与输出等交互操作都是通过电子显示屏幕完成，电子显示屏幕包括台式计算机屏幕、电子白板、平板计算机屏幕、手机屏幕等。

2. 多媒体画面是具有交互功能的动态画面

多媒体画面属于运动画面的范畴，并具有交互功能，使多媒体信息在有限的屏幕框架内实现了时间与空间的分割。在多媒体教材中，多媒体画面可以理解为用来完整表现一个知识点的一组画面。

3. 多媒体画面是融合视、听、触觉等多种感官媒体形式的画面

多媒体画面是视、听、触觉等多种感官媒体综合作用的结果。视、听、触觉媒体各自的表现形态、作用及发挥的效能不同，但都成为多媒体画面中不可分割的组成部分。例如，当屏幕呈现图片的同时，所配的声音也会依据图片同步跟进和变化，学习者还可以通过交互控制播放，使多媒体画面成为不可分割的媒体形式。

4. 多媒体画面的种类纷繁

按多媒体教材类型来划分，可以分为电子课本画面、多媒体课件画面、网络课程画面、微课画面等；按呈现设备来划分，可分为计算机屏幕的画面、手机的画面、平板电脑的画面、交互式电子白板、智能眼镜和其他头盔式的画面等。

（二）多媒体画面语言②③

多媒体画面语言诞生于信息时代，主要以“形”表“义”，强调形意的可视化传达，在表现形态上有别于纯文字，即通过图、文、声、像等媒体及其组合来表达知识和思想或传递视听觉艺术美感。更为突出的是，可以通过交互功能优化教学过程，从而促进学习者的认知及思维能力的发展。

---

① 游泽清. 多媒体画面艺术基础[M]. 北京：高等教育出版社，2003. 5-10.

② 王志军，王雪. 多媒体画面语言学理论体系的构建研究[J]. 中国电化教育，2015，(7)：42-48.

③ 游泽清. 多媒体画面艺术设计[M]. 北京：清华大学出版社，2009：10-13.

（三）教育图文融合

教育图文融合是一个复合词汇，理解教育图文融合需要拆分为“图文”“融合”两个术语。

1. 图文

本研究中，图界定为一切图形（静止）和影像（静止和运动兼有）。图形是通过绘、写、刻、印及计算机制图软件等手段制成的记号，是所有图形的类型和样式的总称，包括图画、图标、图示、图案、字体、符号等；影像是通过摄影、摄像及计算机视频编辑软件等方式完成的照片、视频，动画等。总的来讲，图必须具备以下三个特点：一是一种客观存在的视觉形象，具有形象、结构和功能等要素；二是一种具有信息内容的符号和信息体；三是表达一定概念和思想。在计算机科学领域，图形与图像是有区分的。一般来讲，图形是由计算机绘制而成，图形的基本元素是图元，也就是图形指令，用图形指令集合来描述图形的内容；图像则是通过设备捕捉到的实际景象，图像的基本元素是像素，像素点越多，分辨率越高，图像也越清晰。为叙述方便和依循大众的语言习惯，本研究把图形与图像统称为图像。

文本是由结构性符号组成的结构。本研究中，在电子屏幕上呈现的一切文字内容及带有文字信息的声音都界定为文本，包括普通文字、艺术字、超文本（带链接功能的文字）、口头文本等。

2. 融合

“融合”是由“融”与“合”组成的复合词。从王同亿主编的《现代汉语大词典》上讲，融合是指熔成或犹如熔化那样融成一体。[①]从古代典籍可以发现，融合主要有两层意思：一是融解、熔化，如《华阳国志·汉中志·涪县》中说：“孱水出孱山，其源出金银矿，洗，取火融合之，为金银。”二是调和、和洽，如《书赵永丰训之行录后》说：“天人报应，尚堕渺茫；上下融合，实关激劝。”

“融合”一词在各个领域的用途非常广，如信息融合、数据融合、文化融合、网络融合、产业融合、“互联网+”即互联网与传统产业融合等。在《教育信息化十年发展规划（2011—2020 年）》中提出信息技术与教育“深度融合”的全新观念。何克抗教授认为，“融合”是实现教育系统的结构性变革。[②]与“组合”“结合”和“整合”相比，“融合”实现了事物的结构性变化，引起了质变。

教育图文融合是指包含教学内容的图像（非言语类媒体）、文本（言语类媒体）共同呈现，二者既有各自的特质，又彼此依存、相互渗透，建构和谐共生的统一整体。

---

① 王同亿. 现代汉语大词典[M]. 海口：海南出版社，1992：1137.

② 何克抗. 如何实现信息技术与教育的“深度融合”[J]. 课程·教材·教法，2014，(2)：58-67.

第六节 研究框架与写作思路

研究框架如图 1-1 所示。

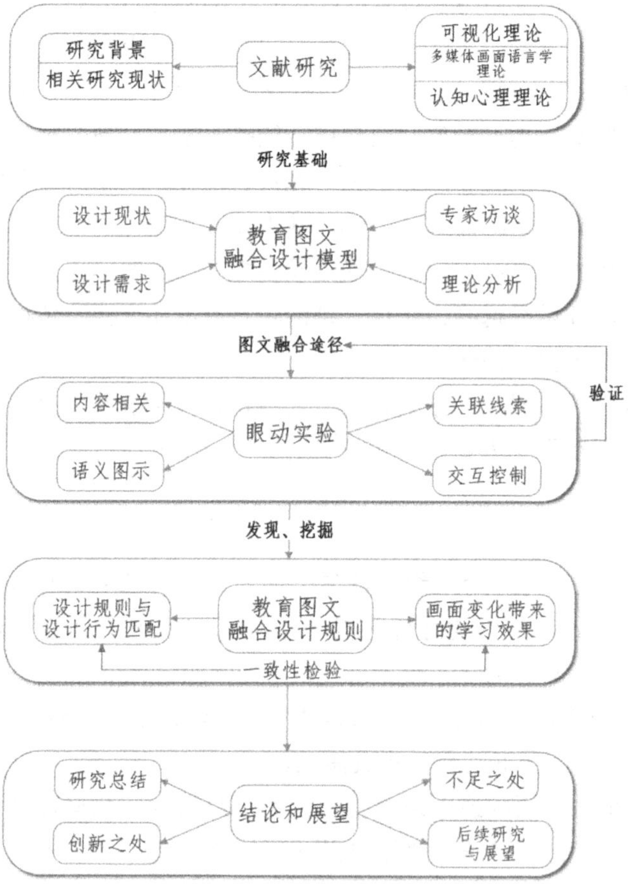

图 1-1 研究框架

本书围绕教育图文融合设计规则构建这一基本目标，逐步展开研究，写作思路如下。

1. 第一章绪论。绪论部分主要介绍本书的选题背景与存在问题、研究目的与内容、研究思路与方法、概念界定，拟定研究框架和写作思路。

2. 第二章多媒体学习与图文设计的相关研究综述。主要从多媒体学习相关研究、图文研究、可视化促进认知相关研究三大方面进行整理和述评，得出如下相关结论：一是图文理解整合模型是多媒体学习理论的最新发展，奠定本研究的理论基础；二是教育图文融合设计观是图文设计的合理取向；三是可视化促进认知应该建立在知识可视化的基础上，挖掘知识特性及其背后的思维规律。

3. 第三章多媒体画面设计的相关理论及启示。多媒体画面的设计要遵循认知心理、可视化相关理论的基本原理。认知心理相关理论包括视觉思维理论、双重/新双重编码理论、工作记忆模型和认知负荷理论；可视化相关理论包括知识可视化理论、思维可视化理论。本章为教育图文融合设计模型的构建提供核心理论支撑。

4. 第四章教育图文融合设计的模型。本章综合运用问卷调查、专家访谈，在多媒体画面语言学的理论框架下逻辑思辨推导出教育图文融合设计的模型，探索多媒体画面中教育图文融合设计模型的工作机制，试图为眼动实验研究的设计提供明确的具体指向。

5. 第五章眼动实验研究。教育图文融合途径是眼动实验设计的起源及依据。本章主要运用眼动的研究方法，观测教育图文融合设计对多媒体学习带来的影响，一方面用以验证模型中图文融合途径的有效性，另一方面为发现、总结出教育图文融合设计规则做好前期铺垫。

6. 第六章教育图文融合设计规则讨论与验证。本章对眼动实验数据和结论深入分析，从图文融合途径即“内容相关”“语义图示”“交互控制”和“关联线索”中发现和挖掘出教育图文融合设计规则。此外，验证实验室情境下总结的设计规则对自然情境下教师或设计者设计实践的可行性。

7. 第七章总结与展望。本章主要是对研究过程和相关结论进行总结，分析研究的创新之处和不足之处，在此基础上，对后续的研究进行展望。

第二章　多媒体学习与图文设计的相关研究综述

本书的基本目标是构建教育图文融合设计规则，与此相关的主题词有“多媒体学习”“多媒体画面”“图文阅读”“图文呈现”“可视化促进认知”等。为便于归类总结，结合研究需要，作者主要从多媒体学习相关研究、图文研究、可视化促进认知相关研究三大方面进行整理和述评。本章的研究逻辑如图 2.1 所示。

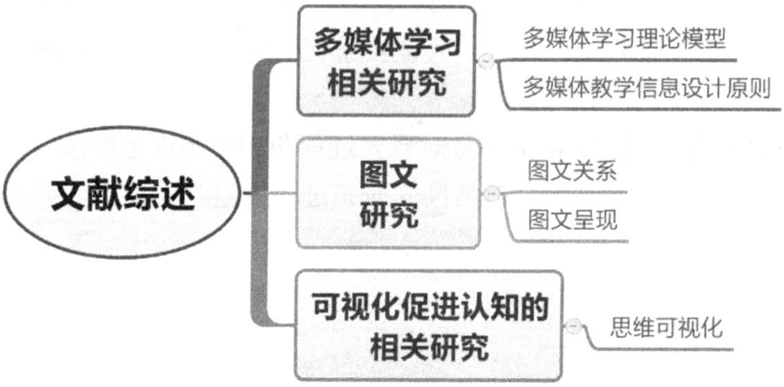

图 2-1　文献综述研究逻辑

第一节　多媒体学习的相关研究

自 20 世纪 40 年代美国国会图书馆使用“媒体”一词以来，人们对媒体教育应用的研究热情一直未减，如早期的媒体技术研究、媒体功能比较研究、不同媒体的组合研究、媒体使用效果研究等。如今，多媒体的使用在教育教学领域已经成为常态，多媒体学习已经成为一种学习方法，对多媒体学习的研究仍然是未来较长时间的主流研究领域。①对国内外 20 多年以来多媒体学习的研究进行梳理，发现学者们从各种不同的视角研究多媒体学习，如多媒体学习的定义与内涵、多媒体学习的认知机制（双重编码理论、新双重编码理论、工作记忆模型、认知负荷理论、生成学习理论、分布式认知理论）、多媒体学习的基本原则、多媒体学习过程、多媒体学习方法、多媒体学习效果评估等。实质上，可以把以上研究概括为多媒体学习理论和教学理论两大方面，即分别是多媒体学习的认

① 刘世清. 多媒体学习与研究的基本问题——中美学者的对话[J]. 教育研究，2013，(4)：113-117.

知研究和教学的设计研究。其中，学者们对多媒体学习的认知研究主要是把精力集中于对多媒体学习的理论模型构建；对多媒体教学的设计研究主要是对多媒体教学信息设计规则的探寻和总结。需要说明的是，多媒体学习的认知研究和多媒体教学的设计研究二者之间不是孤立和无关联的，多媒体教学信息设计规则是建立在多媒体学习理论基础之上的。为此，对多媒体学习研究的文献综述主要从以下两个方面展开并对已有成果进行述评。

一、多媒体学习理论模型

多媒体学习的本质是什么，如何去认识它？这有赖于对多媒体学习理论模型的科学构建，并且在很大程度上多媒体教学的实践活动也以此为理论依据。对多媒体学习理论模型的构建一直是多媒体学习研究的重中之重。国内外众多学者从不同角度对多媒体学习现象进行阐释，并各自提出了多媒体学习理论模型。从已有文献来看，多媒体学习理论模型非常多，其中具有代表性、影响力较大的模型是：Mayer 的多媒体学习认知模型、Astleiter 的多媒体学习与动机的整合模型、Moreno 的多媒体学习认知—情感模型和 Schnotz 的图文理解的整合模型。

（一）多媒体学习认知模型

美国当代心理学家 Mayer 以 Paivio 的双重编码理论、Baddeley 的工作记忆模型、Sweller 的认知负荷理论和 Wittrock 的生成学习理论为理论基础，推演出多媒体学习的三个假设，并构建了多媒体学习认知模型，如图 2-2 所示。[①]三大假设（双重通道假设、容量有限假设、主动加工假设）是多媒体学习认知模型的基本前提。双重通道是指人们视觉加工和听觉加工的信息通道，其理论基础是双重编码理论和工作记忆模型；容量有限是指人们在每个通道中同时加工的信息数量是有限的，其理论基础是工作记忆模型和认知负荷理论；主动加工是指人们主动学习、关注新进入的信息，主动选择、组织信息并和其他知识的心理表征进行整合，其理论基础是生成学习理论。[②]

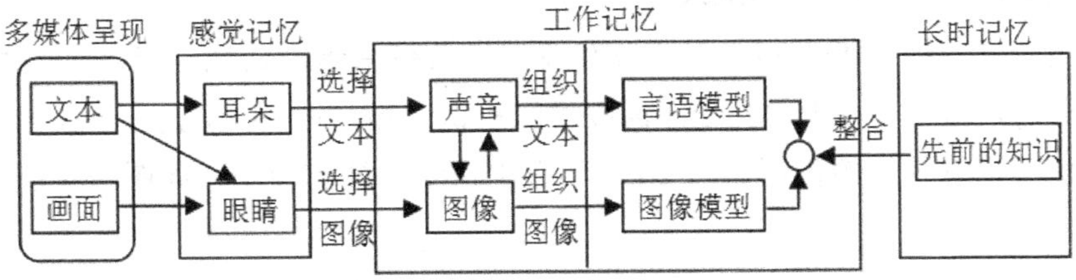

图 2-2　多媒体学习的认知模型[③]

多媒体学习的认知模型的工作原理是：从所呈现的文本或解说中选择相关语词，或

① Mayer, R. and Moreno, R. A cognitive theory of multimedia learning: implications for design principles. paper presented at ACM SIGCHI Conference on Human Factors in Computing Systems[C]. Los Angeles, CA, 1998.

② [美]理查德·E. 梅耶. 多媒体学习[M]. 牛勇，邱香，译. 北京：商务印书馆，2006：57.

③ [美]理查德·E. 梅耶. 多媒体学习[M]. 牛勇，邱香，译. 北京：商务印书馆，2006：58.

从所呈现的画面中选择相关图像，并将所选择的文字组织成一个连贯的言语表征，将所选择的图像组织成图像表征，将言语表征和视觉表征同长时记忆中的知识进行整合。对图像的加工发生在视觉/图像通道。对解说的加工发生在听觉/言语通道，对文本的加工发生在视觉/图像通道，在工作记忆阶段，图像通道和言语通道之间并不是截然分离，二者可以互为表征。多媒体学习的工作过程可以概括为以下五个步骤：选择相关语词、选择相关图像、组织所选的语词、组织所选的图像及整合以文字和图像为基础的表征。①

（二）多媒体学习与动机的整合模型

Astleiter 充分汲取了多媒体学习认知模型的特点，认为多媒体学习过程中应该关注心理动机和心理资源管理两大因素，于 2004 年提出多媒体学习与动机的整合模型，如图 2-3 所示。

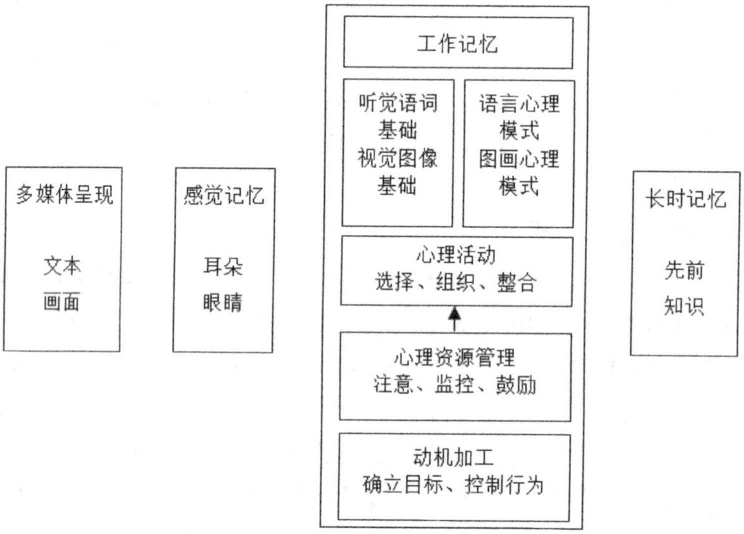

图 2-3 多媒体学习与动机的整合模型②

（三）多媒体学习认知—情感模型

和 Astleiter 一样，Moreno 认为多媒体学习不仅仅只考虑认知因素，一些非认知因素也应该纳入考虑范围。为此，Moreno 汲取了已有认知模型的特点，充分考虑元认知因素，情绪、动机等情感因素的作用，于 2006 年提出认知—情感模型，如图 2-4 所示。

① [美]理查德·E. 梅耶. 多媒体学习[M]. 牛勇，邱香，译. 北京：商务印书馆，2006：68-74.

② Astleiter, H. &Wiesner, C. An Integrated Model of Multimedia Learning and Motivation[J]. Journal of Educational Multimedia and Hypermedia, 2004, 13 (1): 3-21.

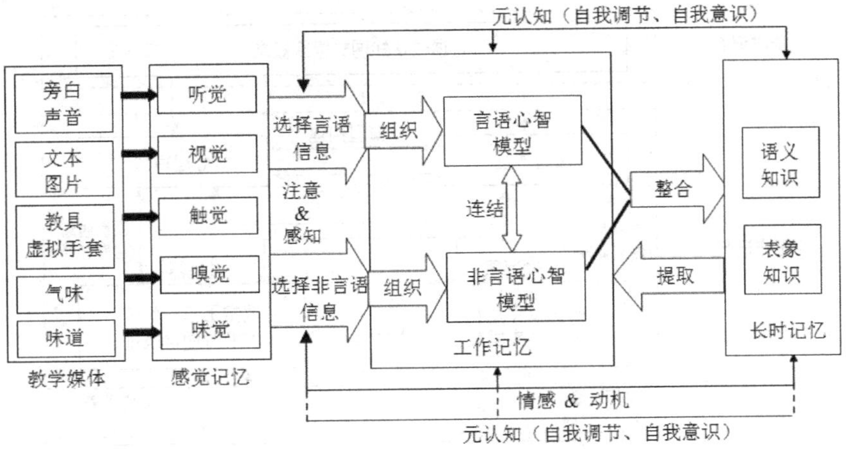

图 2-4　多媒体学习认知—情感理论模型[①]

在多媒体学习的认知—情感模型中，多媒体教学信息通过多种通道进入感觉记忆，在元认知、情绪、动机的作用下，调节认知资源进而影响学习进程。学习者先前的知识结构、技能水平、经验会影响学习者多媒体学习的能力。[①②]

（四）图文理解的整合模型

Mayer 的多媒体学习认知模型把言语加工、图像加工看成是两个平行的结构，认为最终在工作记忆中要实现言语模型和图像模型的整合。Mayer 并没有真正解释学习者是如何去理解图像和文本，对图像和文本在工作记忆中的整合机制也是非常笼统和模糊。Schnotz 对这一问题有不同的观点，他认为图像是非语言符号、文本是言语符号，二者隶属不同的符号体系，采用了不同的编码形式，而且表征形式也不尽相同。因此，图像和文本采用平行的结构处理方式，并在工作记忆中实现“简单”的整合是存在问题的。[③④]针对 Mayer 的不足之处，Schnotz 提出图文理解的整合模型，并于 2005 年对该模型进行了完善，如图 2-5 所示。

① Moreno, R. Does the modality principle hold for different media? A test of the method-affects-learning hypothesis[J]. Journal of Computer Assisted Learning, 2006, 22: 149-158.

② Moreno R. Learning in High-Tech and Multimedia Environments, Current Directions in Psychological Science, 2006, 15: 63-67.

③ Schnotz, W. Towards an integrated view of learning from text and visual displays[J]. Educational Psychology Review, 2002, 14: 101-120.

④ Schnotz, W. &Bannert, M. Construction and interference in learning from multimedia representation[J]. Learning and Instruction, 2003, 13 (2): 141-156.

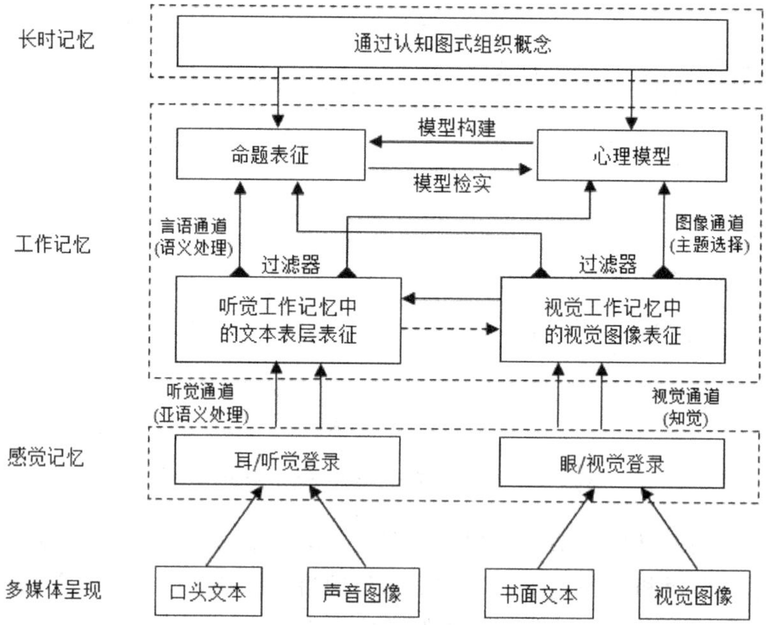

图 2-5 图文理解的整合模型①

在图文理解的整合模型中，存在两种表征系统，分别是描述性表征（Descriptive Presentation）和描绘性表征（Depictive Presentation）。描述性表征如口头文本、声音图像和命题表征，此类表征以符号为基础；描绘性表征如书面文本、视觉图像和心理模型，此类表征以结构映射为基础。其工作原理是：从感觉记忆中选择语词和图像进入工作记忆，在工作记忆中分别组成相应的语词库和图像库。听觉通道的语词库通过语词过滤器的“选择”进入命题工作记忆，通过长时记忆中认知图式的协助，主动建立命题表征，并激发相应的心理模型的建立。与此同时，视觉通道中的图像库通过视觉图像过滤器的“选择”进入图像工作记忆，借助长时记忆的认知图式主动建构心理模型，心理模型也同样会激发相应的命题表征的形成。命题表征和心理模型分别通过模型建构和模型检验相互转换、补充，从而实现图文互动交流、理解，形成整合的知识信息。

（五）述评

多媒体学习理论模型的构建反映了人们对多媒体学习本质的理解。以上四种模型，从不同的角度对多媒体学习的原理进行了解释，部分观点一致，但各有侧重点不同，有助于揭示多媒体学习的本质。

在众多模型中，学术影响力最大的要数 Mayer 的多媒体学习认知模型。近三十年来，不少学者开展了相当数量的实验研究验证，取得了一些成果，这为 Mayer 的多媒体学习认知模型提供了可靠的证据支持，但该模型仍然并非完美。例如，多媒体学习认知模型能否建立在三大理论假设之上，我们是否可以在认知神经科学方面找到足够的证据来支

① Schnotz, W. An Integrated Model of Text and Picture Comprehension[A]. Mayer R. (Ed.). The Cambridge Handbook of Multimedia Learning[M]. Cambridge: Cambridge University Press, 2005: 49-69.

持？多媒体学习中不同通道的编码、工作机制如何？学习者是如何选择、组织和整合多媒体信息，尤其是图像和语词之间的整合机制如何？Astleiter 的多媒体学习与动机的整合模型、Moreno 的多媒体学习认知—情感模型只是在 Mayer 的基础上把动机、情感引入模型，认为动机、情感会影响多媒体学习的过程和结果，但究竟如何起作用是未知的。因此依然未解决多媒体学习的认知机制问题，这无疑削弱了这些模型的科学性，而科学性直接决定了模型是否有效、可靠。

郑旭东博士认为，选择、组织、特别是整合是多媒体学习认知模型的关键环节，解密这些“黑箱”可以从根本上认清学习者的内部认知加工过程，从而为他们选择合适的多媒体信息、提供恰当的学习策略，为促进认知加工和知识建构创设前提条件。①Schnotz 的图文理解的整合模型可以解决部分多媒体学习认知理论模型无法解决的问题，对进一步揭示图文理解的过程机制具有非常重要的理论价值。第一，该模型解决了描述性与描绘性表征的关联性问题，认为两种表征系统并不是孤立隔绝的，而是存在互动沟通，但二者也不是结构的整合；第二，该模型在对语词和图像的选择过程中增加了“过滤器”，更加明确了注意、选择的作用机制；第三，图像与语词之间的整合是为建立命题表征和心理模型服务，此过程需要借助长时记忆中的认知图式，更加明确了学习者先前的知识、经验及个体差异对多媒体学习的影响；第四，该模型对 Paivio 的双通道处理模型进行了拓展，认为视觉通道不是图像的专有通道，听觉通道也不是语词的专有通道。可以认为，Schnotz 的图文理解的整合模型代表了多媒体学习在理论层面的最新发展。

当然，以上四种具有代表性的多媒体学习理论模型都存在一些不足，都是在双通道理论的基础上建构，没有考虑人机交互的行为，而交互是多媒体学习不可或缺的重要操作，也是多媒体最具特色之处。为此，国内学者对多媒体学习理论模型的构建也提出了自己的见解。例如，王晓丹②认为多媒体学习存在三条通道，即知觉加工通道（Perceptual processing channel）、语义加工通道（Semantic processing channel）和动觉加工通道（Kinesthetic processing channel），并构建了“P-S-K”三通道多媒体学习认知模型研究；李智晔③认为多媒体学习是一个认知学习与信息传播的综合过程，以视觉、听觉和交互三通道为信息加工通道，引入反馈要素，利用系统分析法、建构模型法，提出“多媒体学习的认知—传播模型”。同样，国内的基于三通道的多媒体学习理论模型仅仅停留在逻辑推演层面，缺乏有效的实验验证，其科学性尚待检验和深入考察。

由于多媒体学习理论模型的构建受到心理学、认知神经科学等学科发展的制约，截止目前，国内外都还没有非常完美的多媒体学习理论模型，应该说对多媒体学习的全面认识还任重道远。但可以肯定的是，以上模型从不同方面、不同层次为人们认清多媒体学习的真实面貌起到帮助作用。

---

① 郑旭东，吴秀圆，王美倩. 多媒体学习研究的未来：基础、挑战与趋势[J]. 现代远程教育研究，2013，(6)：17-23.
② 王晓丹. “P-S-K”三通道多媒体学习认知模型研究[D]. 宁波大学，2012.
③ 李智晔. 多媒体学习的认知——传播模型及其基本特征[J]. 教育研究，2013，(8)：112-116.

二、多媒体教学信息设计原则

多媒体学习效果与呈现方式密切相关。如何规范地呈现多媒体教学信息以支持学习者更好地组织、加工和建构知识，国内外诸多学者都在此领域进行了深入研究。国外以美国加州大学 Mayer 教授为代表，国内以天津师范大学游泽清教授为代表，二者都针对多媒体教学信息提出了相关的设计原则。

（一）Mayer 的 12 条多媒体教学信息设计原则

Mayer 和他的同事在十多年的时间里开展了 100 多项多媒体学习的实验研究。实验以行为观察法为主，学习者通过对多媒体学习材料学习之后，测试他们的识记（保持测验）和理解（迁移测验）程度，每项实验均多次重复，最终总结出 12 条多媒体教学信息设计原则，如表 2-1 所示。

表 2-1 Mayer 的多媒体教学信息设计原则①②

设计原则	具体含义
1. 多媒体认知原则	学习者学习语词和画面组成的多媒体信息呈现比学习只有语词的呈现效果更好
2. 空间接近原则	书页或屏幕上对应的语词与画面邻近呈现比隔开呈现可使学习者学得更好
3. 时间接近原则	相对应的语词与画面同时呈现比继时呈现能够使学习者学得更好
4. 一致性原则	当语词、画面和声音相互关联，不包含无关信息时，学习者学得更好
5. 通道原则	由动画和解说组成的呈现比由动画和屏幕文本组成的呈现能够使学习者学得更好
6. 冗余原则	学习者学习有动画加解说组成的呈现材料比学习由动画、解说加屏幕文本组成的呈现材料能取得更好的效果
7. 个体差异/个性化原则	设计效应对于知识水平低的学习者要强于对知识水平高的学习者；对空间能力高的学习者要好于对空间能力低的学习者；使用会话风格的多媒体材料进行学习，效果要好于使用一般的说明风格的多媒体材料
8. 分割原则	多媒体教学信息按照学习者学习步调分段呈现，学习者的学习效果会更好
9. 预训练原则	学习者掌握和了解了学习内容的主要概念的名称和特性之后，会从多媒体中学得更好
10. 强调原则	对重要内容的组织给予突出或强调可以提升学习效果
11. 声音原则	多媒体信息中的言语使用标准语比使用机器和外语进行解说，效果会更好
12. 图像原则	多媒体形式呈现信息时，讲解者的图像出现在屏幕上的学习效果并不一定优于没有图像出现时的效果

（二）游泽清的 34 条多媒体教学信息设计原则

自 2001 年以来，游泽清、王志军带领学术团队开展了大量的基础研究。由于天津师范大学建有全国多媒体技术开发与培训基地，并且团队成员长期担任全国多媒体课件

① [美]理查德·E. 梅耶. 多媒体学习[M]. 牛勇，邱香，译. 北京：商务印书馆，2006：237.

② Richard E. Mayer. The Cambridge Handbook of Multimedia Learning (Second Edition)[M]. Cambridge: Cambridge University Press, 2009.

大赛的评审工作，在 10 多年大量课件的评审中，积累了大量的实践经验；与此同时，开展了大量的实验研究，包括传统的认知行为实验、眼动实验和问卷调查等。其中，传统的认知行为实验，以反应时、认知负荷和答题正确率为评价指标；眼动实验以注视时间、注视点、注视次数、眼跳次数和瞳孔大小为评价指标；开展的问卷调查主要是采用 Likert-7 点量表，以积极性、参与度、满意度等内心感受为评价指标。截止目前总结出 8 个方面，共 34 条多媒体教学信息设计规则，如表 2-2 所示。

表 2-2 游泽清的多媒体教学信息设计原则①

设计总则	设计细则
1. 突出主体规则：画面呈现教学内容的基本规则是突出主体（主题）、排除干扰	**规则 1.1**：尽可能将主体置于画面的视觉中心或明显的位置
	规则 1.2：可以用异色、异质、异形来强调主体；也可用其他（精美制作、突出造型、扩大反差等）方式使主体引人注目
	规则 1.3：可以用多种媒体配合来烘托一个主体或主题
	规则 1.4：可以用多个镜头配合来表达一个主题
	规则 1.5：用解说配合画面时，画面呈现的内容与解说内容一定要同步，切忌解说强调“甲”，而画面内容呈现的却是“乙”
2. 有序变化规则：画面设计要遵循“单一时找变化，变化时找统一”的艺术规则	**规则 2.1**：对于进行组接的各画面，或者同一画面内各元素，应该重视这些内容中的共性和差异，尽可能将其中的可比性突出出来（即对比规则）
	规则 2.2：组接的各画面或同一画面内的各部分量感应该保持均衡（即均衡规则）
	规则 2.3：在组接的各镜头中，相同内容所用符号或相同设备的外形、色彩均应相同
	规则 2.4：用全景和特写表现某一主体的不同部位时，一般由全景画面确定其他景别画面的色调与音调
	规则 2.5：对于群体的形态（线、点或其他形态），可以通过变化来打破单一的格局，并且用一个或几个约定对变化进行规范，从而会产生预期的艺术效果
	规则 2.6：分割画面的原则是，在保证传递知识信息的前提下，尽可能体现“分割”的美，即由“块”的变化——统一原则体现出来的美
3. 匹配规则：对于不同专业学科和学习对象，要选择不同类型的媒体来表现教学内容	**规则 3.1**：将教学内容按照配体优势和用场分类，以此作为选用匹配媒体的依据
	规则 3.2：被选媒体均应围绕教学内容分工合作、优势互补，将多媒体教材的优势充分显示出来（即优势互补规则）
	规则 3.3：对于被选的文本、解说媒体，除注意与图形、图像配合外，还应充分发掘其语义美感的优势
	规则 3.4：对于不同水平的学习对象，要采用不同类型的媒体和不同的形式表现教学内容

① 游泽清. 多媒体画面艺术设计[M]. 北京：清华大学出版社，2009：229-240.

续表

设计总则	设计细则
4. 背景规则：背景对主体的影响；烘托主体、美化环境和不能对主体形成干扰	**规则 4.1**：屏幕文本背景和底色应与字色之间的明度差达到 50 灰度级以上
	规则 4.2：如果文本的背景有图案，则二者的内容或者匹配（即烘托主体）或者无关（即美化环境）切忌因歧义误导读者
	规则 4.3：配有背景音乐的课件，要注意三点：避免与教学内容无关的音乐旋律转移注意；避免音量过大听不清解说；当教师要讲授时，应有调小音量或关闭的功能。因此建议尽可能设置音量调节和静音开关
	规则 4.4：给课件配音响效果时要注意两点：将画面上的音响效果视为一种“真实的艺术”；配置与否和如何配置以教学效果为依据
	规则 4.5：给网页或者文本标题的背景添加一些运动因素，会使整个画面显得生动。但对运动因素的面积、色彩明度差、移动速度、重复频度要有所限制，以不喧宾夺主为底线
5. 文本规则：文本在屏幕上呈现要符合屏幕的阅读习惯，即要注意易读和缓解阅读疲劳（即“易读原则”）	**规则 5.1**：确保字色与底色的明度差大于 50 灰度级
	规则 5.2：合理第选用字体及其字号、字间距、行间距等特殊元素
	规则 5.3：屏幕上文本占用的信息区不超过整个屏幕的 60%~70%
6. 解说规则：注意屏幕解说与文本的共性和区别，要重视解说和其他媒体的配合运用	**规则 6.1**：设计、安排解说词的两条原则是，从教学需要出发和充分发挥解说词的优势
	规则 6.2：文本与解说配合时，要注意二者同步的问题
	规则 6.3：给讲演配字幕时，允许对无效冗余或不规范的口头语言进行修改在保持原意不变的前提下，可以适当增删或改动个别字、词，以保证文句的通顺和便于听众的理解
	规则 6.4：给图形、图像配解说时，应注意将解说的优势充分发挥出来
	规则 6.5：给解说配背景音乐时，应按照“背景三要点”处理
	规则 6.6：应该重视运用文字（包括解说与文本）的字义美
7. 色彩规则：色彩设计应注意三个方面：要满足教学内容的需求；要适应视觉习惯和心理感受；要按照色彩的特点及其搭配规则用色	**规则 7.1**：要按照色彩的特点、视觉习惯和教学需求选择色彩
	规则 7.2：背景与主体的色彩搭配需由内容而定：烘托主体时采用顺色（弱对比）；突出主体时强调反差（强对比），在这两种情况下，都应该把握好分寸
	规则 7.3：用色时，要注意色彩的色相、明度、纯度以及他们在画面上的面积之间的制约关系
8. 交互规则：运用交互功能的“亮点”，主要体现在“智能度”和“融入度”两个指标上	**规则 8.1**：在多媒体教材中设计交互功能，应该尽可能使学习者感到有求必应，有问必答
	规则 8.2：在多媒体教材中设计交互功能，应该注意供用户操作的“手柄”在画面上的呈现艺术

（三）述评

对比 Mayer、游泽清二位学者总结的多媒体教学信息设计原则，有以下几点认识：

1. 二者结论存在交集

Mayer 从多媒体学习认知加工的角度，游泽清教授侧重从多媒体艺术鉴赏的角度，虽然二者的研究出发点或视角不一致，但结论却存在诸多交集，体现在：

多媒体认知原则与规则 1.3、规则 1.4 类似，都指出采用多媒体比使用单一媒体的效果更好，体现了在教学中利用多媒体的优势和必要性。

空间、时间接近原则与规则 1.1、规则 1.5、规则 2.6、规则 6.2、规则 7.3 类似，都指出多媒体的呈现要注意空间位置、时间先后的问题，Mayer 指出在空间、时间上多媒体呈现要接近；游泽清则更为明确，在空间上要突出主体，在时间上要尽量同步。

一致性原则与规则 1.5、规则 2.3、规则 4.2、规则 6.2、规则 6.3 类似，都指出多媒体画面中的各要素之间应保持“语义”相关，无关的内容会损害多媒体学习效果。

个体差异/个性化原则与规则 3.1、规则 3.2、规则 3.4、规则 7.1 类似，都指出多媒体学习应该考虑到学习者已有的学习风格特点、多媒体教学信息的设计要选择合适的媒体，教学内容与媒体效果的相匹配。

分割原则与规则 2.1、规则 2.2、规则 2.6、规则 5.3、规则 8.1 类似，都指出多媒体教学信息分割呈现的重要性，并且后者给出了分割的具体方法。

强调原则与突出主体原则、声音原则与解说原则类似，并且后者给出了非常详细的操作方法。

2. 二者结论可互补

Mayer 总结的多媒体教学信息设计原则，实质上是回答了与多媒体有关的四个基本问题：多媒体起作用吗？多媒体何时起作用？多媒体对谁起作用？多媒体如何起作用？其中，多媒体认知原则针对第一个问题，空间接近、时间接近、一致性、通道原则、冗余性原则针对第二个问题，个体差异/个性化原则针对第三个问题，所有的原则是对第四问题的整体回答。特别是 Mayer 提出通道、冗余原则，明确了视听觉有各自的加工通道，各加工通道应该配合工作，同时减少不必要的认知负荷应该作为多媒体教学信息设计的首要考虑的基本问题。

游泽清总结的多媒体教学信息设计原则，实质上是回答了图、文、声、像及交互基本要素如何构成多媒体画面这一基本问题。特别是有序变化原则、背景原则、色彩原则、交互原则，这些都是 Mayer 总结的规则中未曾有的。显然，Mayer 侧重于从理论层面对多媒体学习效果进行解释，游泽清侧重于从实践层面对多媒体学习资源进行设计。Mayer 与游泽清二者总结的多媒体教学信息设计原则从结论上既存在交集，又存在互补，二者对多媒体学习具有重要的指导意义。

3. 启示

从二者的出发角度看，为什么 Mayer 从认知心理（知识内容的认知加工设计）角度、游泽清从艺术鉴赏角度，二者角度不一却提出存在诸多一致的结论？本研究认为，从认知与艺术的内在逻辑关系来讲，一方面，知识内容的设计是否遵循多媒体学习认知规律，多媒体信息的呈现是否遵循多媒体画面的设计规律，都会对学习效果产生根本性的影响；另一方面，在当今社会中，设计应该被认为是一个技术或艺术的活动，技术产品正在迅速向艺术产品靠拢，从现代设计学看来，认知设计与艺术设计的界限越来越模糊。因此，后续的多媒体教学信息原则的构建既要考虑认知因素，也要考虑艺术因素，二者在多媒体教材的设计过程中是不可割裂的统一整体。

从二者的研究思路看，Mayer 的多媒体教学信息原则的构建是基于多媒体学习理论模型的预测设计效果，再通过一定数量的学习保持测试和迁移测试进行实验验证；而游泽清是基于多媒体画面中各要素的构成设计效果，再通过大量的鉴赏、传统的认知行为实验、问卷调查，近年来王志军带领该团队又开展了大量的眼动实验进行验证。总的看来，其一，二者都需要通过大量的实验研究，并且实验手段采取传统的认知行为与现代的眼动跟踪技术相结合，唯此结论才具有可靠性；其二，多媒体教材的设计不能仅靠少数的几条原则，设计原则必须形成系统性，期待更多的后续研究成果补充进来。

从二者的已有成果看，这些原则大多是针对如何规范呈现多媒体教学信息，使之符合认知规律和审美规律，但在如何引导学习者完成知识的意义建构，尤其是引导和促进学习者认知方面的规则还处于空白。多媒体促进高阶学习的潜在优势在已有的设计规则中并未得到体现和有效应用，因此后续的规则研究应该把解决此问题作为重要的研究方向。

第二节　图文研究

图文关系是视觉文化时代的重要论题，图文设计是教学信息可视化呈现的重要步骤。从传统的纸质教科书到现代的多媒体教材，图文关系直接影响到图文的设计取向，特别是画面版式布局和知识传递策略。为此，拟从图文关系、图文呈现两个方面对图文的相关研究进行综述，并对已有成果予以评述。

一、图文关系研究

图文关系似乎是一个古老的话题，对已有研究成果进行归纳整理，发现人们主要从四个角度对图文关系进行研究，依次是哲学、符号学、多模态语篇和文化视角。

（一）哲学视角

在古希腊时期，哲学家柏拉图和亚里士多德就提出摹仿理论，这是迄今为止对图文关系的最早阐述。[①②]他们认为，摹仿是人们构建世界的基本方式，实物是对理念的摹仿，

① 柏拉图. 理想国[M]. 北京：商务印书馆，1986：268-271.

② 亚里士多德. 亚里士多德全集（第九卷）[M]. 北京：中国人民大学出版社，1994：641.

而图像和文字则是对实物的摹仿，摹仿物像与不像体现了其艺术价值。“真实”大部分是建立在“摹仿”意义之上，是指陈述与被陈述的对象之间的一致性，陈述与被陈述的对象越“像”，则越真实。对图文关系而言，图像和文字都是以符号的形式摹仿被陈述的对象，而符号本身的价值被摹仿物所遮蔽。①可以认为，在柏拉图和亚里士多德开启的哲学传统中，无论图像还是文字，由于其最终的目的都是指向被陈述对象，二者所代表的意义是一致的，二者的关系也是和谐一致的。图像的呈现传达了文字的概念，文字的概念则规定了图像的意义，图文结合使人们对某实物的认知成为可能。②摹仿理论的影响无疑是巨大的，直接影响了两千多年的图文实践，形成了图文共存、图文意义一致、图胜于文的设计取向。

（二）符号学视角

直到近代，柏拉图的图文观受到越来越多学者的批评。瑞士语言学家索绪尔认为，文字（语言）是一种符号系统，符号由能指和所指两部分组成，所指的就是概念；能指是声音的心理印迹，或音响形象。因此，符号和物的关系是能指和所指之间的联系，这种联系并不是摹仿，而是约定俗成、往往是任意性的。③格式塔心理学美学代表人物阿恩海姆也曾指出，被视觉所感知的图像也不能通过距离、大小、位置、形状、色彩、波长等去描述。也就是说图像的表现和意义本身无法被文字述说，只能凭人的直觉去感知去理解。④索绪尔、阿恩海姆把图像、文字当作符号，突出符号的价值，而且阐述图文之间的关系并非完全是和谐一致的。

在索绪尔的语言符号学理论启发下，法国当代杰出的符号学家巴尔特对图文关系做了深入的阐述。巴尔特主要以图文广告、新闻摄影、新闻报刊等为基本语料，通过仔细观察和分析后，认为图文之间存在三种关系：锚定（anchorage）、说明（illustration）和接力（relay）。⑤锚定是指由于图像的意义漂浮不定，文字语言可以克服图像符号的不确定性和多义性，图文之间的关系是图像起决定性的意义功能，文字支持图片；说明是指文字占支配地位，而图像处于附属地位，图像起支持文字意义的功能；接力是指图文传达不同的内容，通过互补、协作，在更高的层次整合或创造出新信息，图文之间地位平等，没有明显的主次关系。

（三）多模态语篇视角

随着多媒体技术的兴起，图文并茂的多模态表达方式影响了人们的阅读习惯和思维方式。近年来不少学者从符号学出发，把语言符号的特性扩展到图像、声音、动作等多模态语篇。多模态语篇是指通过一种以上符号编码实现意义的语篇⑥，多模态语篇视角实际上是符号学视角的拓展。

① 陈力丹，王亦高. 论图文关系的历史变迁——以柏拉图式的图文观为先导[J]. 现代传播，2008，(4)：14-17.
② 余虹. 艺术与归家——尼采・海德格尔・福柯[M]. 北京：中国人民大学出版社，2005：231.
③ 费尔迪南・德・索绪尔. 普通语言学教程[M]. 北京：商务印书馆，2002：102-106.
④ [美]鲁道夫・阿恩海姆. 艺术与视知觉[M]. 滕守尧，朱疆源，译. 成都：四川人民出版社，1998：3，9.
⑤ Barthes, R. Image Music Text[M]. London: Fontana Press, 1977: 41.
⑥ Kress, G & T van Leeuwen. Reading Images: The Grammar of Visual Design [M]. London: Routledge, 2006: 177.

在多模态语篇中，从功能看，Carney 和 Levin 认为图像有五种不同的功能，分别是装饰、再现、组织、阐释和转换。①装饰是指图像用来点缀画面、修饰文本，图像和文字不存在必然的关联；再现是指图像用来部分或完整描述文字内容，图像和文字内容部分相同；组织是指图像用来展示文字的结构信息，使文字具有结构、逻辑和形象等特性；阐释是指图像用来解释难以理解的文字材料；转换是指图像中含有直接解读文字的信息，含有可提升学习者记忆文字的信息。

在多模态语篇中，从逻辑语义看，Martinec 和 Salway 认为，图像和文字之间存在地位关系和逻辑语义关系。②地位关系包括平等与不平等，在平等关系中，图像和文字既独立又相互补充；在不平等关系中，一种处于支配另一种处于附属。逻辑语义关系包括扩展和投射。扩展是指一种模态在内容上对另一种模态的拓展；投射是指一种模态在内容上对另一种模态的重复。其中扩展又分为详述、延伸和增强，投射分为话语和思想。

在多模态语篇中，从语篇信息看，Schriver 认为，图像和文字之间存在冗余、互补、增补、并置和布景五种关系。③冗余是指图像信息与文字信息所表达的内容之间意义相同或相近；互补是指图像和文字表达的内容不同，但二者通过相互协作帮助学习者理解信息；增补是指一种模态处于支配地位，表达主要信息，另一种模态则详细说明或阐述处于支配地位模态的内容；并置是指两种模态同时呈现，通过组合的碰撞产生意想不到的效果，使每种模态之间的张力表达出来；布景是指一种模态为另一种模态的出现提供语境框架，这种框架可以使学习者预测后面的内容或可能要呈现的观点。

（四）文化研究视角

电影、电视、摄影、摄像、微视频等与图像相关的视觉符号笼罩人们的生活，大量的图文读物冲击我们的视觉感官，人们越来越倾向于直观形象的图像阅读，从而冷落了文字阅读的爱好。芝加哥大学教授米歇尔于 1992 年指出，在人文科学、公共文化领域，正在发生一次复杂的转变，即图像转向。④所谓的“图像时代”“读图时代”“视觉时代”等提法在学术界甚嚣尘上，如此便造就了“图像霸权”时代。

不管是理论还是实践，对图像的地位和作用不正确的估计，必然会导致图文关系的错位。随着后续研究的进一步开展，文化研究者理性看待和分析图像泛化的现象，特别是对“图文抗衡”问题深入探讨，发现图像文字不存在孰优孰劣的问题，强调图文关系不是非此即彼的对峙状态。图文二者既“竞争”又“勾结”，即图文有各自的质的规定性，

① Carney, RN&Levin, JR. Pictorial illustrations still improve students' learning from text [J]. Educational Psychology Review, 2002, 14 (1): 5-26.

② Martinec, R&Salway, A. A system for image—text relations in new media[J]. Visual Communication, 2005, 4 (3): 337-371.

③ Schriver, KA. Dynamics in document design: creating text for readers[M]. Willey Computer Publishing, 1997.

④ [美]W. J. T. 米歇尔. 图像理论[M]. 陈永国，胡文征，译北京：北京大学出版社，2006：2-3.

又同时互文和和谐共生。[①]国内众多学者李烨鑫[②]、董琦琦[③]、郗璨璨[④]、蒋建梅[⑤]等都一致认为，图像和文字作为两大叙事系统，两者彼此依存，互为阐释，建构和谐共生的图文关系对促进信息传播和文化交流具有重要作用。

（五）述评

技术的发展的确使图像的生产、传播和接受变得非常重要和普遍。由于图文关系在技术的影响下变得异常的纷繁复杂，为此，需要从不同的视角对之进行梳理，才可能对图文关系的认识更加全面。以上归纳的四个视角，其中柏拉图的图文观是进行图文关系分析的起点，其他视角以此为基础，彼此传承、相互补充，既反映了图文关系随着时间的推移在不断发展演变，也表明图文关系在不同的应用场合或语境中具有各自的话语体系。

通过上述的图文关系分析，从理论层面可以确立合理的图文设计取向——图文融合设计观：即图文之间不是排斥对立，而是既要强调各自的特质，又要突出优势互补、相辅相成、相互渗透，形成合力并发挥最大效能。需要进一步指出的是，上述对图文关系的研究主要集中在思辨或宏观分析，实际上，图文关系研究不仅仅是理论层面讨论的逻辑话题，在应用层面尤其是实践操作层面应该形成图文设计与分析的指导框架，使图文关系研究走向精细化、实用化和系统化，这些都尚待后续的进一步研究。

二、图文呈现研究

无论是多媒体教材还是传统的纸质教材，图、文都是其构成的基本要素。在现代的教学环境中，人们凭直觉经验就可以推断媒体的综合作用可以给学习带来好的体验，但同时也认为图文呈现并不是随意的，应该具有一定的规律性。为此，世界各国的学者都对图文呈现进行了大量的科学实验研究，并取得了一定的成果。

（一）研究情况概述

在插图有效性方面，学术界很早就着手研究。美国学者 Levie 和 Lentz 从 3000 多个实验研究中总结出结论，即含插图的教科书的教学效果要优于纯文字的教科书。[⑥]Mayer 同样发现，学习者在解释课文内容时，有插图比无插图要好得多，并且插图对低能力学习者的帮助尤为明显。[⑦]Willows 经过分组实验发现，纯插图和纯文字的教科书的效果都不大好，二者之间也没有显著性差异。[⑧]沈德立对初中生阅读有无插图课文进行了眼动

① 李烨鑫. 矛盾场域理论视野下的图文关系[J]. 河南社会科学，2012，(7)：92-94.

② 李烨鑫. 图像化时代的图文关系研究[D]. 华中师范大学，2012.

③ 董琦琦. 在疏离与聚合之间——图文关系考辨及相关问题研究[J]. 江西社会科学，2012，(8)：76-81.

④ 郗璨璨. 论读图时代下新闻图片与文字的竞合关系[J]. 西南科技大学学报(哲学社会科学版)，2012，(12)：101-108.

⑤ 蒋建梅. 图像时代和谐图文共生关系的建构[J]. 现代传播，2010，(4)：13-16.

⑥ 曾天山. 国外关于教科书插图研究的述评[J]. 外国教育研究，1999，(3)：20-23.

⑦ Mayer, R. E. Different Problem-solving competencies established in learning computer programming with and without meaningful models[J]. Journal of Educational Psychology, 1975, 67：725-734.

⑧ 曾天山. 国外关于教科书插图研究的述评[J]. 外国教育研究，1999，(3)：20-23.

研究，结果表明，有插图课文在阅读理解指标和眼动指标上都优于无插图课文。①

在图文编排方面，不少研究者发现了时间邻近效应和空间邻近效应，认为图像和文字在时间上同步和在空间位置上邻近排列可以提高学习成绩。②③④国内研究者李可亭⑤、陈铮⑥、高燕⑦等人通过实验对邻近效应进行验证，取得一致效果。王福兴等人对邻近效应进行了解释，认为图文的邻近效应影响了学习者的注意分配，有助于图像和文字信息的注意联结和知识整合，从而促进了学习者对知识的识记和理解。⑧另外，李成通过对比试验发现，在众多位置中，插图位于文字左侧的效果最优，插图位于文章上方和下方的效果最差。⑨而曹卫真等人发现学习者在浏览图文类教学网页时，先注视文字后再看图片；其中，理工类大学生对"图下文上"图文搭配方式的阅读理解效果更佳，而文史类大学生对"图右文左"图文搭配方式的阅读理解效果更佳。⑩有学者对图文编排的面积比例进行研究，发现图文面积比对认知效应有显著影响。图像面积比例越大，受注视的次数也越多，但由于图像具有一定的整体性，即使注视少也可理解其中的部分信息，所以对认知理解的正确率不会产生影响。⑪

在图文相关性方面，大多数研究得出的结论是：图像与文字内容的相关性越高，学习者对知识的理解程度也越高。也有研究指出，图文相关对不同认知风格的学习者的影响不尽相同。如费广洪、王细英、龚桂红通过实验发现，图文相关程度对场独立型学习者的阅读成绩无显著影响，但对场依存型学习者影响显著。⑫

在图文色彩方面，大多数研究得出的结论是：彩色图像比黑白图像使学习者可以获得更好的学习体验，但改进学习效果的作用不明显。而 Dwyer 和 Lamberski 指出，如对图像的细节或关键点进行彩色加工，可促使学习者忽视无关的或多余的信息，将知识信息组织或分类成有意义模块，帮助他们接受和保持，从而改进学习效果。⑬有研究认为，颜色可以作为图文呈现的一种线索，可以建立图文信息之间的关联，从而形成更多的联

① 沈德立，陶云．初中生有无插图课文的眼动过程研究[J]．心理科学，2001，（4）：385-388.

② Ayres, P., & Sweller, J. The split-attention principle in multimedia learning. In R. E. Mayer (Ed.), The Cambridge handbook of multimedia learning[M]. Cambridge: Cambridge University Press, 2005: 135-146.

③ Mayer, R. E., & Moreno, R. A split-attention effect in multimedia learning: Evidence for dualprocessing systems in working memory[J]. Journal of Educational Psychology, 1998: 90 (2), 312-320.

④ Mayer, R. E. Multimedia learning[M]. Cambridge: Cambridge University Press, 2001.

⑤ 李可亭．材料呈现方式对阅读困难儿童多媒体学习效果的影响[J]．中国特殊教育，2013，（9）：46-49.

⑥ 陈铮．信息呈现方式和学生的认知风格对多媒体环境下科学学习效果影响的实验研究[D]．西南师范大学，2001.

⑦ 高燕．插入动画对学生记忆和问题解决成绩的影响研究[D]．东北师范大学，2004.

⑧ 王福兴等．邻近效应对多媒体学习中图文整合的影响：线索的作用[J]．心理学报，2015，47（2）：224-233.

⑨ 李成．大学生图文阅读中插图效应的眼动研究[D]．吉林大学，2009.

⑩ 曹卫真等．常见教学网页图文搭配方式对记忆效果影响的研究[J]．电化教育研究，2012，（2）：93-100.

⑪ 李晟．教学课件图文布局及背景色的眼动个案研究[D]．广西师范大学，2011.

⑫ 费广洪等．图文相关性对不同认知方式大学生阅读影响的眼动研究[J]．心理学报，2013，45（7）：783-789.

⑬ Dwyer & Lamberski. A review of the research on the effects of the use of Color in the teaching-learning process[J]. International Journal of Instructional Media, 1982-1983, 10: 303-328.

结或网络，减少不必要的搜索过程。[①②]

在字号、行间距及呈现速度方面，王志军认为，（1）字号、行间距和呈现速度每种属性都有最合适的数值设置范围，它们对阅读效果都有显著影响；（2）阅读正确率和呈现速度成反向变化，在低速阶段对正确率影响不大，但随着速度的增高正确率加速下降；（3）行间距变化会影响阅读正确率，行间距较密区间阅读正确率较低且缓慢变化，在中部区间阅读正确率较高且变化较快，行间距过大阅读正确率反而有所降低；（4）随着字体的逐步变大，阅读正确率经历了增高、平稳、再增高、再平稳的变化过程。[③]白学军等人认为字号因素在阅读成绩上的差异不显著，关于字号的研究没有取得一致的结论，但相对而言被试者更偏爱 20 号字；在呈现速度和字号的交互作用影响下：（1）字号的主效应显著，字号越大越有利于阅读；（2）呈现速度的主效应显著，慢速更有利于阅读；（3）呈现速度和字号的交互作用显著，慢速和中号、慢速和大号更有利于阅读。[④]

（二）述评

从图文呈现的研究手段、方法看，早期的研究主要是通过访谈、问卷调查、测量（反应时、正确率）等传统手段，但近十几年来利用眼动仪对图文呈现效果的研究已经形成主流。眼动技术是实时的研究技术，可以从学习者的眼动轨迹中提取注视点、注视次数、注视时间、瞳孔大小、眼跳距离等数据，为研究学习者的内在认知过程和特点提供依据，使用该手段得出的实验结论更具科学性，应该说是一种比较有效的研究手段。近年来，利用 EEG、ERP 等认知神经科学仪器进行多媒体学习研究逐渐增多并迅速发展，该研究手段的好处在于提供学习者学习过程中脑部活动的生物生理证据，用来还原、追溯和解释多媒体学习现象。由于研究手段直接关系到研究的科学性、准确性和可靠性，因此在后续的实验研究中应根据需要，采取多种研究手段相结合，从知觉和认知双重视角开展相关研究。

从图文呈现的研究内容看，主要集中在图像有无的比较研究、彩色图像与黑白图像的比较研究、图文位置变化引起学习效果的变化研究、图像文字呈现速度和文字字号对阅读的影响研究、图文相关性对学习效果的影响研究、学习者个性特征和已有水平和不同难度学习材料对学习效果的交互影响研究等。大多数研究得出了图像效应显著、彩色图像优势、邻近效应显著、阅读水平随着图文相关性增强而提高的结论。先前研究取得一定成果，但存在以下不足，具体表现在：（1）针对阅读教学较多，和具体学科相结合较少；（2）研究视角过于狭窄、研究层次有待深入，对图文之间的因果链接，尤其是对图文在注意导向、结构组织、知识元素整合、概念构建、问题解决的作用研究缺乏；（3）静态图文搭配的研究过多，动态图文研究较少，如字体字号研究过多，但对超本文的信

① S. Kalyuga, P. Chandler, & J. Sweller. Managing split-attention and redundancy in multimedia instruction[J]. Applied Cognitive Psychology, 1999, (13): 351-371.

② 小林重顺著，季军编译. 色彩心理探析[M]. 天津：人民美术出版社，2006：45.

③ 王志军. 多媒体字幕显示技术的实验研究[J]. 中国电化教育，2003，（7）：83-85.

④ 白学军等. 窗口大小、呈现速度和字号对引导式文本阅读的影响[J]. 心理科学，2011，34（2）：278-283.

息组织研究较少，对基于动画、视频等其他动态表征图像的研究较少。

第三节 可视化促进认知的相关研究

可视化促进认知的相关研究主要集中在思维可视化领域。为了解思维可视化在我国教育教学领域中的研究与应用现状，选取中国知网（www.cnki.net）的全文数据库，为使文献收集和研究更加完整、准确，在中国知网的高级检索中，检索了以“思维可视化”为篇名，或者在文献摘要中出现“思维可视化”一词，截止 2015 年 10 月，共检索 163 篇文献，并将文献作者、题名、文献来源、关键词、摘要导出到 Excel 表格进行处理。笔者对以上文献做了数据筛选，剔除了广告、报道、访谈、一稿多发（合并为 1 篇）以及与“思维可视化”主题无关的文章，最后选定 147 篇作为研究样本，并对样本来源、发表时间、研究内容、研究方式及关注问题等方面进行统计、分析。

（一）文献总体分布情况

在全部的 147 篇文献中，其中会议论文 2 篇，学术期刊论文 120 篇，学位论文 25 篇，具体比例如图 2-6 所示，绝大多文章来自学术期刊。需要特别指出的是，以张际平、刘濯源为领衔的华东师范大学“未来课堂”项目研究团队在《中国信息技术教育》杂志连载系列文章 13 篇，对思维可视化理论及其教学应用模式、教学实践进行了探索，引起众多学者、各类教育机构和部门的极大关注。

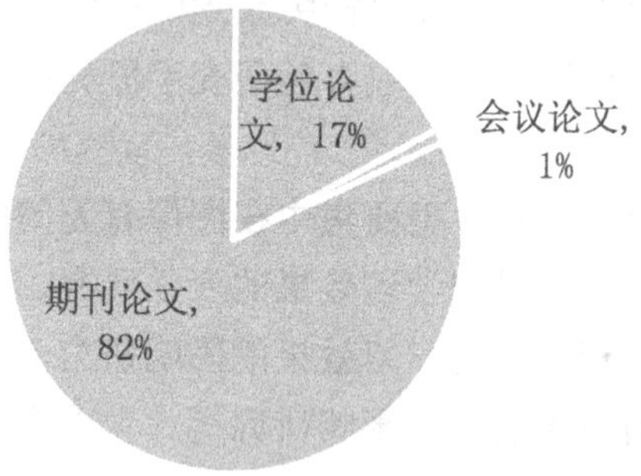

图 2-6 文章来源分布

国内最早对“思维可视化”的教学应用并对该词进行详细阐述是在 2004 年，南京师范大学教育科学学院庄严提出科学探究中“思维可视化”学习活动的设计。[1]如图 2-7 所示，从 2004 年至 2015 年 10 月相关文章篇数总体呈曲折上升趋势，表明思维可视化不断受到的关注，尤其是 2012、2013 年陡然上升，其主要原因是：一方面，思维导图在各学科教学中得到广泛应用，并取得一定实效；另一方面，研究者从先前的思维导图的知识可视化研究逐渐转向于发展学习者的思维能力研究。

① 庄严．“思维可视化”的活动设计[J]．科学课（小学版），2004，(12)：32-34.

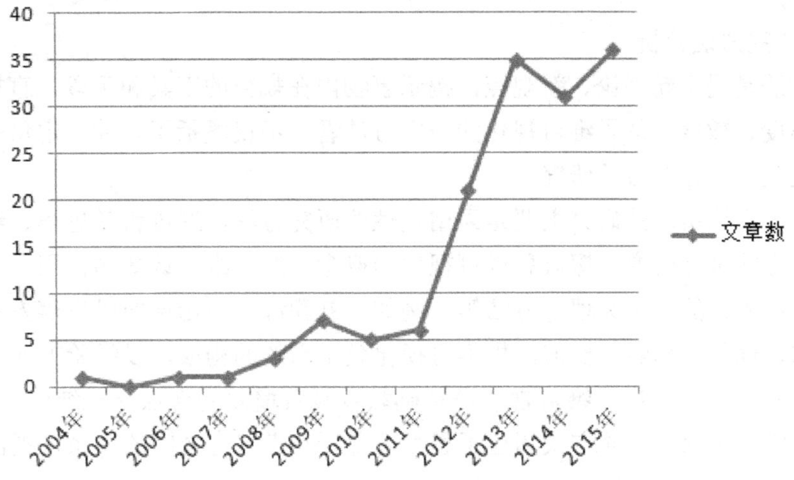

图 2-7 样本文献发表时间分布

（二）研究内容分析

分析样本文章的内容，发现大致可分为两大类，一类是对思维可视化的宏观研究（未说明具体的应用学科），共计 58 篇，约占总数的 39%；另一类是对思维可视化在具体学科中的教学应用研究，共计 89 篇，约占总数的 61%。思维可视化在诸多学科中都有应用，其中以物理、化学、数学、科学等理工学科居多；在文科中，英语学科最多。表明思维可视化更适合在理工科中应用，虽然在文科学科中也有涉及，但数量较少，涉及的学科面也较窄。图 2-8 是思维可视化研究的学科分布及篇数。

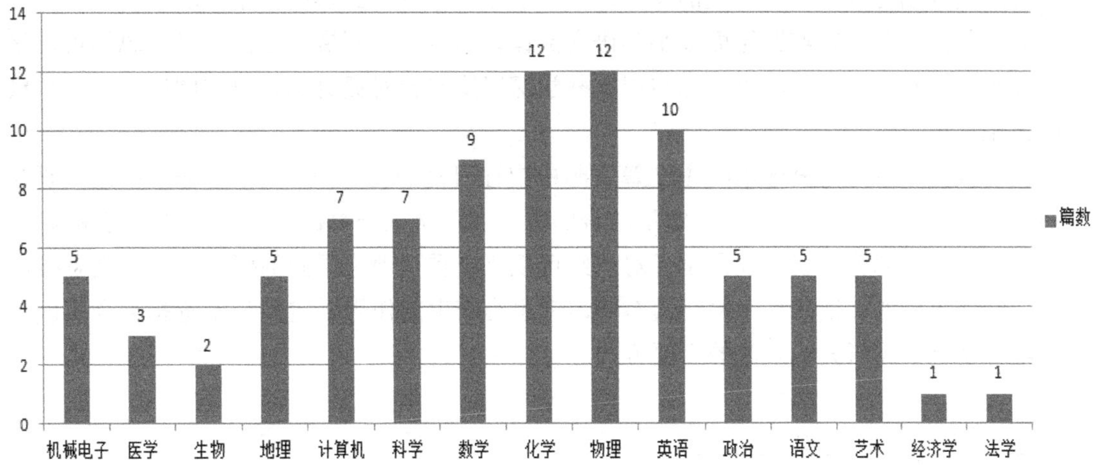

图 2-8 思维可视化研究的学科分布及篇数

对文献的研究内容及关注的问题深入分析，发现大部分都集中在讨论如何利用思维导图、概念图工具来表征知识、加强记忆、促进理解方面，此类文章的数量比率高达 80%，而对思维可视化技术支持下问题解决的思维方法、思维过程、思维能力的培养及提高的研究明显不足。

（三）研究方法分析

研究方法是提出新理论、新观点，揭示事物内在规律的工具和手段，直接关系到研究结论的信度、效度。从思维可视化的研究方法看，不仅囊括了定性、定量的研究，也有定性与定量二者相混合的研究。

宏观的、理论层面的研究主要是采用定性的研究方法，通过哲学思辨、经验总结、概念演绎等方式进行研究，探讨思维可视化的概念、对思维和认知的作用及在教学中如何运用思维可视化的基本原理、方法等。例如，刘濯源在理论层面以思辨方式阐述了思维可视化的显性价值和隐性价值，思维可视化教学系统的构成，以经验方式总结了思维可视化的图示方法，得出思维可视化是基础教育减负增效新支点这一结论。①此外，刘濯源以纯思辨、概念演绎的方式阐述了思维可视化与学习力之间的关系，提出基于思维可视化的中小学生学习力发展策略。②

具体的、学科应用的研究主要是采用定量的研究方法，通过调查研究、设计教学案例、设计实验得出结论。例如，孙静对高中艺术生关于思维可视化技术与交互式电子白板用于数学学习情况进行问卷调查，得出在数学习题课的讲解过程中，教师恰当使用思维导图符合艺术生思维形象性的特点，可以帮助他们理清解题思路的结论；③林玉环以《抵抗弯曲》教学案例为例，对技术支持下小学科学实验中高年级学生高阶思维可视化的具体做法进行了案例设计，构建了思维可视化教学实践的基本框架，并通过对比实验得出思维可视化有利于促进高年级学生的科学探究和动手操作能力发展的结论。④

定性与定量二者混合的研究在理论和实践结合类论文中非常普遍。例如，王志军从理论层面提出思维可视化课堂的概念，探讨了思维可视化课堂的技术实现及实施方法、策略。与此同时，在实践层面以小学语文阅读教学为例，开展了近四个月的思维可视化实践教学，初步证明思维可视化与课堂教学深层次整合对促进小学语文阅读教学有积极的效果。⑤

从数量上看，研究样本的 147 篇文献中定性研究的有 53 篇，约占 36%；定量研究的有 14 篇，约占 10%；定性与定量结合的有 80 篇，约占 54%。定性与定量结合的研究占了绝大多数部分，表明我国学者对思维可视化既重视理论层面的研究，也重视思维可视化实践应用的实证研究，检验其对学习者思维产生的作用。定性与定量相混合应该是思维可视化后续研究中采取的主要方式。

---

① 刘濯源. 思维可视化：减负增效的新支点[J]. 中小学管理，2014，(6)：10-13.

② 刘濯源. 当学习力遇到思维可视化——基于思维可视化的中小学生学习力发展策略[J]. 基础教育参考，2014，(21)：7-10.

③ 孙 静. 思维可视化与交互式教学在高中艺术生数学课堂的应用[D]. 苏州大学，2013.

④ 林玉环. 技术支持下的小学科学中高年级学生高阶思维可视化研究[J]. 教育信息技术，2015，(6)：17-20.

⑤ 王志军，温小勇，施鹏华. 技术支持下思维可视化课堂的构建研究——以小学语文阅读教学为例[J]. 中国电化教育，2015，(7)：116-121.

（四）述评

思维可视化需要人们运用一系列可视化技术或工具，借助图示手段把思维过程清晰地呈现出来。虽然很多学者以思维可视化为主题进行研究，但从实际研究中存在诸多不足，具体体现在：

第一，已有研究过于重视可视化工具在知识表征的研究，利用可视化工具改善知识的呈现方式方面的研究过多而对如何提高学生认知、思维方面的研究过少，一些以思维可视化为主题的研究实质上是知识可视化的研究。

第二，已有研究往往把思维可视化技术、工具局限在图示（思维导图、概念图等）手段，实质上图示只是思维可视化手段的一种，实现思维可视化还需借助文本表征、交互表征等。

第三，知识的传播、呈现有着向复合媒介形式纵深发展的趋势，图文融合设计符合未来的发展趋势，但当前缺乏对图文融合设计原则、设计方法的研究。

第四，在思维可视化的实验研究中，数据的收集主要是通过问卷调查、访谈、试题测验等传统方法，利用现代眼动仪观测学习者学习行为在该研究领域还未形成主流。

思维可视化作为提升学习者思维能力的基本途径逐渐得到广大教育工作者的认同，由于其潜在功效和应用前景非常广阔，关注度会越来越高。随着可视化技术的不断发展、可视化工具的不断更新，在后续的研究中需要：（1）避免重理论轻实践或者重实践轻理论的研究，做到理论与实践的深层次结合，使思维可视化的研究不断深入；（2）思维可视化应该在知识可视化的基础上，着重解决可视化技术支持下问题解决的思维方法、思维过程、思维能力的培养及提高等与“思维”相关的问题；（3）着重研究有利于思维可视化的图文融合设计（表征）的原则或方法；（4）研究过程中需要定性与定量相结合，传统测量方法与现代测量方法相结合，使研究结论更具科学性、准确性和可靠性。

第三章　多媒体画面设计的相关理论及启示

多媒体学习是通过对多媒体画面的呈现，学习者利用感觉通道（如视觉和听觉通道）接收信息、进行信息加工的学习过程。多媒体画面的设计要遵循认知心理、可视化相关理论的基本原理以及多媒体画面语言学理论。认知心理相关理论包括视觉思维理论、双重编码理论、新双重编码理论、工作记忆模型、认知负荷理论；可视化相关理论包括知识可视化理论、思维可视化理论。教育图文融合设计规则的构建应该从上述理论中汲取丰富的营养。

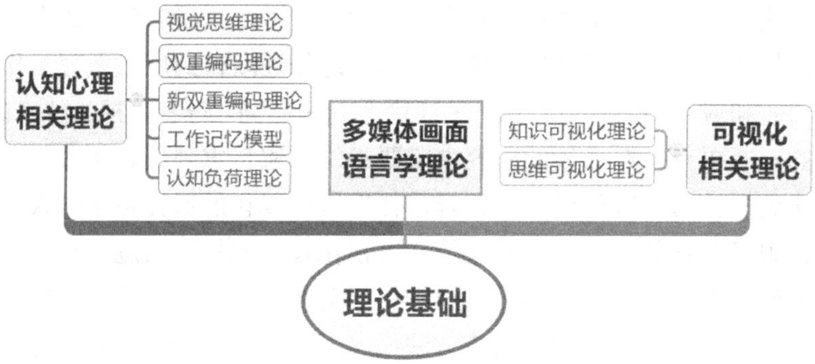

图 3-1　多媒体画面设计的理论基础

第一节　认知心理相关理论

一、视觉思维理论

（一）视觉思维的基本原理

视觉是人类认识活动中最有效的知觉感官。视觉思维（Visual Thinking）最早是由美国哈佛大学艺术心理学教授鲁道夫·阿恩海姆从审美直觉心理学的角度，在其著作《视觉思维——审美直觉心理学》中明确提出。

在提出视觉思维概念之前，知觉和思维两者之间是割裂的，学术界普遍认为感知是一种低级的心理活动，只是对外界事物的被动复制；思维才是一种高级的认识活动，只有它才能揭示事物的本质。直到 20 世纪 60 年代末，在认知心理学和格式塔原理的基础上，阿恩海姆大量利用艺术作品材料，开展了大量的知觉心理学实验，探究了视知觉的理性功能，认为一切视知觉活动都包含思维，没有哪一种思维活动能够独立于视知觉活动，即视知觉就是视觉思维。①视觉思维是指以视觉意象解决问题的一种思维方式，对所获得的视觉感知进行筛选产生视觉意象，以此为中介构建知觉与思维之间的沟通桥梁，从而摆脱已有的认知规范，使认识主体直接感受来自外界的视觉感知，充分发挥认识主体的创造性和主观能动性。②目前，视觉思维理论已经得到生理学、心理学等相关实验证据的有力支持。

具体而言，视觉思维的基本观点是：

（1）视知觉具有选择性和灵活性

阿恩海姆认为，视知觉不是对刺激物的被动复制，而是积极的理性活动。③

人在对刺激物注视的过程中，注意力聚集在他所感兴趣的地方，当寻找目标或解决特定的问题时，需要对信息进行视觉搜索，在人眼运动下不断调整搜索路径，探寻获取信息的最佳路径。由于与注意过程关系密切，视觉思维的本质是注意力分配的过程。

（2）视知觉在注视中解决问题

阿恩海姆认为，目标出现在观看者的视域范围，一方面可能是目标比周围的其他事物更加突出，另一方面是契合了观看者的需要。由于问题的解决需要对解决问题所面临的情景进行“重新构造”，因此当问题产生时人们便会产生关于解决问题的意象，而目标进入视域中心后，只需发挥视觉的选择功能、对注视中心做调整和移动，将意象与环境中的事物相结合从而找到解决问题的方法。④

（3）视知觉具有理解力

阿恩海姆认为，视知觉认识活动是对信息进行积极的探索、选择、简化、分析、综合、抽象后的存储和加工。视知觉是一种积极的理性活动，视觉感官总是有选择地使用自己。被认为具有理解力的“思维”实质上是视知觉的基本构成成分。反过来讲，“思维”的认识活动也并不比视知觉具有更高级的心理能力的特权。一言以弊之，视知觉本身具有理解力。

（4）视觉意象是视觉思维的媒介

视觉思维需要借助视觉意象进行，没有意象，则思维难以进行。意象，作为所有思维活动的重要中介，是视觉思维活动的唯一形态。美国心理学家麦金在《怎样提高发明创造力——视觉思维训练》一书中指出，视觉思维以视觉意象为操作单元，在观看、描绘和想象三方面相互作用和不断交替变化下所进行的思维活动。⑤观看是人们看到的意象；想象是人们用心灵之窗所想象的；描绘是人们的构绘、随意画成的东西或绘画作品。

---

① [美]鲁道夫·阿恩海姆. 视觉思维——审美直觉心理学[M]. 滕守尧，译. 成都：四川人民出版社，1998：18.

② 汪振城. 视觉思维中的意象及其功能[J]. 学术论坛，2005，(2)：131-133.

③ [美]鲁道夫·阿恩海姆. 视觉思维——审美直觉心理学[M]. 滕守尧，译. 成都：四川人民出版社，1998：47.

④ [美]鲁道夫·阿恩海姆. 视觉思维——审美直觉心理学[M]. 滕守尧，译. 成都：四川人民出版社，1998：31-34.

⑤ [美]麦金. 怎样提高发明创造力——视觉思维训练[M]. 王玉秋，吴明泰，于静涛，译. 大连：大连理工大学出版社，1991：13.

（二）视觉思维对多媒体画面设计的启示

多媒体画面是在视听觉媒体的综合作用下对知识信息的可视化呈现。学习者进行多媒体学习时的视觉思维其实就是对视听觉活动中所接受到的多媒体画面的信息进行再加工的过程。从视觉思维的角度研究多媒体画面的设计，需要充分理解视觉思维的工作原理、作用机制。总的来讲，视觉思维对多媒体画面设计的启示可以总结为以下两点：

（1）多媒体画面的设计应该以格式塔原理作为参考依据

阿恩海姆非常明确地阐述了视知觉就是视觉思维这一观点，打破了知觉与思维两者的割裂状态。其实，知觉与思维两者之间的严格界限的最初缺口来自格式塔心理学的一些观点。为此，阿恩海姆继承了格式塔心理学的成就，在严格的科学实验的基础上提出视觉思维概念。英国美学学会主席赫尔伯特·里德（Read）对《视觉思维——审美直觉心理学》的评价是“系统地将格式塔心理学应用于视觉艺术的一部极为重要的著作”。

最重要的格式塔原理有：接近性原则、相似性原则、连续性原则、封闭性原则、对称性原则、主体/背景原则和共同命运原则。在认知心理学家看来，格式塔理论不是解释性或预测性的理论，但越来越多的基于眼球、视觉神经和大脑的实验证据却支持格式塔的观点。换言之，格式塔原理作为一个描述性、经验性的理论框架，虽然未能对视觉感知做出科学的、基础的解释，但有其合理性。因此，视觉感知的格式塔原理是多媒体画面设计的有用基础。

（2）多媒体画面设计应该以优化视觉思维的任务过程为导向

在多媒体学习时，视觉思维的任务包括视觉搜索、发现、辨别、识别、确认、记忆搜索等。①②来自多媒体画面的图、文、声、像等视听觉信息被感官探测到，由注意机制对所有信息进行有目的地搜索和筛选，并决定哪些信息可以直接反应，哪些需要进入意识再加工；随后进入意识的信息通过视听觉处理进行特征分析，提取有意义的信息以及对这些信息进行优先排序，将有意义的信息输入工作记忆中做后续加工，最终形成的经验知识供高级阶段的理性抽象认知（如概念生成、逻辑推理、问题解决等）。③

从视觉思维的任务过程来看，其一，多媒体画面的设计要能够准确传达多媒体信息，使学习者能够快速、灵活地发现“有用”信息；其二，多媒体画面的设计应该优化整个视觉思维的认知过程，帮助学习者有效地处理视觉查询信息；其三，多媒体画面的设计需要特别重视“认知线索”的作用，如色彩、方向、大小、形状等图文媒体的基本属性，可以有效引导学习者的注意分配。

二、双重编码理论

20 世纪 70 年代，双重编码理论由加拿大心理学家 Paivio 及其研究团队提出，随后许多关于多媒体学习的研究都以双重编码为基础理论而展开，目前该理论涵盖了认知心

① 葛畅，陆长德，余隋怀. 视觉思维在产品设计中的应用概述[J]. 现代制造工程，2008，(5)：96-99.

② [美]鲁道夫·阿恩海姆. 视觉思维——审美直觉心理学[M]. 滕守尧，译. 成都：四川人民出版社，1998：17.

③ 吕阳. 基于视觉思维的用户界面信息可视化设计研究[D]. 东华理工大学，2015.

理学、神经生理学、教育学、语言学等诸多学科，是普遍的、有影响力的认知理论之一。

（一）双重编码的基本原理

Paivio（1986）认为，人类具有两种认知系统，它们在结构与功能上不相同、独立，但在工作中却又相互联系：一种是言语系统，专门处理言语编码；一种是心象系统，也叫非言语系统，专门处理非言语编码。Paivio 还进一步指出，在知识信息的贮存、加工与提取中，言语和非言语系统处于同等重要的地位。[①②]

言语和非言语系统的差异主要体现在：其一，信息加工对象不同。言语系统主要加工言语信息，包括文字、文字的发音以及对文字的触摸感知；非言语系统主要加工非言语信息，包括一切除言语以外的所有视、听、触、味、嗅等物体或事件信息。其二，信息存储的表征单元不同。心象码（图像映像）是非言语系统储存信息的基本单元；言语码是言语系统储存信息的基本单元。其三，信息组织的方式不同。言语系统的组织呈现是个别的、序列的、连续的，并且每次加工信息的数量有限，而心象码（图像映像）则是整体的、共时的、动态的，允许一个心理表象的多个成分同时加工。

双重编码理论的一般模型如图 3-2 所示。在该模型的信息加工过程中存在三种方式，分别是表征加工（representational processing）、联合加工（associative processing）和参照加工（referential processing）：（1）表征加工是指外部刺激对内部编码系统的作用或影响，具体讲是指外部的言语刺激会激活言语系统中相应的言语码；非言语刺激会激活心象系统中相应的心象码。（2）联合加工是指言语系统内部言语码之间或者心象系统内部心象码之间相互联系、相互激发的加工。联合加工使言语系统、心象系统内部结构得到完善，加强了编码系统内部的言语码与言语码、心象码与心象码之间的联系，并促进了它们的扩散。例如，在阐述或定义一个概念时，往往需要借助其他名词，建立更多的联系；在介绍某一事件、某种历史背景时，往往需要创造某种情境或意境，建立更好的想象空间。（3）参照加工是指言语系统与心象系统之间相互激活、相互转换，使二者之间建立起联系的通道。例如，当听到“蓝天”一词时，能够引起“蓝天”的心理表象，同样，当看到“蓝天”时，也能激活“蓝天”的概念。需要指出的是，两个系统间的相互激活、相互转换并非容易发生，需要有意识地联系并促进转换、转译，逐步建立起参照加工。一旦参照加工建立，往后可以自动启动两个系统间的相互参照加工。

① Paivio, A. Mental Representation: A Dual Coding Approach[M]. Oxford: Oxford University Press, 1986: 53.

② Clark, J. M., Paivio, A. Dual coding theory and education[J]. Educational Psychology Review, 1991, (3): 149-210.

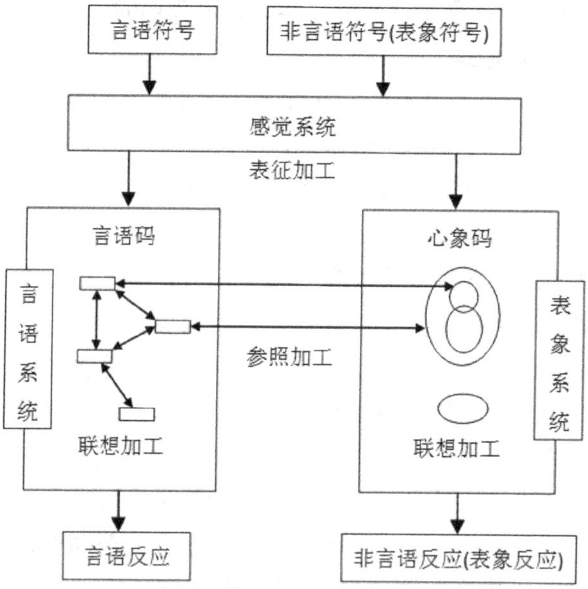

图 3-2 双重编码理论的一般模型①

（二）双重编码理论对多媒体画面设计的启示

双重编码理论着重强调了言语系统与表象系统的同等重要性，指出二者之间相互作用、相互联系，在共同表征下实现知识信息的传递，其对多媒体画面设计带来的启示主要有：

（1）多媒体画面中应避免纯图或纯文的表征方式

基于双重编码理论，不少研究者开展了大量实证研究，结论无非是纯图或纯文的表征方式的学习效果都不太好，而图文混合编排方式可以给学习者带来更好的学习体验，改善学习效果。以上结论表明，在多媒体画面中合理地运用图和文两种编码策略对认知起重要作用。

（2）多媒体画面中应尽可能建立图文信息之间的逻辑因果关系

双重编码理论认为，当学习者使用图像（表象）和文字（言语）两种认知系统表征材料时，如果图像信息和文字信息在时间、空间上一致（邻近原则），则更容易形成言语表征和视觉表征的链接，从而拓展学习者提取知识信息的途径，达到提高学习效果的目的。以上结论表明，在多媒体画面中建立图文信息之间的逻辑因果关系可以优化认知过程。

三、新双重编码理论——图文理解的整合模型

双重编码理论在广泛应用中得到不断发展，德国心理学家 Schnotz 对双重编码理论中存在的问题进行了完善，学术界称之为新双重编码理论。新双重编码理论更好地揭示

① Clark, J. M., Paivio, A. Dual coding theory and education[J]. Educational Psychology Review, 1991, (3): 149-210.

了多媒体学习的工作机制，且得到了神经科学实证研究的支持。

（一）新双重编码的基本原理

Schnotz①②基于符号学的理论对双重编码理论拓展，认为在多媒体学习中存在描述性表征和描绘性表征。描述性表征包括外部呈现的文本表征、内部的文本表层表征（浅层的心理表征）和命题表征（基于语义内容）；描绘性表征包括外部呈现的图像表征、内部的图像的视知觉认知（心象）和心理模型。需要强调的是，描述性表征是以符号结构为基础相互作用，文本表层表征是言语性组织，命题表征是概念性组织；描绘性表征是以类比结构映射为基础相互作用，视知觉认知（心象）是以特定的视知觉通道为特征的组织，心理模型是以抽象意义的概念为特征的组织。描述性表征和描绘性表征通过模型建构、模型检验实现二者之间的转换和补充。

基于以上思路，在双重编码的基础上，Schnotz（2005）提出了多媒体学习的图文理解的整合模型，如图 3-3 所示，学术界也称之为新双重编码理论。图文理解的整合模型的工作原理在文献综述中已经介绍，此处不再赘述（详见第一章第一节）。

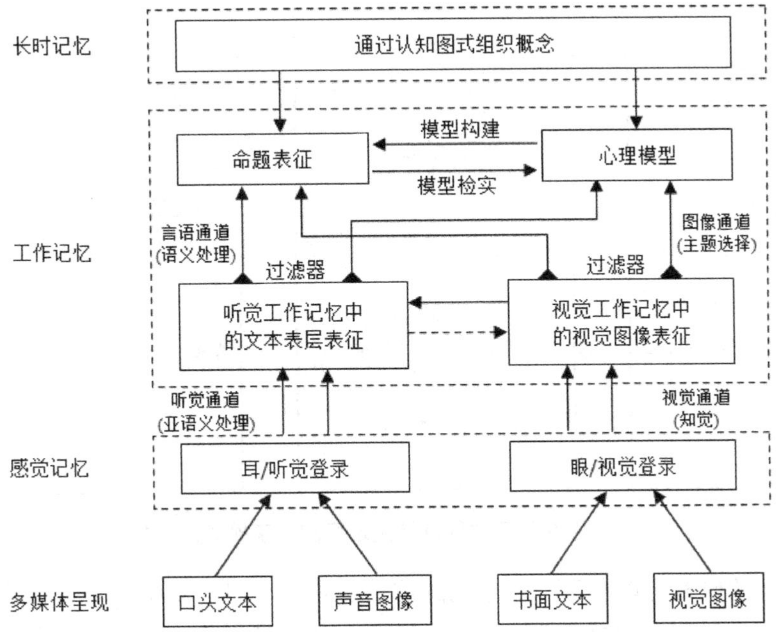

图 3-3　图文理解的整合模型③

新双重编码与双重编码的区别在于：（1）虽然二者都是基于双通道假设，但新双重编码理论认为图文加工的交互作用不是基于文本浅层表征和视知觉层次的图像表征；图

① Schnotz, W. Towards an integrated view of learning from text and visual displays[J]. Educational Psychology Review, 2002, 14: 101-120.

② Schnotz, W. & Bannert, M. Construction and interference in learning from multimedia representation[J]. Learning and Instruction, 2003, 13 (2): 141-156.

③ Schnotz, W. An Integrated Model of Text and Picture Comprehension[A]. Mayer R. (Ed.). The Cambridge Handbook of Multimedia Learning[M]. Cambridge: Cambridge University Press, 2005: 49-69.

文之间实质性的相互作用发生在语义阶段的命题表征和心理模型。(2) 双重编码理论强调图文在工作记忆阶段中的整合，是基于符号结构的整合；而新双重编码理论认为命题表征和心理模型不存在结构整合，二者的交流是建立在模型构建和模型检实的基础之上。总括而言，新双重编码从理论层面解决了图像与文本（描述性表征和描绘性表征）之间的关联问题，这是双重编码理论没有涉及的。

（二）神经科学研究对新双重编码理论的支持

新双重编码理论得到了神经科学实证研究的支持。已有研究表明，在前语义加工阶段，文字刺激主要激活与语音加工和语义存储有关的左侧顶下叶、左侧颞上回（包括缘上回）和顶内沟，图像加工主要激活与物体识别有关的右外侧枕叶；而在后期的语义加工阶段，图像和文字共同激活的脑区主要包括左侧额下回、左侧梭状回、左侧颞叶皮质，具有明显的左半球优势效应。①②具体体现如图 3-4 所示。

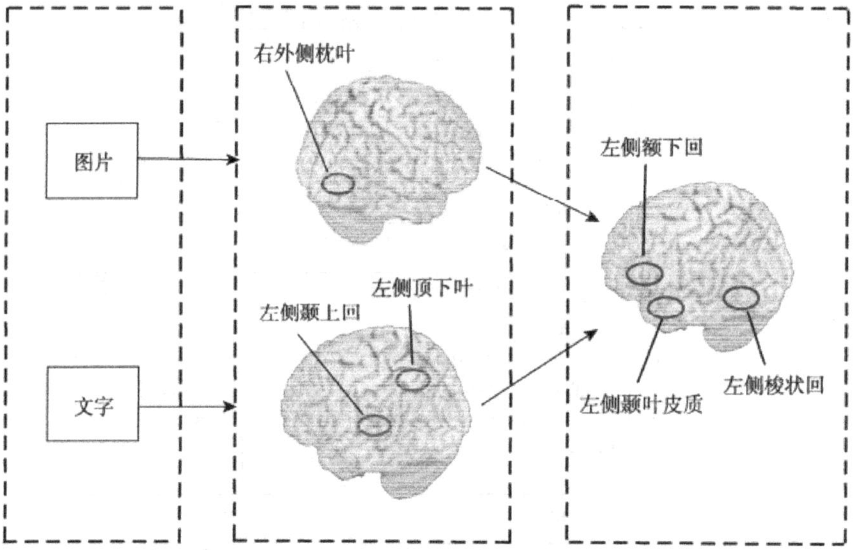

图 3-4 图文加工过程及脑区示意图（李松清，2015）

从脑成像的研究可以发现，在早期的前语义阶段，图、文加工遵循双通道的假设，二者存在差异，但在晚期的语义加工阶段，图、文加工共享了同一语义系统。事件相关电位对图、文加工的研究也发现了一致的结论。在信息加工的早期，图像独特地诱发了一个 N300 成分，而晚期图像和文字都诱发了 N400 效应。②

（三）新双重编码理论对多媒体画面设计的启示

新双重编码理论从符号学理论的视角对多媒体学习过程的外在表征和内在表征进行了区分，明确了其相互作用的机制，强调了描述性表征和描绘性表征的互补性，解决

① Plaut, D. C. Graded modality-specific specialization in semantics: A computational account of optic aphasia[J]. Cognitive Neuropsychology, 2002, 19 (7): 603-639.

② 李松清，赵庆柏等. 多媒体学习中图文加工的认知神经机制[J]. 心理科学进展，2015，23（8）：1361-1370.

了二者的关联问题。其对多媒体画面设计带来的启示主要有：

（1）多媒体画面设计应注意知识内容的转化

从图文理解的整合模型可以知道，知识内容通过最初的感官刺激，到后期的命题表征和心理模型的建立，是不断深化的过程。多媒体画面中呈现的信息不是知识内容从书本的“照搬”，而是根据知识的特点，展示知识的结构，揭示知识背后的内在隐藏规律，尽可能使深层次、抽象的知识内容转化成浅层次的、形象的可视化表达。

（2）多媒体画面设计应注意知识内容与媒体类型的匹配

同样的知识内容，可以有不同的表征形式。如果当前的媒体类型适合表达知识内容，适合完成特定的学习任务，则有助于学习者建立内部心理表征，实现内部表征的联系与转换，从而促进学习者学习。反之，如果不匹配，将增加学习者认知负荷，阻碍学习者的学习。

（3）多媒体画面设计应支持学习者的思维建模

在工作记忆的后阶段，学习者都需要借助长时记忆中已有的认知图式建立命题表征和心理模型，并实现二者的“互动”。完成此过程涉及学习者的思维建模，因此，多媒体画面在实现知识表征的基础上，支持学习者利用多媒体画面中各要素的功能进行思维建模，完成分析、综合、比较、抽象、概括等思维加工过程。

四、工作记忆模型

相比短时记忆，工作记忆是多媒体学习理论模型（本研究主要指图文理解的整合模型）中的“主角”，是问题解决、推理和学习等高级认知活动的主要处理单元。对工作记忆的研究有助于理解多媒体学习的工作过程，揭示多媒体学习的工作机制。

（一）工作记忆的基本原理

Baddeley 和 Hitch 于 1974 年首次提出三成分的工作记忆模型，后经过大量的实验研究，于 1986 年、2000 年进行修正，提出新的四成分工作记忆模型。具体模型如图 3-5 所示。该模型认为工作记忆分三个层次，第一层是中央执行系统，完成最高级的控制过程；第二层包括视觉——空间画板、情景缓冲器和语音环路，负责三类信息的暂时加工；第三层包括视觉语义、情景长时记忆和语言，是长时记忆系统。第一层、第二层属于流体系统，第三层属于晶体系统。该模型强调了工作记忆与长时记忆的联系以及各子系统信息整合的加工过程。①②

从图 3-5 可以看到，中央执行系统是控制认知过程与分配认知资源的核心，类似元认知功能，其主要功能在于对注意的管理与控制、联结工作记忆和长时记忆、调节工作记忆的认知操作等。情景缓冲器与视觉空间画板、语音环路一样作为中枢执行系统的次级记忆，被置于受中枢执行系统控制的信息保持系统的位置之上，情景缓冲器的作用是

① Baddeley A D. Is Working Memory Still Working?[J]. American Psychologist, 2011, 56 (11): 851-864.
② 王益文，林崇德. 工作记忆的认知模型与神经机制[J]. 心理科学，2006，29（2）：412-414.

在中枢执行系统的控制之下保持加工后的信息，支持后续的加工操作。工作记忆模型表明，学习可以通过结晶系统间接地对流体智力部分产生影响，而流体系统也会对结晶智力产生影响，两者间是相互作用和影响的。

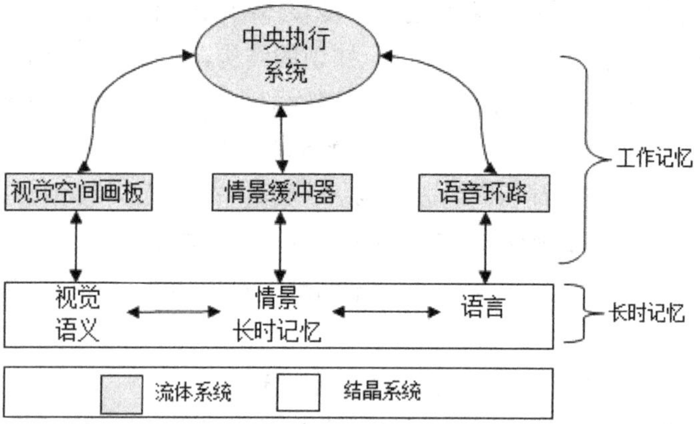

图 3-5 工作记忆的四成分模型（Baddeley，2001）

（二）工作记忆模型对多媒体画面设计的启示

（1）多媒体画面设计应尽可能减少与教学无关信息

从工作记忆模型可知，视觉、听觉工作记忆可以独立加工各自信息，但只能进行初步加工和存储，而且加工的信息数量是有限的。虽然情景缓冲器可以使用多种形态编码的进行存储，但也是容量有限。因此，为降低认知负荷，多媒体画面设计应尽可能减少与教学信息无关的视觉、听觉信息的摄入。

（2）多媒体画面设计应尽可能突出主体、排除干扰，并布局合理、有序

由于中央执行系统是能量有限的注意控制系统，有选择、针对性地控制注意目标应该成为中央执行系统的基本功能之一。多媒体画面设计应尽可能突出主体，使学习者能够接受必须信息的刺激而忽略其他无关信息。除此之外，中央执行系统还需要协调好视、听觉即个整个画面所有信息的加工，因此，多媒体画面需要协调好主要与次要、整体与部分的关系，对所有信息进行合理的布局、有层次、有秩序地编排多媒体信息的呈现结构。

（3）多媒体画面设计应尽可能设置启动长时记忆的“认知线索”

从工作记忆模型可知，工作记忆中暂时存储的信息加工需要借助长时记忆中的相关信息来完成，而启动学习者长时记忆涉及的因素非常多。具体而言，应该根据学习者的学习风格、个性特征、知识内容的特点及应用情境等，在多媒体画面中设置有利于启动学习者长时记忆的“认知线索”。例如，在画面上创设情境、设置信息提示、建立与最近发展区的关联、赋予学习者更多的操作选择等。

五、认知负荷理论

20 世纪 80 年代，澳大利亚认知心理学家 Sweller 提出认知负荷理论。认知负荷是指

学习者在完成学习任务过程中（包括信息的获取、处理、加工等）所消耗工作记忆当中的全部心智能量。自认知负荷理论提出以来，研究者不断依托该理论指导各学科下的教学设计、多媒体/网络教学、多媒体教学资源的设计与开发等，经过多年来的不断拓展，该理论在当今认知设计领域具有相当的影响力。

（一）认知负荷理论的基本原理

认知负荷理论以资源有限理论和图式理论为基础，主要观点可以概括为[①]：（1）学习者在学习活动中需要耗费认知资源，由于个体工作记忆容量有限，只能即时处理 7±2 个信息组块，如果所耗费的认知资源超过个体可承受的范围，学习就会受到阻碍、消极，甚至是无效的。（2）长时记忆容量是无限的，长时记忆以图式形式存储知识，学习者通过图式的方法对信息进行加工，当长时记忆中构建的图式不断庞大、质量不断提高，图式便实现自动化，可以在工作记忆不参与的情况下处理信息，从而减轻了工作记忆的负荷，弥补了工作记忆容量有限的缺陷。

关于认知负荷的类型，基于认知负荷的不同来源，Sweller 将之分为三大类，分别是内在认知负荷，外在认知负荷和相关认知负荷。[②]内在认知负荷体现了学习材料本身的难度、复杂程度，是由学习材料本身的属性和学习者自身的能力水平决定的；外在认知负荷与学习材料的呈现、组织方式有关，不良的材料组织方式与学习者已有图式不匹配或致使图式难以自动化都会增加外在认知负荷；相关认知负荷是由学习者在学习过程对图式建构和自动化中所投入的认知资源数量所决定的，相关认知负荷虽然会增加工作记忆中整体认知负荷，但由于学习者在长时记忆中能够进行深层次图式的构建和自动化，因此它是促进学习的。以上三类认知负荷之间是相加的关系，它们在学习过程中共同作用于学习者个体，如果三者相加之和超过工作记忆可承受的范围，则会造成认知超载从而降低学习效果。[③]因此，工作记忆中的认知负荷在一定程度上决定了教学效果的好坏，需要对之加以有效控制，把认知负荷总量控制在合理的范围内，其中外在认知负荷需要最大限度地降低、相关认知负荷需要加以优化促进，尽可能促使学习者合理地利用有限的认知资源。

（二）认知负荷理论对多媒体画面设计的启示

（1）多媒体画面设计应尽可能降低内在的认知负荷

通常，内在认知负荷由学习材料的属性引起，与学习者的先前知识经验有关。从学习内容层面看，一旦所确定的学习内容较为复杂，包含多个知识点且知识点之间的作用非常复杂，那么在多媒体画面设计的应该解析各知识点元素之间的关系，尤其是对具有较高认知负荷的重点、难点的内容进行改进。一方面尽可能利用可视化把抽象的内容形

---

① John Sweller, Jeroen J. G. van Merrienboer, and Fred G. W. C. Paas, Cognitive Architecture and Instructional design[J]. EducationalPsychology Review, 1998, 10 (3): 251-296.

② Fred Paas, Alexander Renkl&John Sweller. Cognitive load theory and instructional design: recent development[J]. Educational Psychologist, 2003, 38 (1): 1-4.

③ Maria Bannert. Managing cognitive load-recent trends in cognitive load theory[J]. Learning and Instruction, 2002, 12 (1): 139-146.

象化、直观化，帮学习者突破思维上的障碍，另一方面采取知识渐进策略，利用切割的方法，小步骤、逐步地呈现画面内容，降低单个画面的信息容量。从学习者层面看，学习者自身的认知风格、偏好、理解能力、思维发展水平、知识经验都会影响到内在认知负荷的高低，因此画面的风格、媒体的选取应尽可能与学习者相匹配，尽可能建立学习者与知识内容之间的关联。

（2）多媒体画面设计应尽可能降低外在的认知负荷

外在的认知负荷主要是由学习材料的组织、呈现设计引起，与学习过程无关。在多媒体画面设计中，优化材料组织和呈现方式是降低外在认知负荷的重要途径。在降低外在认知负荷方面，要遵循多通道原则、冗余原则、时间空间接近原则、一致性原则、搜索导航简约原则等。除以上认知原则之外，多媒体画面的色彩、布局、字体字号、图形图像、声音、动画、交互等各媒体要素的组合需要尽可能符合艺术呈现规律。总的来讲，多媒体画面设计既要符合多媒体学习的认知规律，也要符合多媒体画面的艺术呈现规律，这二者的内在逻辑是一致的，是不可割裂的统一整体。

（3）多媒体画面设计应尽可能提高相关的认知负荷

相关的认知负荷涉及图式的构建与自动化，直接参与到学习当中，是学习真正发生过程，对学习有积极的促进作用。因此，多媒体画面设计应尽可能提高相关的认知负荷。已有研究表明，多媒体学习中变换问题的状态和情境、让学习者学会归纳与自我解释都是提高相关认知负荷的有效途径。在多媒体画面设计中，协助学习者如何完成图式的构建是关注的焦点，一是需要为学习者提供情境支持认知模拟，让学习者能够集中精力投入到高级的有意义的认知活动当中；二是在关键环节、细节之处设置提示，要求学习者能够思考提示中的问题、及时归纳总结或自我解释。

第二节　可视化相关理论

一、知识可视化理论

（一）知识可视化概念

瑞士卢加诺大学马丁・爱普（Martin J. Eppler）于2004年首次提出“知识可视化”（Knowledge Visualization），将“知识可视化”定义为：“知识可视化领域研究的利用视觉表征促进知识在群体间的传播和创新的应用。知识可视化是指所有可以用来建构和传递复杂知识的图解手段。”①赵国庆（2005）认为，知识可视化的实质是将人们认识知识

① Eppler, M. J. & Burkhard, R. A. Knowledge Visualization. Towards a new discipline and its field of application, ICA Working Dissertation#2/2004[R]. University of lugano. In Schwartz, D. G (Ed) Encyclopedia of Knowledge Management. Idea Group, 2004.

制品以图解的手段转化为显性的物理知识制品。[1]周宁（2007）认为，知识可视化是以图解手段改善知识传播、创新知识以及解决信息过载。[2]赵慧臣（2010）认为，知识可视化是通过视觉表征的形式、利用图形的手段来表示、构建、传达复杂知识，帮助人们重构、记忆和运用知识，促进知识的传播与创新。[3]

通过对不同学者的概念定义分析，可以得出以下结论：其一，知识可视化是利用可视化的手段来丰富知识的表示方式，可视化主要是指所有视觉表征技术，其中图解手段是重要的技术，但并不是唯一的技术；其二，知识可视化的目的是促进知识在发送者和接收者之间的传播，实现知识的创新。

（二）知识可视化框架与模型

Burkhard（2005）认为，有效地实现知识的传播与创新，需要从目的、内容、接收者和媒介四个方面建立知识可视化的框架[4]，具体解决四个问题，即：为什么要将知识可视化（目的）？什么类型的知识需要可视化（内容）？谁接收知识（接收者）？怎么样对这些知识可视化（媒介）？具体如图 3-6 所示。

作用类型	知识类型	接收者类型	可视化类型
协调	Know-what	个人	草图
注意力	Know-how	群体	图表
记忆	Know-why	组织	图像
激励	Know-where	社会网络	地图
阐述	Know-who		对象
新见解			交互可视化
			故事

图 3-6　知识可视化框架（Burkhard，2005）

显然，Burkhard（2005）的知识可视化框架是从知识传播的角度出发，以信息传播的基本原理为依据而提出的，对知识可视化的作用类型、知识类型、接收者类型及可视化类型做了明确的界定。在可视化的作用类型方面：（1）从社会角度，知识可视化可协调不同的参与者；（2）从认知的角度，知识可视化可吸引并保持学习者的注意力，提高学习者的记忆，帮助学习者或群体阐述知识，促进新见解的产生；（3）从情感的角度，可以激励、刺激学习者。在知识类型方面：（1）Know-what 为陈述性知识；（2）Know-how 为过程性知识；（3）Know-why 为原理性知识；（4）Know-where 为方向性知识；（5）Know-who 为人际知识。在接收者类型方面，区分接收者类型对正确选择可视化类型非常关键，包括个人、群体、组织及由不同的人组成的社会网络。在可视化类型方面，区分了七种不同技术，分别是草图（Sketches）、图表（Diagrams）、图像（Images）、地图

① 赵国庆，黄荣怀，陆志坚. 知识可视化的理论与方法[J]. 开放教育研究，2005，11（1）：23-27.

② 周宁，陈勇跃，金大卫，张会平. 知识可视化框架研究[J]. 情报科学，2007，25（4）：566-569.

③ 赵慧臣. 知识可视化的视觉表征研究综述[J]. 远程教育杂志，2010，（1）：75-80.

④ Burkhard, R. Knowledge Visualization: The Use of Complementary Visual Representations for the Transfer of Knowledge-A Model, a Framework, and Four New Approaches[D]. PhD thesis, Swiss Federal Institute of Technology Zurich, 2005.

（Maps）、对象（Objects）、交互可视化（Interactive Visualizations）及故事（Story）。

对于如何完成知识可视化的应用，Burkhard（2005）提出知识可视化模型，如图 3-7 所示，对知识可视化的作用过程进行系统化分析。知识可视化模型由三个相互关联的部分组成，即知识发送者、知识传播媒介及知识接收者，这三部分构成一个互动的回路。[①]

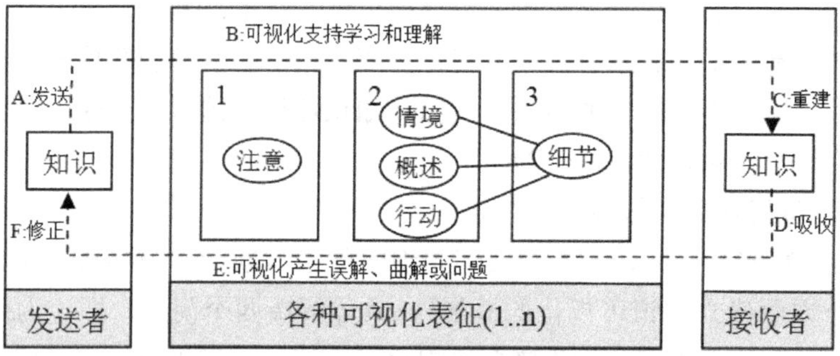

图 3-7 知识可视化模型（Burkhard，2005）

该模型对知识可视化的三个步骤进行了描述：（1）以各种可视化表征形式吸引接收者的注意；（2）发送者构建的可视化表征需要对情境（语境）、概述（全局概况）和行为（动作选择）进行描述；（3）发送者构建的可视化表征指向可供选择的细节。以上三个过程贯穿于发送者和接收者之间的对话互动，接收者可以对发送者所传递的知识进行重构。此外，由于双方的认知和假设不同，重构过程中可能产生误解、曲解或其他问题。概括而言，该模型体现了知识传递是发送者和接收者之间的迭代、动态的过程。

二、思维可视化理论

（一）思维可视化概念

“思维可视化”一词起源于 20 世纪 60 年代阿恩海姆对视觉思维理论的相关研究。起初，视觉思维理论被视为艺术学科教学中的重要教育理论，后来在其他学科教学应用中不断形成各种视觉思维策略，即关于元认知、知识的表征策略，以此来提高学习者的学习效果。尤其是自 20 世纪 90 年代以来，多媒体技术如思维导图、概念图等图形认知工具在教学中广泛使用，学术界对思维可视化的研究逐渐多起来。

现今，国外对思维可视化并没有非常严格的定义。国内对思维可视化的定义主要有：华东师范大学刘濯源认为，思维可视化（Thinking Visualization）是指以图示或图示组合的方式，把原本不可见的思维结构及规律、思考路径及方法呈现出来，使其清晰可见的过程。[②③]天津师范大学王志军认为，思维可视化通过可视化技术传播和帮助学习者建构

① Burkhard, R. Towards a Framework and a Model for Knowledge Visualization: Synergies between Information and Knowledge Visualization[C]. Knowledge and information visualization: search for synegies, Heidelberg, Springer Lecture Notes in Computer Science, 2005.

② 刘濯源. 思维可视化：减负增效的新支点[J]. 中小学管理，2014，（6）：10-13.

③ 刘濯源. 当学习力遇到思维可视化——基于思维可视化的中小学生学习力发展策略[J]. 基础教育参考，2014，（21）：7-10.

知识，训练学习者掌握并挖掘知识背后的思维规律，旨在提升学习效果及促进思维能力的发展。[①]

思维可视化是“思维”和“可视化”的复合词，对其定义，首先需要明确什么是思维。对思维的本质，各学科领域都提出过不同的见解，包括很多心理学家。但是总体而言，对思维的定义主要存在两种角度取向：（1）从辩证唯物主义的反映论角度，依据思维结果的性质定义思维。该角度的代表主要是前苏联和中国的心理学家，例如，黄希庭（1991）认为，思维是人脑对客观现实概括地、间接地反映[②]。（2）从信息加工的角度，依据思维过程的特点来定义思维。例如，Bourne（1971）认为，思维是运用符号表征而进行的内在的、复杂的、多侧面的加工过程[③]。两种不同定义从不同侧面反映了思维的本质和特性，就本研究而言，第二种定义方式更加适合。

综上，本研究对思维可视化概念的界定是：思维可视化（Thinking Visualization）是主要以图示或图文的视觉表征、人机之间的交互表征等方式为学习者内隐的认知加工过程提供外在的显化支持，帮助学习者掌握并挖掘知识背后的思维规律，达到提升学习者学习效果及促进思维能力发展的双重目的。该概念具有以下特点：（1）明确了思维可视化的目的，即提升学习者学习效果及促进思维能力发展的双重目的；（2）明确了思维可视化的对象，即知识背后的思维规律；（3）明确了思维可视化的作用，即为学习者内隐的认知加工过程（知识的意义建构），包括知识理解、转变概念、完成推理、解决问题等学习活动中提供支持；（4）明确了思维可视化的途径，即主要是以图示或图文的视觉表征、人机之间的交互表征等方式。

（二）思维可视化的体系架构

刘濯源认为，思维可视化教学的实施主要有五个层面，分别是：理念转化层、技术方法层、课程设计层、课堂环境层、效能评价层。（1）在理念转化层，要求师生双方在思想观念上认清知识灌输、填鸭式教学的危害；将关注焦点从“知识层”深入到“思维层”；教学的目标从“掌握知识”升华到“发展思维”。（2）在技术方法层，实现思维可视化教学的方法与技术有图示方法以及使用各种图示工具软件，甚至也可以使用手工（纸+笔）的方式绘制。在具体的教学实践中，应该根据教学目标的要求、教学内容及教学对象的特点，灵活选择与之相适合的图示方法、软件工具。（3）在课程设计层，设计的基本原则是：以“教师为主导、学生为主体、师生及生生之间相互合作、思维互动”为课堂形式，以“促进学生思维能力发展”为教学的深层次目标，以“采用图示或图示组合方法及可视化技术对知识进行加工”为效能手段。（4）在课堂环境层，借助信息技术构建“未来课堂”环境，该环境包括三部分，分别是思维可视化信息支持平台（计算机、

---

① 王志军，温小勇，施鹏华. 技术支持下思维可视化课堂的构建研究——以小学语文阅读教学为例[J]. 中国电化教育，2015，（7）：116-121.

② 黄希庭. 心理学导论[M]. 北京：人民教育出版社，1991：418-468.

③ Bourne L E, Eksreand B R, Dominowski R L. The Psychology of Thinking[M]. Englewood Cliffs, NJ: Prentice-Hall, 1971.

平板电脑、交互式电子白板等)、思维可视化课程资源系统及便于学生展示交流的课堂布局设计。(5)在效能评价层，思维可视化的教学效能评价是既要关注最终结果也要关注学习过程，它所关注的结果是多元的，不单单是考试成绩，还包括思维能力、心理能力以及学习能力等发展性评价，它所关注的过程是指在学习过程中的积累的学习档案，思维导图作品等。①

王志军认为，思维可视化教学的实施，就是以可视化技术作为桥梁中介，实现教师、学生、知识内容、思维训练之间形成动态平衡、稳定的结构关系（如图 3-8 所示）。

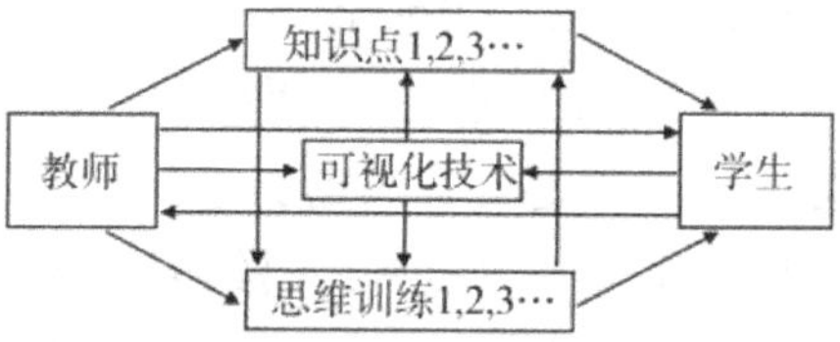

图 3-8　思维可视化教学结构（王志军，2015）

该模型认为，构建思维可视化教学一般操作模式应该是：在“师生共同参与”的行动支持下，充分利用多媒体画面语言及软件的思维可视化技术，实现“知识传授”和“思维训练”两个基本目标。思维可视化教学实现的逻辑顺序是：在两条目标主线的引导下，师生双方共同利用思维可视化技术，将教师教学过程、学生思维过程外显化，尤其是将学生内隐的加工过程尽可能变得可视、可操作。②

综上，思维可视化教学的实施是一个系统工程，思维可视化只是整个教学系统中的子系统。协调处理好思维可视化技术与教师、学生、知识内容、思维训练各种要素之间的相互作用关系，发挥各种要素的最大正向作用力，对提升学习者学习效果及促进思维能力发展起到至关重要的作用。

三、知识可视化与思维可视化的关系

可视化技术应用实践不断推进，产生了科学可视化，信息可视化、数据可视化、知识可视化、可视化数据挖掘、可视化 web 挖掘、可视化设计、思维可视化等诸多分支，形成了可视化的相关理论。无论是知识可视化还是思维可视化，它们都是可视化应用的分支。二者相比，知识可视化比思维可视化的概念出现得更早一些，研究也相对更深入和成熟。

知识可视化与思维可视化都是可视化技术的具体应用，都采用图示或图文的视觉表征方式。二者不同之处在于：(1）可视化的对象不同。知识可视化主要强调对知识表征的可视化呈现，而思维可视化是侧重于知识表征背后的思维规律，强调对认知方法及认知路径的梳理及呈现。(2）可视化的目的不同。知识可视化的目的是促进知识的传播和

① 刘濯源. 思维可视化：减负增效的新支点[J]. 中小学管理，2014，(6)：10-13.

② 王志军，温小勇，施鹏华. 技术支持下思维可视化课堂的构建研究——以小学语文阅读教学为例[J]. 中国电化教育，2015，(7)：116-121.

创新；而思维可视化的目的是使学习者掌握知识背后的思维规律，促进思维能力发展。

需要强调的是，知识可视化是思维可视化的基本前提。其一，多媒体学习时，转变概念、推理及解决问题等信息加工过程，无一不涉及学习者头脑中已经存储的知识，无一不涉及多媒体教材上呈现的知识。现代心理学强调人脑原有知识对思维的影响作用，强调知识的表征对认识活动的影响作用，可以认为，思维可视化离不开知识可视化这一先决条件。其二，本研究认为，思维可视化是以提升学习者学习效果及促进思维能力发展的双重目的。知识传授与思维训练两者互为条件，在教学活动中相互交融，思维的过程其实就是对知识信息的加工过程。深层次的学习取决于思维能力，同理，离开知识传授，思维能力也难以得到升华。

四、知识及思维可视化理论对多媒体画面设计的启示

随着计算机网络、移动通信等媒介技术突飞猛进的发展，多媒体已经成为信息时代信息传播的基本“文本”，是人类认知的基础性手段。多媒体画面是人机之间交换知识信息的界面和对话接口，在利用多媒体画面语言编制多媒体画面时，既要保证多媒体画面语言的规范表达，也要注重多媒体画面给教学带来的实效。多媒体画面语言的规范表达主要是语法层面的范畴，通常来讲更易把握。然而，多媒体画面是具备教育属性的学习资源，与艺术类作品不同，对教育教学的实际用途是画面设计需要考虑的重中之重。因此，提升多媒体画面质量必须要注重内涵，要“吃透”学习内容，尤其是从语义层面去挖掘多媒体画面语言的表达方法，即多媒体画面中引入知识及思维可视化的设计理念会有“质”的提升。

（1）图示或图文的视觉表征方式设计是多媒体画面设计的“主角”

多媒体画面是通过数字屏幕呈现的图、文、声、像等多种视、听媒体的综合表现形式，但从可视化的角度看，图示或图文的视觉表征是图解的主要手段，且图文在多媒体画面中占据了很大比例，因此，多媒体画面设计中很重要的一项工作是对图示或图文表征方式的设计。

知识及思维可视化领域中的图解方法，完全可以迁移到多媒体画面设计领域。图解在于通过表示、构建、传达复杂知识，使学习者能够快速、有效地发现知识间的隐含关联信息。常用的图解表征形式，如利用概念图、启发式草图、思维导图、认知地图、语义网络、知识动画、流程图、矩阵图、树形图等，这些可以直接运用在多媒体画面中，提高多媒体画面的设计效率。需要说明的是，以上图解表征形式需要和多媒体画面中的其他视觉、听觉要素协同工作，同样要遵循认知规律和画面的艺术呈现规律。

（2）多媒体画面的设计要考虑知识特性及知识背后的思维规律

可视化要把抽象的知识转换成直观、有意义的图像，这个转换过程是在深度加工参与下的创造性过程，凝聚了设计者的智慧及对知识的自我理解。可视化必须严格、准确地呈现知识内容，需要满足学习者将抽象的知识内容转化为容易阅读和理解的形式。

多媒体画面的设计要考虑知识特性，学习不同的知识类型有不同的学习策略，同样

需要不同的组织方式来表现其内在的联系。例如，心理学的大量结论表明，在表征方式方面陈述性知识适合通过网络化、结构化来表征知识点（命题、表象、线性次序、图式）间的联系；程序性知识适合以产生式系统来表征。除此之外，需要考虑知识背后的思维规律。学习者对所呈现的知识进行理解和迁移加工时，有赖于思维技能和思维过程的参与。钟志贤教授指出，基本的思维技能和思维过程有八种，分别是演绎推理、提供支持、比较、分类、抽象、归纳推理、分析错误、分析观点。①刘朝霞在其硕士论文中，对每种思维类型与之对应的图形组织器进行了概括示例。②

因此，挖掘知识特性及知识背后的思维规律，采择有效的可视化手段传达其潜在的语义是多媒体画面设计过程中非常具有挑战性的工作。

第三节 多媒体画面语言学理论

一、多媒体画面语言学理论的发展脉络

任何理论的诞生都有其丰厚的历史底蕴，它离不开人们长期的摸索和深刻的实践，多媒体画面语言学理论的诞生亦是如此。早在20世纪80年代多媒体未曾流行时，天津师范大学游泽清教授所带领的团队在“盒式录像机”“交互式视频”领域的学术界产生了一定影响，尤其是录像技术研究走在全国的前列。1992年，团队的王志军教授等人开设了“多媒体教学软件的设计与开发”课程，之后出版了各学科的系列教材，并于2008年成为国家级精品课程。20世纪90年代，“多媒体”一词非常时髦，由于多媒体技术发展迅速、更新太快，专家们对“多媒体”概念的界定纵说纷纭。1994年，游泽清教授在全国的一次学术会议中提出：“多媒体是计算机领域的媒体和电视领域的媒体的有机结合，并且具有交互功能”。③此定义澄清了多媒体这一概念性误区，在当时产生了非常大的影响。1996年，游泽清团队提出了数字视频压缩编码技术，这属于全国首创，以此技术为基础开发的非线性视频编辑系统产品热销全国各地。1997年，“全国多媒体技术开发与培训基地”（全国只建有两个基地）在天津师范大学成立。1998年起，游泽清本人及团队着重于多媒体教学软件的开发实践，由于团队的王志军教授等人自1992年以来一直在多媒体教学软件领域耕耘，积累了丰富的实践经验，很快就开发出版了系列教学软件、教材，取得了丰硕成果。2001年，随着教育部全国多媒体课件大奖赛的兴起，游泽清教授开始担任专家评委，随后发表了“多媒体教学软件点评及其依据”“多媒体画面语言的语法”等学术论文，从此团队在多媒体画面语言领域的研究道路上越走越远。梳理

① 钟志贤. 大学教学模式革新：教学设计视域[M]. 北京：教育科学出版社，2008：278.
② 刘朝霞. 图形组织器促进学习维度和理性思维发展的应用研究[D]. 南昌：江西师范大学，2010.
③ 游泽清. 多媒体及其发展概况[J]. 电视技术，2005，(2)：84-87.

多媒体画面语言学理论的发展脉络，大致可以分为以下四个阶段。①

（1）提出“多媒体画面语言”概念阶段（2001—2004年）

此阶段的主要工作是借助文字语言的观点来认识多媒体，提出“多媒体画面语言”概念，并揭示其内涵。具体体现在两个方面：一是指出“运动画面”是多媒体教材的基本单位，而非美术意义上的“静止画面”；二是明确了组成多媒体画面的基本元素，即图、文、声、像及交互。2003年，出版了《多媒体画面艺术基础》著作，2004年该课程成为国家级精品课程。

（2）创建“多媒体画面艺术理论”阶段（2005—2008年）

此阶段以多媒体画面语言的认知规律为切入点，进行了大量的基础性研究工作，一是指出在多媒体画面中除了图、文、声、像四类媒体基本元素外，形态、属性、空间、运动、字义都是画面的视听觉要素；二是对视听觉要素的界定过程中，提出了基本元素的“衍变”形式。此阶段形成了8个方面34条艺术规则，即3+4+1的艺术规则。3即突出主体规则、有序变化规则、匹配规则；4即背景规则、文本规则、解说规则、色彩规则；1即交互规则。2008年向外界发布了新艺术理论建成的消息，次年便出版了《多媒体画面艺术设计》著作。

（3）“多媒体画面语言学理论”的初步形成阶段（2009—2011年）

此阶段以多媒体教材的应用为切入点，认为多媒体教材的应用实质上就是语用学的范畴，教学环境实质上就是语言学中的语境。在此指引下，确立了“多媒体画面学理论”包括三大方面，语构学、语义学和语用学，明确了在多媒体画面研究中语构学、语义学和语用学三者之间的关系，指出只有语构学是真正研究画面语言本身，语义学、语用学则属于应用范畴，其中语义学是研究画面如何表义，语用学是研究画面表义的适用语境，强调多媒体画面艺术规则的研究不仅仅是规范语言的表达，更需要在应用层面形成“设计格式”和“教学格式”，这使得多年来的分散研究第一次真正意义上实现了圆融，即“多媒体画面学理论”已经初步形成，并出版了《多媒体画面艺术应用》著作。

（4）“多媒体画面语言学理论”的进一步发展阶段（2012年至今）

自2012年以来，王志军教授带领团队进一步发展和丰富“多媒体画面学理论”。在理论基础方面，博采众长，从多媒体认知学习理论、符号学理论、可视化理论、深度学习理论等众多领域广泛吸取已有研究成果，把“多媒体画面语言学理论”定位于处方性的教学理论；在研究方法方面，由过去以哲学思辨、经验总结和概念演绎等定性研究为主转变为定性研究与定量研究相结合、传统的认知行为实验手段与现代的眼动跟踪技术相结合、实验室研究与自然情境下的教学实验研究相结合；在研究内容方面，瞄准薄弱点、着力点和生长点，在过去以语构研究为主的基础上，进一步开展语义研究和语用研究，注重语构、语义和语用三者之间的匹配，例如对不同的知识类型、不同的设备类型（如计算机、平板电脑、手机）、不同的资源类型（如微视频、网络课程、教学课件）多

① 游泽清. 十年磨一剑——“多媒体画面语言学”诞生纪实[J]. 中国信息技术教育，2011，(22)：9-13.

媒体画面如何呈现、大数据与多媒体画面语言研究、深度学习与多媒体画面语言研究等。此阶段的研究具有鲜明的时代特色，研究视角精细化、研究方法更加多样、研究内容更加丰富，相关研究成果是系列期刊论文、专著和博士论文。

二、多媒体画面语言学理论的基本原理

（一）多媒体及多媒体画面语言学研究的本质

20世纪90年代，“多媒体”一词曾经出现过概念性误区，即关于英文单词“medium”的翻译问题。在中文领域，对媒体、媒介两个词汇是非常确定的概念，媒体是指文字、图像、声音、表格等信息内容的表现形式；媒介是指承载这些信息的物理介质。然而，在英文领域，媒体、媒介的英文单词都是“medium”，因此，人们在表述“多媒体”一词时，有时是指媒体的呈现形式，有时是指传输、存储、呈现媒体的物理介质。

当前，媒介技术的迅猛的发展，一系列与媒体相关的词汇不断衍生，如“电子媒体”“数字媒体”“网络媒体”“线上、线下媒体”“手机媒体”“富媒体”“新媒体”“新新媒体”“融合媒体”“全媒体”等，这些可以统称为“X媒体”。实际上，以上词汇有些是不同叫法而已，有些是广告和商业领域中炒作，但这很容易蔓延及传导到学术界，于是有些研究也是追新逐异、跟风赶时髦，给人造成“多媒体”一词已经过时、“多媒体”研究已经落伍的假相。

不管媒介技术如何发展、媒体如何演进，“X媒体”实质上是由多媒体（信息的表现形式）和各种媒介（信息的物理载体，包括传输、处理、存储和呈现等设备）组成。从媒体内容的具体表现形式上看，“X媒体”并没有赋予多媒体新的内涵，没有增加新的媒体表现形式，还是停留在图、文、声、像和交互。王志军教授曾作这样的形象比喻：“X媒体”就好像是“车+货”，这些年以来，“车”变化很大，但“货”却保持相对稳定。我们认为，“多媒体”并没有过时，无论怎么发展，“多媒体”是任何其他“X媒体”最直接、最具象、最可信的体现形式，它已经成为信息时代信息传播的基本“文本”，是人类认知的基础性手段。在信息时代，多媒体画面语言学研究的目的是规范多媒体教材的编制，探索多媒体的设计与表达方法，使多媒体教材的设计、开发和应用有“章”可循。对多媒体的研究更加凸显了新媒体的本质，多媒体研究正当时，正如梅耶（Mayer）所言，关于多媒体学习的研究依然是未来较长时期的主流领域。①

（二）多媒体画面语言学理论的框架

王志军教授认为②，将多媒体画面语言类比为符号语言，可以得到以下推论：

- 多媒体画面中使用的基本符号是各类媒体
- 多媒体画面中各类媒体符号所表达和传递的信息是教学内容
- 多媒体画面中各类媒体符号的具体情境是真实的信息化教学环境

---

① 刘世清．多媒体学习与研究的基本问题——中美学者对话[J]．教育研究，2013，(4)：113-117.

② 王志军，王雪．多媒体画面语言学理论体系的构建研究[J]．中国电化教育，2015，(7)：42-48.

以上述推论为依据，初步确定了多媒体画面语言学理论的基本框架：多媒体画面语言学由画面语构学、画面语义学、画面语用学三部分组成。画面语构学研究各类媒体之间的结构和关系；画面语义学研究各类媒体与其所表达或传递的教学内容信息之间的关系；画面语用学研究各类媒体与信息化教学环境之间的关系。基本框架如图 3-9 所示。

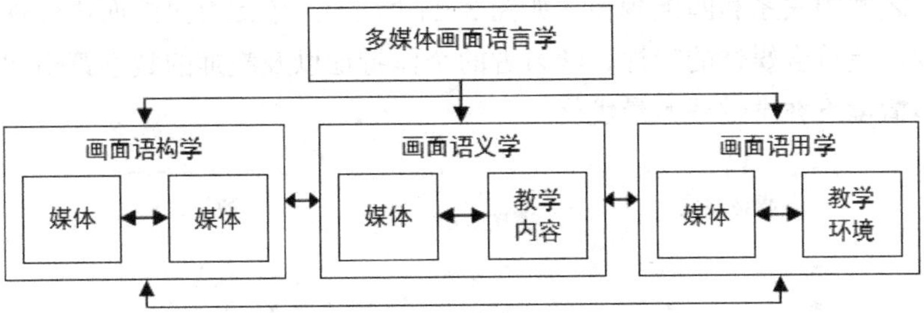

图 3-9　多媒体画面语言学理论的基本框架①

1. 画面语构学

画面语构学，又称画面语法学或画面语形学，主要研究多媒体画面中各种符号（即各类媒体）之间的结构和关系。画面语构学的研究内容又可以划分为以下三方面，分别是：多媒体画面的构成要素分析、各要素的设计规则研究和各要素之间的配合关系研究。其中多媒体画面的构成要素分析是基础，而各要素的设计规则研究和各要素之间的配合关系研究建立在这一基础之上，属于多媒体画面语言的语法规则研究。

2. 画面语义学

画面语义学研究各类媒体与所表达或传递的教学内容之间的关系，从中总结出表现不同类型教学内容的规律性的认识，形成画面语义规则。具体来讲，就是要研究图、文、声、像四大类媒体及交互形式与所表达或传递的事实性知识、概念性知识、程序性知识和元认知知识四大类知识间的关系和匹配规律（如图 3-10 所示），总结出适合不同知识类型的语义规则，使多媒体画面能够更准确地呈现和表达各类知识。

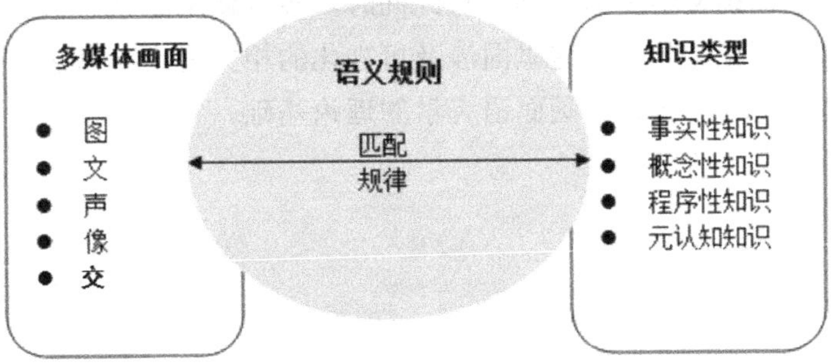

图 3-10　画面语义学的研究内容①

① 王志军，王雪. 多媒体画面语言学理论体系的构建研究[J]. 中国电化教育，2015，(7)：42-48.

3. 画面语用学

画面语用学研究各类媒体与真实的教学环境之间的关系，从中总结出适合于不同教学环境特征的媒体设计规律，形成画面语用规则。具体来讲，画面语用学的研究内容就是要研究多媒体画面中图、文、声、像四大类媒体及交互形式与作为物理载体的媒介、教师和学生之间的关系和匹配规律（如图 3-11 所示），依此得出画面语用规则，使多媒体画面的设计更符合媒体的特性、学习者的个体特征以及教师的教学策略和教学方法，实现多媒体情境下教学过程的最优化。

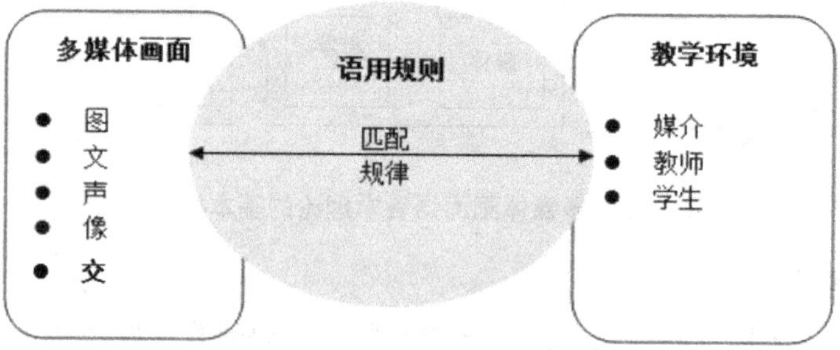

图 3-11 画面语用学的研究内容①

三、其他理论对多媒体画面语言学理论构建的支持

多媒体画面语言学致力于研究编制多媒体教材时所应遵循的规则，是解决多媒体教学实际问题的方法策略、技术，因此，它本质上是属于教学理论（处方性理论），构建多媒体画面语言学理论离不开其他理论的支持。一方面，多媒体画面语言学理论的构建需要认清多媒体学习认知机制，这其中涉及认知心理学的相关理论，包括视觉思维理论、双重编码理论、新双重编码理论、工作记忆模型、认知负荷理论等，这些认知心理学的相关理论既是多媒体学习认知理论（解释性理论）的基础，同时也是多媒体画面语言学理论的基础；另一方面，多媒体画面语言学理论构建是以符号学理论的框架为蓝本，符号学划分为语形学、语义学和语用学，与此同时，多媒体画面语言主要又是以“形”表“义”，强调形意的可视化传达，这里面涉及可视化的相关理论，包括知识可视化、思维可视化等，这些理论也是多媒体画面语言学的理论基础。

① 王志军，王雪. 多媒体画面语言学理论体系的构建研究[J]. 中国电化教育，2015，(7)：42-48.

第四章　教育图文融合设计的模型

模型是人的思维构成的意识形态。在设计领域，模型是对设计活动的提炼和抽象表达。构建教育图文融合设计的模型目的在于描述各设计变量及其相互之间的转换关系，从而使设计逻辑更加清晰、设计行为流程化和模式化。本章在上一章对理论基础梳理的基础上，通过对当前多媒体画面设计及应用中存在问题进行调查，了解学生、教师对多媒体画面设计的一般需求，结合专家关于“多媒体画面中可视化如何促进认知”的访谈，再从理论分析的角度推导出教育图文融合设计的模型，并探索多媒体画面中教育图文融合设计模型的工作机制，为后续实验研究的设计提供明确的具体指向。本章的研究逻辑如图 4-1 所示。

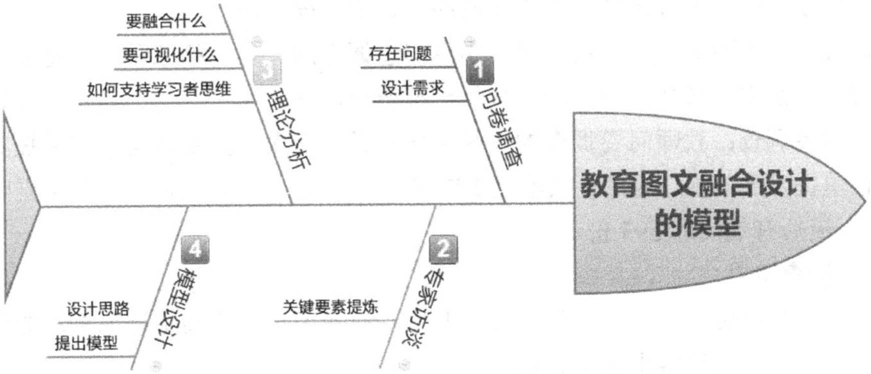

图 4-1　第四章研究逻辑

第一节　现实依据

自从多媒体在教育教学中取得广泛应用以来，多媒体信息的设计在很大程度上依赖于教师的直觉和经验。即便当前对多媒体信息的设计形成了不少规则，但正如梅耶自身所担心的那样，这些宏观层面的教学信息设计原则在实践中变成了被记忆的程序列表，难以发挥其应有的效用。

如果把多媒体画面当成是一项产品，那它是设计过程的结果。多媒体画面设计是一个综合信息处理过程，需要把抽象性的概念模型具象化，其中蕴涵着教学设计者的创造性心理活动。多媒体教学资源是以需求为导向的，多媒体画面设计模型可以描述为从学习者需求到最终成品的整个过程，既包含了对“问题”的输入，最终也必须包含对“解”的输出。本研究认为，教育图文融合设计模型的构建逻辑应该从当前多媒体画面设计中存在的具体问题出发，以相关利益者的需求为引导和约束，在相关理论的指导下不断解决问题、提出新问题，从而产生最终的设计模型。

一、问卷调查

（一）调查目的

多媒体教学已经常态化，但效果并不理想。虽然已有学者做过类似的调查，但缺乏系统性和全面性，调查视角不明确，缺乏深度分析，导致最终形成结论的说服力也不强。为了解多媒体教学中存在的问题，本研究拟从多媒体画面呈现的角度进行问卷调查，期望通过调查整体了解一是多媒体画面设计中存在的不合理现象，二是他们自身对多媒体画面设计的一般需求。

（二）调查过程

为实现调查目的，设计了开放性调查问卷。问卷分为学生版、教师版（见附录 1），问卷内容包括三部分，一是关于被调查者的基本信息；二是关于多媒体画面①设计中存在的不合理现象；三是被调查对多媒体画面设计的一般需求。

选取天津、江西的 4 所本科院校，学生问卷调查的途径包括三种，一是通过问卷星网络调查，二是委托教师在自己所任教的班级调查，三是通过食堂、教室、寝室等场所随机发放问卷调查；教师问卷调查的途径主要是通过本人直接发放问卷和委托其他教师在其所在单位发放问卷。最后，共收到 587 名学生、34 名教师的问卷，其中剔除无效问卷 28 份，最后有效问卷 593 份。

（三）调查结果

问卷调查结束后，对收集的信息进行汇总，剔除了一些偏离主题或重复的信息，再进一步概括归纳，大致得出如下结论：

1. 多媒体画面设计的不合理现象

（1）多媒体的呈现方式不符合视听觉艺术审美要求

主要表现在：文字过多，密密麻麻；字号太小，看不清文字；文字颜色与背景色混为一体；字体设置过多或单一；图片清晰度太低，模糊不清；图文二者的排列方式不合理；图文二者数量比例不合理，图片过多或文字过多，表现形式过于单一；声音效果嘈杂，使人心烦；动画过炫，分散注意力；动画的交互操作太少；视频太卡，视频不清晰；视频中的声音与动作不匹配；界面布局太乱；色彩太花哨；色彩搭配不和谐等。

（2）多媒体教学信息的组织方式不符合认知规律

主要表现在：文字从书本照搬，缺乏提炼和组织；图文二者之间的关系不匹配，导

---

① 考虑到被调查者对“多媒体画面”专业术语的理解程度不一，因此在问卷中统一使用了与之意思接近、通俗易懂的“界面”一词。

致意义的表达不明确；图片、动画、视频等媒体的过度使用，导致认知负荷过载；文字、图片、动画、视频等媒体的孤立使用，缺乏整合，没有考虑多媒体学习的多通道效应；多媒体没有突破认知难点，仅仅考虑感官效果；对知识要点没有标识或突出显示；知识与知识之间的联系缺乏逻辑顺序；知识结构混乱或过于线性化等。

（3）多媒体的使用不符合课堂教学规律

主要表现在：教师的讲解内容和多媒体呈现内容之间不相对应；教师过于依赖多媒体教学课件，拘泥文稿，学生成为走马观花的“匆匆过客”，师生之间缺乏对话交流和思维碰撞；教师的语速与学生观看屏幕的速度不匹配；教师不再书写板书，导致在有限的课堂时间里教师讲解内容突然增多，学生感觉接受信息“轰炸”；教师需要同时应付操作机器与讲解内容，导致过分紧张和思绪混乱；多媒体设备老化，导致效果太差等。

对以上三条结论分析发现，第一、二条与多媒体画面设计的关系密切，第三条则是一些关于教师在多媒体教学、多媒体教学资源使用中的不合理现象，第三条结论表面上出乎调查意料。深入思考后发现，第三条结论虽然不是调查的预期目的，也不直接指向多媒体画面设计，但和多媒体画面语言学有着千丝万缕的联系。第一条结论，是关于多媒体画面语言学中的语构（语法）问题，针对多媒体语言表达是否规范；第二条结论，是关于多媒体画面语言学中的语义问题，针对多媒体画面语言表达是否符合人的认知规律；第三条结论，是关于多媒体画面语言学中的语用问题，针对多媒体画面语言表达的是否符合教学情境和教学需求。以上三条调查结论，实质上正好暗合了多媒体画面语言学的语构（语法）、语义和语用这三个方面。对多媒体画面的设计来讲，“语用”是指在设计层面针对课堂教学情境和需要的“预设”，从而对多媒体画面设计提出约束条件或规定性要求，语构（语法）、语义和语用三者是不可割裂的统一整体。

结果表明，高质量的多媒体画面必须同时遵循语构（语法）、语义和语用三方面规则，尤其是需要注意三者之间的互动匹配，任何“顾此失彼”的做法，都可能降低教学效果。换言之，在多媒体画面语言学的理论框架下开展多媒体教学或与之相关的研究是比较合理的选择和实现路径。因此，本研究中教育图文融合设计模型也应建基于多媒体画面语言学的理论框架。

2. 多媒体画面设计的一般需求

在多媒体画面设计的一般需求方面，收集到大量的零散的信息，因此对这些信息概括提炼成主题词，意思相近合并为一个主题词，最后归为“形式”“内容”“功能”及“其他”四大类，通过词频统计和词频图分析，结果如表 4-1 所示。

表 4-1　多媒体画面设计的一般需求词频统计

形式			内容			功能			其他（无明确对象）		
主题词	次数	百分比	主题词	次数	百分比	主题词	次数	百分比	主题词	次数	百分比
美观/感	370	13.78%	突出重点	125	4.65%	导航清晰	95	3.54%	原创	42	1.56%
简洁	202	7.52%	突出难点	113	4.21%	易操作	67	2.49%	趣味	36	1.34%
布局合理	154	5.73%	教学性高	79	2.94%	交互智能	41	1.53%	实用	23	0.86%
风格/色彩统一	101	3.76%	知识点清晰	71	2.64%	交互友好	31	1.15%	生动	8	0.30%

续表

形式			内容			功能			其他（无明确对象）		
主题词	次数	百分比	主题词	次数	百分比	主题词	次数	百分比	主题词	次数	百分比
文字精简	97	3.61%	无冗余内容	69	2.57%	便于查询	29	1.08%	功能齐全	7	0.26%
清晰度高	82	3.05%	内容丰富	67	2.49%	帮助思考	7	0.26%	灵活	6	0.22%
突出主体	78	2.90%	内容精炼	67	2.49%	设置小助手	6	0.22%	避免花哨	5	0.19%
对比度高	39	1.45%	符合教学对象	62	2.31%	支持虚拟仿真	5	0.19%	大众化	4	0.15%
符合视觉心理/习惯	29	1.08%	突出主题	57	2.12%	支持电子学档	1	0.04%	联想	4	0.15%
艺术感	27	1.01%	概括性内容多点	56	2.08%	支持同伴学习	1	0.04%	灵感	2	0.07%
创意	25	0.93%	分类清晰/细致	45	1.68%				真实	1	0.04%
图文比例合理	24	0.89%	具有逻辑性	41	1.53%						
层次感	13	0.48%	符合课程需要	36	1.34%						
媒体搭配合理	12	0.45%	内容原创/新颖	34	1.27%						
时尚	9	0.34%	内容完整	21	0.78%						
区分不同模块	8	0.30%	内容连贯	17	0.63%						
适度的简洁	7	0.26%	抽象的信息图形化	9	0.34%						
质感	7	0.26%	界面为内容服务	2	0.07%						
版式新颖	6	0.22%									
动感	3	0.11%									
扁平化界面	1	0.04%									
合计	1294	48.18%		971	36.15%		283	10.54%		138	5.14%

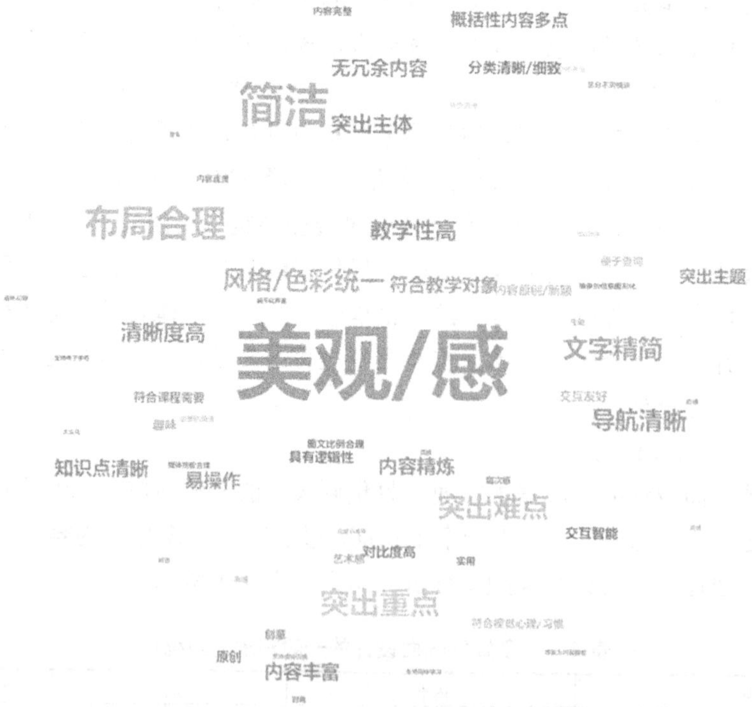

图 4-2　多媒体画面设计的一般需求词频图

从表 4-1、图 4-2 汇总的数据可知，多媒体画面的“形式”“内容”“功能”及其他方面都引起了师生的共同关注，对“形式”的关注最多，其次是“内容”和“功能”。在众多主题词中，“美观/感”“简洁”“布局合理”“文字精简”“风格/色彩统一”“突出重点”“突出难点”“教学性高”“导航清晰”“易操作”“原创”“实用”等主题词的关注度较高。虽然以上主题词是定性的、模糊的评价，但都大致地反映了大家对多媒体画面设计需求的主观感受。

需要指出的是，对“形式”关注最多，并不是说多媒体画面的“形式”比“内容”“功能”重要，而是表明“形式”在第一直觉上比“内容”“功能”更容易引人注意。多媒体画面的外在形式、内容、功能三者本质上是和谐统一，都是为教学目的服务的。关注度低的主题词，并不代表不重要。例如，“抽象的信息图形化”“帮助思考”等主题词，其实质就是多媒体画面中知识可视化及思维可视化设计理念，只有少数的师生关注到，但反过来说明这是关注的盲点，在一定程度上表明此研究的重要性及迫切性。对多媒体画面的设计者而言，应该尽可能地关照到以上“主题词”，对教育图文融合设计模型的构建而言，也应当如此。

二、专家访谈

（一）访谈目的

在前期的文献分析中指出，可视化理论是本研究的重要理论基础，实现知识可视化和利用可视化促进认知是多媒体画面设计中的一项挑战性工作。为探索多媒体画面中可视化设计及其如何促进认知的作用机理，本研究通过专家访谈的方式，从他们的视角中提炼出多媒体画面中可视化促进认知的关键要素。

（二）访谈过程

为实现访谈目的，设计了开放性的专家咨询问卷。问卷（见附录 2）说明了调查者的身份和访谈的基本目的，设置了具体的问题。通过对教育技术学、心理学领域中长期关注“多媒体学习”“多媒体画面”“可视化”的专家进行电话、电子邮件、当面访谈，最后共得到 20 名专家的反馈意见。

（三）访谈结果

访谈结束后，对所有专家的反馈意见进行汇总，剔除了一些重复的信息，再进一步概括、梳理与归类，大致得出如下结论：

1. 内容层面

主要表现在：内容的层次性、知识的组块化、知识的系统化、知识的逻辑性、知识的结构化、知识之间复杂关系的可视化、建立语义网络、认知加工方式与知识类型的对应、解决问题与思维形式的对应、知识内容与学习者特征结合、知识内容契合学习者的心智水平、知识的图示化等。

2. 媒体呈现及功能层面

主要表现在：媒体的质量、媒体的表现力（真实感、沉浸感）、媒体呈现的顺序及层次感、多种媒体的综合使用、智能的认知交互、增强现实技术的运用、指导性元素（认知线索）、学习自适应、高质量的文本编码、元认知干预功能、支持学习者搭建“支架”、识别用户需求、注意力指引（引导知识组织与整合）、能够调节情绪、激发动机、引导学习者完成目标、多媒体画面中融合其他思维工具的使用、构建高效的学习体验等。

从专家们访谈中所涉及的词汇看，表述上各有差别，但集中体现在两大方面，一是关于知识内容的设计，二是关于媒体呈现及功能设计。以上两个层面，要求在多媒体画面设计时既要对知识内容进行精心设计，也要利用多媒体技术来实现。对具体的多媒体画面而言，不太可能囊括以上所有的细节要求，比如媒体呈现以及功能方面，这就不仅仅是通过设计能够实现的，更多是依靠后期技术人员的制作与开发，甚至是技术工具是否先进等。多媒体画面的设计似乎给人无从下手的感觉，因为要考虑的因素实在太多了。大道至简抓本质，多媒体画面中究竟哪些关键要素的设计与促进认知紧密相关呢？深入分析发现，利用多媒体画面语言表征时，可视化能否促进认知的关键要素可以集中概括为两大点：一是知识的关联度如何，即知识与知识之间的关联、学习者与知识之间的关联；二是支持学习者意义建构的程度如何，即主动的、意图的、建构的、真实的和合作的程度。多媒体画面的设计应该围绕构建知识内容的强关联，构建支持学习者意义建构的学习环境而展开。

第二节　理论分析

构建教育图文融合设计模型，预期目的之一是使抽象、过于依靠直觉的多媒体画面设计成为规范、具体、流程性的设计活动，使设计者在掌握、理解多媒体画面设计内涵的基础上提高设计效率。在本章第一节的现实依据中，通过问卷调查确定了模型的构建应该建基于多媒体画面语言学的理论框架；通过专家访谈确定了需要明确的关键信息和需要解决的关键问题。除此之外，需要在理论层面论证模型构建的可行性和解决如下问题：一是教育图文融合究竟需要融合什么？二是多媒体画面需要可视化什么？三是多媒体画面如何支持学习者思维？等等诸如此类的系列问题需要进行深入的理论分析与探讨。

一、教育图文融合要融合什么

图文作为代表两大符号语言体系，是人类思维活动的工具。图文各有自身优势，图用于表征那些适合视觉和空间表征的信息，而文则相反，二者不是孤立与割裂，更多是互补关系。根据文献综述中对图文关系的梳理，确定了图文融合是最大程度提升知识表达和传递的有效途径。

从图文理解的整合模型工作原理可知，从最初的图文共同呈现，到工作记忆阶段建立命题表征和心理模型，并且命题表征和心理模型之间相互转换和补充。图文媒体旨在支持基于视觉的思维活动，其呈现方式对学习者在工作记忆阶段能否建构一致的心理表征产生最直接的影响。那么，图文该怎样融合才有利于促进这一过程的实现呢？

大脑是学习的必由路径。学习在大脑中究竟如何发生？认知神经科学家认为，学习是两个神经元彼此产生联系的过程。每个人脑大约有1000亿个神经元，神经元大多是与附近的神经元联结，联结就意味着信息在大脑中的交流更加有效。我们常说的学习更深刻实际上是神经元细胞之间建立了更多的连接、找到了新的神经通路。①学习就是建立神经网络的过程，每个人都在脑的皮层建立了大量令人难以置信的神经网络来存储信息。①

Eric Jensen认为，为同一学习内容提供多种媒介激发多重情绪反应，最大化地建立神经元间的联系数目，学习效果就越好，也将使学习者更容易地进行以后学习。②依据脑认知的相关科学知识，我们可以推测，在工作记忆阶段为达到命题表征和心理模型更好整合的目的，图文之间构建二者关联是最基本的前提。由此可见，人类的思维是无时不在与各种信息构建关联，图文融合的实质就是建立二者关联，从而帮助学习者建立命题表征和心理模型并更好地整合。关联的作用在于描绘事物内部的潜在关系和结构特征，对图文而言，有助于使抽象的知识信息衍变成有形、具体的视觉意义画面，使多媒体画面为学习者提供更多"创设联结"和"意义建构"的机会，而建立关联的途径需要从语构、语义、语用三方面综合起来考虑。

从画面语构学角度讲，关联可以具体表征为线索，如颜色、箭头、布局、形状、大小等物理属性（也可称为物理线索），也可以具体表征为位置、时间先后等空间属性（也可称为空间线索）。所以，对图文语构设计而言，关联表现为对多媒体画面中对图文要素的物理属性和空间属性参数调节。

从画面语义学角度讲，关联体现的是各要素之间的语义逻辑关系，就是使图像形态与文本形态之间的逻辑因果关系得到充分链接。所以，对图文语义设计而言，关联表现为对图文之间的内容相关、文本语义的图示化、语义图示的结构化等方面。

从画面语用学角度讲，关联体现的是对学习者在具体教学情境中产生"意义"，即实现知识的与自身的关联，即意义建构。"意义"既是非常个人的事情，也受其他因素的制约。所以，对图文语用设计而言，能否产生"意义"取决于对学习者变量，教师变量以及设备工具等外在环境变量的综合考量。

二、多媒体画面要可视化什么

多媒体画面是通过数字屏幕呈现的图、文、声、像等多种视、听媒体的综合表现形式。除文、声之外，图和像是视觉媒体，是对纯文本进行可视化的结果。本研究中，多媒体画面是应用于教育教学领域的数字资源，教育图文也是关于知识内容的图文。教育图文和一般的广告图文有本质区别，广告图文利用吸人眼球式的宣传手段，公开广泛地向公众传递信息，目的是扩大经济效益或其他特定的需要；而教育图文通过可视化，目的是更好地实现知识传播、共享和创新，是为教学服务的。

---

① 李金钊. 基于脑的课堂教学框架设计与实践应用[M]. 上海：华东师范大学出版社，2013：51.

② Eric Jensen著，脑科学与教育应用研究中心译. 适于脑的策略[M]. 北京：中国轻工业出版社，2006：5.

由此可见，可视化只是手段，目的才是关键。在多媒体画面中，可视化需要为学习者在理解知识、建构概念、完成推理、解决问题等内隐的认知加工过程提供外在的显化支持。如何才能达到以上目的呢？从最初多媒体信息的输入，到工作记忆阶段的加工，可视化不仅要帮助建立命题表征，同时也要支持学习者建立心理模型。换言之，多媒体学习是一个过程，多媒体画面既要完成知识表征，同时也要引导、支持和帮助学习者对知识、概念、问题等建构模型，即思维建模。模型是存在于学习者头脑中的，思维建模是表征学习者的内在认知，建模是人的一种本能认知现象。知识表征是思维建模的前提，但二者并不是完全割裂的，从某种程度讲，二者往往是同一的过程。

知识表征。为促进学习者的深层次学习，对知识的表征不是简单地认为把言语类的文字媒体转化成图类媒体，它不是一般意义上的可视化。北京师范大学赵国庆博士借助面对对象的思想方法体系来分析可视化，认为可视化应该明确具体的客体，包括对象本身、对象的属性、对象和对象之间的关系三种情况。对象本身可视化，一般是采取直接的图像，对促进成人的认知作用不大；对象属性可视化，一般对认识事物的外在特征具有很大作用，但对思维的促进作用亦有限；对象与对象之间的关系可视化，具有最大的价值和意义，体现了抽象的特征，对思维具有很大的促进作用。①可以认为，对知识的表征应该集中体现在知识与知识之间的隐性逻辑关系可视化。

思维建模。思维是认知活动的高级形式，是复杂、多侧面的内在心理加工过程。思维是动词，表现为思维的运作和过程，对其建模必须依据具体的思维加工方式进行。思维加工方式包括分析、综合、比较、抽象、概括、判断、推理、具体化和系统化等基本过程。②伯恩（Bourne）认为，思维加工活动肯定需要通过某个外部事件所引起，而具体的符号表征是外部事件之一。③对学习者而言，学习不是单纯地添加新的知识，只有当知识纳入学习者已有的思维结构，学习才真正发生。顾小清教授指出，需要以元素、关系、操作及规则所构成的模型帮助学习者超越思维局限，将新知识吸收到已有知识结构中。④因此，思维加工的本质是学习者追寻与自身存在意义关联的过程。可以认为，对思维建模应该转化成如何通过媒体表征更好地为学习者创设联结，引导他们完成意义建构。

三、多媒体画面如何支持学习者思维

基于多媒体画面的学习是一个多感官参与的过程。视、听、触、味等各种通道都能给学习者提供学习信息，国内外20多年以来的多媒体学习实验表明，多通道学习是有效的学习方法之一。多媒体画面使知识表征的方式更加多元、丰富，但多媒体画面的功效

① 赵国庆. 别说你懂思维导图[M]. 北京：人民邮电出版社，2015：130-131.

② 唐孝威，何洁等. 思维研究[M]. 杭州：浙江大学出版社，2014：4.

③ Bourne L E, Eksreand B R, Dominowski R L. The Psychology of Thinking[M]. Englewood Cliffs, NJ: Prentice-Hall, 1971.

④ 顾小清，权国龙. 以语义图示实现可视化知识表征与建模的研究综述[J]. 电化教育研究，2014，(5)：45-52.

远远不止是传递教学信息的媒介，其巨大的潜力和魅力在于支持学习者有效认知，从而完成知识的意义建构。

北京师范大学赵姝、赵国庆博士认为，为使思维训练具有可操作性，将其划分为隐性思维显性化、显性思维工具化、高效思维自动化三大阶段，其中第一、第二阶段需要借助思维导图、概念图、思维地图等可视化认知工具，第三阶段是在大量练习并掌握思维工具的使用之后进行的无意识学习活动。[①]显然，思维能力的提升是一个长期过程，多媒体画面不可能将思维训练的三大阶段完全囊括其中，这既不合理也不现实。本研究把多媒体画面对思维的作用定位于引导、促进和帮助。一般来讲，所呈现的多媒体画面，能够对内隐的思维过程信息显性化和外在化，或是能够指引学习者有意识地去重点加工某个知识点，或是能够利用其他可视化认知工具实现对思维的组织、结构化和整合，可以认为该多媒体画面具备了支持学习者思维活动的功能。

多媒体画面完全可以凭借其强大的媒体表现力和交互技术实现以上功能，但首先需要明确以下关键信息：一是确定知识类型及其属性，二是确定知识内容迁移加工时所依赖的思维技能和思维过程，三是确定学习者的基本特征。其次需要解决以下关键问题：一是把知识之间的隐性逻辑关系可视化出来，二是实现画面引导的思维加工方式与知识结构之间的匹配，三是设计线索引导学习者认知加工或搭建支架帮助完成命题表征和心理模型的建立。

第三节　模型设计

一、设计思路

（一）构想

遵循人的认知心理工作方式设计的多媒体信息比没有遵循人的认知心理工作方式设计的多媒体信息更可能产生有意义学习。教育图文之所以要融合，其基本假定是：学习者的认知心理倾向于同最大程度的关联性相吻合，图文融合所产生的认知效果大于图文的各自呈现，图文关联越强，越有助于促进学习效果和减少信息加工时所付出的努力。

如何通过可视化的手段为图文建立强关联？通过前期分析，初步确立了图文融合设计模型的理论构想：图文融合设计需要以知识内容为设计的逻辑起点，借助图文媒体把客观存在的知识表征出来，并通过“内容相关”“语义图示”“关联线索”和“交互控制”四方面建立图文二者的关联。这些关联为学习者提供更多“意义建构”的机会，有利于在工作记忆阶段建立命题表征和心理模型，从而使多媒体画面支持学习者的思维成为可能。其构想如图 4-3 所示。

---

① 赵姝，赵国庆，吴亚滨，徐宁仪．思维训练：技术有效促进学习的催化剂[J]．现代远程教育研究，2012，（4）：28-34.

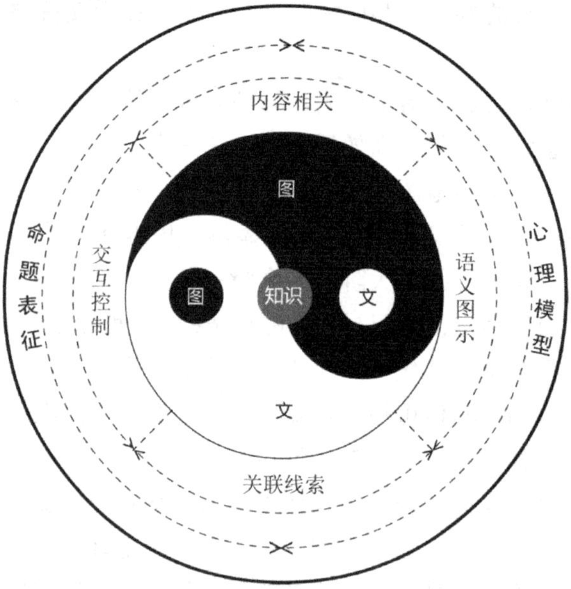

图 4-3 教育图文融合模型（理论构想版）

图 4-3 借鉴了易经中的太极思想。易经理论认为，无极是世界的本体，是万物的本源。“无极生太极，太极生两仪”，即阴和阳，阴阳互补构成世间万事万物。图 4-3 把知识比作无极，是图文融合设计的逻辑起点和中心；把图文比作阴阳，图文二者你中有我、我中有你，共同表征知识。“两仪”又二分为四，即四象：太阳、少阳、少阴、太阴，分别由“内容相关”“语义图示”“关联线索”和“交互控制”所代表。“四象生八卦”，卦应该是指图文融合的途径，八卦是指八种途径，但图 4-3 中并没有标注八卦。本研究认为图文融合的设计途径是多样化的，均可以从“内容相关”“语义图示”“关联线索”和“交互控制”四方面相互补充或演化而来并在设计中根据需要进一步细化，最终目的是促进学习者在工作记忆中建立“命题表征”和“心理模型”，并且这二者之间可以相互转化、补充和检验。

（二）分层

模型采用分层思想，分层可以让我们从不同层次不同视角来观察事物的性质。结合现实依据与理论分析，认为教育图文融合设计模型的约束条件最起码有：第一，必须以认知心理学的相关理论为基础，包括代表最新发展的多媒体学习理论即图文理解的整合模型、视觉思维、工作记忆模型及认知负荷理论；第二，设计行为必须在多媒体画面语言学理论的语义、语构、语用的三维框架下进行；第三，必须借鉴知识及思维可视化理论的相关成果，构建多媒体画面中知识内容的强关联及支持学习者有意义学习的环境。因此，模型拟分为三层，分别是认知心理层、知识及思维层、设计层。图 4-4 体现了模型中各层级间的理论作用关系。设计层是整个设计模型的中心，认知心理层是其设计的理论基础，知识及思维层为多媒体画面的可视化提供了设计导向或具体要求。

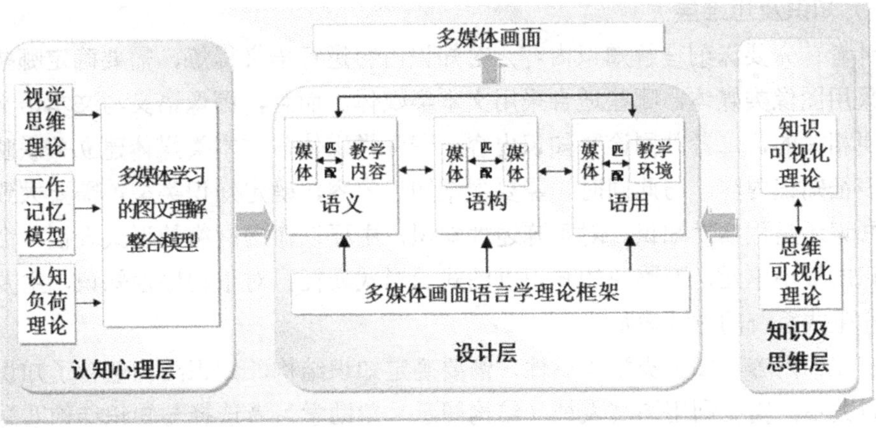

图 4-4　教育图文融合中各层级间的理论作用关系

二、具体模型

图 4-3 的构想、图 4-4 的理论作用关系仅仅描述了教育图文融合的基本逻辑，表达过于模糊和宽泛，无法指导具体的实践，需要把该构想转化为具体、有目的、有意识的设计行为。为此，在构想和分层设计思想的基础上，提出如图 4-5 所示的图文融合设计模型（设计过程版）。由于认知心理层在理论基础中已经详细阐述，此处不再赘述，只对知识与思维层、设计层做介绍。

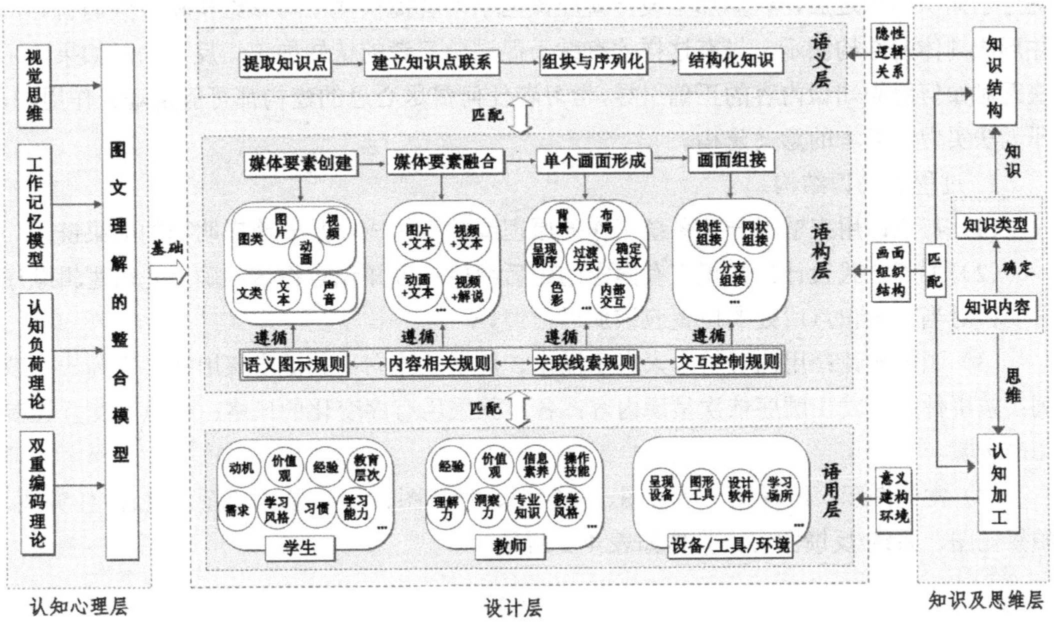

图 4-5　教育图文融合模型（设计过程版）

（一）知识及思维层

设计者首先要深刻理解知识内容，对知识内容进行语义提炼，需要确定哪些知识内容适合采用图像类媒体，哪些适合采用文本类媒体。而且，图像语义与文本语义之间是高度逻辑相关的，二者共同诠释知识内容；图像类媒体与文本类媒体建立关联映射，二者共同表征知识内容。与此同时，需要根据知识内容，确定知识类型，需要大致区分为陈述性知识还是程序性知识。对于陈述性知识，主要以命题网络的形式表征，命题是陈述性知识的最小单元，而整块的知识以图式的形式表征；对于程序性知识，主要采用产生式或产生式系统的方式表征。

根据知识内容、知识类型等属性，需要确定知识结构，知识结构蕴含了知识之间的隐性逻辑关系，需要利用图文表征（结构图示）帮助学习者选择与知识结构匹配的加工方式。知识结构主要是指知识之间的组织关系，表现为时序（先后顺序）和逻辑（部分内部、部分与部分、部分与整体）关系。①②为确保多媒体画面语言实现知识内容转化为相应的多媒体画面，使多媒体画面具有知识传递的功能，需要满足的前提条件是：（1）知识内容需要依据其结构特点进行认知加工设计；（2）知识内容的结构关系需要通过多媒体画面展示出来。在以上条件的作用下，寻找与知识结构相匹配的认知加工方式和图示呈现方式，即紧紧围绕"知识结构是什么——加工方式是什么——设计匹配的结构图示"的逻辑主线而展开。

据国外相关研究③④，一些基本的知识结构主要包括过程、比较、概括、列举和分类。确定了知识结构之后，认知加工设计就应该为学习者提供建立与该结构相一致的引导，并形成具体的结构图示，只有这样才有助于促进学习者的认知加工。反过来，如果图示缺乏对如何组织知识内容的正确引导，学习者任何费尽心思的建构都可能是毫无作用的，即无法实现学习者的意义建构。

1. 过程类知识结构

（1）特点：用来解释一些系统工作的原理或知识构成，是一连串明确的因果链。

（2）加工方式设计：知识点有固定的先后顺序；各知识点指示准确，先后逻辑顺序分明；对当前知识点所处的位置应该加以强调。

（3）画面设计：用图形符号来表示操作、数据、流向；关键步骤用数字序列一一罗列；按事件先后发生顺序依次呈现内容；各步骤采用有序变化的风格；可以用交互控制每个步骤。

（4）常见图示：流程图、环形图、决策树、时间图、鱼骨图/因果图、过程/任务图、帕累托图、系统/反馈图等，具体如表 4-2 所示。

① 占小红，王祖浩. 师范生课堂知识结构的特征研究[J]. 全球教育展望，2014，（8）：83-91.

② 王通讯. 论知识结构[M]. 北京：北京出版社，1986：22-23.

③ [美]梅耶. 多媒体学习[M]. 牛勇，邱香，译. 北京：商务印书馆，2006：66.

④ Chambliss, M. J, & Calfee, R. C. Textbooks for learning[M]. Oxford. England: Blackwell, 1998.

表 4-2　过程类知识结构与图示

名称	描述/用途	举例
流程图	流程图以特定的图形符号配上说明，用来直观地描述工作过程的具体步骤，对准确了解事件是如何进行，以及决定如何改进有很大的作用	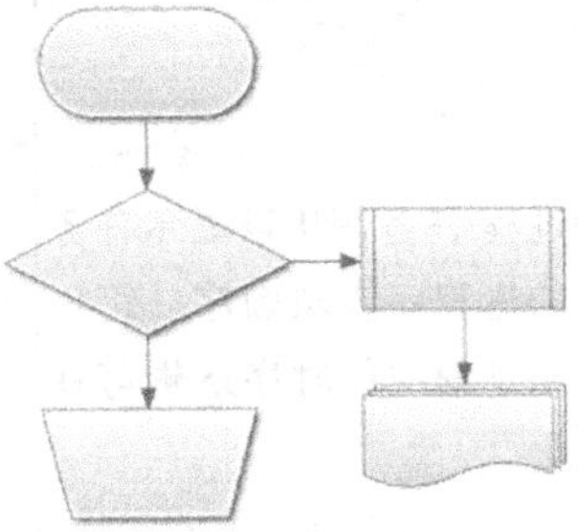
环形图	环形图主要用来表明某种循环的逻辑关系或者绘制多个样本的数据系列	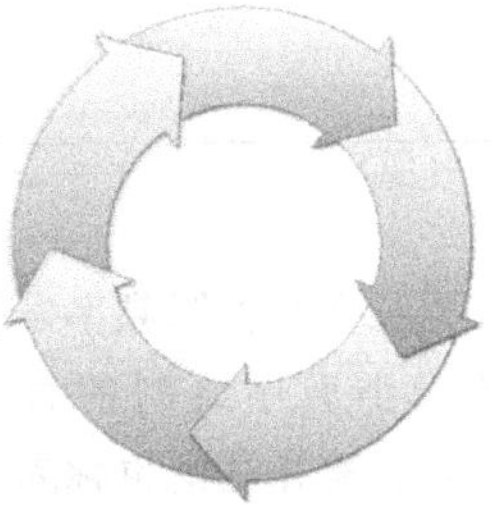
决策树	决策树是一个预测模型，是通过直观运用概率分析的一种图解法，决策树的中间可以有多个决策点，以决策树根部的决策点为最终决策方案	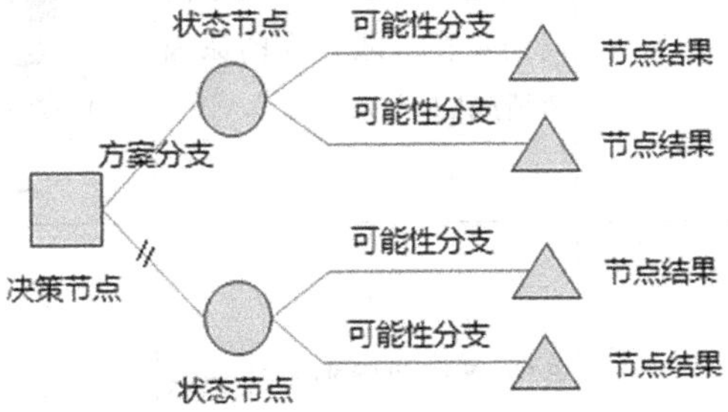
时间图	时间图用以明确工作任务的时间节点或标注具体事件	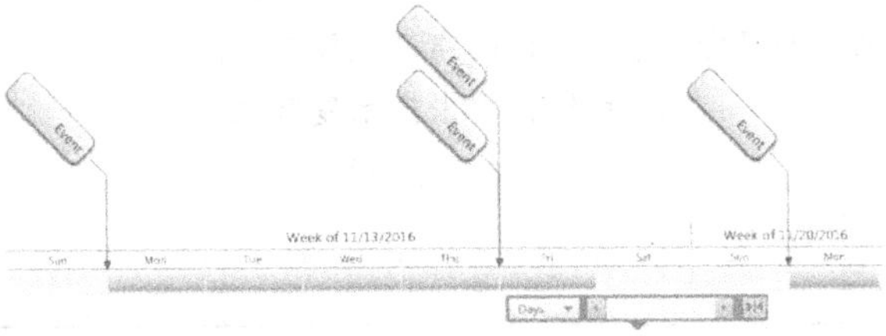
鱼骨图/因果图	鱼骨图/因果图用以有层次地组织大量的信息，可以了解潜在原因之间的关系，对发现问题和解决问题有很大的帮助	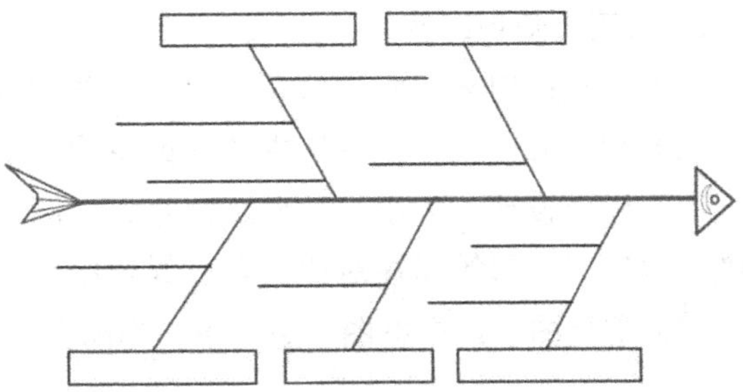

续表

名称	描述/用途	举例
过程/任务图	过程/任务图用以显示任务的进程、步骤顺序，可以使进程中的时序逻辑可视化	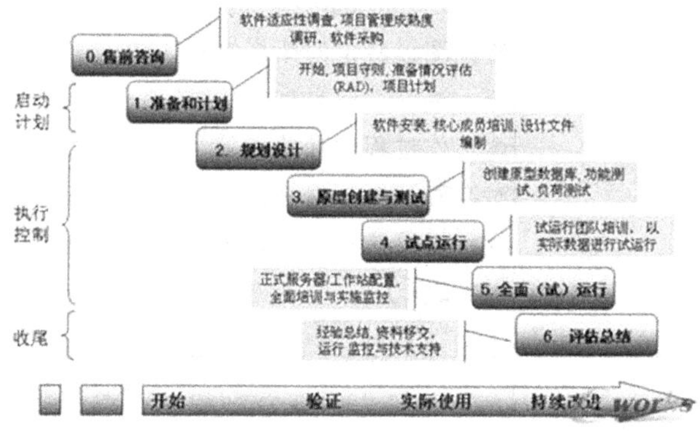
帕累托图	帕累托图是按照频率发生的大小顺序绘制的直方图。帕累托法则也称为二八原理，即百分之八十的问题是百分之二十的原因所造成的	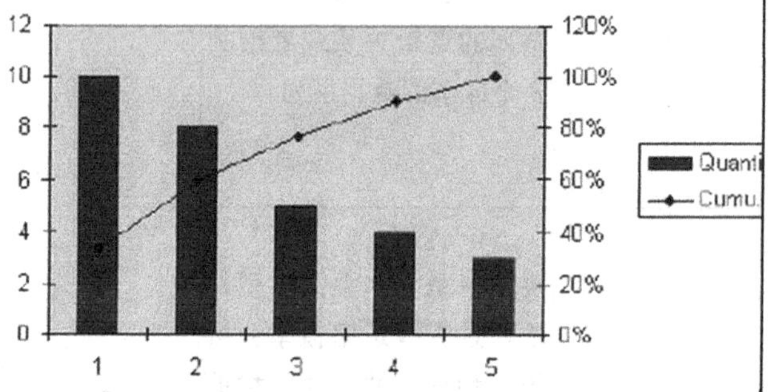
系统/反馈图	系统/反馈图用来描述一系列变量之间的作用关系，包括反馈回路、正反馈、负反馈，用来揭示复杂系统后的动态发展规律	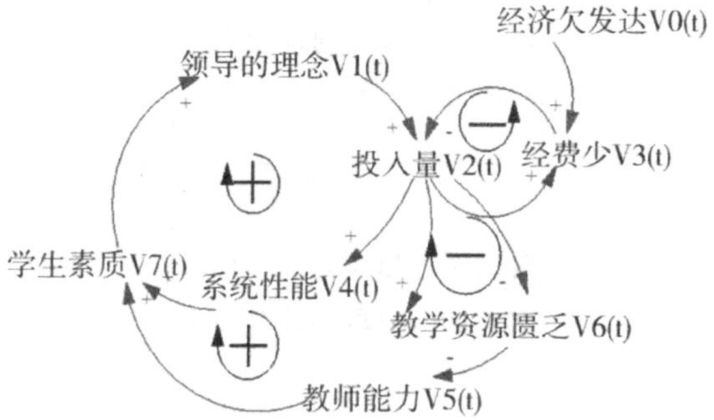

2. 比较类知识结构

（1）特点：用来在两种或两种以上有某种联系的事物间辨别异同。

（2）加工方式设计：突出主体（或主题）；重视共性和差异，尽可能突出可比性。

（3）画面设计：大小、疏密、曲直、方圆、形状等形态对比；亮暗、轻重、软硬、粗细、质感、色彩等属性对比；各种媒体组合，共同匹配呈现。

（4）常见图示：维恩图、矩阵图、隐喻图、齿轮图、平衡图等，具体如表4-3所示。

表 4-3　比较类知识结构与图示

<table>
<tr><th>名称</th><th>描述/用途</th><th>举例</th></tr>
<tr><td>维恩图</td><td>维恩图是利用交叉的圆图来说明不同组别之间的相互关系。交叉部分代表相似性，而非交叉部分代表差别</td><td>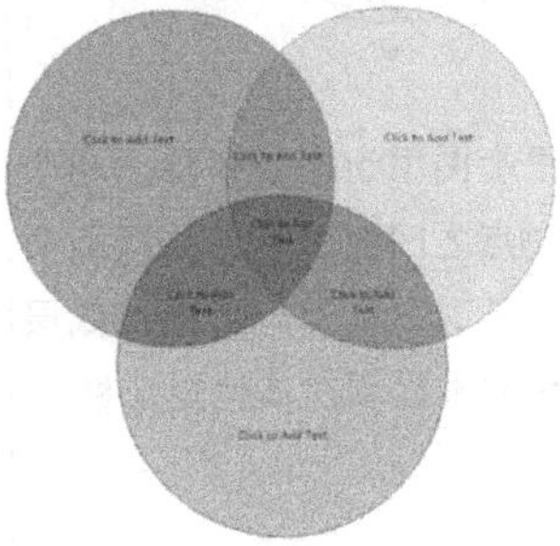</td></tr>
<tr><td>矩阵图</td><td>矩阵图是一种多因素综合思考、探索问题的方法。从问题事项中，找出成对的因素群，分别排列成行和列，并找出行列之间的相关性或相关程度的大小</td><td>
<table>
<tr><td colspan="2" rowspan="2"></td><td colspan="6">R</td></tr>
<tr><td>R_1</td><td>R_2</td><td>…</td><td>R_i</td><td>…</td><td>R_n</td></tr>
<tr><td rowspan="6">L</td><td>L_1</td><td></td><td></td><td></td><td></td><td></td><td>◎</td></tr>
<tr><td>L_2</td><td>○</td><td>◎</td><td></td><td></td><td></td><td>○</td></tr>
<tr><td>…</td><td></td><td></td><td></td><td></td><td></td><td></td></tr>
<tr><td>L_i</td><td></td><td></td><td></td><td>○</td><td></td><td>△</td></tr>
<tr><td>…</td><td></td><td></td><td></td><td></td><td></td><td></td></tr>
<tr><td>L_n</td><td>△</td><td></td><td></td><td>◎</td><td></td><td>○</td></tr>
</table>
</td></tr>
<tr><td>隐喻图</td><td>隐喻图是建立源目标与对象目标之间的映射联系，将语义信息获得形象直观的可视化表达，以读者可感知的形式展示抽象内容</td><td>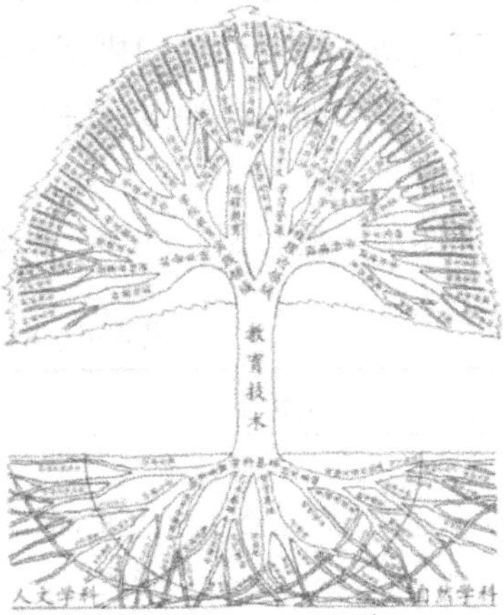
</td></tr>
<tr><td>齿轮图</td><td>齿轮图用于显示互相紧密关联的观点，高层级文本呈现在大齿轮，低层级文本呈现在小齿轮</td><td>
</td></tr>
</table>

续表

名称	描述/用途	举例
平衡图	平衡图用于比较和显示两个观点之间的关系。高级别文本呈现在顶部矩形框；低层级文本显示在其他矩形框	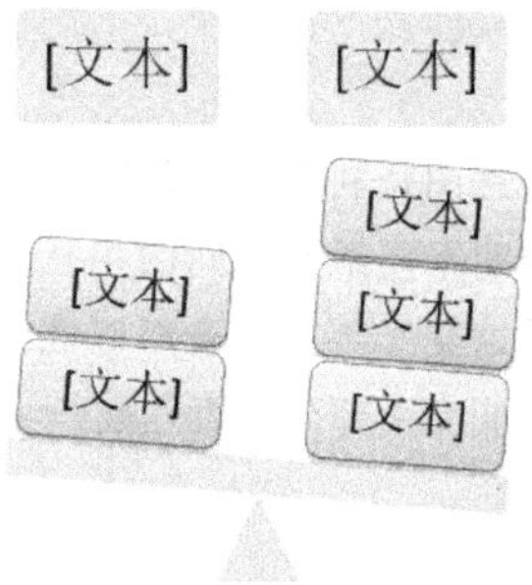

3. 概括类知识结构

（1）特点：用来把事物的共同特点归结在一起，简明扼要形成观点；把本质、主要的属性抽取出来。

（2）加工方式设计：罗列出观点形成所依据的条件，用简洁的词语加以总结、强调；对观点提供支持性说明。

（3）画面设计：核心要点提炼出来呈现在画面的显眼位置，子观点呈现的级别小于核心要点；画面切分为条件区和概括区，两者占据的比例相互匹配；画面宜采用分时呈现，可以先呈现核心要点，通过演绎呈现所有子观点，也可以先呈现所有子观点，通过归纳呈现核心要点。

（4）常见图示：概念图、脑图、争论图、SWOT 图等，具体如表 4-4 所示。

表 4-4 概括类知识结构与图示

名称	描述/用途	举例
概念图	概念图是将某个主题的概念及其逻辑关系进行图形化表示。通常做法是将概念放置圆圈或方框之内，用连线将相关的概念连接，并在线上标明概念间的关系	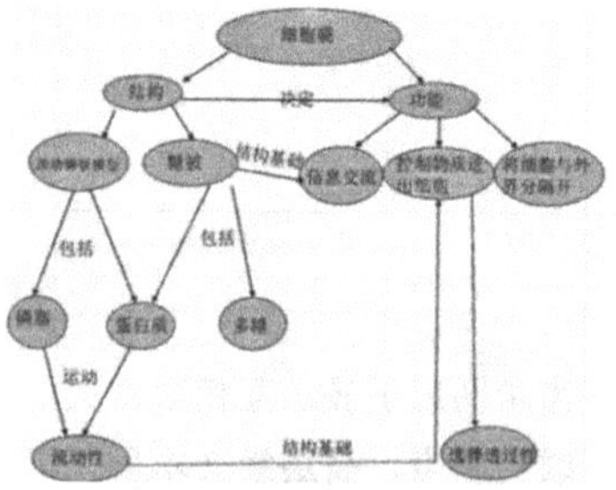
脑图	脑图是用中央关键词以辐射线形连接所有的代表字词、想法、任务或其他关联项目的图解方式，主要用于笔记和建构思想	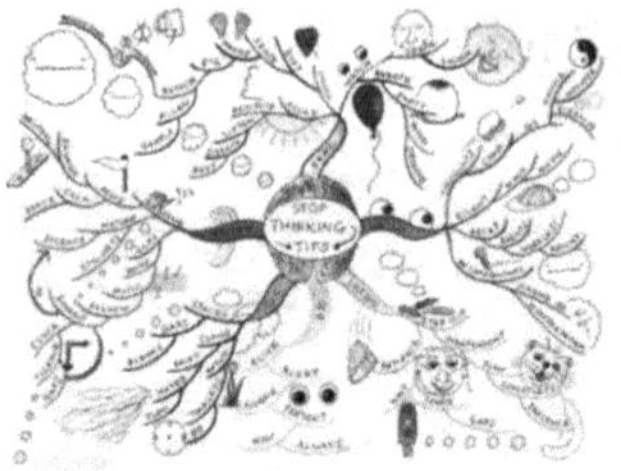

续表

名称	描述/用途	举例
争论图	争论图主要用以结构化或分析各种复杂的争端，可以作为协调不同意见的工具	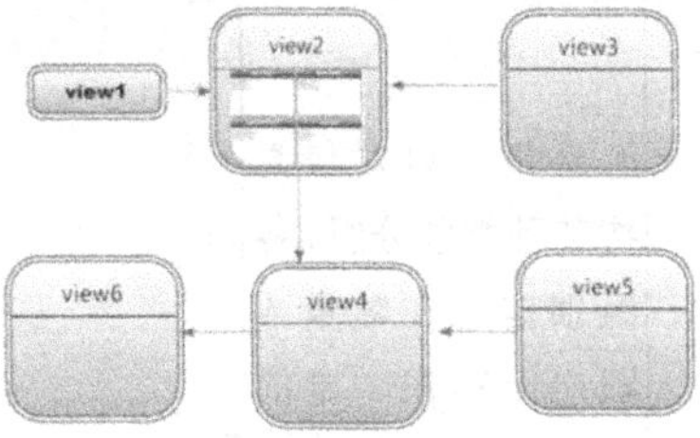
SWOT 图	SWOT 图将内在的优势、劣势和外在的机会、威胁等列举出来，依照矩阵方式排列，把各种因素相互匹配起来加以分析，最终得出一系列相应的结论或决策	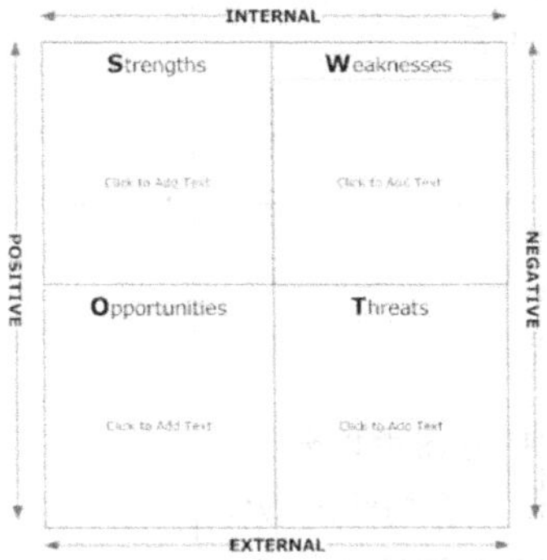

4. 列举、分类型知识结构

（1）特点：用来对具体事物的特定对象进行全面分析形成子集，并一一说明；或用来对事物按照种类、等级或性质分类，使事物有规律和有序化。

（2）加工方式设计：指出集合与子集之间的隶属关系；指出子集与子集之间的并列关系；指出分类的依据、分类的结果。

（3）画面设计：数字编号提纲式；花括号提纲式；表解式；总分、树形图解式；菜单和子菜单。

（4）常见图示：关联树/层级图、金字塔、括号图、聚类图、列表图等，具体如表 4-5 所示。

表 4-5　列举、分类型知识结构与图示

名称	描述/用途	举例
关联树/层级图	关联树/层级图是一种对关联项进行层次分类的图解方法。一个主要目标被层级分为各个子目标/子任务，然后子目标/子任务又可以继续分解	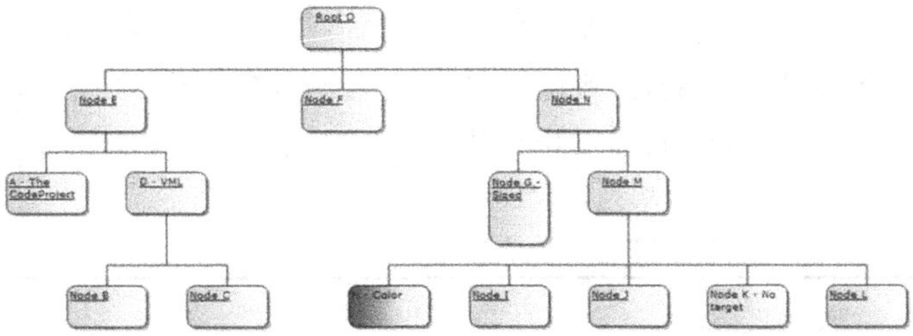

续表

<table>
<tr><th>名称</th><th>描述/用途</th><th>举例</th></tr>
<tr><td>金字塔</td><td>金字塔用以对信息按某种类别分组，各组别信息在数量或顺序上存在一定的递减或递增的逻辑关系</td><td>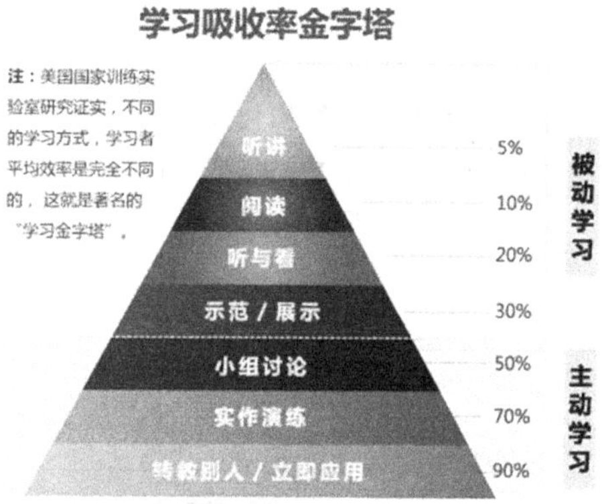
</td></tr>
<tr><td>括号图</td><td>括号图用以分析某一对象的结构，大多是强调整体的各个组成部分</td><td>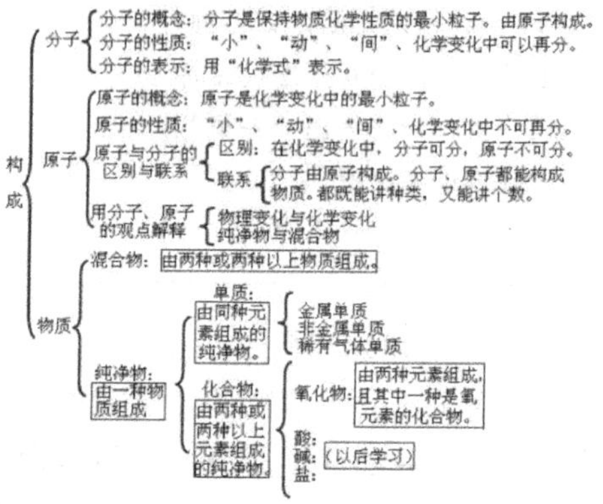
</td></tr>
<tr><td>聚类图</td><td>聚类图用以展示聚类分析过程和结果，聚类所生成的簇是数据对象的集合，这些对象在同簇中彼此相似</td><td>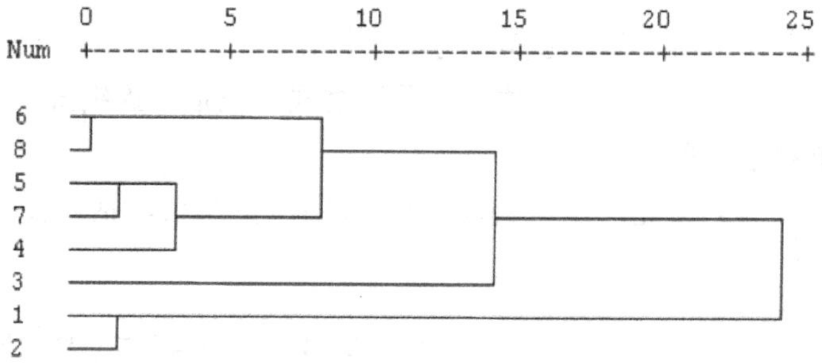
</td></tr>
<tr><td>列表图</td><td>列表图用于显示非顺序或分组信息列表。包括水平项目符号列表、垂直项目符号列表、分组列表、垂直块列表、目标图列表等</td><td>
</td></tr>
</table>

（二）设计层

设计层的直接目的是生成多媒体画面的制作方案，需要解决三大关键问题：第一，如何去匹配教学的需要；第二，用什么类型的媒体，采取什么样的逻辑结构去表达教学内容；第三，媒体以什么方式（包括基本属性、组合形式、空间布局等）在画面上呈现。其中第一个问题是属于多媒体画面的语用设计。所谓“语用”，是指在设计层面针对教学需要的“假设”，对画面设计提出约束条件或规定性要求，有别于其日常用法——即在具体教学中的真正使用；第二个问题是属于语义设计，主要是实现媒体与教学内容的最佳匹配，应该遵循语义规则；第三个问题是属于语构设计，主要是实现各类媒体在多媒体画面中的最佳呈现，应该遵循语法规则。需要指出的是，语用设计（预设）、语义设计、语构设计三者之间并非相互独立的，而是相互间会产生影响。

1. 语用层

正如前文所述，在设计层中的“语用”不是真正的使用，而是“预设”。作为设计者，必须在设计阶段了解或预测多媒体画面的使用“语境”，从而使真实的应用不会误入迷途。

何兆熊在《语用学概要》一书中指出，语用的基本概念是“意义”和“语境”。语用学中的“意义”不是指语义中所表达的意义，而是在具体应用的语境中所表达出来的意义。“意义”反映了作用与价值，是针对人而言；“语境”反映了特定的情境，是针对人所处的状况和状态。在多媒体画面的教学应用中，“意义”的对象包括学生、教师；“语境”是指教学环境，在本研究中主要指设备、工具等物理环境。从广义上讲，心理环境如师生关系、班风班貌也属于教学环境，但在本研究中不作考虑的范畴。语用层中学生变量包括他们的需求、价值观、经验、教育层次、动机、学习风格、习惯、学习能力等；教师变量包括他们的教学风格、习惯、经验、价值观、信息素养、操作技能、理解力、洞察力、专业知识等；设备、工具等外在环境包括呈现设备、图形工具、设计软件、学习场所等。以上因素对多媒体画面的设计都会产生影响。

2. 语义层

在设计层中，“语义”是指具体的知识内容，在语义层需要解决采取什么样的逻辑结构去表达知识内容这一基本问题。作为设计者，首先需要理解和阐释知识内容，对客观存在的自由文本知识内容进行提取，形成具体的知识点。由于多媒体画面是表现知识点的一组画面，因此知识点的提取非常关键。内蒙古师范大学周越①认为，知识点是教学内容的微观单位，提出知识点的提取包括分类、约束、萃取、选择和延伸五个环节。具体原则是：分类是需要按照知识的类型去提取；约束是需要依据课程标准、教学大纲限定教学内容的范围；萃取是需要把教学内容和支持性教学材料区分开来；选择是需要依据学习者特征筛选知识点；延伸是需要将教学内容进行延伸到更深层的水平。

学习是系统化的过程，而基于单个、孤立的知识点学习往往是少数情况。因此，在

① 周越，徐继红. 知识点提取——教学内容的微分析技术[J]. 电化教育研究，2015，（10）：77-83.

把诸多的单个知识点提取出来之后，需要建立各知识点之间的关联。知识关联是指整个知识系统中知识节点之间的联系，使节点之间形成意义系统的联系。大脑对意义的探寻与生俱来，知识关联拓展了大脑思维的信息节点，有助于学习者完成知识的意义建构。知识关联需要理清知识节点之间的逻辑关系，这些逻辑关系包括因果、主次、层递、并列、总分等。

在确定各小知识节点之间的关联后，需要对整个知识系统进行组块与序列化。组块是对知识进行组织或再编码。美国心理学家米勒指出，短时记忆的容量一般为7±2个，组块的目的是尽量降低学习者的认知负荷，力求对学习材料赋予更多的意义，使学习者对知识的记忆更加富有成效、提取更加便捷。序列化是需要确定各知识组块之间上下位的关系，根据上下位关系有助于确立知识呈现的先后顺序。序列编排的通用方法是由简单知识到复杂知识，由简单技能（先决技能）到复杂的（终点）技能。

知识结构化是使知识之间的关联更加紧密，在全局层面上使知识更加完整、系统。高度结构化的知识能够促进学习者的迁移。知识结构化的方式主要有线性结构和非线性结构，其中链式结构和层级结构是线性结构的典型代表，非线性结构主要是指网络结构。语义层的知识结构化方式为语构层的画面组接提供了最直接的依据。知识结构化的本质是逻辑，它将各小组块、小序列的知识聚拢起来，使知识的表达更加灵活、条理和缜密，体现了设计者的思维方式，从而影响学习者的思维。

3. 语构层

在语构层面，多媒体画面语言的表征应该从画面的构成要素出发，探寻各要素组成画面的最佳匹配方式。以“纯文字”的文章为例，文章是由“单词”“词组”“句子”“段篇”组合而成。对多媒体画面而言，“单词”相当于“单个媒体要素”，“词组”相当于“组合的媒体要素”“句子”相当于“单个画面”“段篇”相当于“画面组”，需要把这些要素组合成多媒体画面。因此，多媒体画面语言在语构层面的表征需要紧紧围绕“创建媒体要素——融合媒体要素——形成单个画面——组接画面”的逻辑主线依次展开。

（1）创建媒体要素

创建媒体要素，实质上就是将“纯文字”表征的知识内容转化为具体的媒体表征。在“多媒体学习的认知模型”中，知识内容以视觉、听觉的方式刺激学习者的感官，从而进入感觉记忆。依据感觉通道观，媒体要素主要分为两大类，视觉要素和听觉要素。视觉要素的媒体形式包括图片、文本、动画和视频；听觉要素的媒体形式包括解说、背景音乐、特效音乐等。如何把“纯文字”的内容转化成媒体呢？现以一段纯文字的知识内容为例：“勾股定理：在直角三角形中的两条直角边中，较短的叫勾，较长的叫股，斜边叫作弦。两条直角边的平方之和一定等于斜边的平方。”这段内容共 2 句话，图 4-6 是媒体要素创建过程的举例。

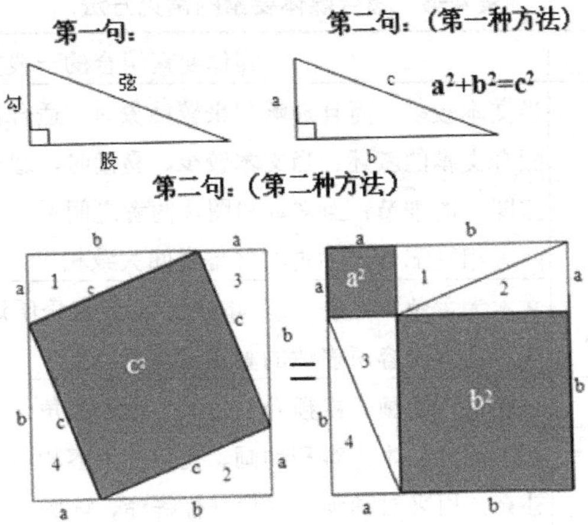

图 4-6 媒体要素创建过程的举例

从图 4-6 可以看出，第一句内容是以图形表义，把直角三角形中勾、股、弦的抽象概念形象化描述出来。第二句内容给出了 2 种表征方法，第一种方法以图形表义，虽然在“表义”上没有什么问题，却没有充分考虑学习者的认知加工过程，导致学习者不清楚直角三角形中“$a^2+b^2=c^2$”的结论是如何得出的。第二种方法也是通过图形表义，但其中蕴含了“面积比较”的认知加工过程，学习者只要通过简单的观察就能轻易得出“$a^2+b^2=c^2$”的结论。很明显，第二种方法是比较好的表征方法。当然，如果把第二种方法设计成通过动画表义，即把“面积比较”的认知加工过程通过动画演示出来，效果应该会更好。因此，创建画面媒体要素最为关键的是需要深入理解知识内容，采用恰当的媒体“表义”，尽可能支持学习者完成认知加工。

（2）融合媒体要素

要使学习者增强对知识的注意度、记忆度、理解度，单一的视觉媒体或听觉媒体的刺激往往是无法完成的。“图文理解整合模型”中工作记忆阶段的文本（言语）与图像（非言语）之间存在互动转换、补充，可以通过创造协同效应使媒体融合的刺激效果大于单个媒体相加之和。如果把“创建媒体要素”看成是多媒体画面语言在“感觉记忆阶段”的表征，那么“融合媒体要素”完全是针对“工作记忆阶段”而言。从工作记忆加工类型来看，有三种类型，分别是“言语+非言语”“言语+言语”“非言语+非言语”。“言语+非言语”的融合方式有：文本+图片、文本+背景音乐、文本+动画、文本+视频、解说+图片、解说+背景音乐、解说+动画、解说+视频；“言语+言语”的融合方式有：文本+解说；“非言语+非言语”的融合方式有：背景音乐+图片、背景音乐+动画、背景音乐+视频。常见融合媒体要素的方法如表 4-6 所示。

表 4-6 融合媒体要素的常见方法

<table>
<tr><th>加工类型</th><th>组合方式</th><th>媒体要素组合的一般方法</th></tr>
<tr><td rowspan="8">言语
+
非言语</td><td>文本+图片</td><td>当文本较多，而且理解起来较抽象时，适合把文字作为主角，图片用来配合文本的叙述；当文本较少、易读时，适合把文本作为配角，用来标注图片的细节；当文本和图片两者之间所表达的信息含量相当时，适合两者相互配合，各占的屏幕空间大致相当，共同呈现</td></tr>
<tr><td>文本+背景音乐</td><td>文本为主角，背景音乐为陪衬。背景音乐所烘托的气氛或抒发的感情应该和文本内容所表达的真实意境相匹配</td></tr>
<tr><td>文本+动画</td><td rowspan="2">一般讲，动画、视频为主角，文本为配角。当动画、视频播放时，每一帧画面的文本内容和动画、视频的内容相匹配，文本作为动画、视频的补充，用来对动画、视频进行解释、说明。如果把画面定格为一帧，则相当于文本+图片的组合方式</td></tr>
<tr><td>文本+视频</td></tr>
<tr><td>解说+图片</td><td>解说为配角，通过解说把图片的细节内容描述给学习者</td></tr>
<tr><td>解说+背景音乐</td><td>解说为主角，背景音乐为陪衬。两者都属于听觉媒介，解说表“意”，背景音乐表“情”，通过背景音乐的作用使得解说更加突出</td></tr>
<tr><td>解说+动画</td><td rowspan="2">解说为配角，动画、视频为主角。当动画、视频播放时，解说要配合动画、视频中的内容，尤其是对难观察、易混淆的内容进行解释</td></tr>
<tr><td>解说+视频</td></tr>
<tr><td>言语
+
言语</td><td>文本+解说</td><td>当文本较多，呈现大段的教学内容时，解说词需要把其中的重点或要点提炼出来；当文本较少，只提示几个关键词或提示句时，解说词需要对文本内容展开，把要点或难点讲清楚；当文本是内容概述或简要介绍时，一般可以全文照念</td></tr>
<tr><td rowspan="2">非言语
+
非言语</td><td>背景音乐+图片</td><td>背景音乐配合图片，使画面增添动感和生机</td></tr>
<tr><td>背景音乐+动画</td><td>背景音乐配合动画、视频，使听觉的“透视”与动态画面的“透视”相配合，画面增添立体感和真实性</td></tr>
</table>

（3）形成单个画面

汉语中，句子的成分一般有主干（主语、谓语、宾语）和非主干（定语、状语、补语）。与文字表达不一样，单个画面只能在有限的屏幕空间表达知识信息，依据“多媒体画面语言学理论”中提出的“突出主题（主体）”原则，需要对单个画面的屏幕空间进行划分，包括主干区（信息区）和非主干区（包括导航控制区、美化区等）。区域空间是用来显示的物质材料，本身没有什么特殊意义，但对于多媒体画面语言的表达来讲，主干区和非主干区的位置摆布体现了知识信息的编排、主次关系等。大量实践表明，一般情况下主干区（信息区）占用整个画面的60%～70%，不仅兼顾教学效率、突出主题，也符合审美艺术规则。①

图 4-7 对常见的画面空间划分方法进行概括，其他划分方法都是在这个基础上演变出来的。需要特别说明的是，图 4-7 反映的只是主干区（信息区）和非主干区两者之间

① 游泽清．多媒体画面艺术设计[M]．北京：清华大学出版社，2009，(10)：136.

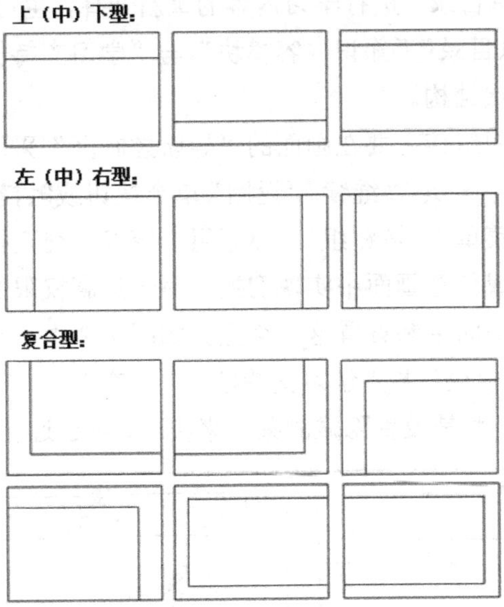

图 4-7　常见的画面空间划分方法

的大致分布区域，实际上两者之间的界限一般不是直线型的，区域范围也不是条框形状。考虑视觉美感要求，现实中对区域空间的划分，一般有两种方法。第一种方法是利用曲线条，通过线条长度、方向、粗细、虚实等变化进行区域划分，方便视觉阅读，获得良好的画面秩序感。第二种方法是利用色块，通过不同的色块进行区域划分，针对主干和非主干区域设计色彩，如采用相近的色调或明度不同的色彩分区，但色块的色调一般不能和整个多媒体课件的主题色调相冲突，主题内容、非主题内容（如一些辅助性、说明性信息）排布在不同区域，使得主次顺序分明。

（4）组接画面

要使学习者在“工作记忆阶段”中新建的知识与“长时记忆阶段”中已有的知识进行整合，即在知识与知识、知识或经验之间建立起各种联系，多个画面组接是必不可少的。画面组接是利用技术手段，依据知识的内在结构、学习者的认知特点、教学设计者的意图，把多组多媒体画面有规律地组合在一起。多媒体画面要满足学习者在知识整合过程中的线性学习、非线性学习要求，如学习者可以顺序地、沿着一个树状分支或任意地学习知识内容。与之相对应，画面组接的常见手段有三种：线性组接、分支组接和网状组接。由于学习者在知识或经验整合过程中的方式并不完全确定，因此与之相对应的多媒体画面在结构上也不是单一的，往往是三种结构共存，包括线性结构、分支结构和网状结构。图 3-8 是多媒体画面的常见结构，分别对线性、分支和网状组接做了标注，很好地诠释了画面组接对学习者在知识或经验整合过程中所起的作用。当学习者从“封面页”顺序进入“总目录”时，可以通过分支进入某一章、某一节学习，由于知识点之间具有一定的逻辑顺序，一般采用顺序结构链接各知识点，对于单个知识点，设置内部线性交互控制知识元的呈现；再者，学习者处于“知识内容模块”中的任意节点或任意画面，都可以返回到“总目录”进行学习内容的重新选择，也可以利用“学习支持模块”中提供的各种服务。“总目录”“知识内容模块”与“学习支持模块”三者之间的画面可以任意切换，形成了网状结构。

从技术角度讲，画面组接主要在画面的“导航控制区”采取交互来实现。线性组接一般是设置“上一页”“下一页”“继续”“返回”单个按钮或触摸手势来控制翻页来实现；分支组接一般是设置“菜单”“按钮组”“热区组”等多个交互控制路径来实现；网状组接由于需要在任意节点或任意画面中实现切换，属于最高权限的全局性交互，因此一般需要在任意节点或任意画面中都设置这一交互。如图 4-8 中，需要在任意画面中设置通达“总目录”“知识内容模块”与“学习支持模块”的交互。对于这些在任意画面中重复出现的全局交互，画面一般是设置隐藏的菜单来实现，可通过相关的命令或操作来激活。

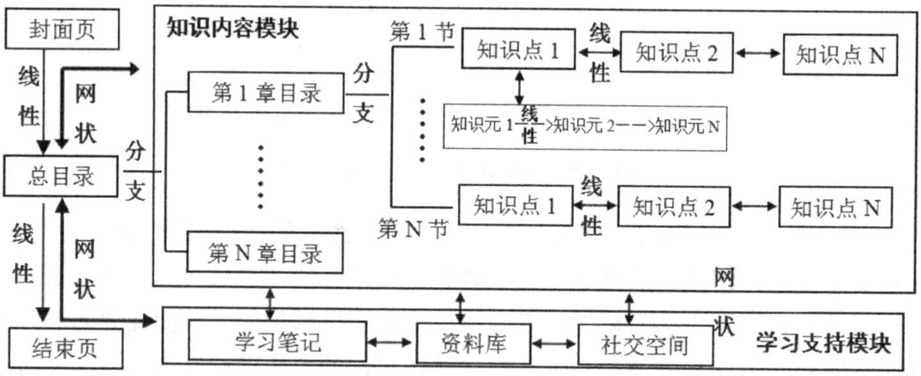

图 4-8 多媒体画面组的常见结构

三、对模型的进一步说明

（一）模型的特点

本模型是汲取认知心理学、可视化的相关理念，以多媒体画面语言学语义、语构（语法）、语用三层为设计框架建构而成。在建构过程中，形成了理论构想和设计过程两个版本。理论构想版是对教育图文融合模型的形象展示，描绘了图文二者的关系及作用，即图文是和谐共融的，二者协同架构起客观存在的知识与思维之间的桥梁，并指出了图文融合设计的途径，即需要从“内容相关”“语义图示”“关联线索”和“交互控制”四方面全方位建立起图文二者的关联。理论构想版对具体设计过程而言是模糊的，因此形成了设计过程版的教育图文融合模型。设计过程版采用了分层的设计思想，对设计的关键要素进行了提取，形成了具体的设计步骤，使设计过程成为结构化的信息处理过程，模型具有以下特点：

（1）模型突破了现有多媒体学习的设计框架。已有的设计框架要么是从认知心理的角度，即着重对知识内容的认知加工设计；要么是从艺术的角度，即着重对媒体的呈现设计。本模型实现了以上两个方面的统一、融合，从整体上确保多媒体学习设计的有效性。

（2）模型以支持学习者的深度认知为设计导向。本研究认为，思维加工作为判定多媒体学习是否发生的前提条件，多媒体设计应重点着眼点于对学习者意义建构的引导。为此，模型在知识以及思维层指出图文关联映射的目的在于支持认知加工，在语义层提出知识结构化设计的方法，在语构层突出线索的作用，在语用层强调对学习者、教师的特征分析。

（3）模型使复杂的设计过程具有结构化特征。设计是一项充满不确定性、模糊的认知活动，与设计者自身的知识经验、能力素质存在很大的关系，对设计过程结构化有助于清晰定义设计问题的解决过程。模型在语义层面，通过线性结构展示了知识结构化的过程；在语构层面，通过线性结构展示了画面组的形成过程。整个模型，实际上是一系列复杂的、相互关联的问题连接，是非层级的网状结构，内部既有线性结构，也有非线性的跳跃，与现实中的设计相契合。

（4）模型具有可迁移、可拓展的特性。教育图文融合设计模型关注的是教育领域中图文媒体，以实现图文融合为既定目标。该模型中的图文既可以专指图片和文字，在某种程度上还可以泛指图像类媒体（非言语）和语词类媒体（言语），当泛指时，模型中的设计理念、方法依然适用。正因如此，在语构层面中媒体要素的创建包括了视频、动画、声音等其他要素；媒体要素的融合包括了“视频+文本”“动画+文本”“声音+文本”等。

（二）模型蕴涵的设计逻辑

模型（设计过程版）中只标注了部分设计过程，并没有涵盖所有的设计过程，其中的缘由在于设计是一项复杂的活动，涉及相关变量数量多并且不确定性，设计人员往往在设计过程中不断地反复、修改和再设计，因此很难找到统一的、规定性的设计路径。但一般来讲，在真实的设计实践中设计人员还是会依循一定的设计逻辑，从而形成大致稳定的活动序列。在图 4-5 中，实际上存在这样的设计逻辑，具体如图 4-9 所示。

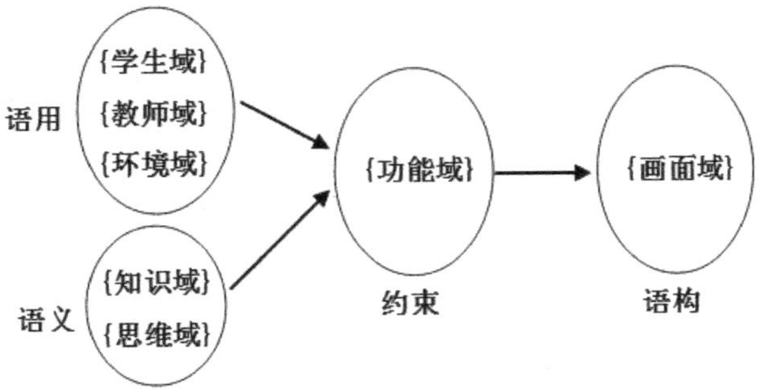

图 4-9 教育图文融合模型蕴涵的设计逻辑

因此，设计过程大致如下：第一，需要在语用层面对学生、教师、环境综合考虑后确定设计意图，即用户需要；第二，需要在语义层面分析知识内容，确定与知识匹配的思维加工方式；第三，在第一步、第二步的基础上形成对多媒体画面设计的功能要求；第四，在功能域的约束下，设计具体的多媒体画面。

（三）模型的意义

本研究构建的教育图文融合设计模型，存在以下三方面的意义：

一是在理论层面理顺了多媒体画面设计、知识及思维、认知理论之间的因果或相互关系，为后续的规则构建建立了可指导的框架。后续的规则不再孤立地关注“语构”这单一的视角，应着眼于“语义”“语用”“语构”三者之间“互动匹配”因素的考虑。

二是在实践层面为多媒体画面的设计提供了行动指南。当前的多媒体画面设计，只形成了部分设计规则，更多的是依靠设计人员的主观经验，没有提供可靠的设计步骤。本模型对影响设计的因素进行了提取，在依循一定的设计逻辑的基础上形成了相关的设计步骤和方法。

三是指出了教育图文融合的基本途径，为后续的实验验证提供了设计依据。后续的实验设计应该从四方面入手，即从“内容相关”“语义图示”“关联线索”和“交互控制”四方面建立图文之间的关联。

第五章　眼动实验研究

科学的教学决策必须建立在严格的实验研究证据之上。在教育图文融合设计模型构建的过程中，推衍出教育图文融合的实质是建立图文二者的关联，认为教育图文融合的途径是从“内容相关”“语义图示”“关联线索”和“交互控制”四方面相互补充或演化而来。为此，本章主要通过眼动实验研究，观测教育图文融合设计对多媒体学习带来的影响，一方面用以验证模型中图文融合途径的有效性，另一方面从中发现、总结出教育图文融合的设计规则。本章的研究逻辑如图 5-1 所示。

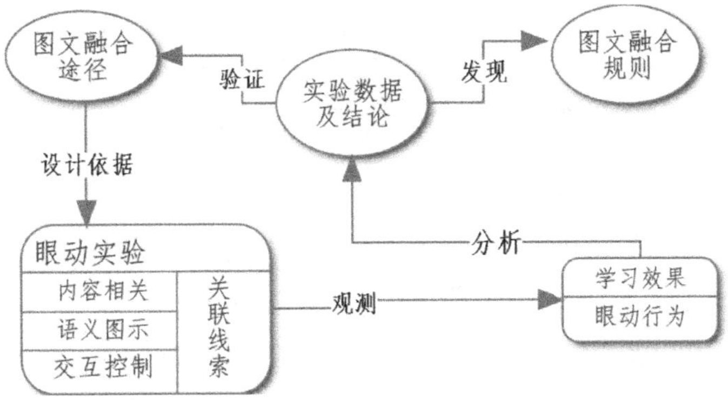

图 5-1　第五章研究逻辑

第一节　整体设计

一、整体工作流程

该研究的实验工作流程主要分三个阶段，依次是实验准备阶段、实施阶段、数据分析及结论总结阶段。

实验准备阶段的主要工作是：收集与实验内容相关的参考文献、确定实验项目、确定实验类型与实验目的、提出实验假设、控制实验变量、设计与制作多媒体学习材料、编制学习效果测验（先前知识测验、知识保持测验、知识迁移测验）、实验室仪器设备调试等。

实验实施阶段的主要工作是：一是要考虑需要多少被试，被试的数量与实验项目有关，确定被试的选取；二是掌握被试的基本情况，其中实验一需要掌握被试的认知风格（场独立或场依存），所有实验都需要对被试进行先前知识的测试；三是对符合实验要求的被试开展多媒体学习材料的学习，在学习过程中利用眼动仪器记录被试的注视点个数、平均注视持续时间、总注视时间、注视轨迹图等；四是被试学习完多媒体材料之后，立即对被试进行测验（知识保持、知识迁移）与问卷调查（学习材料难度评定、心理努力评定）。

数据分析及结论总结阶段的主要工作是：利用 SPSS 统计软件对数据进行处理，检验实验结果是否验证了原假设，对实验结果进行概括性总结，说明该研究得出的主要结论。

实验的工作流程如图 5-2 所示。

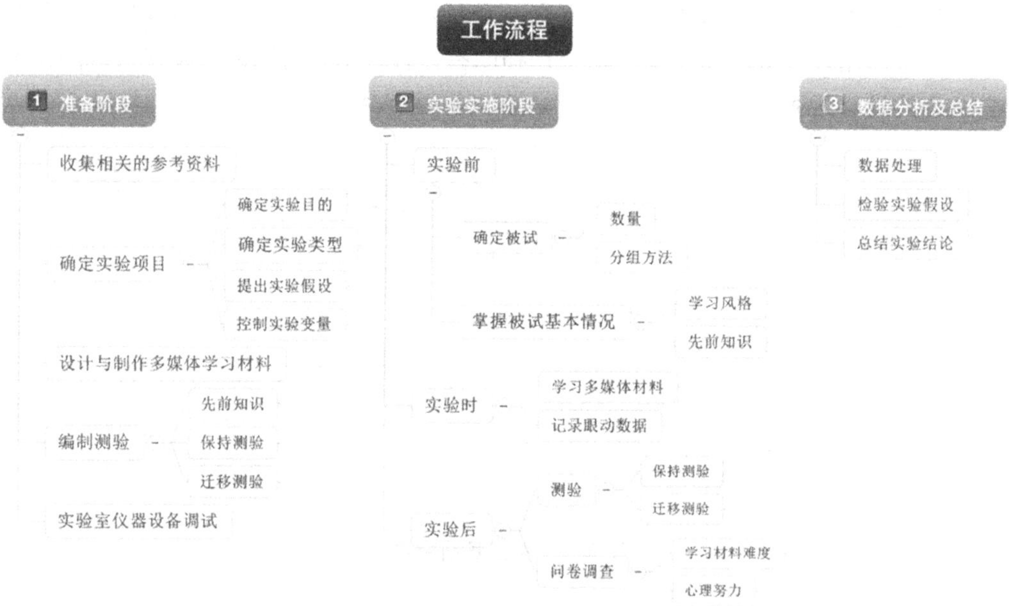

图 5-2 实验的工作流程

二、整体实验架构

本研究以“图文融合”为主题，图文融合的实质就是建立图文之间的关联映射，使彼此之间互为语境，互补语意。为达到以上目的，在实验设计时主要从四个方面着手，分别是图文内容相关、语义图示、交互控制及关联线索。在设计多媒体学习材料时，需要充分利用图文各自的属性、认知线索（物理线索与空间线索）、交互功能，通过调节图文媒体的属性、认知线索等参数实现图文融合的不同呈现方式，从而影响被试的眼动行为及多媒体学习效果。在眼动行为方面，观测被试的注视热区图、注视点个数、注视时间等数据。在多媒体学习效果方面，由于记忆是进行思维活动的基础，通过考察被试对呈现知识的保持、再现或再认，反映了多媒体学习材料在“表层—浅学习”的设计效果；知识迁移是思维参与认知加工活动的重要体现，通过考察被试对呈现知识的理解，概念的建构、推理、问题解决等方面，反映多媒体学习材料在“深层—调动思维”的设计效果。

实验研究的整体架构如图 5-3 所示。

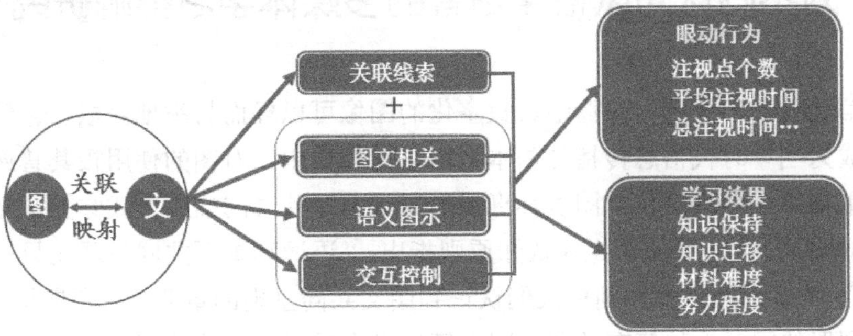

图 5-3　实验研究的整体框架

根据以上基本要求和实验研究的整体框架，确定研究的项目、实验名称，具体如表 5-1 所示。

表 5-1　研究项目与实验名称

<table>
<tr><th colspan="3">研究项目</th><th>实验名称</th></tr>
<tr><td rowspan="4">关联线索</td><td colspan="2">图文相关性</td><td>实验 1：图文相关性与关联线索对不同认知风格学习者的多媒体学习影响研究</td></tr>
<tr><td rowspan="2">语义图示</td><td>图示有无
图示呈现方式</td><td>实验 2：语义图示与知识类型对多媒体学习的影响研究
实验 2-1：语义图示的有无与知识类型对多媒体学习的影响研究
实验 2-2：语义图示的呈现方式与知识类型对多媒体学习的影响研究</td></tr>
<tr><td>图示结构</td><td>实验 3：图示组织结构与关联线索对多媒体学习的影响研究</td></tr>
<tr><td colspan="2">交互控制</td><td>实验 4：动态图文交互控制方式与关联线索对不同性质材料的多媒体学习影响研究</td></tr>
</table>

需要指出的是，图文相关、语义图示都是指语义，代表了语义层面的两个方面。在图文设计中，图文相关性是设计者基于对图、文来源的选择考量，设计者往往需要把图、文融合在一个画面中，是“合二为一”的过程；语义图示是设计者基于对纯文本内容的考量，设计者往往需要在对文本内容深度理解的基础上设计可视化的语义图示，是“一化为二”的过程，图示设计时需要对图示有无、图示呈现方式、图示结构进行考量。由于在多媒体画面设计中，线索不是单独存在，需要与具体的学习内容相配合，因而线索是融合在其他的具体实验之中的。正因如此，才形成了表 5-1 所示的研究项目与实验名称。

第二节 实验 1：图文相关性与关联线索对不同认知风格学习者的多媒体学习影响研究

随着信息技术的发展，高清晰、数字化的图像可以轻而易举地获取、存储和制作，图像已经成为当今时代信息传播的基本文本。在教学中，对图的使用极其普遍，受到广大教师的重视。一图胜千言，图以其直观形象、面性共时的描绘方式弥补了文字的线性表达方式的不足。Mayer 的多媒体认知原则指出："语词和画面共同呈现比只有语词的呈现效果更好。"多媒体认知原则使人们认识到图文共同呈现的重要性，在期待"图"作为改善教学利器的同时，如何有效利用图文俨然成为需要解决的首要问题。

在 Mayer 的多媒体学习认知模型中，学习者需要从呈现的多媒体画面中选择语词、图像，分别将文字组织连贯成言语表征、图像连贯成图像表征，然后在工作记忆中与先前知识进行整合；在 Schnotz 的多媒体学习图文理解整合模型中，学习者从感觉记忆中分别选择语词和图像进入工作记忆，在工作记忆阶段建立命题表征和心理模型（内部心智表征），两个模型之间检验相互转换、补充，从而形成整合的知识信息。以上两种主要的多媒体学习理论模型，实际上都暗含了多媒体学习的一个重要步骤就是基于文本的表征和基于图像的表征之间形成联系。

与单一图或文呈现相比，图文共同呈现学习效果更好，其背后的原因在于良好的图文编排方式。例如，图文位置邻近排列，图文信息同步呈现，这些是图文编排中的空间邻近、时间邻近效应原则，可以更好地促进图文之间的整合。从以往的研究发现，对图文阅读的研究，主要集中在两个方面，一是插图的有效性，如插图效果的优劣、积极消极等；二是插图效应的影响因素，如文字材料因素、阅读者因素、插图因素等。建立文本表征和图像表征之间的联系，需要对图文之间的关系、阅读者的认知风格及图文关联线索进行整体研究，而这正是以往研究所忽视的。

一、目的与假设

本实验拟探讨图文相关性与关联线索对不同认知风格学习者的多媒体学习影响研究。图文相关性是如何影响不同风格学习者的，在关联线索的作用下，影响会发生怎样的变化？关联线索能否有效链接图像、文本两种不同形态的表征？以上都是图文相关设计要解决的最基本问题。围绕上述问题，研究提出如下假设：（1）图文相关性对不同认知风格学习者的多媒体学习效果有显著影响，其中对场依存型学习者的影响比场独立型更为显著；（2）关联线索会增加图文之间相关性，进而显著促进多媒体学习效果。

二、实验方法

（一）被试

从某师范大学抽取 208 名大学生，采用《镶嵌图形测试》问卷（见附录 3）作为区分认知方式的工具，以班级为单位团体对他们测试，最后回收有效问卷 199 份。将他们的测验得分进行排序，得分前 33%名确认为场独立型、后 33%名确认为场依存型。在实验过程中根据具体情况动态调整分组被试，随机分配到 8 组，剔除先前知识过高、实验过程中眼动数据采样率小 75%的被试共计 10 名，分别是最终进入统计分析的有效被试 120 名（每组 15 人），其中场独立型 60 名（年龄 M=20.12，SD=1.73，其中女生 38 人，男生 22 人）、场依存型 60 名（年龄 M=19.93，SD=1.64，其中女生 42 人，男生 18 人），所有被试视力或矫正视力正常，无色盲和色弱。

（二）实验设计

采用 2 认知风格（场独立、场依存）×2 图文相关性（高相关、低相关）×2 关联线索（有、无）的三因素完全随机实验设计。本实验的自变量为认知风格、图文相关性和关联线索，因变量为（1）测验成绩：学习后的保持测验和迁移测验。（2）主观评定：学习材料感知难度、学习心理努力程度。（3）眼动：整体、兴趣区眼动注视指标。无关变量为学习者的先前知识水平。

（三）实验材料

1. 先前知识问卷

包括被试的性别、年龄、专业、联系方式（手机号码）等人口学基本信息和先前知识经验调查。先前知识经验的评定由两部分组成，第一部分是主观评定题，参照了 Mayer 在多媒体学习实验研究中先前知识的测试方法，共 4 道题。第二部分是客观问答题。第一部分第一题为“你对沃克环流原理的相关知识了解多少？”从“非常不了解”到“非常熟悉”五个选项，依次计分为 0～4 分；第二道题为“高中阶段，您是文科生吗？”包括“否”“是”两个选项，依次计分为 0 分、1 分；第三道题为“您的大学专业和地理相关吗？”，包括“否”“是”两个选项，依次计分为 0 分、1 分；第四道题为“高中阶段，假设地理满分是 100 分，您的分数一般处于（　　）”，包括“低于 60 分”“60～69 分”“70～79 分”“80～89 分”“90～100 分”五个选项，依次计分为 0～4 分。第二部分客观问答题为：“请您写出你所知道关于沃克环流、厄尔尼诺及拉尼娜现象的原理等相关知识”，共 18 个计分点，答对一个计 1 分。第一部分和第二部分的总分为 28 分。

2. 保持测验和迁移测验

保持测验的目的在于考察被试对学习材料的识记、保持或再认能力。保持测验由 1 个名词解释题（4 分）和 8 个判断题（8 分）组成，共计 12 分，保持测验的答案能够直接从材料中获得。迁移测验是考察被试根据学习材料应用到新的情境中解决问题的能力。迁移测验由 4 个选择题（4 分）、1 个原理解释题（4 分）、1 个问题情景分析开放题（4 分）组成，共计 12 分。所有测验试题由担任地理课程的专业教师根据材料编制，保证试题的有效性。

3. 主观评定量表

学习材料感知难度（1～9，1表示非常简单，9表示非常难）和心理努力程度（1～9，1表示最少的努力，9表示最大的努力）的评定均采用李克特9点量表。

4. 多媒体学习材料

准备科普类文字材料“认识沃克环流”，490字左右，制作与文字材料高相关和低相关的插图各1套，选取12名大学生对插图与文字材料的相关程度进行评定，评定采用李克特9点量表。图文高相关组平均得分（$M=5.17$，$SD=1.16$）高于图文低相关组（$M=3.00$，$SD=0.63$），经独立样本t检验结果为$t=3.99$，$p=0.003<0.01$，表明二组差异极其显著。由于实验采用2认知风格（场独立、场依存）×2图文相关性（高相关、低相关）×2关联线索（有、无），与图文呈现相关的变量有2个，需要制作4组不同版本的材料，分别是“高相关有线索”“高相关无线索”“低相关有线索”和“低相关无线索”。

材料利用PhotoShop软件制作成图片格式，分辨率为1280×1024，背景统一设置白色、左文右图布局。每组材料包括3个图片画面，第一个画面介绍“沃克环流形成”、第二个画面介绍“沃克环流减弱（厄尔尼诺现象）”、第三个画面介绍“沃克环流增强（拉尼娜现象）”。图5-4至图5-6分别是四组材料所有画面的缩略图。

图5-4至图5-6中左上角是“高相关有线索”、右上角是“高相关无线索”、左下角是“低相关有线索”、右下角是“低相关无线索”。在有线索的画面，文字部分的关键词加“红色”显示，形成言语链（例如，“减弱”“气压下降”“气压上升”“降水”“干旱”），在对应的图片部分，线索箭头添加色彩，线索旁边添加文字说明，形成图文呼应。

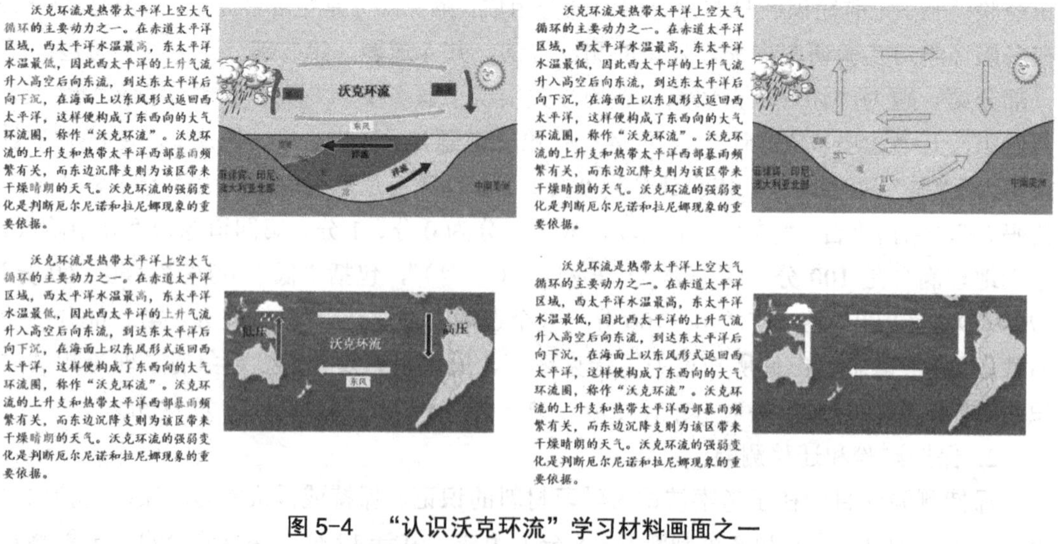

图5-4 “认识沃克环流”学习材料画面之一

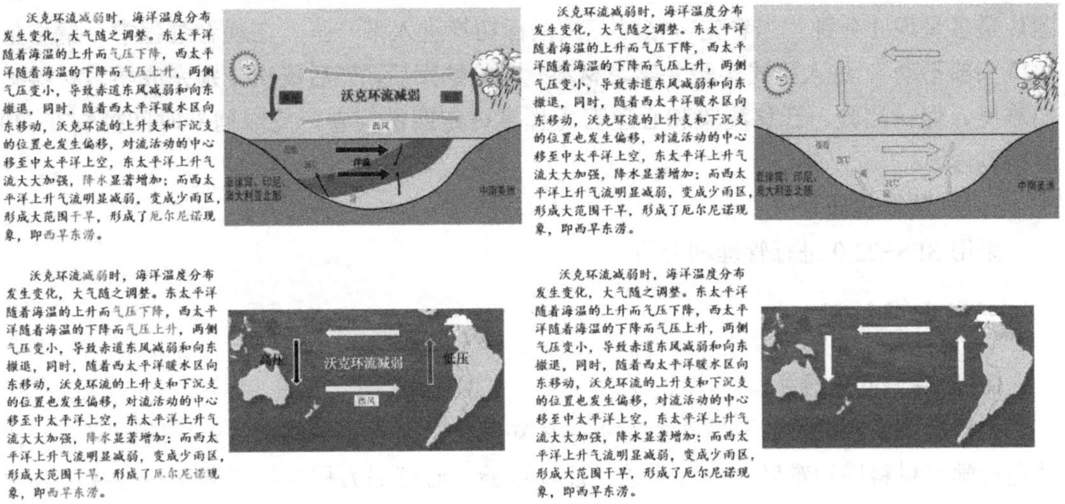

图 5-5　“认识沃克环流”学习材料画面之二

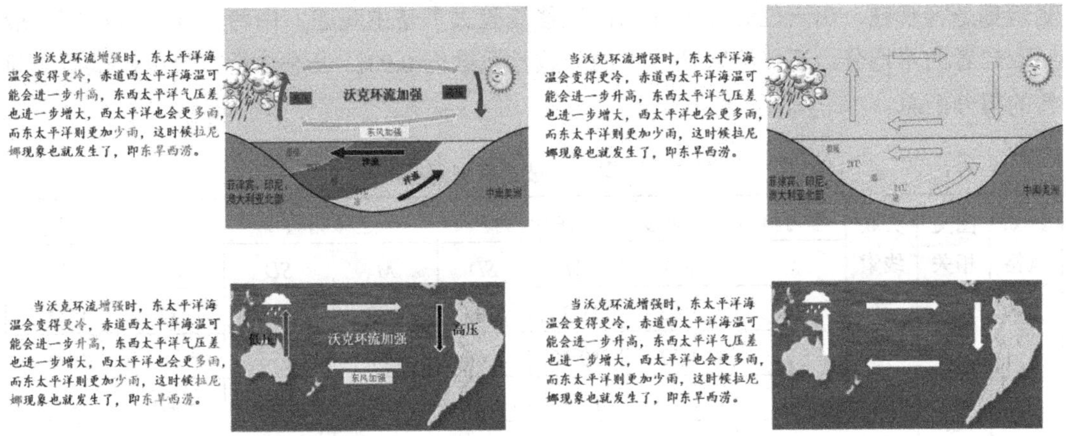

图 5-6　“认识沃克环流”学习材料画面之三

（四）实验仪器

本实验使用的仪器为瑞典眼球追踪技术公司生产的 Tobii X120 型号眼动仪，仪器的采样率为 120 Hz。在研究中，使用与该眼动仪配套的分析软件 Tobii Studio 3.2 记录被试的眼动数据。

利用工作站运行实验程序，通过计算机屏幕向被试呈现学习材料。工作站型号为惠普 Z620，处理器为 Intel Xeon E5-2063 双核 1.8 GB，内存为 12 GB，显示器屏幕是 19 英寸，分辨率为 1280×1024，宽高比为 4∶3。

（五）实验程序

首先，对来参加实验的被试随机分组。根据分组，测量学生的先前知识，先前知识问卷总分为 28 分，先前知识 17 分及 17 分以上的被试记为先前知识经验过高。然后，被试坐在眼动仪的机器前，进行眼睛校准。校准完毕，呈现眼动实验的指导语：“亲爱的同学，欢迎您来参加眼动实验。实验中将呈现与地理有关的知识，分3张图片呈现，每张图片最多呈现3分钟，当看完一张时，按鼠标切换进入下一张。在观看过程中，请尽量保持头部不动”，进入正式实验并学习材料。实验结束后，先后依次分别完成学习材料感知难度、保持测验、迁移测验和心理努力程度评定四份问卷，完成问卷时间控制在20分钟以内。

（六）数据管理

采用SPSS22.0进行管理和分析。

三、实验结果

（一）后测问卷分析

为检验图文相关性与关联线索对不同认知风格学习者多媒体学习效果的影响，对被试进行学习材料感知难度、保持测验、迁移测验、心理努力程度问卷调查，进行2认知风格（场独立、场依存）×2图文相关性（高相关、低相关）×2关联线索（有、无）的三因素完全随机方差分析。其中自变量为认知风格、图文相关性和关联线索。由于保持测验都是客观题，由一位评分者评阅；迁移测验大多是主观题，由两位评分者评阅，最后取二者的平均分，迁移测验评分者的一致性系数为0.93。表5-2是实验1被试后测问卷的得分汇总。

表5-2 实验1被试后测问卷得分

认知风格	图文相关	关联线索	学习材料感知难度		保持测验		迁移测验		心理努力程度	
			M	*SD*	*M*	*SD*	*M*	*SD*	*M*	*SD*
场独立	高	有	5.00	1.03	11.27	1.33	9.33	1.91	5.33	1.72
		无	5.20	1.32	10.43	2.64	8.60	2.56	5.60	1.92
	低	有	5.07	1.75	10.80	2.27	9.13	2.20	5.47	1.30
		无	5.53	1.60	9.93	1.91	8.23	2.34	5.73	2.19
场依存	高	有	5.40	1.40	10.73	2.40	9.20	1.69	5.87	1.06
		无	5.87	1.59	9.80	2.17	8.37	2.88	6.20	1.26
	低	有	5.47	1.64	10.20	1.74	7.47	2.19	5.93	1.71
		无	6.20	1.21	9.53	1.81	6.67	1.24	6.40	1.25

学习材料感知难度：八个实验组不同学习材料感知难度如图5-7所示。认知风格主效应显著（F（1,112）=4.007，p=0.048<0.05，η^2=0.035），场独立型的学习材料感知难度（M=5.20，SD=1.42）显著低于场依存型（M=5.73，SD=1.47）；图文相关性主效应不显著（F（1,112）=0.563，p=0.454>0.05）；图文关联线索主效应边缘显著（F（1,112）=3.068，p=0.083<0.1，η^2=0.027），有线索的学习材料感知难度（M=5.23，SD=1.45）低于无线索（M=5.70，SD=1.46）；认知风格和图文相关交互不显著（F（1,112）=0.000，p=1.000>0.05）；认知风格和关联线索交互不显著（F（1,112）=0.250，p=0.618>0.05）；

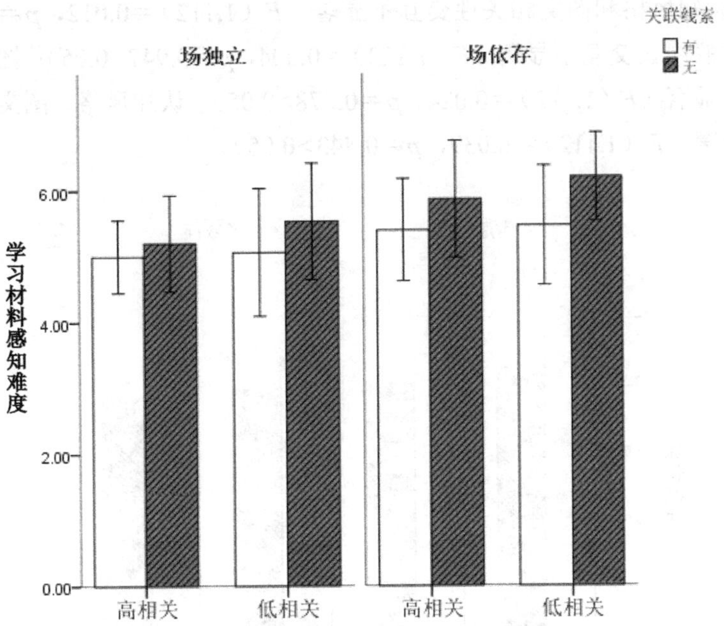

图 5-7　实验 1 不同实验组的学习材料感知难度

图文相关和关联线索交互不显著（$F(1,112)=0.250$，$p=0.618>0.05$），认知风格、图文相关和关联线索交互不显著（$F(1,112)=0.000$，$p=1.000>0.05$）。

图 5-8 显示了不同学习风格在学习材料感知难度上的变化趋势是一致的。总体上，有线索低于无线索，高相关有线索材料最低，低相关无线索最高。

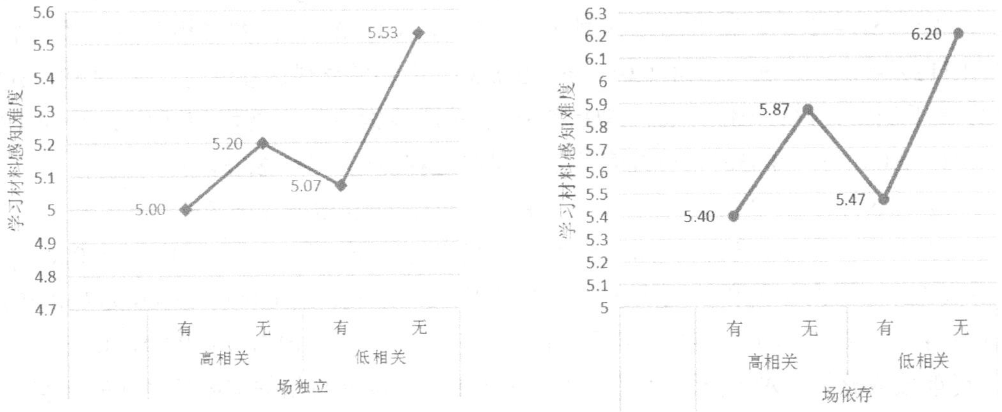

图 5-8　不同认知风格学习者的学习材料感知难度变化趋势

保持测验：八个实验组不同学习材料保持测验成绩如图 5-9 所示。认知风格主效应不显著（$F(1,112)=2.051$，$p=0.155>0.05$）；图文相关性主效应不显著（$F(1,112)=1.364$，$p=0.245>0.05$）；关联线索主效应显著（$F(1,112)=4.758$，$p=0.031<0.05$，$\eta^2=0.041$），有线索的学习材料保持测验（$M=10.75$，$SD=1.97$）高于无线索（$M=9.93$，

SD=2.12)；认知风格和图文相关性交互不显著（*F*（1,112）=0.012，*p*=0.912>0.05）；认知风格和关联线索交互不显著（*F*（1,112）=0.004，*p*=0.947>0.05）；图文相关性和关联线索交互不显著（*F*（1,112）=0.024，*p*=0.878>0.05），认知风格、图文相关性和关联线索交互不显著（*F*（1,112）=0.039，*p*=0.843>0.05）。

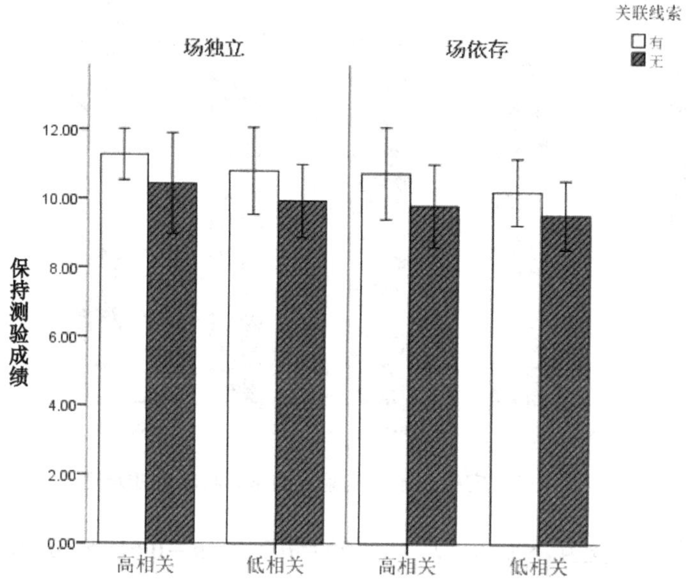

图 5-9　实验 1 不同实验组的学习材料保持测验成绩

迁移测验：八个实验组不同学习材料迁移测验成绩如图 5-10 所示。认知风格主效应显著（*F*（1,112）=5.098，*p*=0.026<0.05，η^2=0.044），场独立型被试的迁移测验（*M*=8.83，*SD*=2.26）高于场依存型（*M*=7.93，*SD*=2.24）；图文相关性主效应显著（*F*（1,112）=6.296，*p*=0.014<0.05，η^2=0.053），高相关材料迁移测验（*M*=8.88，*SD*=2.29）高于低相关材料（*M*=7.87，*SD*=2.19）；关联线索主效应显著（*F*（1,112）=4.196，*p*=0.043<0.05，η^2=0.036），有线索的学习材料迁移测验（*M*=8.78，*SD*=2.10）高于无线索（*M*=7.97，*SD*=2.40）；认知风格和图文相关性交互边缘显著（*F*（1,112）=3.230，*p*=0.075<0.1，η^2=0.028）；认知风格和关联线索交互不显著（*F*（1,112）=0.000，*p*=0.997>0.05）；图文相关和关联线索交互不显著（*F*（1,112）=0.006，*p*=0.937>0.05）；认知风格、图文相关和关联线索交互不显著（*F*（1,112）=0.017，*p*=0.897>0.05）。

简单效应分析：对于场独立型被试，图文相关程度高与相关程度低之间的迁移成绩不显著（*F*（1,112）=0.254，*I-J*=0.283，*p*=0.616>0.05）；对场依存型被试，图文相关程度高与相关程度低之间的迁移成绩显著（*F*(1,112)=9.272，*I-J*=1.713，*p*=0.003<0.01，η^2=0.076）。

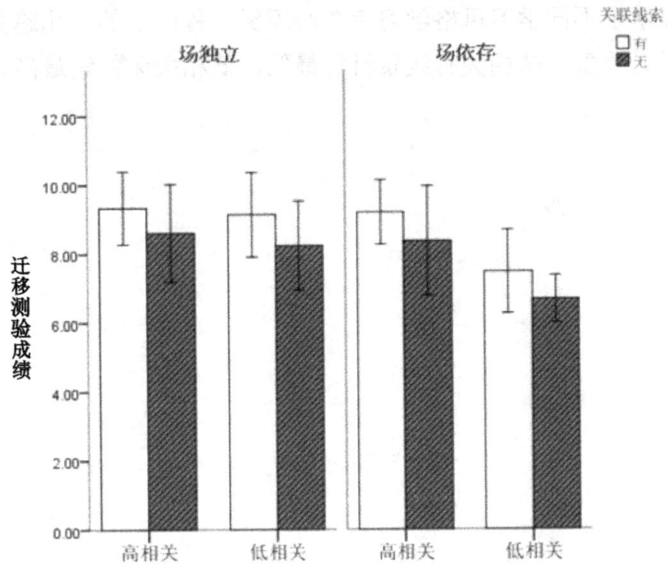

图 5-10　实验 1 不同实验组学习材料迁移测验成绩

心理努力程度：八个实验组不同学习材料心理努力程度如图 5-11 所示。认知风格主效应边缘显著（F（1,112）=3.905，p=0.051<0.1，η^2=0.034），场独立型的心理努力程度（M=5.53，SD=1.77）低于场依存型（M=6.10，SD=1.39）；图文相关性主效应不显著（F（1,112）=0.216，p=0.643>0.05）；图文关联线索主效应不显著（F（1,112）=1.351，p=0.248>0.05）；认知风格和图文相关性交互不显著（F（1,112）=0.000，p=1.000>0.05）；认知风格和关联线索交互不显著（F（1,112）=0.054，p=0.817>0.05）；图文相关和关联线索交互不显著（F（1,112）=0.014，p=0.908>0.05）；认知风格、图文相关和关联线索交互不显著（F（1,112）=0.014，p=0.908>0.05）。

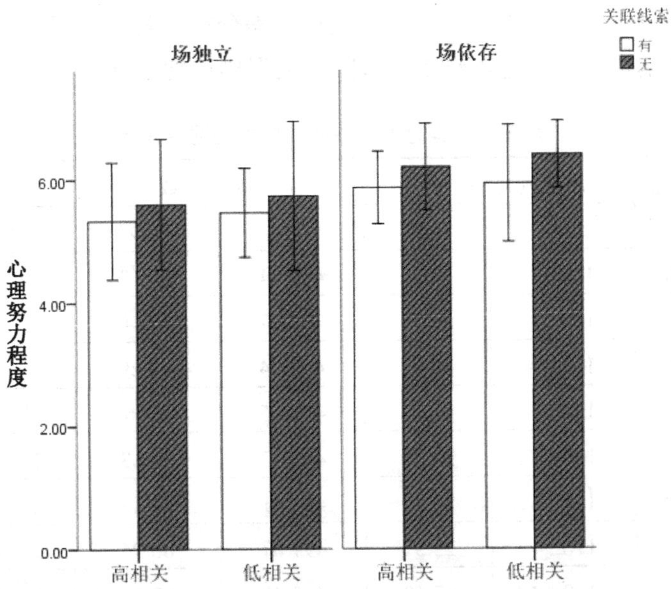

图 5-11　实验 1 不同实验组学习材料心理努力程度

图 5-12 显示了不同学习风格学习者在心理努力程度上的变化趋势是一致的。总体上，有线索低于无线索，高相关有线索材料最低，低相关无线索最高。

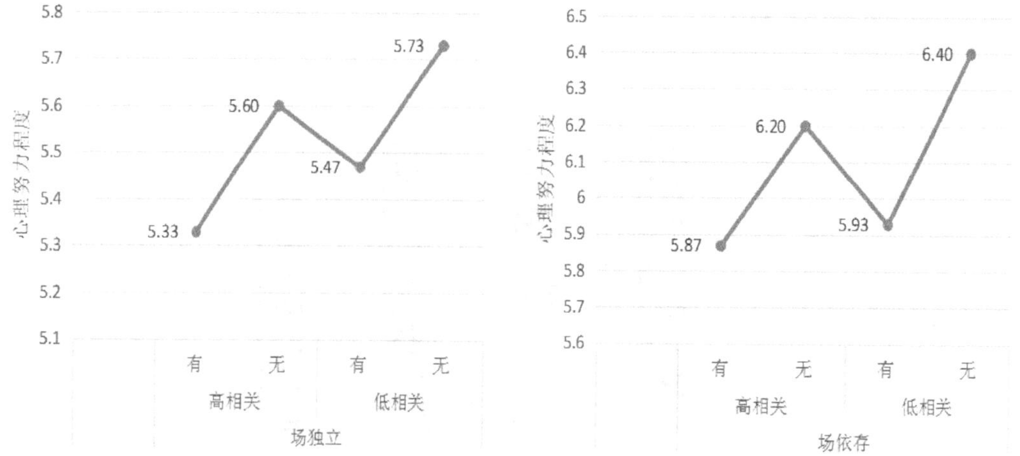

图 5-12 不同认知风格被试的心理努力程度变化趋势

（二）整体眼动数据分析

本实验使用的总体眼动指标有：总注视时间、注视点个数和平均注视时间。总注视时间是指注视停留在画面的时间总和，数值越大说明对画面的加工时间越长，从某种程度说明该画面信息提取更困难，或者是目标更吸引人；注视点个数是指被试注视画面的注视点数量，数值越大说明注视次数越多，表明该画面对被试更重要或更能引起注意。平均注视时间是指画面中所有注视点的持续时间的平均值，数值大小反映的是对知识信息提取的难易程度，持续时间越长往往意味着被试从该画面获取信息越困难或越感兴趣。对总体眼动数据进行 2 认知风格（场独立、场依存）×2 图文相关性（高相关、低相关）×2 关联线索（有、无）的三因素完全随机方差分析。其中自变量为认知风格、图文相关性和关联线索。表 5-3 是实验 1 总体眼动数据描述性统计。

表 5-3 实验 1 总体眼动数据描述性统计

认知风格	图文相关	关联线索	总注视时间（s）		注视点个数		平均注视时间（ms）	
			M	*SD*	*M*	*SD*	*M*	*SD*
场独立	高	有	119.52	17.20	489.54	63.12	244.67	18.07
		无	108.71	23.76	470.77	92.48	226.85	17.07
	低	有	108.81	19.02	467.74	88.29	234.67	15.06
		无	104.21	22.60	446.55	101.69	234.69	12.46
场依存	高	有	120.14	25.28	495.57	95.63	247.22	18.88
		无	107.56	20.81	453.91	89.43	238.74	13.81
	低	有	116.94	23.31	497.07	66.94	238.15	30.21
		无	119.48	17.58	489.40	78.48	241.02	13.37

总注视时间（s）：八个实验组不同学习材料总注视时间如图 5-13 所示。

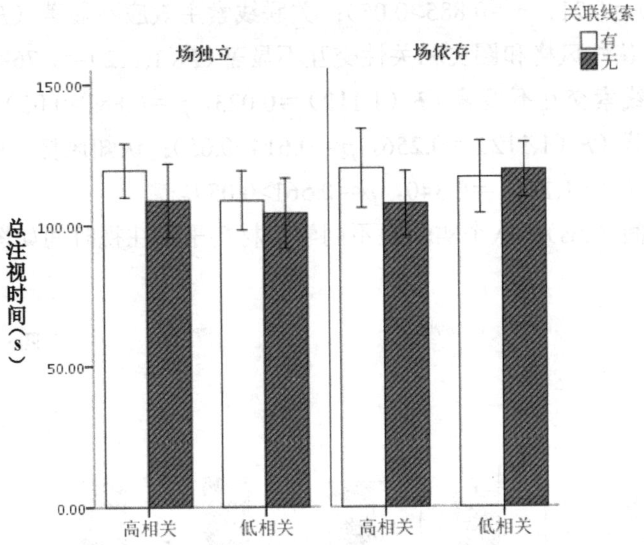

图 5-13 实验 1 不同实验组学习材料的总注视时间（s）

认知风格主效应不显著（$F(1,112)=2.144$，$p=0.146>0.05$）；图文相关性主效应不显著（$F(1,112)=0.172$，$p=0.679>0.05$）；关联线索主效应不显著（$F(1,112)=2.655$，$p=0.106>0.05$）；认知风格和图文相关性交互不显著（$F(1,112)=2.348$，$p=0.128>0.05$）；认知风格和关联线索交互不显著（$F(1,112)=0.118$，$p=0.732>0.05$）；图文相关性和关联线索交互不显著（$F(1,112)=1.864$，$p=0.175>0.05$）；认知风格、图文相关性和关联线索交互不显著（$F(1,112)=0.326$，$p=0.569>0.05$）。

注视点个数：八个实验组不同学习材料总注视点个数如图 5-14 所示。

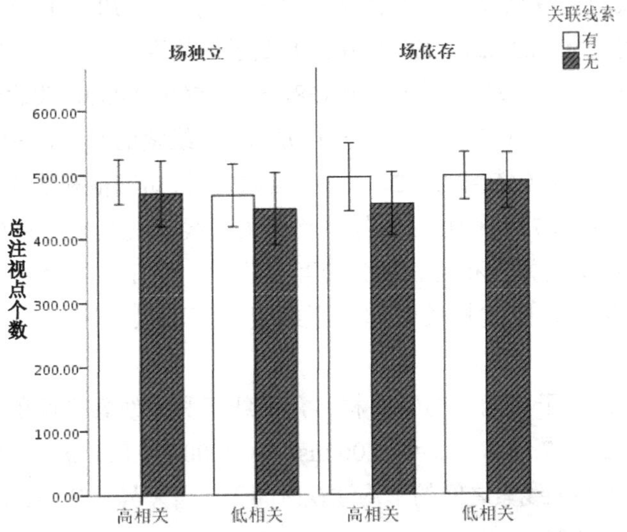

图 5-14 实验 1 不同实验组学习材料的总注视点个数

认知风格主效应不显著（$F(1,112)=0.966$，$p=0.328>0.05$）；图文相关性主效应不显著（$F(1,112)=0.21$，$p=0.885>0.05$）；关联线索主效应不显著（$F(1,112)=2.046$，$p=0.155>0.05$）；认知风格和图文相关性交互不显著（$F(1,112)=1.768$，$p=0.186>0.05$）；认知风格和关联线索交互不显著（$F(1,112)=0.023$，$p=0.881>0.05$）；图文相关性和关联线索交互不显著（$F(1,112)=0.256$，$p=0.614>0.05$）；认知风格、图文相关性和关联线索交互不显著（$F(1,112)=0.340$，$p=0.561>0.05$）。

平均注视时间（ms）：八个实验组不同学习材料平均注视时间如图 5-15 所示。

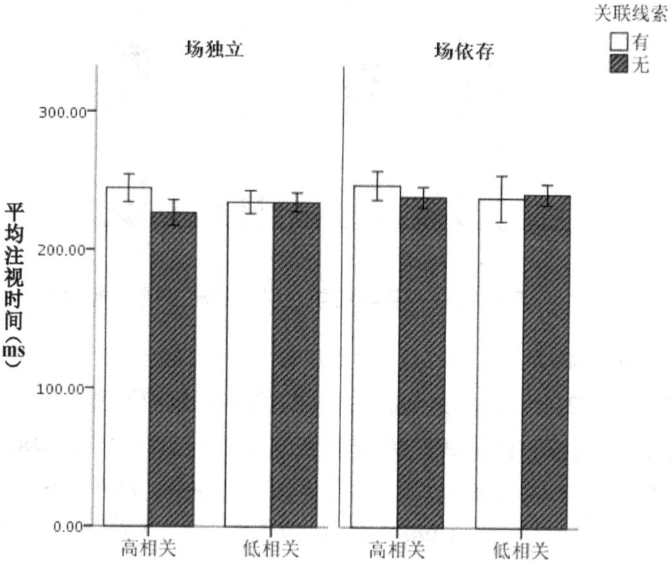

图 5-15　实验 1 不同实验组学习材料的平均注视时间（ms）

认知风格主效应边缘显著（$F(1,112)=3.350$，$p=0.070<0.1$，$\eta^2=0.029$），场独立型的平均注视时间（$M=235.21$，$SD=16.67$）低于场依存型（$M=241.28$，$SD=20.05$）；图文相关性主效应不显著（$F(1,112)=0.458$，$p=0.500>0.05$）；关联线索主效应边缘显著（$F(1,112)=3.119$，$p=0.080<0.1$，$\eta^2=0.027$），有线索的平均注视时间（$M=241.18$，$SD=21.40$）高于无线索（$M=235.32$，$SD=14.94$）；认知风格和图文相关性交互不显著（$F(1,112)=0.121$，$p=0.729>0.05$）；认知风格和关联线索交互不显著（$F(1,112)=0.847$，$p=0.359>0.05$）；图文相关性和关联线索交互显著（$F(1,112)=4.837$，$p=0.03<0.05$，$\eta^2=0.041$），认知风格、图文相关性和关联线索交互不显著（$F(1,112)=0.237$，$p=0.627>0.05$）。

简单效应分析：对于高相关的学习材料，有线索和无线索之间的平均注视时间差异非常显著（$F(1,112)=7.862$，$I\text{-}J=13.00$ ms，$p=0.006<0.01$，$\eta^2=0.066$）；对于低相关的学习材料，有线索和无线索之间的平均注视时间无显著差异（$F(1,112)=0.094$，$I\text{-}J=-1.00$ ms，$p=0.760>0.05$）。

（三）图片兴趣区眼动数据分析

图片兴趣区的眼动指标有：总注视时间、注视点个数和平均注视时间。表 5-4 是实验 1 图片兴趣区的眼动数据描述性统计。

表 5-4 实验 1 图片兴趣区眼动数据描述性统计

认知风格	图文相关	关联线索	总注视时间（s）		注视点个数		平均注视时间（ms）	
			M	*SD*	*M*	*SD*	*M*	*SD*
场独立	高	有	33.57	8.89	135.53	31.88	250.00	48.84
		无	18.84	6.54	84.33	22.63	221.33	34.20
	低	有	24.32	8.45	102.40	35.77	238.67	26.96
		无	12.18	3.99	51.27	14.63	237.33	30.11
场依存	高	有	38.71	10.84	153.40	34.10	252.27	37.06
		无	19.37	6.63	85.00	25.73	226.67	25.26
	低	有	24.27	6.85	103.01	23.23	236.68	43.37
		无	17.12	6.29	73.32	22.27	230.65	30.58

总注视时间（s）：八个实验组不同学习材料图片兴趣区总注视时间如图 5-16 所示。

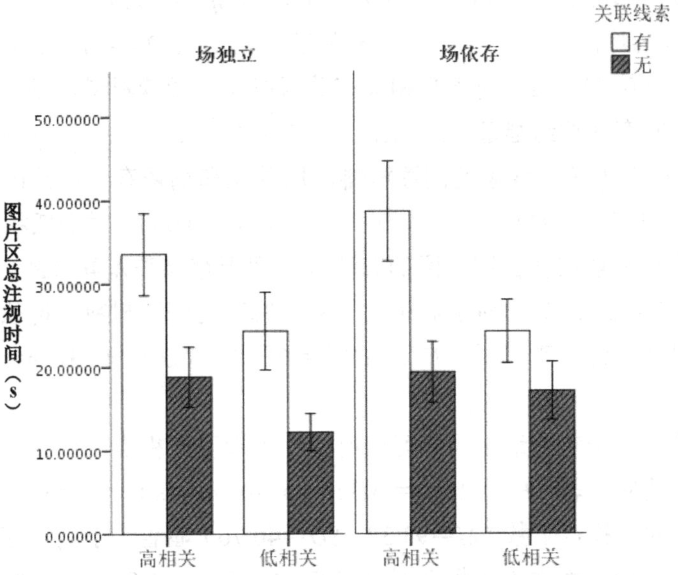

图 5-16 实验 1 不同实验组学习材料图片区的总注视时间（s）

认知风格主效应边缘显著（*F*（1,112）=3.651，$p=0.059<0.1$，$\eta^2=0.032$），场独立型被试在图片兴趣区的总注视时间（*M*=22.23，*SD*=10.58）少于场依存（*M*=24.87，*SD*=11.43）；图文相关性主效应极其显著（*F*（1,112）=34.840，$p=0.000<0.001$，$\eta^2=0.237$），高相关学习材料在图片兴趣区的总注视时间（*M*=27.62，*SD*=12.02）显著高于低相关（*M*=19.47，*SD*=8.25）；关联线索主效应极其显著（*F*（1,112）=93.405，*p*=

0.000<0.001，$\eta^2=0.455$），有线索学习材料在图片兴趣区的总注视时间（$M=30.22$，$SD=10.66$）显著高于无线索（$M=16.88$，$SD=6.48$）；认知风格和图文相关性交互不显著（$F(1,112)=0.21$，$p=0.885>0.05$）；认知风格和关联线索交互不显著（$F(1,112)=0.005$，$p=0.944>0.05$）；图文相关性和关联线索交互非常显著（$F(1,112)=7.162$，$p=0.009<0.01$，$\eta^2=0.060$）。

简单效应分析：对于高相关学习材料，有线索和无线索在图片区的总注视时间差异极其显著（$F(1,112)=76.147$，$I\text{-}J=17.032$，$p=0.000<0.001$，$\eta^2=0.405$）；对于低相关学习材料，有线索和无线索在图片区的总注视时间差异极其显著（$F(1,112)=24.419$，$I\text{-}J=9.645$，$p=0.000<0.001$，$\eta^2=0.179$）。

认知风格、图文相关性和关联线索交互存在边缘显著（$F(1,112)=3.029$，$p=0.085<0.1$，$\eta^2=0.026$）。

简单简单效应分析：（1）对于场独立型被试，在学习高相关材料时，有线索和无线索在图片区的总注视时间差异极其显著（$F(1,112)=28.465$，$I\text{-}J=14.727$，$p=0.000<0.001$，$\eta^2=0.203$），在学习低相关材料时，有线索和无线索图片区的总注视时间差异极其显著（$F(1,112)=19.357$，$I\text{-}J=12.145$，$p=0.000<0.001$，$\eta^2=0.147$）；对于场依存型被试，在学习高相关材料时，有线索和无线索图片区的总注视时间差异极其显著（$F(1,112)=49.077$，$I\text{-}J=19.338$，$p=0.000<0.001$，$\eta^2=0.305$），在学习低相关材料时，有线索和无线索图片区的总注视时间差异显著（$F(1,112)=6.702$，$I\text{-}J=7.146$，$p=0.011<0.05$，$\eta^2=0.056$）。（2）对于高相关有关联线索的阅读材料，场独立和场依存在图片区的总注视时间存在边缘显著（$F(1,112)=3.471$，$I\text{-}J=-5.143$，$p=0.065<0.1$，$\eta^2=0.030$），对于高相关无关联线索的阅读材料，场独立和场依存在图片区的总注视时间无显著差异（$F(1,112)=0.037$，$I\text{-}J=-0.533$，$p=0.847>0.05$）；对于低相关有关联线索的阅读材料，场独立和场依存在图片区的总注视时间无存显著差异（$F(1,112)=0.001$，$I\text{-}J=0.063$，$p=0.982>0.05$），对于低相关无关联线索的阅读材料，场独立和场依存在图片区的总注视时间边缘显著差异（$F(1,112)=3.197$，$I\text{-}J=-4.93$，$p=0.076<0.1$，$\eta^2=0.028$）。

注视点个数：八个实验组不同学习材料图片兴趣区注视点个数如图 5-17 所示。

认知风格主效应显著（$F(1,112)=4.326$，$p=0.040<0.05$，$\eta^2=0.037$），场独立型被试在图片兴趣区的注视点个数（$M=93.38$，$SD=40.76$）显著少于场依存型（$M=103.68$，$SD=40.38$）；图文相关性主效应极其显著（$F(1,112)=41.961$，$p=0.000<0.001$，$\eta^2=0.273$），高相关学习材料在图片兴趣区的注视点个数（$M=114.57$，$SD=41.78$）显著高于低相关（$M=82.50$，$SD=32.82$）；关联线索主效应极其显著（$F(1,112)=102.420$，$p=0.000<0.001$，$\eta^2=0.478$），有线索学习材料在图片兴趣区的注视点个数（$M=123.58$，$SD=37.85$）显著高于无线索（$M=73.48$，$SD=25.22$）；认知风格和图文相关性交互作用不显著（$F(1,112)=0.43$，$p=0.836>0.05$）；认知风格和关联线索交互作用不显著（$F(1,112)=0.046$，$p=0.830>0.05$）；图文相关性和关联线索交互作用边缘显著（$F(1,112)=3.836$，

$p=0.053<0.1$，$\eta^2=0.033$）。

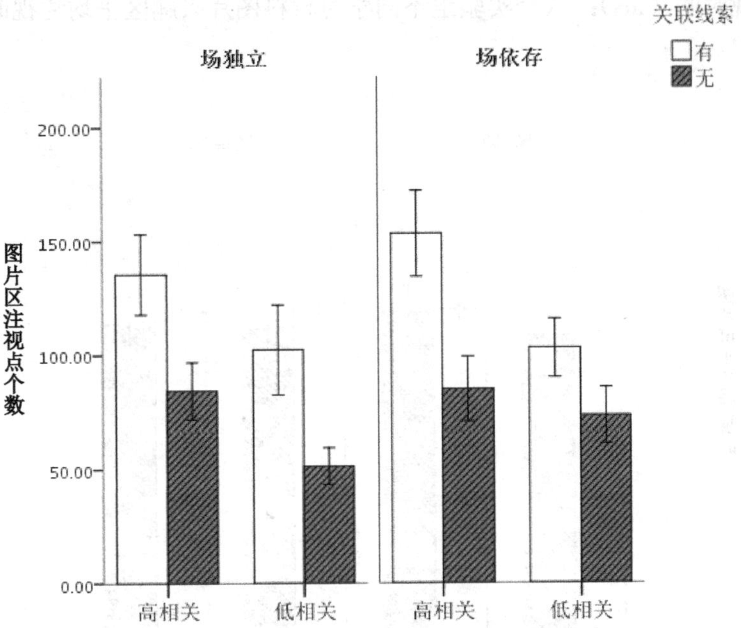

图 5-17 实验 1 不同实验组学习材料图片区的注视点个数

简单效应分析：对于高相关学习材料，有线索和无线索在图片区的注视点个数差异极其显著（$F(1,112)=72.950$，$I\text{-}J=59.800$，$p=0.000<0.001$，$\eta^2=0.394$）；对于低相关学习材料，有线索和无线索图片区的注视点个数差异极其显著（$F(1,112)=33.306$，$I\text{-}J=40.407$，$p=0.000<0.001$，$\eta^2=0.229$）。

认知风格、图文相关性和关联线索交互边缘显著（$F(1,112)=3.810$，$p=0.053<0.1$，$\eta^2=0.033$）。

简单简单效应分析：（1）对于场独立型被试，在学习高相关材料时，有线索和无线索图片区的注视点个数差异极其显著（$F(1,112)=26.738$，$I\text{-}J=51.200$，$p=0.000<0.001$，$\eta^2=0.193$），在学习低相关材料时，有线索和无线索图片区的注视点个数差异极其显著（$F(1,112)=26.669$，$I\text{-}J=51.133$，$p=0.000<0.001$，$\eta^2=0.192$）；对于场依存型被试，在学习高相关材料时，有线索和无线索图片区注视点个数差异极其显著（$F(1,112)=47.720$，$I\text{-}J=68.400$，$p=0.000<0.001$，$\eta^2=0.229$），在学习低相关材料时，有线索和无线索图片区的注视点个数差异非常显著（$F(1,112)=8.895$，$I\text{-}J=29.680$，$p=0.003<0.01$，$\eta^2=0.074$）。（2）对于高相关有关联线索的阅读材料，场独立和场依存在图片区的注视点个数存在边缘显著（$F(1,112)=3.256$，$I\text{-}J=-17.867$，$p=0.074<0.1$，$\eta^2=0.028$），对于高相关无关联线索的阅读材料，场独立和场依存在图片区的注视点个数无显著差异（$F(1,112)=0.005$，$I\text{-}J=-0.667$，$p=0.946>0.05$）；对于低相关有关联线索的阅读材料，场独立和场依存在图片区的注视点个数无存显著差异（$F(1,112)=0.004$，$I\text{-}J=-0.600$，$p=0.952>0.05$），对于低相关无关联线索的阅读材料，场独立和场依存在图片区的注视点个数显著差异（F（1,112）=4.961，$I-J$=−22.053，p=0.028<0.05，η^2=0.042）。

平均注视时间（ms）：八个实验组不同学习材料图片兴趣区平均注视时间如图 5-18 所示。

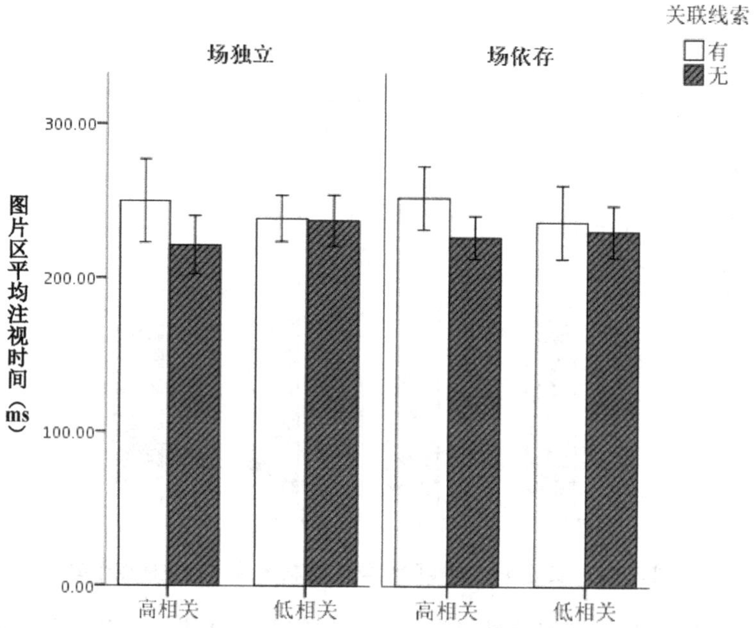

图 5-18　实验 1 不同实验组学习材料图片区的注视点平均注视时间（ms）

认知风格主效应不显著（F（1,112）=0.002，p=0.967>0.05）；图文相关性主效应不显著（F（1,112）=0.072，p=0.789>0.05）；关联线索主效应显著（F（1,112）=5.682，p=0.019<0.05，η^2=0.048），有线索学习材料平均注视时间（M=244.40，SD=39.47）高于无线索（M=229.00，SD=30.01）；认知风格和图文相关性交互不显著（F（1,112）=0.396，p=0.530>0.05）；认知风格和关联线索交互不显著（F（1,112）=0.004，p=0.951>0.05）；图文相关性和关联线索交互边缘显著（F（1,112）=3.299，p=0.072<0.1，η^2=0.029）；认知风格、图文相关和关联线索交互不显著（F（1,112）=0.090，p=0.765>0.05）。

简单效应分析：对于高相关学习材料，有线索和无线索在图片区的注视点平均注视时间差异非常显著（F（1,112）=8.82，$I-J$=27.00，p=0.004<0.01，η^2=0.073）；对于低相关学习材料，有线索和无线索图片区注视点平均注视时间差异不显著（F（1,112）=0.161，$I-J$=4.00，p=0.689>0.05）。

（四）文本兴趣区眼动数据分析

文本兴趣区的眼动指标有：总注视时间、注视点个数和平均注视时间。表 5-5 是实验 1 文本兴趣区的眼动数据描述性统计。

表 5-5　实验 1 文本兴趣区眼动数据描述性统计

认知风格	图文相关	关联线索	总注视时间（s）		注视点个数		平均注视时间（ms）	
			M	*SD*	*M*	*SD*	*M*	*SD*
场独立	高	有	84.94	11.17	349.47	42.69	242.67	14.38
		无	88.46	22.18	378.91	85.24	231.33	16.85
	低	有	82.56	15.15	357.34	69.55	233.33	14.96
		无	88.36	22.08	390.42	101.58	234.00	12.42
场依存	高	有	80.00	16.29	332.90	63.02	240.08	13.67
		无	87.50	17.85	361.44	74.58	244.28	15.09
	低	有	92.03	18.07	391.40	49.65	233.78	32.35
		无	101.06	15.52	411.00	65.55	245.68	14.74

总注视时间（s）：八个实验组不同学习材料文本兴趣区总注视时间如图 5-19 所示。

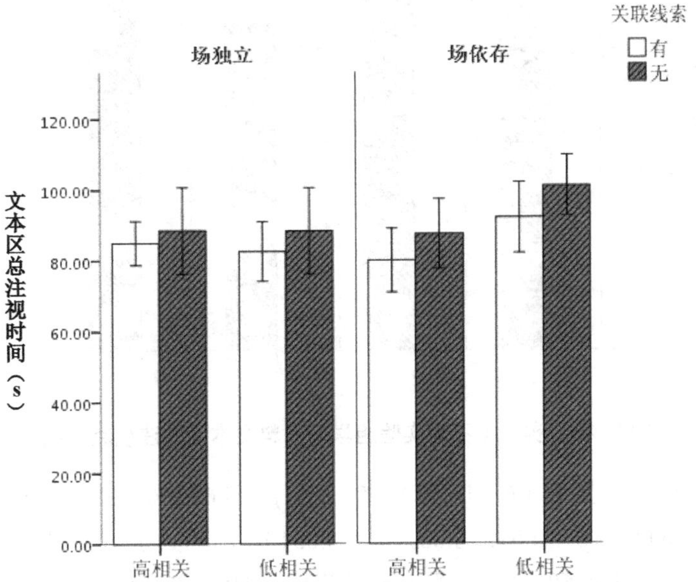

图 5-19　实验 1 不同实验组学习材料文本区的总注视时间（s）

认知风格主效应不显著（F（1,112）=1.599，p=0.209>0.05）；图文相关性主效应边缘显著（F（1,112）=3.226，p=0.075<0.1，η^2=0.028），高相关材料的文本区总注视时间（M=85.22，SD=17.20）低于低相关材料（M=91.00，SD=18.72）；关联线索主效应显著（F（1,112）=4.035，p=0.047<0.05，η^2=0.035），有线索材料的文本区总注视时间（M=84.88，SD=15.65）低于无线索（M=91.35，SD=19.93）；认知风格和图文相关性交互显著（F（1,112）=4.760，p=0.031<0.05，η^2=0.041）；认知风格和关联线索交互不显著（F（1,112）=0.314，p=0.577>0.05）；图文相关性和关联线索交互不显著（F（1,112）=0.087，p=0.768>0.05）；认知风格、图文相关性和关联线索交互不显著

（*F*（1,112）=0.003，p=0.954>0.05）。

简单效应分析：（1）对于场独立型被试，图文相关性高与相关性低的材料在文本区的总注视时间差异不显著（*F*（1,112）=0.074，*I*-*J*=1.240，p=0.786>0.05）；对于场依存型被试，图文相关性高与相关性低的材料在文本区的总注视时间差异非常显著（*F*（1,112）=7.912，*I*-*J*=-12.80，p=0.006<0.01，η^2=0.066）。研究表明，在文本区的总注视时间上，图文相关性对场独立型不存在显著影响、对场依存型存在非常显著影响，当图文相关程度高时，场依存型显著减少对文本区（增加图片区）注视时间。

注视点个数： 八个实验组不同学习材料在文本兴趣区注视点个数如图 5-20 所示。

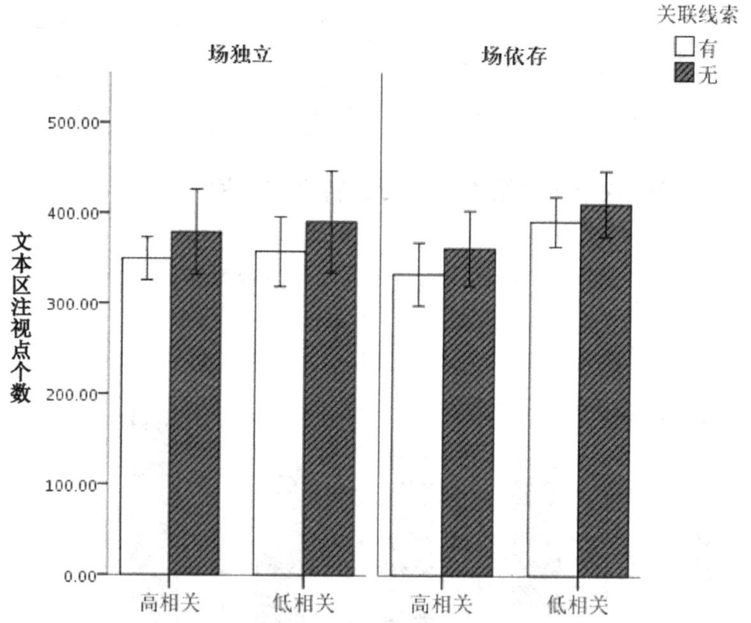

图 5-20　实验 1 不同实验组学习材料文本区的注视点个数

认知风格主效应不显著（*F*（1,112）=0.157，p=0.692>0.05）；图文相关性主效应显著（*F*（1,112）=6.009，p=0.016<0.05，η^2=0.051），高相关学习材料在文本区的注视点个数（*M*=355.68，*SD*=68.60）显著少于低相关（*M*=387.54，*SD*=74.69）；关联线索主效应显著（*F*（1,112）=4.531，p=0.035<0.05，η^2=0.039），有线索学习材料在文本区的注视点个数（*M*=357.78，*SD*=59.75）显著低于无线索（*M*=385.44，*SD*=82.72）；认知风格和图文相关交互边缘显著（*F*（1,112）=2.910，p=0.091<0.1，η^2=0.025）；认知风格和关联线索交互不显著（*F*（1,112）=0.076，p=0.783>0.05）；图文相关和关联线索交互不显著，（*F*（1,112）=0.010，p=0.919>0.05）；认知风格、图文相关和关联线索交互不显著（*F*（1,112）=0.058，p=0.809>0.05）。

简单效应分析：对于场独立型被试，图文相关性高与相关性低的材料在文本区的注视点个数差异不显著（*F*（1,112）=0.278，*I*-*J*=-9.689，p=0.599>0.05）；对于场依存型被试，图文相关性高与相关性低的材料在文本区的注视点个数差异非常显著（*F*（1,112）=

8.641，$I\text{-}J=-54.031$，$p=0.004<0.01$，$\eta^2=0.072$）。

平均注视时间（ms）：八个实验组不同学习材料文本兴趣区注视点平均注视时间如图 5-21 所示。

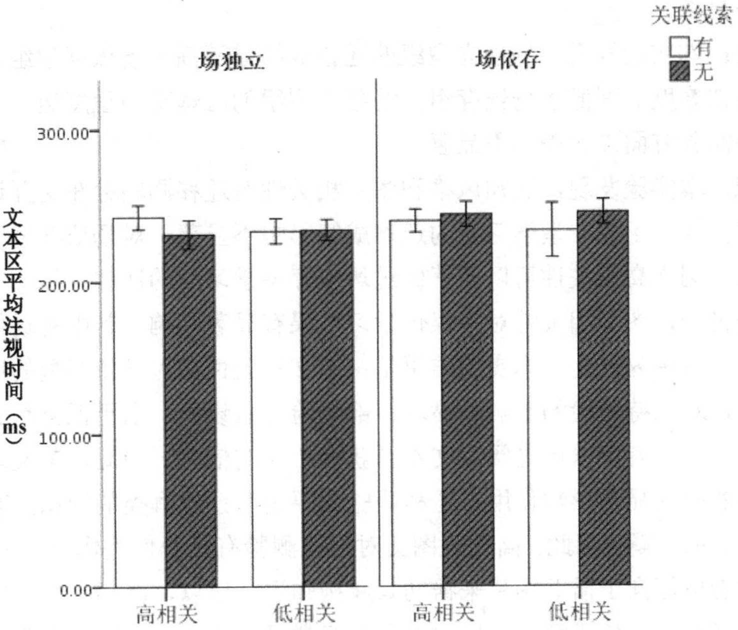

图 5-21　实验 1 不同实验组学习材料文本区的平均注视时间（ms）

认知风格主效应边缘显著（$F(1,112)=2.975$，$p=0.087<0.1$，$\eta^2=0.026$），场独立型被试在文本区的平均注视时间（$M=235.33$，$SD=15.01$）低于场依存型（$M=240.95$，$SD=20.50$）；图文相关性主效应不显著（$F(1,112)=0.788$，$p=0.377>0.05$）；关联线索主效应不显著（$F(1,112)=0.174$，$p=0.678>0.05$）；认知风格和图文相关性交互不显著（$F(1,112)=0.018$，$p=0.892>0.05$）；认知风格和关联线索交互边缘显著（$F(1,112)=4.219$，$p=0.042<0.05$，$\eta^2=0.036$）；图文相关和关联线索交互不显著（$F(1,112)=2.285$，$p=1.33>0.05$）；认知风格、图文相关性和关联线索交互不显著（$F(1,112)=0.109$，$p=0.742>0.05$）。

简单效应分析：对于场独立型被试，有关联线索与无关联线索的材料在文本区的注视点平均注视时间差异不显著（$F(1,112)=1.340$，$I\text{-}J=5.00$，$p=0.249>0.05$）；对于场依存型被试，有关联线索与无关联线索的材料在文本区的注视点平均注视时间差异边缘显著（$F(1,112)=3.502$，$I\text{-}J=-8.00$，$p=0.083<0.1$，$\eta^2=0.027$）。研究表明，关联线索有利于减少场依存型被试在文本区的平均注视时间。

四、讨论

（一）图文相关性与关联线索对不同认知风格学习者多媒体学习效果的影响

图文相关性：本实验发现，图文相关性高组的迁移测验显著高于图文相关性低组，在学习材料感知难度、保持测验、心理努力程度差异方面二者差异不显著。

关联线索：本实验发现，有关联线索组的保持测验、迁移测验显著高于无关联线索组，有关联线索组的学习材料感知难度边缘显著低于无关联线索组，在心理努力程度方面二者差异不显著。

认知风格：本实验发现，场独立型组的迁移成绩显著高于场依存型组，场独立型组的学习材料感知难度显著低于场依存组，场独立型组的心理努力程度边缘显著低于场依存组，在保持测验方面二者差异不显著。

交互效应：本实验发现，认知风格和图文相关性对迁移测验存在交互边缘显著影响作用。图文相关性对场独立型学习者的迁移成绩影响不显著，对场依存型学习者的迁移成绩影响显著，图文高相关性可以显著促进场依存型学习者的迁移成绩。

本实验假设一，图文相关性对多媒体学习效果有显著影响，其中对场依存型学习者的影响比场独立型更为显著。本实验结果是：图文相关性高对场依存型的迁移成绩有显著的促进作用，对保持测验的影响不显著，部分验证假设一。由于保持测验主要是考察识记类的知识，学习者可以通过阅读文本区获得相应的信息，因此，未发现图文相关性高或低对保持测验的显著影响作用；迁移测验主要是考察理解类的知识，高相关图文有助于加强对知识的理解，因此，高相关图文对迁移测验有显著促进作用。在图文阅读中，场依存型学习者更倾向于借助图片来帮助其建构知识，所以，高相关性的图文可以帮助场依存型学习者提高迁移成绩，而场独立型学习者受图片相关性影响程度低，未发现图文相关性高或低对他们在理解知识上的显著影响作用。

本实验假设二，关联线索会增加图文相关性，进而促进多媒体学习效果。本实验结果是：关联线索对保持测验、迁移测验都有显著促进作用，完全验证假设二。由于关联线索对文本中的关键词加了“红色”凸出显示，并形成言语链，同时在对应的图片部分，添加文本与之对应，形成图文呼应。在关联线索的作用下，图文相关性得到增强，有助于学习者关注视觉表征和言语表征中的深层结构，从而促发了有意义学习的发生。

（二）图文相关性与关联线索对不同认知风格学习者多媒体学习眼动行为的影响

整体眼动行为：本实验发现，图文相关性高组与图文相关性低组的总注视时间、注视点个数、平均注视时间无显著差异。有关联线索组与无关联线索组的总注视时间、注视点个数无显著差异，有关联线索组与无关联线索组的平均注视时间有边缘显著差异，关联线索会增加平均注视时间。场独立型组与场依存型组的总注视时间、注视点个数无显著差异，场独立型组与场依存型组的平均注视时间有边缘显著差异，场独立型组的平均注视时间边缘显著低于场依存型组。

图文相关性和关联线索对平均注视时间存在交互影响作用。对高相关学习材料，关联线索可以显著增加平均注视时间；对低相关学习材料，关联线索对平均注视时间无显著影响。

图片兴趣区眼动行为：图文相关性高组在图片兴趣区的总注视时间、注视点个数显著高于图文相关性低组，但在平均注视时间方面无显著差异。有关联线索组在图片兴趣区的总注视时间、注视点个数、平均注视时间显著高于无关联线索组。场独立型组在图片兴趣区的总注视时间、注视点个数显著少于场依存型组，但在平均注视时间方面无显著差异。

图文相关性和关联线索对图片兴趣区的总注视时间、注视点个数、平均注视时间存在交互影响作用。经过简单效应分析发现，对图文相关性高的学习材料，有关联线索的图片兴趣区的总注视时间、注视点个数、平均注视时间显著高于无关联线索；对于低相关性的学习材料，有关联线索的图片兴趣区的总注视时间、注视点个数显著高于无关联线索，而平均注视时间方面无显著差异。

认知风格、图文相关性和关联线索对图片兴趣区的总注视时间、注视点个数存在交互影响作用。经过简单简单效应分析发现，不管是场独立还是场依存，不管是图文相关性高还是低，有关联线索组在图片兴趣区的总注视时间、注视点个数显著多于无关联线索组。对高相关有关联的学习材料，场独立型组在图片兴趣区的总注视时间、注视点个数边缘显著少于场依存型，对于高相关无关联的学习材料，场独立型组与场依存型组在图片兴趣区的总注视时间、注视点个数无显著差异；对于低相关有关联的学习材料，场独立型组与场依存型组在图片兴趣区的总注视时间、注视点个数无显著差异，对于低相关无关联的学习材料，场独立型组在图片兴趣区的总注视时间、注视点个数边缘显著少于场依存型。

文本兴趣区眼动行为：图文相关性高组在文本兴趣区的总注视时间、注视点个数边缘显著低于图文相关性低组，但在平均注视时间方面无显著差异。有关联线索组在文本兴趣区的总注视时间、注视点个数显著低于无关联线索组，而平均注视时间无显著差异。场独立型组在文本兴趣区的平均注视时间边缘显著低于场依存型组，但在总注视时间、注视点个数方面无显著差异。

认知风格和图文相关性对文本兴趣区的总注视时间、注视点个数存在交互影响作用。经过简单效应分析发现，对场独立型学习者，高相关学习材料与低相关学习材料在文本兴趣区的总注视时间、注视点个数无显著差异；对场依存型学习者，高相关学习材料在文本兴趣区的总注视时间、注视点个数显著低于低相关学习材料。

认知风格和关联线索对文本兴趣区的平均注视时间存在交互影响作用。经过简单效应分析发现，对场独立型学习者，有关联线索组和无关联线索组在文本兴趣区的平均注视时间差异不显著；对场依存型学习者，有关联线索组在文本兴趣区的平均注视时间边缘显著低于无关联线索组。

从画面整体来看，本实验发现不同认知风格学习者在画面的总注视时间、注视次数不存在显著差异，表明所有学习者对整个学习材料所投入的注意力、关注度大致相同。加入关联线索后，画面的平均注视时间相应发生变化，其中高相关画面的平均注视时间边缘显著增加，而低相关画面影响不显著，表明只有在高相关图文画面中，关联线索才有可能实现对画面注意力的有效引导；在低相关图文画面中，关联线索往往是盲目的，无法发挥其对注意力的有效引导作用。

从图片、文本各自兴趣区来看，本实验发现图文高相关性、关联线索会显著增加学习者对图片区的注视，同时减少对文本区的注视，表明关联线索、高相关的图文会改变学习者的眼动注视模式，加工对象由文本逐渐转向图片。不同认知风格学习者在图文阅读时表现出不同的眼动注视倾向，场依存型更加依赖图片，通过增加注视时间、注视次数帮助自身完成知识的意义建构。文本区关联线索并未增加学习者对文本区的注视，表明关联线索在图片区和文本区发挥的效用不一样，文本区加入关联线索是对图片区细节的进一步描述，因而有效引导了学习者对图片区的深度加工。关联线索在高相关图文材料会显著增加场依存学习者对图片区的注视，对场独立型学习者的影响程度更小；关联线索在低相关图文材料会显著增加场独立学习者对图片区的注视，对场依存型学习者的影响程度更小。

五、结论

（1）图文相关性高对场依存型学习者的迁移成绩有促进作用，而对场独立型学习者的影响不显著。

（2）关联线索会增加图文相关性，有助于帮助学习者关注视觉表征和言语表征中的深层结构，对保持测验、迁移测验都有促进作用。

（3）关联线索、高相关性的图文会改变学习者的眼动注视模式，加工对象由以文本为主逐渐转向于以图片为主。

（4）不同认知风格学习者在图文阅读时表现出不同的眼动注视倾向，场依存型学习者更倾向于借助图片来帮助其建构知识。

（5）关联线索会影响学习者的注意力分配，文本区的关联线索有助于引发学习者对图片区的深度加工，并对不同认知风格学习者的影响程度不一样，在高相关材料中对场依存型影响更大，在低相关材料中，对场独立型影响更大。

（6）以上（1）～（5）的结论表明，图文相关是实现图文融合的有效途径之一，在图文相关设计中加入关联线索可以更好地实现图文融合。

第三节 实验2：语义图示与知识类型对多媒体学习的影响研究

古人云：“一图胜千言”。图像以其直观和感性的优势，展示了独特的魅力和力量。在经历几千年的文化发展之后，人们惊呼当前又重新进入了读图时代。图像文化的兴起给当今社会带来了很大的影响，尤其是数字阅读方式已经成为最主流的阅读方式之一。

与数字阅读相伴相随的是读图，图像表达正逐渐走向工具化、数字化和多媒体化的综合运用。虽然图像媒体促进了知识的传播，丰富了知识表达的形态，但也带来了许多期待证实和解决的深层次问题。具体表现在：一是过于直观的图像表达是否会削弱学习者对文字的感悟能力和抽象思维能力；二是过于基于图像的碎片化阅读方式是否会导致浅层阅读现象的出现，无法促进深度认知，致使学习者难以形成系统的知识结构。实际上，长期以来，许多学者对图像在教育应用中的效果开展了各种实验研究，其中最具影响力的是梅耶提出的多媒体认知原则，指出：学习者在学习语词和图画组成的画面呈现时，比单一语词画面的呈现效果更好。多媒体认知原则表明图像对学习效果存在的潜在作用，但怎么样的"图"才能起效用并没有说明，尚需深入研究。

为克服图像带来的浅阅读缺陷，激发学习者的思维能力发展，因而对"图"的设计提出更高的要求。华东师范大学顾小清教授团队提出，通过可视化的"语义图示"帮助学习者构建知识，实现深度学习。[①]语义是大脑中理解、反映的核心。语义图示是将抽象的知识信息（包括概念、原理、关系等）通过图解的手段予以可视化表征，此时的"图"不再是一般意义上的插图或摄制图片（实景图），而是承载具体的语义信息、依据知识属性并采取一定规则的结构化组织的可视化表征。

在对知识表征的研究中，认知心理学理论的结论是：陈述性知识和程序性知识是最常见的知识类型，其中，陈述性知识适合采用命题网络或图式来表征，程序性知识适合采用产生或产生式系统来表征。据此，本研究认为，不同的知识类型，应该采取不同方式的图解手段，图示表征的规则也不尽相同。从以往的研究来看，仅有的一些结果支持图像对学习理解有促进作用这一结论，这种促进作用没有考虑知识类型因素，图像也只停留在普通的实景图层面，因此不能很好地解释图像（尤其是图示）促进学习的作用机理。

实验 2-1：语义图示的有无与知识类型对多媒体学习的影响研究

一、目的与假设

本实验将图像定位于语义图示，与知识类型结合起来，探讨语义图示与知识类型对多媒体学习的影响。研究提出如下假设：（1）有语义图示的学习材料比没语义图示的学习效果更好；（2）语义图示对不同知识类型的作用程度存在显著的差异。

二、实验方法

（一）被试

随机从某大学选取被试，专业不限，自愿参加。参加实验的人数共计 78 名，实验结束后，均获得一定的报酬。剔除先前知识过高、实验过程中眼动数据采样率小于 75% 的被试 7 名，最终进入统计分析的有效被试 71 人（年龄 M=21.74，SD=1.81，其中女生 41 人，男生 30 人）。所有被试视力或矫正视力正常，无色盲和色弱，并随机分配到四组，分别是"陈述性知识有图示组"（18 人）、"陈述性知识无图示组"（17 人）、"程序性知识有图示组"（19 人）和"程序性知识无图示组"（17 人）。

---

① 顾小清，冯园园，胡思畅. 超越碎片化学习：语义图示与深度学习[J]. 中国电化教育，2015，(3)：39-48.

（二）实验设计

采用2语义图示（有、无）×2知识类型（陈述性知识、程序性知识）的两因素完全随机实验设计。本实验的自变量为语义图示的有无和知识类型，因变量为（1）测验成绩：学习后的保持测验和迁移测验。（2）主观评定：学习材料感知难度、学习心理努力程度。（3）眼动指标：兴趣区眼动注视指标。无关变量为被试的先前知识水平。

（三）实验材料

1. 先前知识问卷

包括被试的性别、年龄、专业、联系方式（手机号码）等人口学基本信息和对学习材料的先前知识经验调查。“细胞膜的介绍”和“有氧呼吸过程”先前知识的评定分别由两部分组成，第一部分是主观评定题，参照了Mayer的多媒体学习实验研究中的先前知识测试方法，共4道题；第二部分是客观问答题。以“细胞膜的介绍”为例，第一部分的第一道题为“你对细胞膜的相关知识了解多少？”从“非常不了解”到“非常熟悉”五个选项，依次计分为0～4分；第二道题为“高中阶段，您是理科生吗？”，包括“否”“是”两个选项，依次计分为0分、1分；第三道题为“您的大学专业和生物科学相关吗？”，包括“否”“是”两个选项，依次计分为0分、1分；第四道题为“高中阶段，假设生物满分是100分，您的分数一般处于（　　）”，包括“低于60分”“60～69分”“70～79分”“80～89分”“90～100分”五个选项，依次计分为0～4分。第二部分的问答题为：“请您写出你所知道关于细胞膜的构成、特点、功能等相关知识”，共15个计分点，答对一个计1分。“有氧呼吸过程”与“细胞膜的介绍”的先前知识测验类似，第一部分和第二部分的满分均为25分。

2. 保持测验和迁移测验

保持测验的目的在于考察被试对学习材料的识记、保持或再认能力。保持测验由9个填空题（9分）和5个判断题（5分）组成，共计14分，保持测验的答案能够直接从材料中获得。迁移测验是考察被试根据学习材料应用到新的情境中解决问题的能力。迁移测验由4个选择题（4分）、1个原理解释题（5分）、1个问题解决题（5分）组成，共计14分。所有测验试题由担任生物课程的专业教师根据材料编制，保证试题的有效性。

3. 主观评定量表

同实验1。

4. 多媒体学习材料

本研究中的陈述性、程序性知识都是关于生物学科的内容。陈述性知识是“细胞膜的介绍”，程序性知识是“有氧呼吸过程”，两段文字材料均在410字左右。根据文字材料，在参考相关教材的基础上制作出语义图示，并由生物学科的教师修改审定。由于实验采取2语义图示（有、无）×2知识类型（陈述性知识、程序性知识），需要制作4组不同版本的材料，分别是“陈述性知识有图示”“陈述性知识无图示”“程序性知识有图示”“程序性知识无图示”。材料利用Photoshop软件制作成图片格式，分辨率为1280×1024，背景统一设置白色。图5-22是四组材料画面的缩略图。

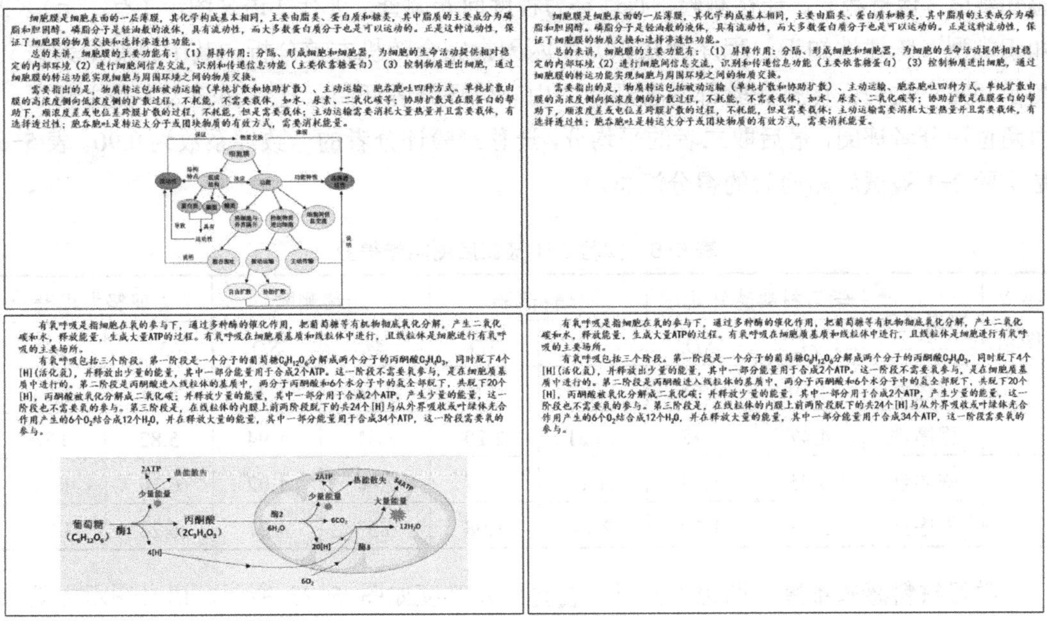

图 5-22　实验 2-1 四组多媒体学习材料画面

图 5-22 左上角是“陈述性知识有图示”、右上角是“陈述性知识无图示”、左下角是“程序性知识有图示”、右下角是“程序性知识无图示”。

（四）实验仪器

同实验 1。

（五）实验程序

首先，对来参加实验的被试随机分组。根据分组，测量学生的先前知识，先前知识问卷总分为 25 分，先前知识 15 分及 15 分以上的被试记为先前知识经验过高，考虑到被试是通过短信或电话预约来参加实验，因此，对先前知识过高的同学照样参加眼动实验，获得同样的报酬，但结束后该数据不纳入最后的统计分析。

然后，被试坐在眼动仪的机器前，进行眼睛校准。校准完毕，呈现眼动实验的指导语：“亲爱的同学，欢迎您来参加眼动实验。实验中将呈现关于生物方面的知识，请您以自然的速度阅读。当您感觉理解了材料中的内容后，按空格键退出。在阅读过程中，请尽量保持头部不动”，进入正式实验并学习材料。实验结束后，依次分别完成学习材料感知难度、保持测验、迁移测验和心理努力程度评定四份问卷，完成问卷的时间控制在 20 分钟以内。

（六）数据管理

同实验 1。

三、实验结果

（一）后测问卷分析

为检验语义图示与知识类型对学习者多媒体学习效果的影响，对被试进行学习材料感知难度、保持测验、迁移测验、心理努力程度问卷调查，进行 2 语义图示（有、无）×2 知识类型（陈述性知识、程序性知识）的两因素完全随机方差分析，其中自变量为语义图示和知识类型。保持测验都是客观题，由一位评分者评阅；迁移测验大多是主观题，由两位评分者评阅，最后取二者的平均分，迁移测验评分者的一致性系数为 0.90。表 5-6 是实验 2-1 被试后测问卷的得分汇总。

表 5-6 实验 2-1 被试后测问卷得分

语义图示	知识类型	学习材料感知难度		保持测验		迁移测验		心理努力程度	
		M	*SD*	*M*	*SD*	*M*	*SD*	*M*	*SD*
有	陈述性	4.39	1.61	11.17	1.76	7.94	1.30	5.61	1.24
	程序性	4.47	1.18	10.21	2.20	8.41	1.94	5.82	0.88
无	陈述性	4.95	1.58	11.12	1.87	7.47	1.02	6.16	1.21
	程序性	5.53	1.70	9.94	1.98	6.53	1.07	6.24	1.20

学习材料感知难度：四组不同学习材料感知难度如图 5-23 所示。语义图示主效应显著（$F(1,67)=4.92$，$p=0.030<0.05$，$\eta^2=0.068$），有语义图示学习材料感知难度（$M=4.43$，$SD=1.40$）小于无语义图示（$M=5.22$，$SD=1.64$）；知识类型的主效应不显著（$F(1,67)=0.83$，$p=0.366>0.05$）；语义图示和知识类型的交互作用不显著（$F(1,67)=0.47$，$p=0.495>0.05$）。由于四组难度的均值都在 4～5 分，表明学习材料的难度中等。

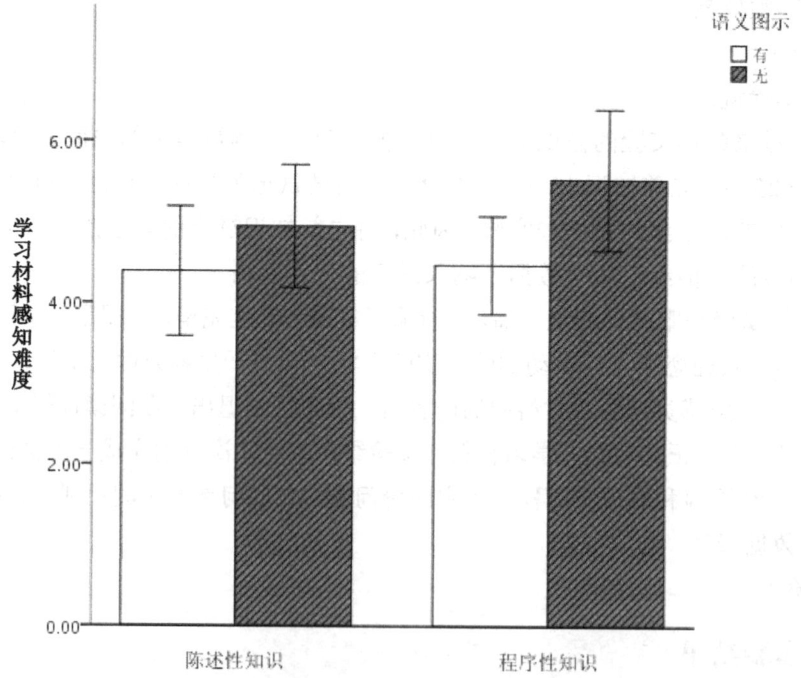

图 5-23 实验 2-1 不同组别的学习材料感知难度

保持测验：四组不同学习材料保持测验成绩如图 5-24 所示。

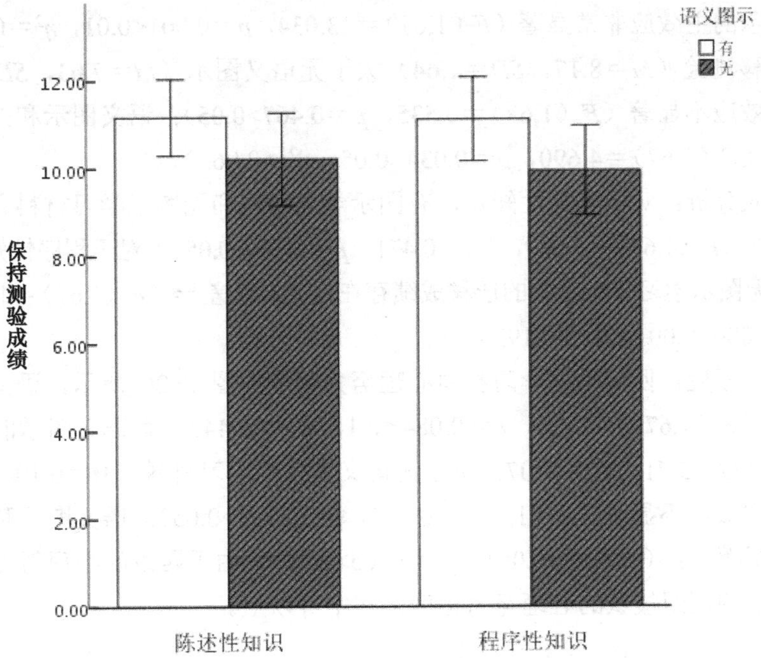

图 5-24 实验 2-1 不同组别的保持测验成绩

语义图示的主效应显著（F（1,67）$=5.222$，$p=0.025<0.05$，$\eta^2=0.072$），有语义图示的保持测验（$M=11.14$，$SD=1.78$）大于无语义图示（$M=10.08$，$SD=2.08$）；知识类型的主效应不显著（F（1,67）$=0.116$，$p=0.734>0.05$）；语义图示和知识类型的交互作用不显著（F（1,67）$=0.056$，$p=0.814>0.05$）。

迁移测验：四组不同学习材料迁移测验成绩如图 5-25 所示。

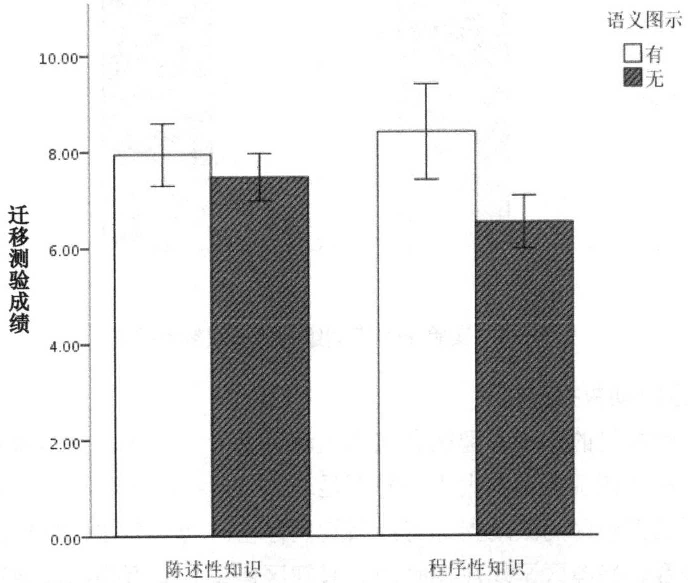

图 5-25 实验 2-1 不同组别的迁移测验成绩

语义图示的主效应非常显著（F（1,67）=13.034，p=0.001<0.01，η^2=0.163），有语义图示的迁移测验（M=8.17，SD=1.64）大于无语义图示（M=7.03，SD=1.13）；知识类型的主效应不显著（F（1,67）=0.535，p=0.467>0.05）；语义图示和知识类型的交互作用显著（F（1,67）=4.690，p=0.034<0.05，η^2=0.065）。

简单效应分析：对于陈述性知识，有图示学习材料和无图示学习材料之间的迁移成绩无显著差异（F（1,67）=1.089，I-J=0.471，p=0.300>0.05）；对于程序性知识，有图示学习材料和无图示学习材料之间的迁移成绩存在极其显著差异（F（1,67）=16.011，I-J=1.882，p=0.000<0.001，η^2=0.193）。

心理努力程度：四组不同学习材料心理努力程度如图 5-26 所示。语义图示的主效应边缘显著（F（1,67）=3.086，p=0.084<0.1，η^2=0.044），有语义图示的学习材料心理努力程度（M=5.71，SD=1.07）小于无语义图示的学习材料（M=6.19，SD=1.19）；知识类型的主效应不显著（F（1,67）=0.282，p=0.597>0.05）；语义图示和知识类型的交互作用不显著（F（1,67）=0.061，p=0.805>0.05）。由于四组的心理努力程度均值都大于 5 分，表明四组被试的心理努力程度都在中等以上。

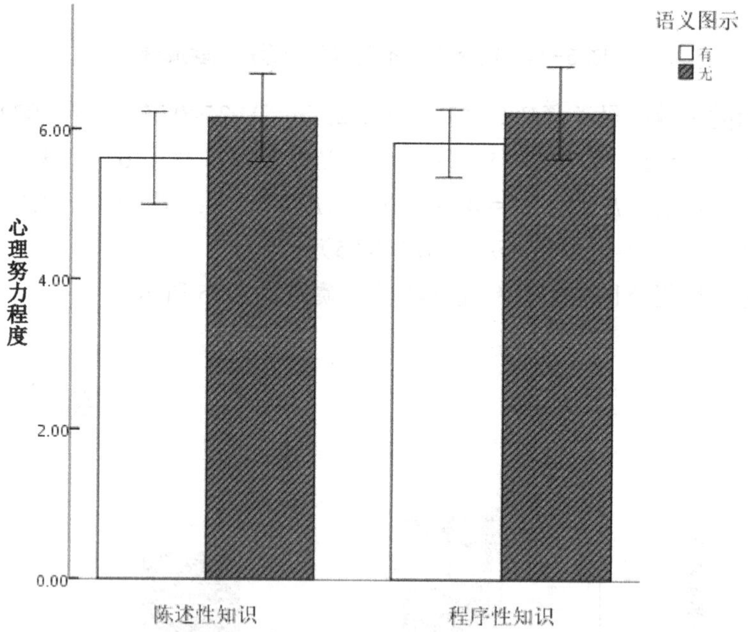

图 5-26 实验 2-1 不同组别的心理努力程度

（二）兴趣区眼动数据分析

本实验对四组材料的图示兴趣区和文本兴趣区进行了划分，并确保有图示组和无图示组的文本区面积和图示区面积大小差异不显著。

本实验分析的兴趣区的眼动指标有：兴趣区停留时间百分比、兴趣区总注视时间、兴趣区注视点个数、兴趣区平均注视时间。兴趣区停留时间百分比是指注视停留在图示或文本区的时间与停留在整个动画上时间比值，数值越大说明对图示或文本的加工越长。

兴趣区总注视时间是指注视停留在图示或文本兴趣区的时间总和，数值越大说明对兴趣区的加工时间越长，从某种程度说明该兴趣区信息提取更困难或是目标更吸引人；兴趣区注视点个数是指被试注视图示或文本区域的注视点数量，数值越大说明注视次数越多，表明该区域对被试更重要或更能引起注意。平均注视时间是指图示或文本区域所有注视点的持续时间的平均值，数值大小反映的是对信息提取的难易程度，持续时间越长往往意味着被试从该区域获取信息越困难或是目标更吸引人。

对各个指标进行 2 语义图示（有、无）×2 知识类型（陈述性知识、程序性知识）×2 兴趣区（图示区、文本区）三因素混合重复测量方差分析，其中，语义图示、知识类型是被试间变量，兴趣区是被试内变量。表 5-7 是实验 2-1 被试在兴趣区的眼动数据描述性统计。

表 5-7　实验 2-1 被试在兴趣区的眼动数据描述性统计

语义图示	知识类型	兴趣区	兴趣区停留时间百分比		总注视时间（s）		注视点个数		平均注视时间（ms）	
			M	*SD*	*M*	*SD*	*M*	*SD*	*M*	*SD*
有	陈述性	文本区	61.52%	8.36%	69.19	11.59	227.19	36.66	305.60	55.75
		图示区	32.74%	11.10%	37.21	10.06	102.44	20.41	353.90	91.66
	程序性	文本区	70.70%	14.06%	60.69	13.33	210.29	41.70	284.70	32.62
		图示区	25.14%	13.85%	22.67	8.55	65.76	22.48	332.40	69.24
无	陈述性	文本区	93.92%	5.16%	69.62	13.54	239.84	52.15	295.80	42.60
		图示区	–	–	–	–	–	–	–	–
	程序性	文本区	94.86%	3.90%	66.56	16.39	228.06	57.41	295.30	32.23
		图示区	–	–	–	–	–	–	–	–

兴趣区停留时间百分比：四个实验组不同学习材料兴趣区停留时间百分比如图 5-27 所示。

语义图示的主效应不显著（F（1,67）=0.354，p=0.554>0.05）；知识类型的主效应不显著（F（1,67）=1.294，p=0.259>0.05）；语义图示与知识类型的交互效应不显著（F（1,67）=0.085，p=0.771>0.05）。

兴趣区主效应极其显著（F（1,67）=1080.692，p=0.000<0.001，η^2=0.942），对于有图示学习材料（无图示的除外），在文本区的停留时间百分比（M=65.98%，SD=12.23%）显著大于图示区（M=29.05%，SD=12.91%）。兴趣区和语义图示的交互作用极其显著（F（1,67）=204.47，p=0.000<0.001，η^2=0.753）。兴趣区和知识类型的交互作用显著（F（1,67）=4.90，p=0.030<0.05，η^2=0.068）。兴趣区、语义图示和知识类型的交互作用边缘显著（F（1,67）=3.91，p=0.052<0.1，η^2=0.055）。

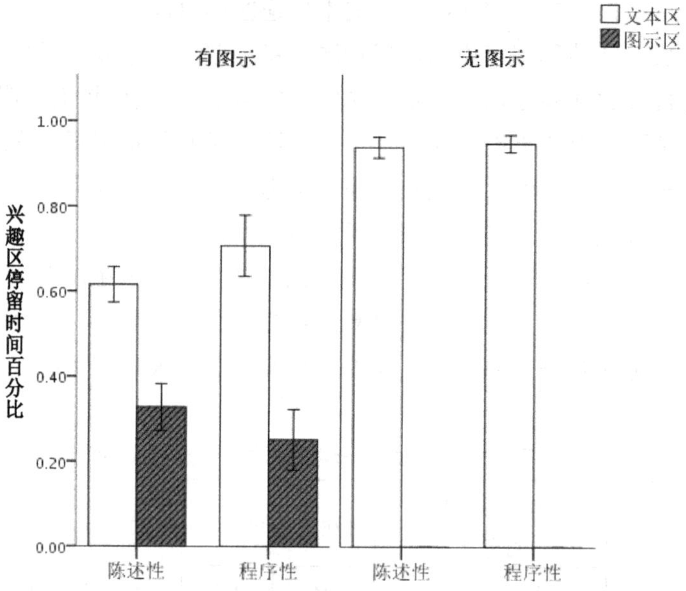

图 5-27　实验 2-1 不同组别的兴趣区停留时间百分比

简单效应分析：（1）从图示有无来看，对于文本兴趣区停留时间百分比，有图示学习材料和无图示学习材料之间存在极其显著差异（F（1,67）＝187.033，I-J＝-0.283，p＝0.000<0.001，η^2＝0.736）；对于图示兴趣区停留时间百分比，有图示学习材料和无图示学习材料之间存在极其显著差异（F（1,67）＝192.472，I-J＝0.289，p＝0.000<0.001，η^2＝0.742）。（2）从知识类型来看，对于文本兴趣区停留时间百分比，陈述性知识学习材料和程序性知识学习材料之间存在显著差异（F（1,67）＝5.996，I-J＝-0.051，p＝0.017<0.05，η^2＝0.082）；对于图示兴趣区停留时间百分比，陈述性知识学习材料和程序性知识学习材料之间存在边缘显著差异（F（1,67）＝3.310，I-J＝0.038，p＝0.073<0.1，η^2＝0.047）。

简单简单效应分析：（1）对于文本兴趣区停留时间百分比，当学习材料为有图示时，陈述性知识学习材料和程序性知识学习材料之间存在非常显著差异（F（1,67）＝9.737，I-J＝-0.092，p＝0.003<0.01，η^2＝0.127），当学习材料为无图示时，陈述性知识学习材料和程序性知识学习材料之间无显著差异（F（1,67）＝0.105，I-J＝-0.009，p＝0.747>0.05）。（2）对于图示兴趣区停留时间百分比，当学习材料为有图示时，陈述性知识学习材料和程序性知识学习材料之间存在显著差异（F（1,67）＝6.535，I-J＝0.076，p＝0.013<0.05，η^2＝0.089），当学习材料为无图示时，陈述性知识学习材料和程序性知识学习材料之间无显著差异（F（1,67）＝0.000，I-J＝0.000，p＝1.000>0.05）。

兴趣区总注视时间（s）：四个实验组不同学习材料兴趣区总注视时间如图 5-28 所示。语义图示的主效应极其显著，有图示学习材料在兴趣区的总注视时间和无图示学习材料之间存在极其显著差异（F（1,67）＝15.010，p＝0.000<0.001，η^2＝0.183），对于文本兴趣区，有图示学习材料的总注视时间（M＝65.06，SD＝12.48）低于无图示学习材料（M＝

68.17，$SD=11.20$），对于图示兴趣区，有图示学习材料的总注视时间（$M=30.15$，$SD=9.93$）高于无图示学习材料（$M=0.00$，$SD=0.00$）。

知识类型的主效应边缘显著，陈述性知识在兴趣区的总注视时间和程序性知识在兴趣区之间存在边缘显著（$F(1,67)=3.558$，$p=0.064<0.1$，$\eta^2=0.050$），对于文本兴趣区，陈述性知识学习材料的总注视时间（$M=69.41$，$SD=12.45$）高于程序性知识学习材料（$M=63.62$，$SD=10.89$），对于图示兴趣区，陈述性知识学习材料的总注视时间（$M=18.10$，$SD=12.69$）高于程序性知识学习材料（$M=11.33$，$SD=8.27$）。

语义图示和知识类型的交互效应不显著（$F(1,67)=2.088$，$p=0.153>0.05$）。

兴趣区主效应极其显著（$F(1,67)=297.694$，$p=0.000<0.001$，$\eta^2=0.816$），对于有图示学习材料（无图示的除外），在文本区的总注视时间（$M=65.06$，$SD=12.46$）显著大于图示区（$M=30.15$，$SD=9.93$）；兴趣区和语义图示的交互作用极其显著（$F(1,67)=30.668$，$p=0.000<0.001$，$\eta^2=0.314$）；兴趣区和知识类型的交互作用不显著（$F(1,67)=0.063$，$p=0.803>0.05$）；兴趣区、语义图示和知识类型的交互作用不显著（$F(1,67)=0.580$，$p=0.449>0.05$）。

简单效应分析：对于文本兴趣区的总注视时间，有图示学习材料和无图示学习材料之间无显著差异（$F(1,67)=0.310$，$I\text{-}J=-3.149$，$p=0.580>0.05$）；对于图示兴趣区的总注视时间，有图示学习材料和无图示学习材料之间存在极其显著差异（$F(1,67)=91.981$，$I\text{-}J=29.939$，$p=0.000<0.001$，$\eta^2=0.579$）。

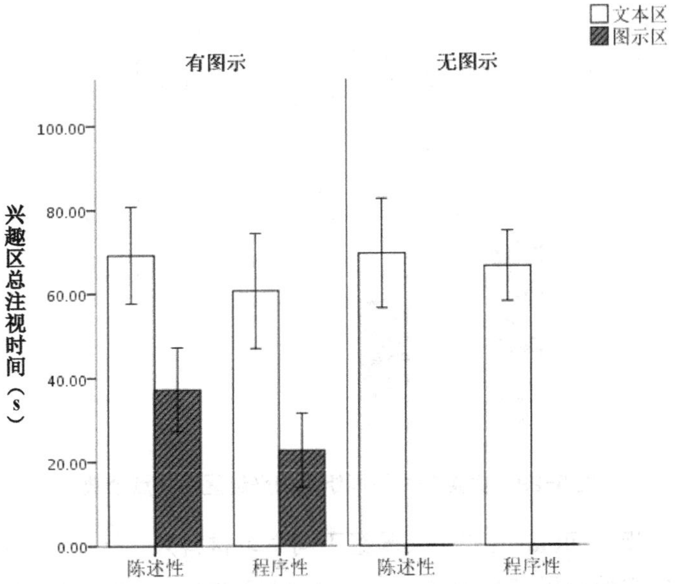

图 5-28 实验 2-1 不同组别的兴趣区总注视时间（s）

兴趣区注视点个数： 四个实验组不同学习材料兴趣区注视点个数如图 5-29 所示。语义图示的主效应非常显著（$F(1,67)=10.102$，$p=0.002<0.01$，$\eta^2=0.131$），对于文本兴趣区，有图示学习材料的注视点个数（$M=218.99$，$SD=38.84$）低于无图示学习材料

（$M=234.28$，$SD=42.24$），对于图示兴趣区，有图示学习材料的注视点个数（$M=84.63$，$SD=23.08$）高于无图示学习材料（$M=0.00$，$SD=0.00$）。

知识类型的主效应无显著差异（$F(1,67)=2.273$，$p=0.136>0.05$）；语义图示和知识类型的交互效应不显著（$F(1,67)=0.929$，$p=0.338>0.05$）。

兴趣区主效应极其显著（$F(1,67)=345.833$，$p=0.000<0.001$，$\eta^2=0.838$），对于有图示学习材料（无图示的除外），在文本区的总注视点个数（$M=218.99$，$SD=38.84$）显著大于图示区（$M=84.63$，$SD=23.08$）；兴趣区和语义图示的交互作用极其显著（$F(1,67)=25.106$，$p=0.000<0.001$，$\eta^2=0.273$）；兴趣区和知识类型的交互作用不显著（$F(1,67)=0.041$，$p=0.841>0.05$）；兴趣区、语义图示和知识类型的交互作用不显著（$F(1,67)=0.634$，$p=0.429>0.05$）。

简单效应分析：对于文本兴趣区的注视点个数，有图示学习材料和无图示学习材料之间无显著差异（$F(1,67)=0.608$，$I-J=-15.206$，$p=0.438>0.05$）；对于图示兴趣区的注视点个数，有图示学习材料和无图示学习材料之间存在极其显著差异（$F(1,67)=138.370$，$I-J=84.105$，$p=0.000<0.001$，$\eta^2=0.674$）。

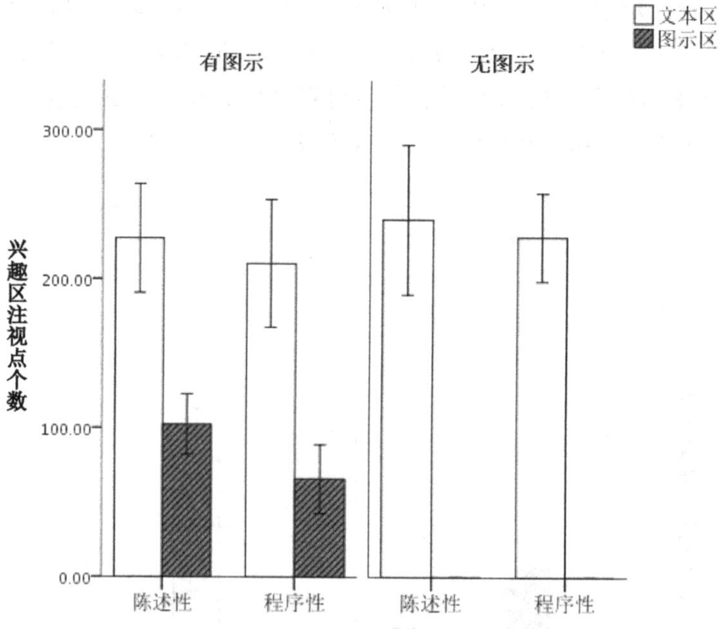

图 5-29 实验 2-1 不同组别的兴趣区注视点个数

兴趣区平均注视时间(ms)：四个实验组不同学习材料兴趣区平均注视时间如图 5-30 所示。语义图示的主效应极其显著（$F(1,67)=282.984$，$p=0.000<0.001$，$\eta^2=0.809$），对于文本兴趣区，有图示学习材料的注视点平均注视时间（$M=295.43$，$SD=23.27$）低于无图示学习材料（$M=295.55$，$SD=18.76$），对于图示兴趣区，有图示学习材料的注视点平均注视时间（$M=343.43$，$SD=40.55$）高于无图示学习材料（$M=0.00$，$SD=0.00$）。

知识类型的主效应无显著差异（$F(1,67)=1.108$，$p=0.296>0.05$）；语义图示和知识类型的交互效应不显著（$F(1,67)=1.057$，$p=0.308>0.05$）。

兴趣区主效应极其显著（$F(1,67)=393.436$，$p=0.000<0.001$，$\eta^2=0.854$），对于有图示学习材料（无图示的除外），在文本区的注视点平均注视时间（$M=295.43$，$SD=23.27$）小于图示区（$M=343.43$，$SD=40.50$）；兴趣区和语义图示的交互作用极其显著（$F(1,67)=757.665$，$p=0.000<0.001$，$\eta^2=0.919$）；兴趣区和知识类型的交互作用不显著（$F(1,67)=0.000$，$p=0.994>0.05$）；兴趣区、语义图示和知识类型的交互作用不显著（$F(1,67)=0.002$，$p=0.962>0.05$）。

简单效应分析：对于文本兴趣区注视点的平均注视时间，有图示学习材料和无图示学习材料之间无显著差异（$F(1,67)=0.002$，$I\text{-}J=0.000$，$p=0.967>0.05$）；对于图示兴趣区注视点的平均注视时间，有图示学习材料和无图示学习材料之间存在极其显著差异（$F(1,67)=636.412$，$I\text{-}J=343.43$，$p=0.000<0.001$，$\eta^2=0.905$）。

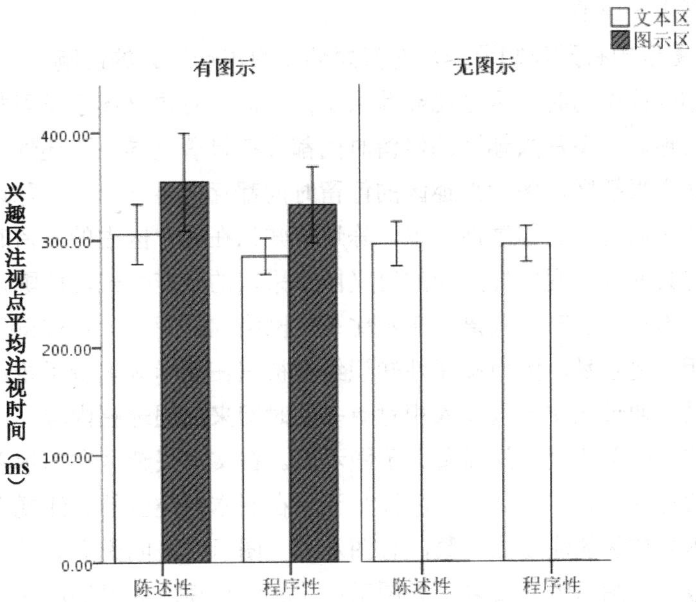

图 5-30 实验 2-1 不同组别的兴趣区注视点平均注视时间（ms）

四、讨论

（一）语义图示的有无与知识类型对多媒体学习效果的影响

语义图示的有无对多媒体学习效果的影响：本实验发现，有语义图示组的保持测验、迁移测验显著高于无语义图示组，有语义图示组的学习材料感知难度、心理努力程度显著低于无语义图示组。

知识类型对多媒体学习效果的影响：本实验发现，陈述性知识组和程序性知识组的学习材料感知难度、保持测验、迁移测验、心理努力程度均不存在显著差异。

简单效应：本实验发现，语义图示的有无和知识类型对迁移测验有交互影响作用。对于陈述性知识，有图示学习材料和无图示学习材料之间的迁移成绩无显著差异，对于程序性知识，有图示学习材料显著高于无图示学习材料。

本实验假设一，有语义图示比没语义图示的学习效果更好。本实验的结果是：有语义图示组的保持测验、迁移测验均显著高于无语义图示组，完全验证假设一。语义图示是对文本语义的可视化呈现，简洁清晰地展示出各知识点之间的关联，有利于帮助学习者突破浅层学习。该结论与 Mayer 的“多媒体认知原则”是一致的。

本实验假设二，语义图示对不同知识类型的作用程度存在显著的差异。本实验的结果是：在保持测验方面，语义图示与知识类型无交互影响作用；在迁移测验方面，对程序性知识，有图示显著高于无图示，对陈述性知识，有图示与无图示无显著差异，部分验证假设二。由于陈述性知识主要是概念、观点等事实性、描述性知识，能够直接加以回忆和陈述；程序性知识主要是操作、过程等技能性、动态性知识，需要借助于某种作业形式间接推测。与陈述性知识相比，程序性知识更加依赖外在语义图示的作用，这与本实验假设是基本一致的。

（二）语义图示的有无与知识类型对多媒体学习眼动行为的影响

在文本兴趣区停留的时间百分比显著大于图示区。有语义图示学习材料和无图示学习材料在文本兴趣区、图片兴趣区的停留时间都存在显著差异。陈述性知识和程序性知识学习材料在文本兴趣区、图片兴趣区的停留时间都存在显著差异，陈述性知识在文本区占的停留时间比显著低于程序性知识，陈述性知识在图片区占的停留时间比显著高于程序性知识。究其原因，程序性知识的语义图示采取的是产生式，而陈述性知识采用的是命题网络式，本实验的产生式语义图示比命题网络式更简洁，对被试而言，产生式语义图示的读图相对更容易，因而程序性知识组的被试在图示区花费了相对更少的时间，同时他们可以试图通过在文本区投入相对更多的时间来加强理解内容。

在文本兴趣区的总注视时间显著大于图示区。在文本兴趣区和图示兴趣区，陈述性知识学习材料的总注视时间都高于程序性知识。在文本兴趣区的总注视点个数显著大于图示区。在文本兴趣区的注视点个数，有图示和无图示的之间无显著差异，在图片兴趣区的注视点个数，有图示组显著多于无图示组。文本兴趣区的平均注视时间显著小于图示区，文本区的平均注视时间不会因学习材料的图示有无而发生显著变化。

从各个眼动指标来看，图示改变了学习者在画面学习中的注意力分配，但不管如何，终究是以文本阅读为主导。学习者在图示区的平均注视时间大于文本区，表明学习者倾向于通过语义图示的深度加工来理解内容。程序性知识和陈述性知识的语义图示表征方法不尽相同，一般来讲，程序性知识采取产生式，陈述性知识采取命题网络式，图示越简单越有可能使学习者转向对文本的深度加工。

五、结论

（1）有语义图示比无语义图示的学习效果更好。

（2）语义图示对不同知识类型的作用程度存在差异，理解程序性知识比陈述性知识更依赖语义图示的帮助。

（3）在图示学习材料中，图示会改变学习者在画面学习中的注意力分配，但终究还是以文本阅读为主导；本实验中，在教学信息量、难度比较对等的情况下，学习者阅读程序性知识图示比陈述性知识图示所占的时间比相对更少。

（4）图示区的平均注视时间大于文本区，表明学习者倾向于通过对语义图示的深度加工来加强对文本内容的理解，但简单的图示则有可能使学习者转向对文本的深度加工。

（5）以上（1）～（4）的结论表明，为纯文本知识内容设计可视化的语义图示是实现图文融合的有效途径之一。

实验 2-2：语义图示的呈现方式与知识类型对多媒体学习的影响研究

一、目的与假设

本实验将语义图示的呈现方式与知识类型结合起来，探讨语义图示的呈现方式与知识类型对多媒体学习的影响。研究提出以下假设：（1）语义图示的直接呈现和建构呈现的学习效果之间存在显著差异；（2）语义图示的呈现方式对不同知识类型的作用程度存在显著的差异。

二、实验方法

（一）被试

随机从某大学选取被试，专业不限，自愿参加。参加实验的人数共计 76 名，实验结束后，均获得一定的报酬。剔除先前知识过高、实验过程中眼动数据采样率小于 75%的被试 6 名，最终进入统计分析的有效被试 70 人（年龄 $M=21.70$，$SD=1.80$，其中女生 40 人，男生 30 人）。所有被试视力或矫正视力正常，无色盲和色弱，并随机分配到四组，分别是“陈述性知识图示直接呈现组”（18 人）、“程序性知识图示直接呈现组”（17 人）、“陈述性知识图示构建呈现组”（17 人）和“程序性知识图示构建呈现组”（18 人）。

（二）实验设计

采取 2 语义图示呈现方式（直接呈现、构建呈现）×2 知识类型（陈述性知识、程序性知识）的两因素完全随机实验设计。本实验的自变量为语义图示呈现方式和知识类型，因变量为（1）测验成绩：学习后的保持测验和迁移测验；（2）主观评定：学习材料感知难度、学习心理努力程度；（3）眼动指标：兴趣区眼动注视指标。无关变量为被试的先前知识水平。

（三）实验材料

1. 先前知识问卷

包括被试的性别、年龄、专业、联系方式（手机号码）等人口学信息和对学习材料的先前知识经验调查。“神经系统的介绍”和“光合作用过程”先前知识的评定分别由两部分组成，第一部分是主观评定题，参照了 Mayer 的多媒体学习实验研究中的先前知识测试方法，共 4 道题；第二部分是客观问答题。以“神经系统的介绍”为例，第一部分的第一道题为“你对神经系统的相关知识了解多少？”从“非常不了解”到“非常熟悉”五个选项，依次计分为 0～4 分；第二道题为“高中阶段，您是理科生吗？”，包括“否”“是”两个选项，依次计分为 0 分、1 分；第三道题为“您的大学专业和生物科学相关吗？”，包括“否”“是”两个选项，依次计分为 0 分、1 分；第四道题为“高中阶段，假设生物满分是 100 分，您的分数一般处于（　　）”，包括“低于 60 分”“60～69 分”“70～79 分”“80～89 分”“90～100 分”五个选项，依次计分为 0～4 分。第二部分的问答题为：“请您写出你所知道关于神经系统的构成、特点、功能等相关知识”，共 15 个计分点，答对一个计 1 分。“神经系统的介绍”与“光合作用过程”的先前知识测验类似，第一部分和第二部分的满分均为 25 分。

2. 保持测验和迁移测验

保持测验的目的在于考察被试对学习材料的识记、保持或再认能力。保持测验由 10 个填空题（10 分）和 4 个判断题（4 分）组成，共计 14 分，保持测验的答案能够直接从材料中获得。迁移测验是考察被试根据学习材料应用到新的情境中解决问题的能力。迁移测验由 4 个选择题（4 分）、1 个原理解释题（5 分）、1 个问题解决题（5 分）组成，共计 14 分。所有测验试题由担任生物课程的专业教师根据材料编制，保证试题的有效性。

3. 主观评定量表

同实验 1。

4. 多媒体学习材料

本实验中的陈述性、程序性知识都是关于生物学科的内容。陈述性知识是“神经系统介绍”，程序性知识是“光合作用过程”，两段文字材料均在 470 字左右。在参考相关教材的基础上制作出语义图示，并由生物学科的教师修改审定。由于实验采取 2 语义图示呈现方式（直接呈现、构建呈现）×2 知识类型（陈述性知识、程序性知识），需要制作 4 组不同版本的材料，分别是“陈述性知识图示直接呈现”“程序性知识图示直接呈现组”“陈述性知识图示构建呈现”和“程序性知识图示构建呈现”。直接呈现的图示利用 PhotoShop 软件制作成图片格式，构建呈现的图示利用 Flash 软件制作成交互动画格式，分辨率均为 1280×1024，背景统一设置白色。需要特别说明的是，构建呈现是利用交互动画，直接在动画中的图示区点击空白处，每一个空白处提供了 2 个选项，要求学习者通过点击正确的选项完成图示构建。图 5-31 是四组材料画面的缩略图。

图 5-31 左上角是“陈述性知识图示直接呈现”、右上角是“程序性知识图示直接呈现”、左下角是“陈述性知识图示构建呈现”、右下角是“程序性知识图示构建呈现”。

（四）实验仪器

同实验 1。

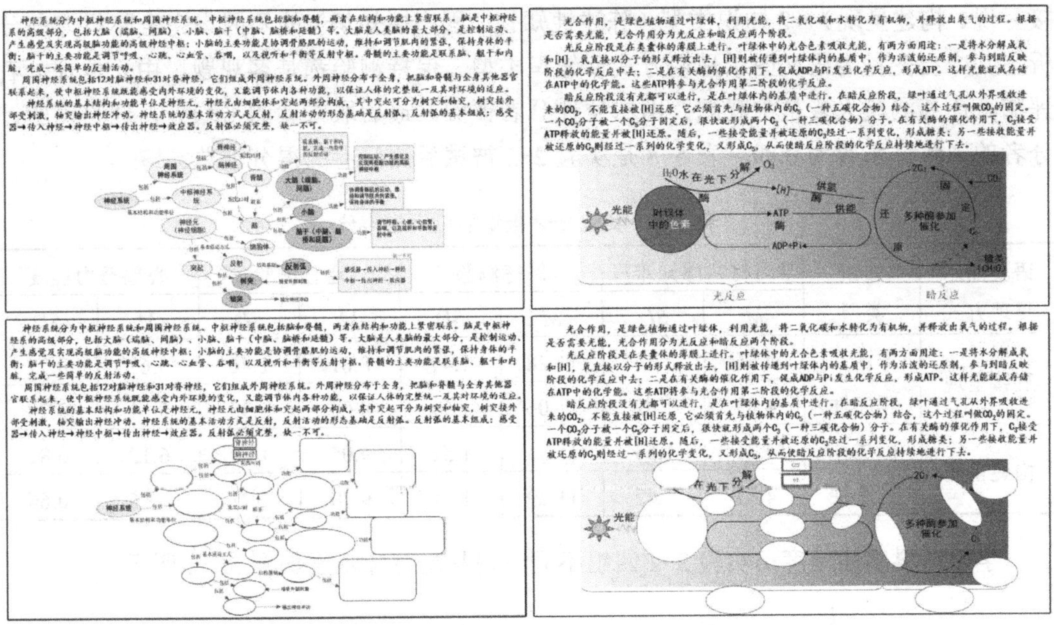

图 5-31　实验 2-2 四组多媒体学习材料画面

（五）实验程序

首先，对来参加实验的被试随机分组。根据分组，测量学生的先前知识，先前知识问卷总分为 25 分，先前知识 15 分及 15 分以上的被试记为先前知识经验过高。考虑到被试是通过短信或电话预约来参加实验，因此，对先前知识过高的同学照样参加眼动实验，获得同样的报酬，但结束后该数据不纳入最后的统计分析。

然后，被试坐在眼动仪的机器前，进行眼睛校准。校准完毕，图示直接呈现组的眼动实验的指导语："亲爱的同学，欢迎您来参加眼动实验。实验中将呈现关于生物方面的知识，请您以自然的速度阅读。当您感觉理解了材料中的内容后，按空格键退出。在阅读过程中，请尽量保持头部不动"，图示构建呈现组的眼动实验的指导语："亲爱的同学，欢迎您来参加眼动实验。实验中将呈现关于生物方面的知识，请您以自然的速度阅读。在阅读过程中，您需要把图示部分的空白处用鼠标单击构建完整。当您感觉理解了材料中的内容后，按空格键退出。"进入正式实验并学习材料。实验结束后，依次分别完成学习材料感知难度、保持测验、迁移测验和心理努力程度评定四份问卷，完成问卷时间控制在 20 分钟之内。

（六）数据管理

同实验 1。

三、实验结果

（一）后测问卷分析

为检验语义图示的呈现方式与知识类型对多媒体学习的影响，对被试进行学习材料感知难度、保持测验、迁移测验、心理努力程度问卷调查，进行 2 语义图示呈现方式（直接呈现、构建呈现)×2 知识类型(陈述性知识、程序性知识)的两因素完全随机方差分析，其中自变量为语义图示呈现方式和知识类型。保持测验都是客观题，由一位评分者评阅；迁移测验大多是主观题，由二位评分者评阅，最后取二者的平均分，迁移测验评分者的一致性系数为 0.89。表 5-8 是实验 2-2 被试后测问卷的得分汇总。

表 5-8 实验 2-2 被试后测问卷得分

语义图示呈现方式	知识类型	学习材料感知难度		保持测验		迁移测验		心理努力程度	
		M	*SD*	*M*	*SD*	*M*	*SD*	*M*	*SD*
直接呈现	陈述性	4.56	1.10	11.28	1.49	8.61	1.46	5.67	0.77
	程序性	4.39	1.82	11.06	1.59	8.06	1.35	5.61	0.78
构建呈现	陈述性	4.71	1.53	11.35	1.54	9.05	1.39	6.12	0.81
	程序性	4.53	1.42	11.29	1.61	9.70	1.21	6.06	0.66

学习材料感知难度：实验 2-2 四组不同学习材料感知难度如图 5-32 所示。

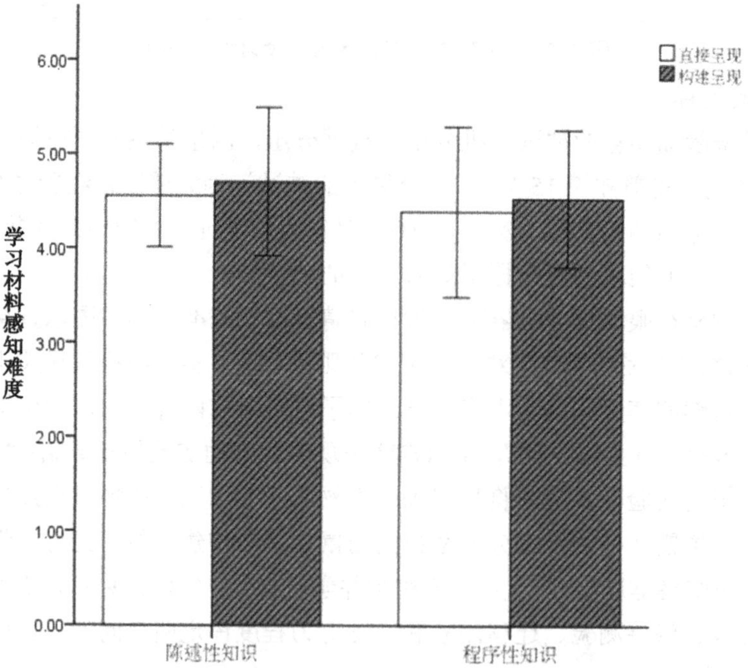

图 5-32 实验 2-2 不同组别的学习材料感知难度

语义图示呈现方式的主效应不显著(F(1,66)=0.167，p=0.684>0.05)；知识类型的主效应不显著(F(1,66)=0.232，p=0.632>0.05)；语义图示呈现方式和知识类型的交互作用不显著(F(1,66)=0.000，p=0.989>0.05)。从均值看，语义图示的构建呈现让被试对学习材料的感知难度反而增加。由于四组难度的均值都在 4～5 分，表明学习材料的难度中等。

保持测验：实验 2-2 四组不同学习材料保持测验成绩如图 5-33 所示。

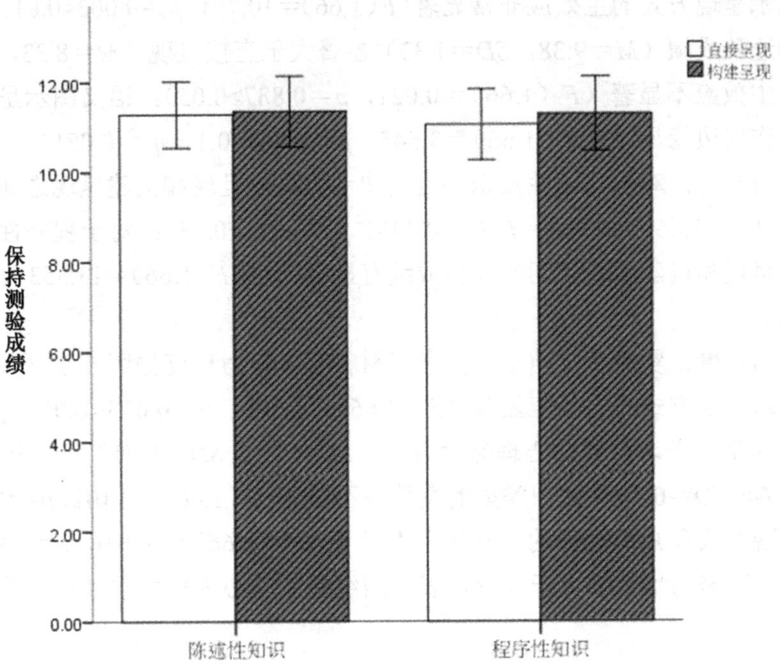

图 5-33　实验 2-2 不同组别的学习材料保持测验成绩

语义图示的呈现方式主效应不显著（$F(1,66)=0.178$，$p=0.675>0.05$）；知识类型的主效应不显著（$F(1,66)=0.142$，$p=0.707>0.05$）；语义图示呈现方式和知识类型的交互作用不显著（$F(1,66)=0.048$，$p=0.827>0.05$）。

迁移测验：实验 2-2 四组不同学习材料迁移测验成绩如图 5-34 所示。

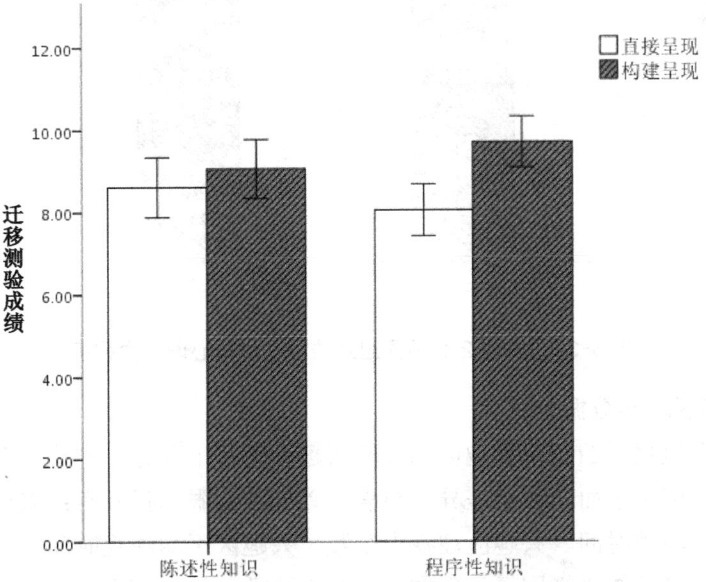

图 5-34　实验 2-2 不同组别的学习材料迁移测验成绩

语义图示呈现方式的主效应非常显著（$F(1,66)=10.791$，$p=0.002<0.01$，$\eta^2=0.141$），构建呈现的迁移成绩（$M=9.38$，$SD=1.33$）显著大于直接呈现（$M=8.33$，$SD=1.37$）；知识类型的主效应不显著（$F(1,66)=0.021$，$p=0.887>0.05$）；语义图示呈现方式和知识类型交互作用边缘显著（$F(1,66)=3.545$，$p=0.064<0.1$，$\eta^2=0.051$）。

简单效应分析：对于陈述性知识，语义图示的直接呈现和构建呈现之间的迁移成绩无显著差异（$F(1,66)=0.983$，$I\text{-}J=-0.448$，$p=0.325>0.05$）；对于程序性知识，语义图示的直接呈现和构建呈现之间的迁移成绩有显著差异（$F(1,66)=13.353$，$I\text{-}J=-1.650$，$p=0.001<0.01$）。

心理努力程度：实验 2-2 四组不同学习材料心理努力程度如图 5-35 所示。

语义图示呈现方式的主效应显著（$F(1,66)=6.301$，$p=0.015<0.05$，$\eta^2=0.087$），语义图示构建呈现学习材料的心理努力程度（$M=6.09$，$SD=0.71$）大于语义图示直接呈现（$M=5.64$，$SD=0.76$）；知识类型的主效应不显著（$F(1,66)=0.102$，$p=0.750>0.05$）；语义图示呈现方式和知识类型的交互作用不显著（$F(1,66)=0.000$，$p=0.993>0.05$）。由于四组的心理努力均值都大于 5 分，表明四组被试的心理努力程度都中等以上。

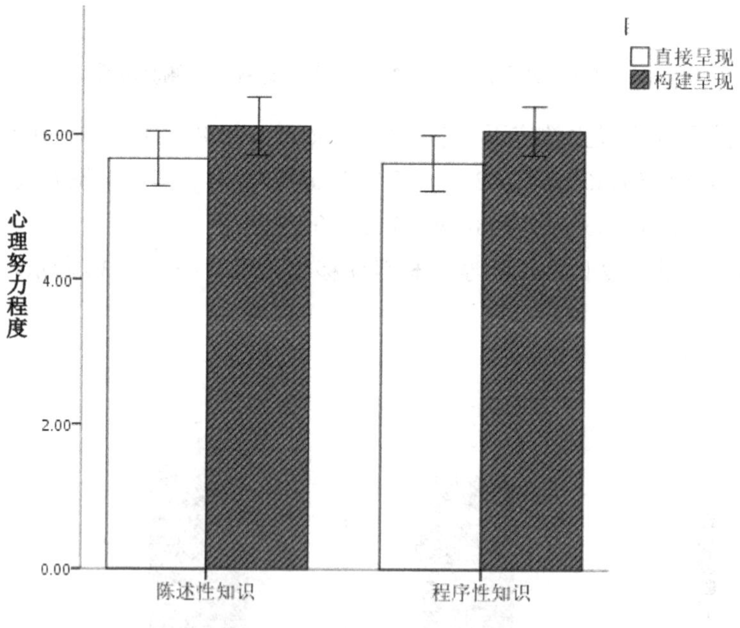

图 5-35 实验 2-2 不同组别的学习材料心理努力程度

（二）兴趣区眼动数据分析

本实验对四组材料的图示兴趣区和文本兴趣区进行了划分，并确保有图组和无图组的文本区面积和图示区面积大小差异不显著。兴趣区的眼动指标有：兴趣区停留时间百分比、兴趣区总注视时间、兴趣区注视点个数、兴趣区平均注视时间。

对各个指标进行 2 语义图示呈现方式（直接呈现、构建呈现）×2 知识类型（陈述性知识、程序性知识）×2 兴趣区（图示区、文本区）三因素混合重复测量方差分析，其中，语义图示呈现方式、知识类型是被试间变量，兴趣区是被试内变量。表 5-9 是实验 2-2 兴趣区被试眼动数据描述性统计。

表 5-9　实验 2-2 被试在兴趣区的眼动数据描述性统计

语义图示呈现方式	知识类型	兴趣区	兴趣区停留时间百分比		总注视时间（s）		注视点个数		平均注视时间（ms）	
			M	*SD*	*M*	*SD*	*M*	*SD*	*M*	*SD*
直接呈现	陈述性	文本区	60.28%	11.63%	69.06	21.34	222.41	56.68	301.76	22.18
		图示区	35.66%	12.79%	36.43	8.61	105.06	21.92	341.11	17.98
	程序性	文本区	67.61%	10.78%	81.19	24.10	273.11	86.81	299.44	31.27
		图示区	26.26%	10.65%	31.09	9.26	104.67	29.88	295.00	32.46
构建呈现	陈述性	文本区	42.25%	9.90%	61.09	11.80	223.12	41.14	272.94	9.81
		图示区	52.78%	9.45%	73.21	12.83	204.59	36.85	365.88	24.75
	程序性	文本区	53.45%	9.94%	69.11	16.21	252.31	53.96	271.87	14.17
		图示区	41.27%	9.39%	50.92	10.06	152.13	36.21	356.88	38.68

兴趣区停留时间百分比：四个实验组不同学习材料兴趣区停留时间百分比如图 5-36 所示。

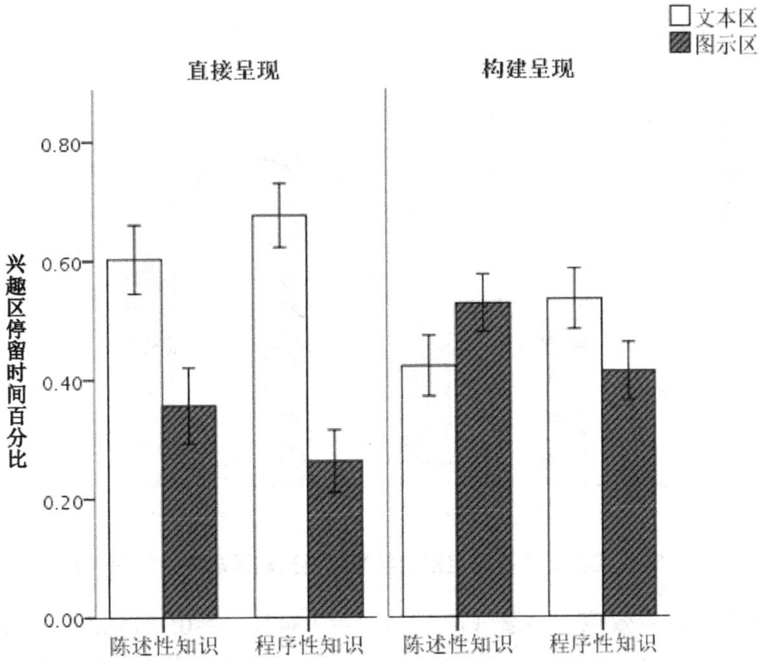

图 5-36　实验 2-2 不同组别的学习材料兴趣区停留时间百分比

图示呈现方式的主效应不显著（$F(1,66)=0.001$，$p=0.972>0.05$）；知识类型的主效应不显著（$F(1,66)=1.311$，$p=0.256>0.05$）；图示呈现方式和知识类型的交互效应不显著（F（1,66）=0.709，p=0.403>0.05）。

兴趣区的主效应极其显著（F（1,66）=46.001，p=0.000<0.001，η^2=0.411），在文本兴趣区停留时间百分比（M=56.13%，SD=13.99%）显著高于图示兴趣区停留时间百分比（M=38.76%，SD=14.24%）；兴趣区和图示呈现方式的交互效应极其显著（F（1,66）=41.634，p=0.000<0.001，η^2=0.387）；兴趣区和知识类型的交互效应极其显著（F（1,66）=15.650，p=0.000<0.001，η^2=0.192）；兴趣区、呈现方式和知识类型三者的交互效应不显著（F（1,66）=0.362，p=0.550>0.05）。

简单效应分析：（1）对于图示直接呈现方式，文本兴趣区和图示兴趣区在停留时间百分比上存在极其显著差异（F(1,66)=90.156，I-J=0.330，p=0.000<0.001，η^2=0.577）；对于图示构建呈现方式，文本兴趣区和图示兴趣区在停留时间百分比上无显著差异（F（1,66）=0.053，I-J=0.008，p=0.819>0.05）。（2）对于陈述性知识，文本兴趣区和图示兴趣区在停留时间百分比上存在边缘显著差异（F（1,66）=3.994，I-J=0.070，p=0.050<0.1，η^2=0.057）；对于程序性知识，文本兴趣区和图示兴趣区在停留时间百分比存在极其显著差异（F（1,66）=57.657，I-J=0.268，p=0.000<0.001，η^2=0.466）。

总注视时间（s）：四个实验组不同学习材料兴趣区总注视时间如图 5-37 所示。

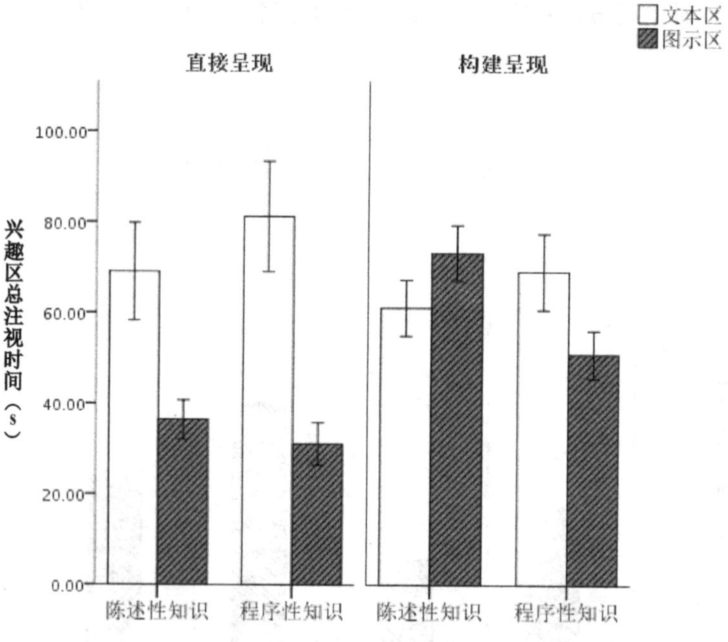

图 5-37　实验 2-2 不同组别的学习材料兴趣区总注视时间（s）

图示呈现方式的主效应不显著（F（1,66）=2.344，p=0.131>0.05）；知识类型的主效应不显著（F（1,66）=0.098，p=0.755>0.05）；图示呈现方式和知识类型的交互效应不显著（F（1,66）=0.778，p=0.381>0.05）。

兴趣区的主效应极其显著（F（1,66）=28.216，p=0.000<0.001，η^2=0.299），在文本兴趣区的总注视时间（M=70.26，SD=19.02）显著高于图示兴趣区注视时间（M=

47.51，$SD=12.74$）；兴趣区和图示呈现方式的交互效应极其显著（$F(1,66)=21.023$，$p=0.000<0.001$，$\eta^2=0.242$）；兴趣区和知识类型的交互效应非常显著（$F(1,66)=8.171$，$p=0.006<0.01$，$\eta^2=0.110$）；兴趣区、呈现方式和知识类型三者的交互效应不显著（$F(1,66)=0.59$，$p=0.445>0.05$）。

简单效应分析：（1）对于图示直接呈现方式，文本兴趣区和图示兴趣区在总注视时间上存在极其显著差异（$F(1,66)=50.415$，$I\text{-}J=41.363$，$p=0.000<0.001$，$\eta^2=0.433$）；对于图示构建呈现方式，文本兴趣区和图示兴趣区在总注视时间上无显著差异（$F(1,66)=0.257$，$I\text{-}J=3.038$，$p=0.614>0.05$）。（2）对于陈述性知识，文本兴趣区和图示兴趣区在总注视时间上存在边缘显著差异（$F(1,66)=3.009$，$I\text{-}J=10.254$，$p=0.087<0.1$，$\eta^2=0.044$）；对于程序性知识，文本兴趣区和图示兴趣区在总注视时间上存在极其显著差异（$F(1,66)=33.378$，$I\text{-}J=34.147$，$p=0.000<0.001$，$\eta^2=0.336$）。

注视点个数：四个实验组不同学习材料兴趣区注视点个数如图 5-38 所示。

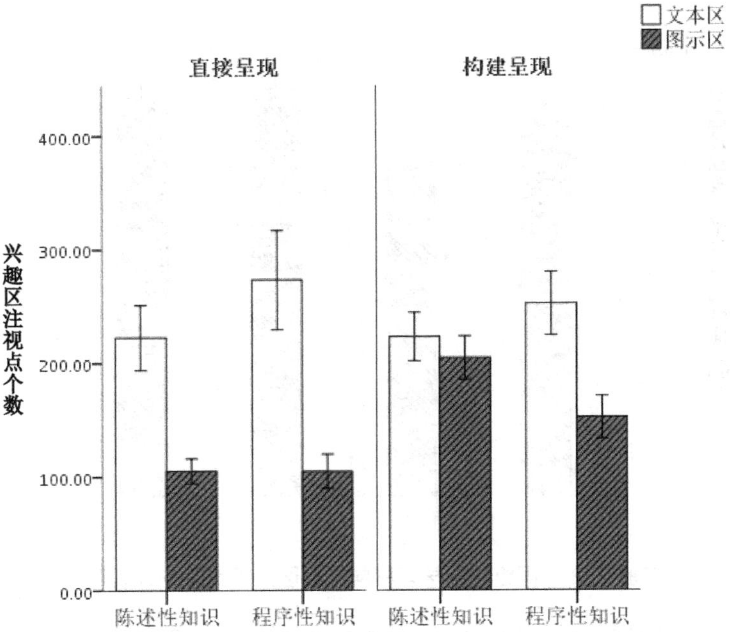

图 5-38　实验 2-2 不同组别的学习材料兴趣区注视点个数

图示呈现方式的主效应不显著（$F(1,66)=2.533$，$p=0.116>0.05$）；知识类型的主效应不显著（$F(1,66)=0.115$，$p=0.736>0.05$）；图示呈现方式和知识类型的交互效应不显著（$F(1,66)=0.851$，$p=0.360>0.05$）。

兴趣区的主效应极其显著（$F(1,66)=63.370$，$p=0.000<0.001$，$\eta^2=0.490$），在文本兴趣区的总注视点个数（$M=242.88$，$SD=61.9$）显著高于图示兴趣区注视点个数（$M=140.56$，$SD=37.21$）；兴趣区和图示呈现方式的交互效应非常显著（$F(1,66)=10.811$，$p=0.002<0.01$，$\eta^2=0.141$）；兴趣区和知识类型的交互效应显著（$F(1,66)=6.825$，$p=0.011<0.05$，$\eta^2=0.094$）；兴趣区、呈现方式和知识类型三者的交互效应不显著（$F(1,66)=$

0.362，$p=0.550>0.05$）。

简单效应分析：（1）对于图示直接呈现方式，文本兴趣区和图示兴趣区在总注视点个数存在极其显著差异（$F(1,66)=65.125$，$I\text{-}J=142.898$，$p=0.000<0.001$，$\eta^2=0.497$）；对于图示构建呈现方式，文本兴趣区和图示兴趣区在总注视点个数显著差异（$F(1,66)=10.613$，$I\text{-}J=59.358$，$p=0.002<0.05$，$\eta^2=0.139$）。（2）对于陈述性知识，文本兴趣区和图示兴趣区在总注视点个数存在极其显著差异（$F(1,66)=14.301$，$I\text{-}J=67.940$，$p=0.000<0.001$，$\eta^2=0.178$）；对于程序性知识，文本兴趣区和图示兴趣区在总注视点个数存在极其显著差异（$F(1,66)=55.894$，$I\text{-}J=134.316$，$p=0.000<0.001$，$\eta^2=0.459$）。

平均注视时间(ms)：四个实验组不同学习材料兴趣区注视点平均注视时间如图 5-39 所示。

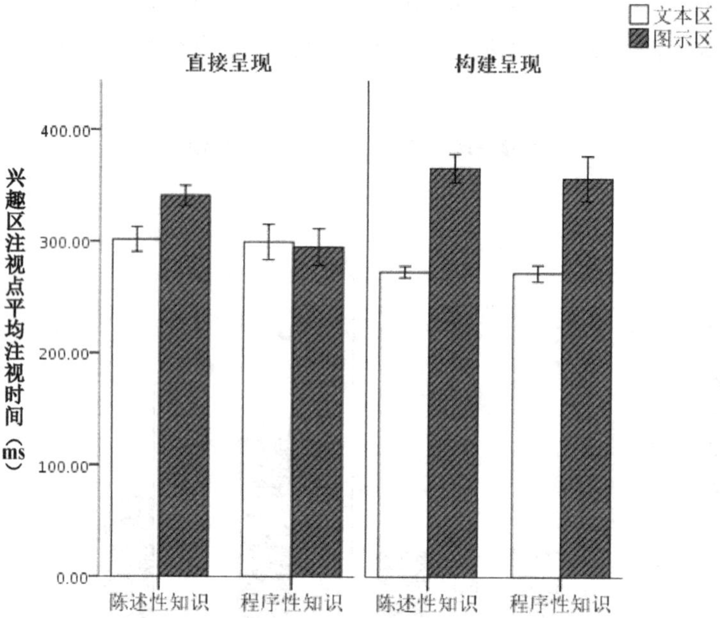

图 5-39 实验 2-2 不同组别的学习材料兴趣区注视点平均注视时间（ms）

图示呈现方式的主效应不显著（$F(1,66)=0.540$，$p=0.465>0.05$）；知识类型的主效应不显著（$F(1,66)=2.02$，$p=0.160>0.05$）；图示呈现方式和知识类型的交互效应不显著（$F(1,66)=0.868$，$p=0.355>0.05$）。

兴趣区的主效应极其显著（$F(1,66)=63.420$，$p=0.000<0.001$，$\eta^2=0.490$），在文本兴趣区的平均注视时间（$M=286.91$，$SD=21.94$）显著低于图示兴趣区的平均注视时间（$M=339.10$，$SD=31.92$）；兴趣区和图示呈现方式的交互效应非常显著（$F(1,66)=28.643$，$p=0.000<0.001$，$\eta^2=0.303$）；兴趣区和知识类型的交互效应显著（$F(1,66)=3.747$，$p=0.057<0.1$，$\eta^2=0.054$）；兴趣区、呈现方式和知识类型三者的交互效应不显著（$F(1,66)=1.799$，$p=0.184>0.05$）。

简单效应分析：（1）对于图示直接呈现方式，文本兴趣区和图示兴趣区在注视点平均注视时间存在边缘显著差异（$F(1,66)=3.511$，$I\text{-}J=-17.451$，$p=0.065<0.1$，$\eta^2=0.051$）；对于图示构建呈现方式，文本兴趣区和图示兴趣区在总注视点在注视点平均注视时间存在极其显著差异（$F(1,66)=86.189$，$I\text{-}J=-88.971$，$p=0.000<0.05$，$\eta^2=0.566$）。（2）对于陈述性知识，文本兴趣区和图示兴趣区在注视点平均注视时间存在极其显著差异（$F(1,66)=48.998$，$I\text{-}J=-66.144$，$p=0.000<0.001$，$\eta^2=0.426$）；对于程序性知识，文本兴趣区和图示兴趣区在注视点平均注视时间存在极其显著差异（$F(1,66)=18.169$，$I\text{-}J=-40.278$，$p=0.000<0.001$，$\eta^2=0.216$）。

四、讨论

（一）语义图示的呈现方式与知识类型对多媒体学习效果的影响

语义图示的呈现方式对多媒体学习效果的影响：构建呈现组的迁移测验显著高于直接呈现组，构建呈现组与直接呈现组的保持测验无显著差异；构建呈现组的学习材料感知难度、心理努力程度显著高于直接呈现组。

知识类型对多媒体学习效果的影响：陈述性知识组和程序性知识组的学习材料感知难度、保持测验、迁移测验、心理努力程度均无显著差异。

简单效应：语义图示的呈现方式和知识类型对迁移测验有交互影响作用。对于陈述性知识，直接呈现学习材料和构建呈现学习材料之间的迁移成绩无显著差异，对于程序性知识，直接呈现组显著低于构建呈现组。

本实验假设一，语义图示构建呈现的学习效果显著好于直接呈现。本实验的结果是：构建呈现组的迁移成绩好于直接呈现组，而保持测验无显著差异。部分验证假设一。由于构建呈现组需要学习者根据文字材料，通过操作鼠标自主构建正确的图示，因此，学习材料感知难度、心理努力程度反而高于直接呈现组。

本实验假设二，语义图示的呈现方式对不同知识类型的作用程度存在显著差异。本实验的结果是：在保持测验方面，语义图示的呈现方式与知识类型无交互影响作用；在迁移测验方面，对于程序性知识，构建呈现显著高于直接呈现，对于陈述性知识，构建呈现与直接呈现无显著差异。部分验证假设二。对学习者来说，构建语义图示活动是表征认知结构的一种好方法，能够帮助他们快速形成自己的认知结构，从而提高对知识的理解程度，本实验很好地支持了此观点。

（二）语义图示的呈现方式与知识类型对多媒体学习眼动行为的影响

文本兴趣区停留的时间百分比显著大于图示区。对于直接呈现方式，文本兴趣区停留的时间百分比显著大于图示区，而对于构建呈现方式，文本兴趣区停留的时间百分和图示区无显著差异。陈述性知识在文本区占的停留时间比显著低于程序性知识，陈述性知识在图片区占的停留时间比显著高于程序性知识。在同样要求完成图示构建任务下，程序性知识花费时间相对更少、效率相对更高。

文本兴趣区的总注视时间显著大于图示区。对于直接呈现方式，文本兴趣区注视时间显著大于图示区；而对于构建呈现方式，文本兴趣区的注视时间和图示区无显著差异。

文本兴趣区的总注视点个数显著大于图示区。在文本兴趣区，直接呈现的总注视点个数和构建呈现无显著差异；在图示兴趣区，直接呈现的总注视点个数显著少于构建呈现。文本兴趣区的平均注视时间显著小于图示区，在文本兴趣区，直接呈现组显著高于构建呈现组，陈述性知识组和程序性知识组无显著差异；在图示兴趣区，直接呈现组显著低于构建呈现组，陈述性知识组边缘显著高于程序性知识组。

本实验发现，图示呈现方式会改变学习者在画面学习中的注意力分配，直接呈现方式主要以文本阅读为主，构建呈现方式在图、文投入注意力的差异不显著。学习者在图示区的平均注视时间大于文本区，表明学习者倾向于通过语义图示的深度加工来理解内容。构建呈现有利于促使学习者投入更多的精力，促进对图示的深度加工，在一定程度上可缓解对文本的过度依赖，但同时却增加了更多的认知负荷。

五、结论

（1）语义图示的构建呈现可显著提高迁移成绩，但在保持测验方面并未发现显著作用。

（2）语义图示对不同知识类型的作用程度存在差异，理解程序性知识比陈述性知识更依赖语义图示构建活动的支持。

（3）构建呈现会改变学习者的阅读模式，在图文阅读中以文为主转向于图、文并重。

（4）构建呈现并没有让学习任务变得更容易，反而会让学习者付出更多的心理努力，这有利于促使学习者对图示的深度加工。

（5）以上（1）～（4）的结论表明，语义图示的呈现方式直接影响到图文融合的效果。

第四节　实验3：图示组织结构与关联线索对多媒体学习的影响研究

“图”作为认知学习工具，受到教学设计者的关注已经有相当长的时间。美国认知教育心理学家奥苏贝尔（David P. Ausubel）提出有意义学习理论，在此基础上，康奈儿大学诺瓦克（Novak）提出“概念图”的术语，利用概念图帮助学习者建立学习支架。实际教学中，“概念图”仅仅是“图”的一种，国外研究者往往把“图”统称为“图形组织器”（Graphic Organizers），主要用以表征不同知识之间的连接和关系，使学习者思维可视化，帮助探索理解复杂内容的意义。

在汉语的语言表达体系中，“图”的概念涵盖了各式各样的图示。本研究中，图示等同于图形组织器的概念。目前，国内外对“图示”内涵的理解主要有两种视角[①]。一

---

① 邱婷，钟志贤. 论图形组织器[J]. 远程教育杂志，2009，(6)：61-66.

种是从外形的视角，认为图示是指知识地图、思维导图、概念图、故事图、流程图或先行组织者等；另一种是从应用功能视角，对图示包含四种理解，一是知识、概念或观点的可视化表征，二是用可视化方式表征信息的图形结构，三是建构知识和组织信息的视图化方式，四是一种视觉化和图形化的表现方式。

虽然学者们对图示的理解莫衷一是，但总体上都认为图示是促进深度学习、提高学习效率和学习效果，最终提升学习者思维能力的潜在有效工具。综上，图示是可视化视觉表征的基本元素之一，作为可视化的学习工具，图示用来表现知识内容、学习过程或学习结果。图示需要将学习任务中的事实、术语、观点等依据其内在的关联建立起语义网络，通过特定的结构化组织形式可视化出来。一般来讲，图示由设计者设计，学习者可自由控制，但由于教学内容、教学目的的差异及为实现特定的功能，图示的呈现外形往往个性各异。本研究认为，每一种图示都有显见的结构形式即外形，都有其特定的功能、用途，图示设计是基于逻辑，不同的图示蕴含着不同的逻辑结构，其应该以顺应人类认知规律、契合知识特点。例如，星状的网络图适合展现定义、属性、例子和开展头脑风暴；层级树形图适合展现一个层级的目标和结构信息，将目标分解成任务和子任务；矩阵图适合展现比较、对比或评价等。

那么，图示为什么能够有效促进深度学习？从以往研究来看，在理论层面上，双重编码理论、脑科学、经验之塔、有意义学习理论、知识管理等理论从不同角度揭示出图示促进深度学习的作用机理。在数字化阅读领域，图示的应用越来越普遍，图示的设计不仅仅是停留在表层的视觉需求，更为重要的是如何使图示的外在结构形式有助于学习者理解知识的内在语义，即二者之间如何保持一致性。鉴于此，本实验将聚焦于图示组织结构和知识结构之间的匹配，并对关联线索在二者匹配过程中所起的作用进行整体探讨。

一、目的与假设

（1）图示组织结构与知识结构匹配程度高有更好的学习效果；（2）关联线索可以增强图示的作用，进而有更好的学习效果。

二、研究方法

（一）被试

从某师范大学随机抽取被试，专业不限，自愿参加。参加实验的人数共计 70 名，实验结束后，均获得一定的报酬。剔除先前知识过高、实验过程中眼动数据采样率小于 75%的被试 8 名，最终进入统计分析的有效被试 62 名（年龄 $M=21.69$，$SD=1.72$），其中女生 39 人，男生 23 人。所有被试视力或矫正视力正常，无色盲和色弱，并随机分配到四组，分别是“匹配有线索组”（16 人）、“匹配无线索组”（15 人）、“不匹配有线索组”（15 人）和“不匹配无线索组”（16 人）。

（二）实验设计

实验采用 2 图示结构（与知识结构匹配、与知识结构不匹配）×2 关联线索（有、无）的两因素完全随机实验设计。本实验的自变量为图示结构和关联线索，因变量为（1）测验成绩：学习后的保持测验和迁移测验。（2）主观评定：学习材料感知难度、学习心理努力程度。（3）眼动：兴趣区、线索区的眼动注视指标。无关变量为学习者的先前知识水平。

（三）实验材料

1. 先前知识问卷

包括被试的性别、年龄、专业、联系方式（手机号码）等人口学基本信息和先前知识经验调查。先前知识经验的评定由两部分组成，第一部分是主观评定题，参照了 Mayer 在多媒体学习实验研究中先前知识的测试方法，共 4 道题；第二部分是客观问答题。第一部分第一题为“你对空调工作原理的相关知识了解多少？”从“非常不了解”到“非常熟悉”五个选项，依次计分为 0～4 分；第二道题为“高中阶段，您是理科生吗？”，包括“否”“是”两个选项，依次计分为 0 分、1 分；第三道题为“您的大学专业和物理相关吗？”，包括“否”“是”两个选项，依次计分为 0 分、1 分；第四道题为“高中阶段，假设物理满分是 100 分，您的分数一般处于（　　）”，包括“低于 60 分”“60～69 分”“70～79 分”“80～89 分”“90～100 分”五个选项，依次计分为 0～4 分。第二部分客观问答题为：“请您写出你所知道关于空调的组成、结构、工作原理等相关知识”，共 17 个计分点，答对一个计 1 分。第一部分和第二部分的总分为 27 分。

2. 保持测验和迁移测验

保持测验的目的在于考察被试对学习材料的识记、保持或再认能力。保持测验由 8 个填空（8 分）和 4 个判断题（4 分）组成，共计 12 分，保持测验的答案能够直接从材料中获得。迁移测验是考察被试根据学习材料应用到新的情境中解决问题的能力。迁移测验由 3 个选择题（3 分）、1 个原理解释题（4 分）、1 个问题情景分析开放题（5 分）组成，共计 12 分。所有测验试题由专业物理教师根据学习材料编制，保证试题的有效性。

3. 主观评定量表

同实验 1。

4. 多媒体学习材料

本研究中知识是关于物理学科的内容，材料参考空调工作原理的书籍编制，文字材料 310 字左右。根据文字材料，在参考相关教材的基础上制作出各种语义图示，并由物理学科的教师修改审定。

由于实验采用 2 图示结构（与知识结构匹配、与知识结构不匹配）×2 关联线索（有、无）的两因素完全随机实验设计，需要制作 4 组不同版本的材料，分别是“与知识结构匹配有关联线索”“与知识结构匹配无关联线索”“与知识结构不匹配有关联线索”“与知识结构不匹配无关联线索”。四组的学习材料的缩略图如图 5-40 所示。

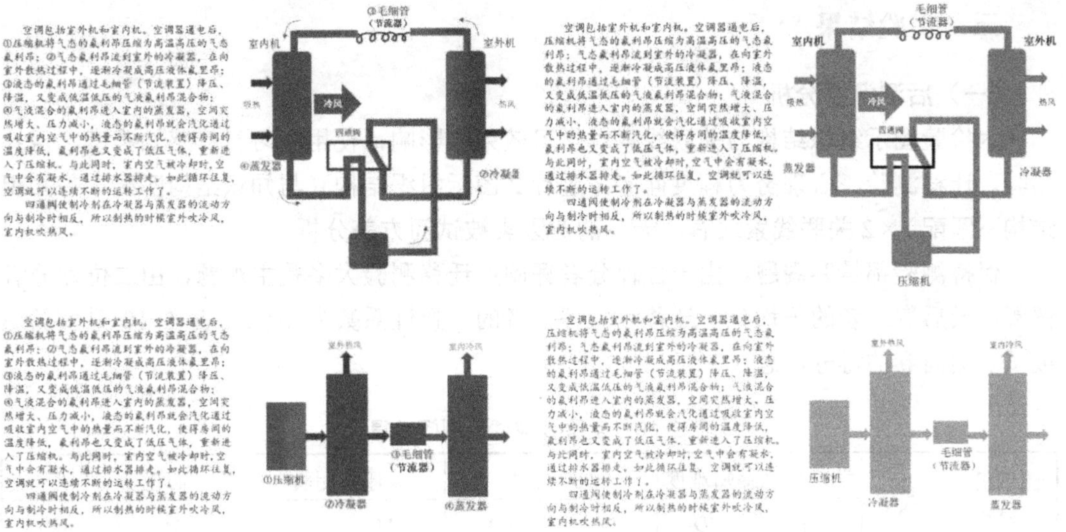

图 5-40　实验 3 四组多媒体学习材料画面

空调工作原理的核心原理是逆卡诺循环，空调系统通过压缩机、冷凝器、节流装置、蒸发器实现了这个循环，以达到制冷或供热的效果。图 5-40 左上角是“与知识结构匹配有关联线索”、右上角是“与知识结构匹配无关联线索”、左下角是“与知识结构不匹配有关联线索”、右下角是“与知识结构不匹配无关联线索”。

（四）实验仪器

同实验 1。

（五）实验程序

首先，对来参加实验的被试随机分组。根据分组，测量学生的先前知识，先前知识问卷总分为 27 分，先前知识 16 分及 16 分以上的被试记为先前知识经验过高。考虑到被试是通过短信或电话预约来参加实验，因此，对先前知识过高的同学照样参加眼动实验，获得同样的报酬，但结束后该被试所有数据不纳入最后的统计分析。

然后，被试坐在眼动仪的机器前，进行眼睛校准。校准完毕，呈现眼动实验的指导语：“亲爱的同学，欢迎您来参加眼动实验。实验中将呈现关于物理方面的知识，请您以自然的速度阅读，阅读时间控制在 2 分 30 秒以内。当您感觉理解了材料中的内容后，按空格键退出。在阅读过程中，请尽量保持头部不动”，进入正式实验并学习材料。实验结束后，依次分别完成学习材料感知难度、保持测验、迁移测验和心理努力程度评定四份问卷，完成问卷时间控制在 20 分钟以内。

（六）数据管理

同实验 1。

三、实验结果

（一）后测问卷分析

为检验图示组织结构与关联线索对学习效果的影响，使用学习材料感知难度、保持测验、迁移测验、心理努力程度问卷，进行2图示组织结构（与知识结构匹配、与知识结构不匹配）×2关联线索（有、无）的两因素被试间方差分析。

保持测验都是客观题，由一位评分者评阅；迁移测验大多是主观题，由二位评分者评阅，最后取二者的平均分，迁移测验评分者的一致性系数为0.92。表5-10是实验3被试后测问卷的得分汇总。

表5-10　实验3被试后测问卷得分

图示组织结构	线索	学习材料感知难度		保持测验		迁移测验		心理努力程度	
		M	*SD*	*M*	*SD*	*M*	*SD*	*M*	*SD*
匹配	有	4.75	1.06	9.37	1.75	8.38	1.67	5.56	0.96
	无	5.13	1.11	8.46	1.67	7.23	3.15	5.93	1.10
不匹配	有	5.27	1.23	9.13	1.72	6.33	1.68	6.07	0.98
	无	5.81	1.67	8.43	2.06	7.06	1.81	6.44	1.15

学习材料感知难度：实验3四组不同学习材料感知难度如图5-41所示。

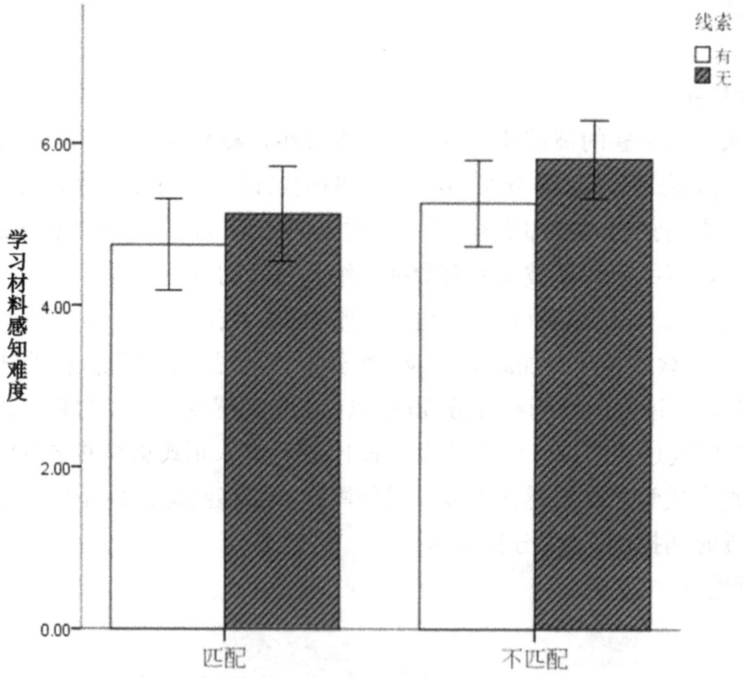

图5-41　实验3不同组别的学习材料感知难度

图示组织结构匹配的主效应显著（F（1,58）=5.526，p=0.022<0.05，η^2=0.087），图示组织结构不匹配的学习材料感知难度（M=5.55，SD=0.96）高于匹配的学习材料（M=4.94，SD=1.06）。线索主效应边缘显著（F(1,58)=3.336，p=0.073<0.1，η^2=0.054），无关联线索的学习材料感知难度（M=5.48，SD=1.03）高于有关联线索的学习材料（M=5.00，SD=1.02）。图示组织结构和关联线索的交互作用不显著（F（1,58）=0.102，p=0.751>0.05）。由于四组难度的均值都在4～5分，表明学习材料的难度中等。

保持测验：实验3四组不同学习材料保持测验成绩如图5-42所示。

图示组织结构匹配的主效应不显著（F（1,58）=0.086，p=0.770>0.05）；线索主效应边缘显著（F（1,58）=3.030，p=0.087<0.1，η^2=0.050），有线索的学习材料保持测验（M=9.26，SD=1.71）成绩高于无线索的成绩（M=8.45，SD=1.85）；图示组织结构和线索的交互作用不显著（F（1,58）=0.053，p=0.818>0.05）。

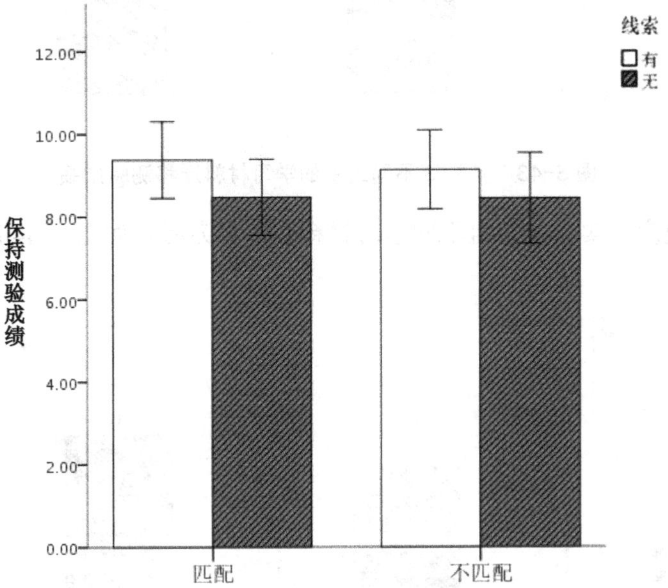

图5-42 实验3不同组别的学习材料保持测验成绩

迁移测验：实验3四组不同学习材料迁移测验成绩如图5-43所示。

图示组织结构的主效应显著（F（1,58）=4.079，p=0.048<0.05，η^2=0.066），图示组织结构匹配的学习材料迁移测验（M=7.82，SD=2.53）成绩高于不匹配的成绩（M=6.71，SD=1.75）；线索主效应不显著（F（1,58）=0.142，p=0.708>0.05）；图示组织结构和线索的交互作用边缘显著（F（1,58）=2.916，p=0.093<0.1，η^2=0.048）。

交互效应分析：有线索的条件下，图示组织结构匹配的迁移成绩显著高于不匹配（F（1,58）=6.946，I-J=2.042，p=0.011<0.05，η^2=0.036）；无线索条件下，图示组织结构匹配的迁移成绩和不匹配无显著差异（F(1,58)=0.049，I-J=0.171，p=0.826>0.05）。

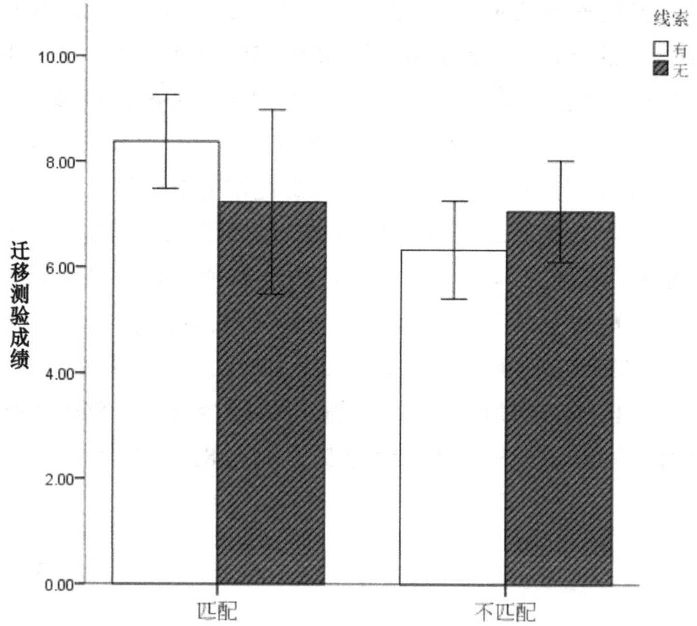

图 5-43　实验 3 不同组别的学习材料迁移测验成绩

心理努力程度：实验 3 四组不同学习材料心理努力程度如图 5-44 所示。

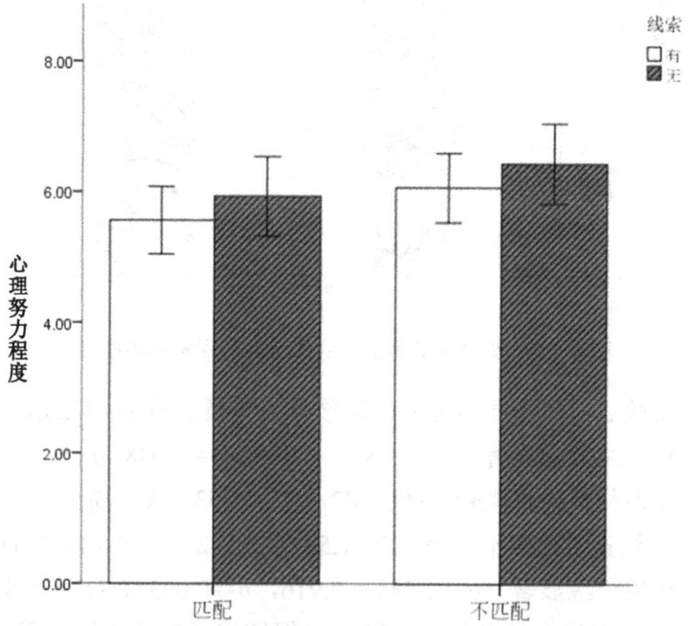

图 5-44　实验 3 不同组别的学习材料心理努力程度

图示组织结构匹配的主效应边缘显著（$F(1,58)=3.581$，$p=0.063<0.1$，$\eta^2=0.058$），不匹配的学习材料努力程度（$M=6.26$，$SD=1.06$）高于匹配学习材料的努力程度（$M=5.74$，$SD=1.03$）；线索主效应不显著（$F(1,58)=1.937$，$p=0.169>0.05$）；图示组织结

构和线索的交互作用不显著（$F(1,58)=0.000$，$p=1.000>0.05$）。由于四组的努力程度均值都在5～6分，表明被试付出了中等以上的努力。

（二）兴趣区眼动数据分析

本实验对四组材料的图示兴趣区和文本兴趣区进行了划分，并确保不同组的文字面积和图片区面积大小差异不显著。本研究选取的兴趣区眼动指标有5个，分别是：兴趣区停留时间百分比、总注视时间、兴趣区注视点个数、平均注视时间、首次注视时间。兴趣区停留时间百分比是指注视停留在图示区或文本区的时间与停留在整个学习材料上时间比值，数值越大说明对图示或文本的加工越长。总注视时间是指注视停留在图示或文本兴趣区的时间总和，数值越大说明对兴趣区的加工时间越长，从某种程度说明该兴趣区信息提取更困难，或者是目标更吸引人。兴趣区注视点个数是指被试注视图示或文本区域的注视点数量，数值越大说明注视次数越多，表明该区域对被试更重要或更能引起注意。平均注视时间是指图示或文本区域所有注视点的持续时间的平均值，数值大小反映的是对信息提取的难易程度，持续时间越长往往意味着被试从该区域获取信息越困难。首次注视时间是指对图示或文本区域第一次注视加工的时间，反映了被试对该区域的第一次加工时间。

对各个指标进行2图示组织结构（与知识结构匹配、与知识结构不匹配）×2关联线索（有、无）×2兴趣区（图示区、文本区）三因素混合重复测量方差分析，其中，图示组织结构、关联线索是被试间变量，兴趣区是被试内变量。表5-11是实验3兴趣区眼动数据统计性描述。

表5-11 实验3兴趣区眼动数据统计性描述

图示组织结构	线索	兴趣区	兴趣区停留时间百分比		总注视时间（s）		注视点个数		平均注视时间（ms）		首次注视时间（ms）	
			M	*SD*	*M*	*SD*	*M*	*SD*	*M*	*SD*	*M*	*SD*
匹配	有	文本区	75.61%	13.02%	99.00	13.93	326.50	49.61	303.75	13.10	313.14	69.71
		图示区	24.10%	12.96%	32.25	11.56	112.44	34.02	280.62	19.82	343.13	74.64
	无	文本区	78.33%	10.82%	99.28	17.02	321.60	51.64	309.33	16.68	217.05	63.63
		图示区	21.39%	10.94%	26.96	7.42	98.00	24.16	275.33	18.07	237.16	50.73
不匹配	有	文本区	84.69%	8.12%	100.09	19.86	322.27	60.11	310.00	8.45	267.03	58.87
		图示区	14.94%	8.18%	17.38	5.17	64.40	17.84	270.00	33.81	300.00	73.54
	无	文本区	84.78%	8.00%	102.55	13.25	329.75	45.16	312.50	16.53	290.63	72.97
		图示区	14.86%	7.96%	18.09	5.56	68.50	18.24	263.12	23.30	233.44	58.74

兴趣区停留时间百分比：兴趣区停留时间百分比如图5-45所示。图示组织结构主效应不显著（$F(1,58)=1.973$，$p=0.165>0.05$）；线索主效应不显著（$F(1,58)=0.013$，$p=0.908>0.05$）；图示组织结构与线索的交互效应不显著（$F(1,58)=0.008$，$p=0.929>0.05$）。

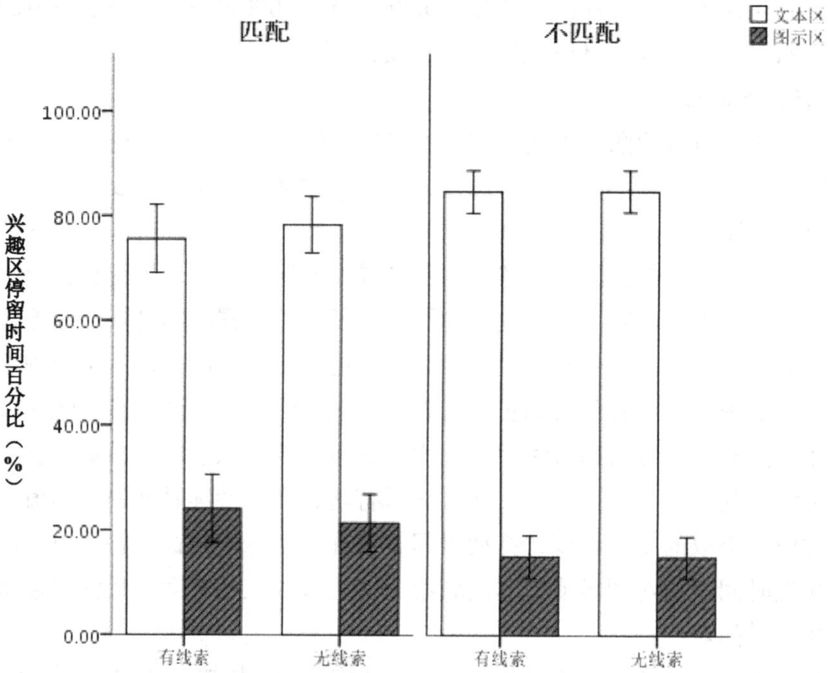

图 5-45 实验 3 不同组别的兴趣区停留时间百分比（%）

兴趣区的主效应极其显著（F（1,58）=2274.56，p=0.000<0.001，η^2=0.975），文本区的停留时间的比例显著大于图示区，文本区的停留的时间比（M=80.83%，SD=12.84%）显著大于图示区的停留时间比（M=18.84%，SD=12.92%）。兴趣区和图示组织结构的交互作用极其显著（F（1,58）=36.016，p=0.000<0.001，η^2=0.383）；兴趣区和线索的交互作用不显著（F（1,58）=1.157，p=0.286>0.05）。兴趣区、图示组织结构和线索的交互作用不显著（F（1,58）=1.021，p=0.316）。

简单效应分析：在文本兴趣区，图示组织结构匹配和不匹配存在极其显著的差异（F（1,58）=35.702，I-J=−7.80%，p=0.000<0.001，η^2=0.381）；在图示兴趣区，图示组织结构匹配和不匹配存在极其显著的差异（F（1,58）=36.294，I-J=7.80%，p=0.000<0.001，η^2=0.385）。

兴趣区总注视时间（s）：兴趣区总注视时间（s）如图 5-46 所示。图示组织结构主效应显著（F（1,58）=4.393，p=0.04<0.05，η^2=0.07）。对文本兴趣区而言，图示组织结构匹配的总注视时间（M=99.14，SD=15.24）低于不匹配的总注视时间（M=101.36，SD=16.53）；对图示兴趣区而言，图示组织结构匹配的总注视时间（M=29.69，SD=9.99）高于不匹配的总注视时间（M=17.75，SD=5.30）。线索主效应不显著（F（1,58）=0.04，p=0.842>0.05）；图示组织结构和线索的交互效应不显著（F（1,58）=0.781，p=0.381<0.5）。

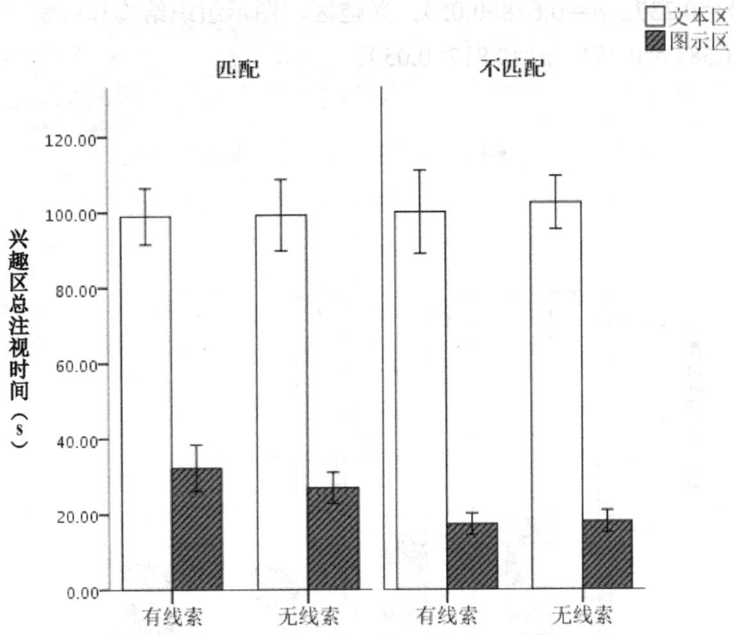

图 5-46 实验 3 不同组别的兴趣区总注视时间（s）

兴趣区主效应极其显著（F（1,58）$=1153.109$，$p=0.000<0.001$，$\eta^2=0.952$），文本区的总注视时间（$M=100.25$，$SD=15.80$）显著大于图示区的总注视时间（$M=23.72$，$SD=9.95$）。兴趣区和图示组织结构的交互作用极其显著（F（1,58）$=9.702$，$p=0.003<0.01$，$\eta^2=0.143$）。兴趣区和关联线索的交互作用不显著（F（1,58）$=0.659$，$p=0.420>0.05$）；兴趣区、图示组织结构和线索三者的交互作用不显著（F（1,58）$=0.178$，$p=0.675>0.05$）。

简单效应分析：在文本兴趣区，图示组织结构匹配和不匹配的总注视时间无显著差异（F（1,58）$=0.282$，$p=0.598>0.05$，$I\text{-}J=-2.178$）；在图示兴趣区，图示组织结构匹配和不匹配的总注视时间存在极其显著差异（F（1,58）$=35.010$，$I\text{-}J=11.868$，$p=0.000<0.001$，$\eta^2=0.376$）。

兴趣区的注视点个数：兴趣区注视点个数如图 5-47 所示。图示组织结构主效应显著（F（1,58）$=5.462$，$p=0.023<0.05$，$\eta^2=0.086$），对文本兴趣区而言，图示组织结构匹配的兴趣区注视点个数（$M=324.13$，$SD=49.81$），不匹配的注视点个数（$M=326.13$，$SD=52.16$）；对图示兴趣区而言，图示组织结构匹配的兴趣区注视点个数（$M=105.45$，$SD=30.08$），不匹配的注视点个数（$M=66.52$，$SD=17.87$）。线索主效应不显著（F（1,58）$=0.061$，$p=0.806>0.05$）；图示组织结构和线索的交互效应不显著（F（1,58）$=0.964$，$p=0.330>0.05$）。

兴趣区主效应极其显著（F（1,58）$=1300.437$，$p=0.000<0.001$，$\eta^2=0.957$），文本区的注视点个数明显大于图示区，在文本区的注视点个数（$M=325.13$，$SD=50.59$），在图片区的注视点个数（$M=85.98$，$SD=31.42$）。兴趣区和图示组织结构的交互作用非常显著（F（1,58）$=9.425$，$p=0.003<0.05$，$\eta^2=0.140$）。兴趣区和线索的交互作用不显

著（F（1,58）=0.237，p=0.628>0.05）；兴趣区、图示组织结构和线索三者的交互作用不显著（F（1,58）=0.054，p=0.817>0.05）。

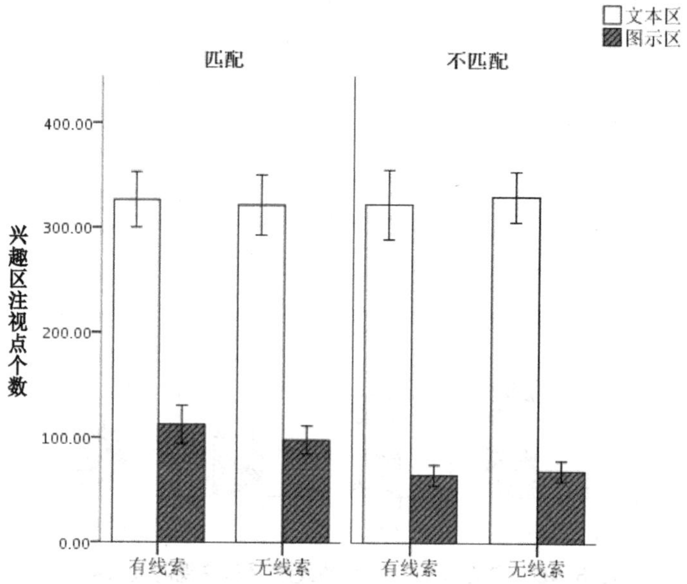

图 5-47　实验 3 不同组别的兴趣区总注视点个数

简单效应分析：在文本兴趣区，图示组织结构匹配和不匹配下注视点个数无显著差异（F（1,58）=0.022，I-J=-1.958，p=0.882>0.05）；在图示兴趣区，图示组织结构匹配和不匹配下注视点个数存在极其显著差异（F（1,58）=38.586，I-J=38.769，p=0.000<0.001，η^2=0.400）。

兴趣区的平均注视时间（ms）：兴趣区的平均注视时间如图 5-48 所示。图示组织结构的主效应不显著（F（1,58）=0.822，p=0.386>0.05）；线索的主效应不显著（F（1,58）=0.076，p=0.784>0.05）；图示组织结构和线索的交互效应不显著（F（1,58）=0.099，p=0.754>0.05）。

兴趣区主效应极其显著（F（1,58）=111.549，p=0.000<0.001，η^2=0.658），在文本区的平均注视时间明显大于图示区，在文本区的平均注视时间（M=308.87，SD=14.15），在图示区的平均注视时间（M=272.26，SD=24.72）。兴趣区和图示组织结构的交互作用显著（F（1,58）=5.406，p=0.024<0.05，η^2=0.085）。兴趣区和关联线索的交互作用不显著（F（1,58）=2.131，p=0.15>0.05）；兴趣区、图示组织结构和线索三者的交互作用不显著（F（1,58）=0.012，p=0.914>0.05）。

简单效应分析：在文本兴趣区，图示组织结构匹配和不匹配下注视点平均注视时间无显著差异（F（1,58）=1.721，I-J=-4.708，p=0.195>0.05）；在图示兴趣区，图示组织结构匹配和不匹配下平均注视时间存在边缘显著差异（F（1,58）=3.382，I-J=11.417，p=0.071<0.1，η^2=0.055）。

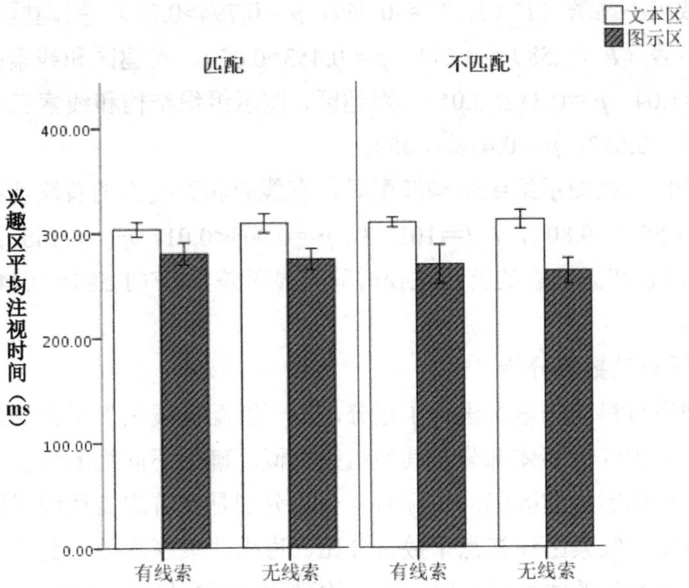

图 5-48　实验 3 不同组别的兴趣区平均注视时间（ms）

兴趣区的首次注视时间（ms）：兴趣区的首次注视时间如图 5-49 所示。图示组织结构主效应不显著（$F(1,58)=0.044$，$p=0.834>0.05$）；线索主效应非常显著（$F(1,58)=7.202$，$p=0.009<0.01$，$\eta^2=0.110$），对文本兴趣区而言，有线索的首次注视时间（$M=290.81$，$SD=64.68$），无线索的首次注视时间（$M=255.00$，$SD=70.05$）；对图示兴趣区而言，有线索的首次注视时间（$M=322.26$，$SD=73.68$），无线索的首次注视时间（$M=235.16$，$SD=54.95$）；图示组织结构和线索的交互效应边缘显著（$F(1,58)=3.041$，$p=0.087<0.1$，$\eta^2=0.05$）。

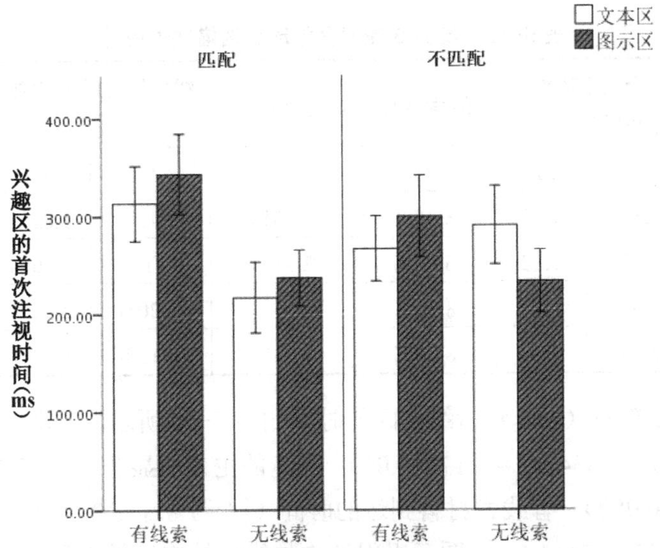

图 5-49　实验 3 不同组别的兴趣区首次注视时间（ms）

兴趣区主效应不显著（F（1,58）=0.069，p=0.794>0.05）。兴趣区和图示组织结构的交互作用不显著（F（1,58）=0.571，p=0.453>0.05）。兴趣区和线索的交互作用不显著（F（1,58）=1.04，p=0.312>0.05）；兴趣区、图示组织结构和线索三者的交互作用不显著（F（1,58）=0.677，p=0.418>0.05）。

简单效应分析：在图示组织结构匹配时，有线索和无线索的首次注视时间存在非常显著差异（F（1,58）=9.801，I-J=101.13，p=0.003<0.01，η^2=0.145）；在图示组织结构不匹配时，有线索和无线索的首次注视时间无显著差异（F(1,58)=0.442，I-J=21.469，p=0.509>0.05）。

（三）线索区眼动数据分析

本实验对四组材料的线索区进行了划分，以“匹配有线索”组为例，线索区覆盖范围为图示、文本区的红色字体部分，其他组别类似，确保不同组的线索区位置、面积大小差异不显著。选取的兴趣区眼动指标有 4 个，分别是：首次到达线索区的时间、线索区停留时间百分比、线索区注视点个数百分比、进出线索区次数。到达线索区的时间是指在显示区域搜索特定的线索目标时，第一次到达该目标区域的时间，时间越短，说明线索的作用越明显；线索区停留时间百分比是指注视在线索区的时间占停留在整个学习材料的比值，比值越大，说明加工时间越长；线索区注视点个数百分比是指线索区注视点个数占整个学习材料注视点个数比值，比值越大说明对线索的注视和加工越多；进出线索区次数是指被试在线索区和其他区域之间的来回切换次数，次数越多，说明对线索区的关注越多。

对各个指标进行 2 图示组织结构（与知识结构匹配、与知识结构不匹配）×2 关联线索（有、无）二因素完全随机测量方差分析，图示组织结构、关联线索是被试间变量。表 5-12 是实验 3 线索区眼动数据描述性统计。

表 5-12 实验 3 线索区眼动数据描述性统计

语义图示	线索	到达线索区的时间（s）		线索区停留时间百分比		线索区注视点个数百分比		进出线索区次数	
		M	SD	M	SD	M	SD	M	SD
匹配	有	1.59	1.50	8.46%	1.73%	10.46%	1.82%	35.25	7.33
	无	3.80	2.12	6.72%	2.31%	8.11%	2.60%	27.40	8.24
不匹配	有	2.07	2.47	8.85%	2.51%	11.20%	2.94%	31.60	8.99
	无	2.00	1.10	8.24%	1.83%	10.15%	1.78%	31.38	5.91

到达线索区的时间（s）：到达线索区的时间如图 5-50 所示。图示组织结构的主效应不显著（F（1,58）=1.934，p=0.170>0.05）；线索的主效应显著（F（1,58）=5.155，p=0.027<0.05，η^2=0.082），有线索材料到达的时间（M=1.82，SD=2.01），无线索材料的到达时间（M=2.87，SD=1.88）；图示组织结构与线索的交互效应显著（F(1,58)=5.79，p=0.019<0.05，η^2=0.091）。

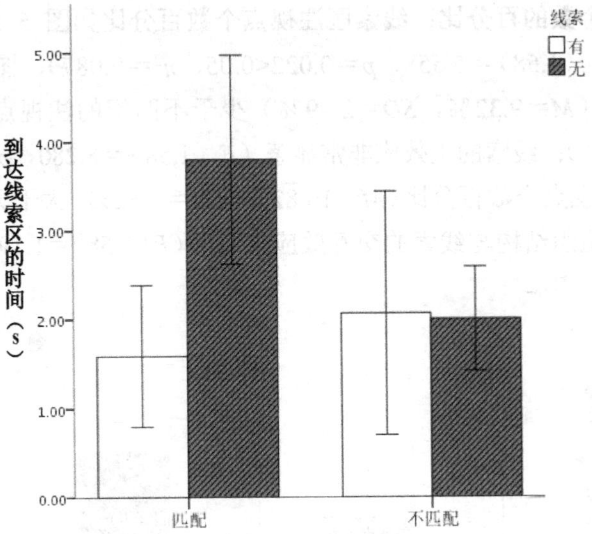

图 5-50　实验 3 不同组别学习材料到达线索区的时间（s）

简单效应分析：在图示组织结构匹配时，有线索和无线索存在非常显著的差异（F（1,58）=10.936，I-J=−2.209，p=0.002<0.01，η^2=0.159）；在不匹配时，有线索和无线索无显著的差异（F（1,58）=0.009，I-J=0.064，p=0.924>0.05）。

线索区停留时间百分比：线索区停留时间百分比如图 5-51 所示。图示组织结构主效应边缘显著（F（1,58）=3.173，p=0.080<0.1，η^2=0.052），图示组织结构匹配的停留时间百分比（M=7.62%，SD=2.18%）小于不匹配的停留时间百分比（M=8.53%，SD=2.17%）；线索主效应显著（F（1,58）=4.836，p=0.032<0.05，η^2=0.077），有线索的停留时间（M=8.65%，SD=2.11%）大于无线索的停留时间（M=7.50%，SD=2.18%）；图示组织结构与线索的交互效应不显著（F（1,58）=1.109，p=0.297>0.05）。

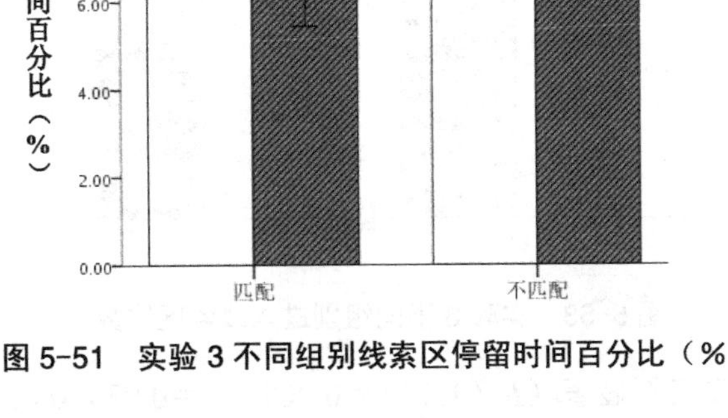

图 5-51　实验 3 不同组别线索区停留时间百分比（%）

线索区注视点个数的百分比：线索区注视点个数百分比如图 5-52 所示。图示组织结构主效应显著（$F(1,58)=5.558$，$p=0.022<0.05$，$\eta^2=0.087$），图示组织结构匹配的注视点个数百分比（$M=9.32\%$，$SD=2.49\%$）少于不匹配的注视点个数百分比（$M=10.66\%$，$SD=2.43\%$）；线索的主效应非常显著（$F(1,58)=8.280$，$p=0.006<0.01$，$\eta^2=0.125$），有线索的注视点个数百分比（$M=10.82\%$，$SD=2.42\%$）大于无线索（$M=9.16\%$，$SD=2.41\%$）；图示组织结构与线索的交互效应不显著（$F(1,58)=1.196$，$p=0.279>0.05$）。

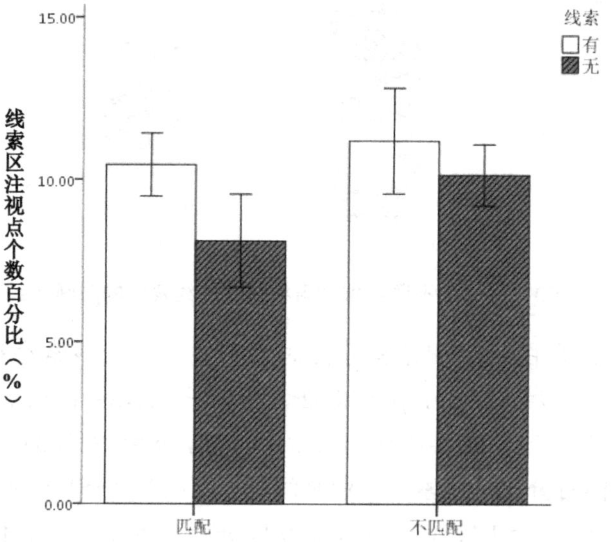

图 5-52　实验 3 不同组别线索区注视点个数的百分比（%）

线索区进入次数：线索区进入次数如图 5-53 所示。

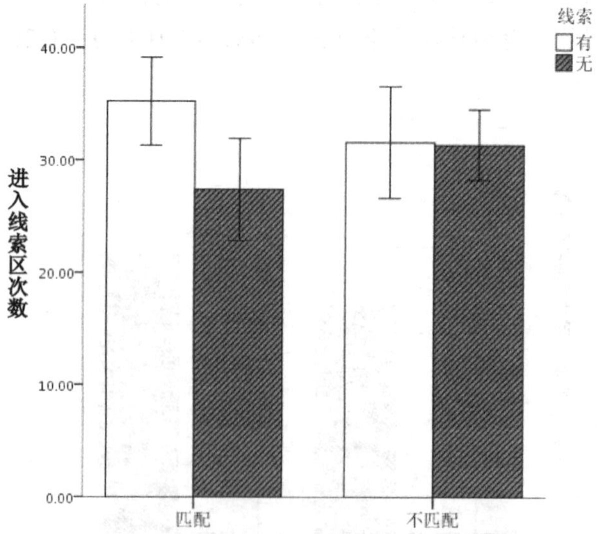

图 5-53　实验 3 不同组别进入线索区次数

图示组织结构主效应不显著（$F(1,58)=0.007$，$p=0.934>0.05$）；线索的主效应显著（F（1,58）=4.291，p=0.043<0.05，η^2=0.069），有线索的进入次数（M=33.48，SD=8.25），无线索的进入次数（M=29.45，SD=7.29）；图示组织结构与线索的交互效应边缘显著（F（1,58）=3.826，p=0.055<0.1，η^2=0.062）。

简单效应分析：图示组织结构匹配时，有线索进入次数和无线索存在非常显著的差异（F（1,58）=8.110，I-J=7.850，p=0.006<0.01，η^2=0.123）；不匹配时，有线索进入次数和无线索无显著的差异（F（1,58）=0.007，I-J=0.225，p=0.935>0.05）。

四、讨论

（一）图示组织结构与关联线索对多媒体学习效果的影响

图示组织结构对多媒体学习效果的影响：图示结构匹配组的迁移测验显著高于不匹配组，匹配组和不匹配组的保持测验差异不显著，匹配组的学习材料感知难度、心理努力程度分别显著和边缘显著低于不匹配组。

关联线索对多媒体学习效果的影响：有关联线索组的保持测验边缘显著高于无关联线索组，有关联线索组的学习材料感知难度边缘显著低于无关联线索组，有关联线索组和无关联线索组的迁移成绩、心理努力程度无显著差异。

简单效应：图示结构和关联线索对迁移成绩存在交互影响。有关联线索时，图示结构匹配组的迁移成绩显著好于不匹配组；无关联线索时，匹配组和不匹配组的迁移成绩无显著差异。

本实验假设一，图示组织结构与知识结构匹配程度高有更好的学习效果。本实验的结果是：图示结构匹配组的迁移测验显著高于不匹配组，但在保持测验方面没有发现显著作用。部分验证假设一。

本实验假设二，图文关联线索可以增强图示的作用，进而有更好的学习效果。本实验的结果是：有关联线索时，图示结构匹配组的迁移成绩显著好于不匹配组，保持测验边缘显著高于无关联线索组。完全验证假设二。

多媒体学习的目的是为了让学习者建构一个与知识结构一致的心理表征。图示应该为学习者建立心理表征提供与知识结构相一致的引导。本实验中，关联线索使得图示、文本相互配合，因此，在关联线索作用下，图示结构匹配所产生的迁移学习效果显著提高，在无关联线索时，图示结构匹配所带来的效果不明显。

（二）图示组织结构与关联线索对多媒体学习眼动行为的影响

兴趣区：文本区停留时间比例显著大于图示区，图示结构匹配时，图示区停留时间的比例显著增高，图示结构不匹配时，文本区注视时间比例显著增高。文本区总注视时间显著大于图示区，图示结构匹配时，图示区注视时间显著增多，不匹配时，图示区注视时间无显著差异。文本区的注视点个数显著大于图示区，图示结构匹配时，图示区注视点个数显著增多，图示不匹配时，图示区注视点个数无显著差异。在文本兴趣区，图示结构匹配和不匹配的注视点平均注视时间无差异，在图示兴趣区，图示结构匹配的注视点平均注视时间显著大于不匹配。图示结构匹配时，有线索学习材料的首次注视时间，无论在文本区还是在图示区都显著大于无线索学习材料；不匹配时差异不显著。

线索区：图示结构匹配时，有线索学习材料的到达线索区的时间显著小于无线索，不匹配时无显著差异。图示结构匹配的学习材料的线索区注视点个数百分比显著小于不匹配的学习材料。有线索学习材料的线索区停留时间百分比显著大于无线索学习材料。图示结构匹配时，有线索学习材料进入线索区次数显著大于无线索学习材料，不匹配时无显著差异。

本试验发现，图文学习材料呈现时，主要是文本阅读为主导，但图示结构与文本内容暗含的知识结构匹配程度会改变学习者对画面的注意力分配。匹配情况下，由于图示能够有利于学习者建构与知识内容一致的心理表征，学习者会对图示投入更多的努力，并显著减少对文本内容的努力；当不匹配时，学习者不足以从图示建构起有意义的心理表征，只能通过文本获取更多的信息。关联线索能够引起学习者注意力，减少盲目搜索时间，尤其是与文本内容相匹配的图示，有利于学习者对图示的关键细节进行深度加工。

五、结论

（1）有关联线索时，图示结构匹配组的迁移成绩显著好于不匹配组，并降低学习材料的理解难度使学习者可以投入更少的努力。

（2）关联线索可以使结构匹配的图示作用得到增强，但图示结构不匹配时，线索没有明显的作用。

（3）图示结构与知识结构匹配程度会改变学习者对画面的注意力分配，当匹配程度高时，学习者在图示上投入的时间会显著增加。

（4）关联线索有助于引导学习者注意力，减少盲目搜索，促使学习者对图示细节的深度加工。

（5）以上（1）～（4）的结论表明，图示结构直接影响到图文融合的效果，关联线索能否起作用在很大程度上取决于图示结构与知识结构之间是否匹配。

第五节　实验 4：动态图文交互控制方式与关联线索对不同性质材料的多媒体学习影响研究

多媒体学习是基于多媒体画面的学习。从呈现模式角度讲，多媒体画面是语词与画面共同呈现的材料，其中语词包括视觉的文字和听觉的话语，画面包括视觉的静态和动态画面。在多媒体学习的相关研究中，对静态画面的研究较多，对动态画面的研究则相对薄弱。与静态画面相比，动态画面具有很多潜在的优势。教师利用动态画面呈现知识内容，一是动态画面可以满足学习者的感官需求，有利于吸引学习者注意力和维持学习动机；二是比静态画面可以传递更多的细节，能够揭示事物的动态发展过程，尤其是在展现因果链、时间序列、空间变化等复杂知识方面优势明显。因此，运用、研究动态画面是当前多媒体学习领域最为活跃、前沿的热点之一。

动态画面的表征有主要有两种形式，一种是基于无交互的系统控制自动播放，另一种是基于交互的自主控制播放。两种表征形式在教学中都广泛使用，各有自身的特点。基于无交互的系统控制自动播放是学习者按照教学设计者的思路、相对“被动”的学习；基于交互的自主控制播放是学习者自定学习过程，依据自身需要有取舍地进行学习。两种动态画面的表征方式，都有各自的应用情境，导致最终学习效果的优劣并无一致结论。本研究认为，动态画面情境下的学习效果，与交互控制方式、教学内容特点、画面呈现等诸多要素相关。

尽管动态画面在教学中的应用非常广泛，但有关如何设计动态画面并没有非常成熟的理论可借鉴。基于此，本实验拟探讨动态画面中图文的表征方式。那么，动态图文是如何影响学习效果？动态图文设计需要注意哪些问题？与静态图文相比，动态图文设计存在哪些差异？以上都是动态图文设计要解决的最基本问题。

一、目的与假设

本实验对动态图文中交互控制控制方式、教学内容性质、图文关联线索进行整体探讨，提出如下假设：（1）动态图文的交互控制方式对不同性质学习材料的作用有显著差异，其中，自主控制方式对抽象程度高的学习材料有显著促进作用，系统控制方式对抽象程度低的学习材料有显著促进作用；（2）关联线索可以显著促进学习效果，但动态会削弱关联线索对图文的作用强度。

二、研究方法

（一）被试

从某师范大学随机抽取被试，专业不限，自愿参加。参加实验的人数共计 79 名，实验结束后，均获得一定的报酬。剔除先前知识过高、实验过程中眼动数据采样率小于75%的被试 10 名，最终进入统计分析的有效被试 69 名（年龄 $M=21.81$，$SD=1.76$，其中女生 41 人，男生 28 人）。所有被试视力或矫正视力正常，无色盲和色弱，并随机分配到四组，分别是“系统控制有线索组”（17 人）、“系统控制无线索组”（17 人）、“自主控制有线索组”（18 人）和“自主控制无线索组”（17 人）。

（二）实验设计

实验采用 2 交互控制方式（系统控制、自主控制）×2 关联线索（有、无）×2 材料性质（抽象程度高、抽象程度低）的三因素混合实验设计，其中交互控制方式、关联线索为被试间变量，材料性质为被试内变量。因变量为（1）测验成绩：学习后的保持测验和迁移测验。（2）主观评定：学习材料感知难度、学习心理努力程度。（3）眼动：整体区、兴趣区的眼动注视指标。无关变量为学习者的先前知识水平。

（三）实验材料

1. 先前知识问卷

包括被试的性别、年龄、专业、联系方式（手机号码）等人口学基本信息和先前知识经验调查。先前知识经验调查主要是调查被试对实验材料的了解程度。

“电磁继电器的介绍”和“摄影中光的介绍”两份材料的先前知识经验评定由两部分组成。以“电磁继电器的介绍”为例，第一部分是主观评定题，参照了 Mayer 在多媒体学习实验研究中先前知识的测试方法，共 4 道题；第二部分是客观问答题。第一部分第一题为“你对电磁继电器工作原理的相关知识了解多少？”从“非常不了解”到“非常熟悉”五个选项，依次计分为 0～4 分；第二道题为“高中阶段，您是理科生吗？”，包括“否”“是”两个选项，依次计分为 0 分、1 分；第三道题为“您的大学专业和物理相关吗？”，包括“否”“是”两个选项，依次计分为 0 分、1 分；第四道题为“高中阶段，假设物理满分是 100 分，您的分数一般处于（　　）”，包括“低于 60 分”“60～69 分”“70～79 分”“80～89 分”“90～100 分”五个选项，依次计分为 0～4 分。第二部分客观问答题为：“请您写出你所知道关于电磁继电器的组成部件、工作原理等相关知识”，共 16 个计分点，答对一个计 1 分。第一部分和第二部分的总分为 26 分。“摄影中光的介绍”与“电磁继电器的介绍”的先前知识测验类似，第一部分和第二部分的总分为 22 分。

2. 保持测验和迁移测验

保持测验的目的在于考察被试对学习材料的识记、保持或再认能力。保持测验由 8 个填空和 4 个判断题组成，共计 12 分，保持测验的答案能够直接从材料中获得。迁移测验是考察被试根据学习材料应用到新的情境中解决问题的能力。迁移测验由 4 个选择题（4 分）、1 个原理解释题（4 分）、1 个问题情景分析开放题（4 分）组成，共计 12 分。“摄影中光的介绍”测验试题由担任摄影课程的专业教师根据材料编制，“电磁继电器的介绍”测验试题由担任物理课程的专业教师根据学习材料编制，保证试题的有效性。

3. 主观评定量表

同实验 1。

4. 多媒体学习材料

准备 10 段知识内容，随机选取 10 名大学生对知识内容的抽象程度进行评定。评定采用李克特 9 点量表（1～9，1 表示抽象程度最低，9 表示抽象程度最高），最后进行总数统计，选出抽象程度最高的为“电磁继电器的介绍”、最低的为“摄影中光的介绍”。由于实验采用的是 2 交互控制方式（系统控制、自主控制）×2 关联线索（有、无）×2 材料性质（抽象程度高、抽象程度低）的三因素混合实验设计，需要把 2 段知识内容制作成 8 个版本的动画，分别是“摄影中光的介绍”（系统控制有线索）、“摄影中光的介绍”（系统控制无线索）、“摄影中光的介绍”（自主控制有线索）、“摄影中光的介绍”（自主控制无线索）、“电磁继电器的介绍”（系统控制有线索）、“电磁继电器的介绍”（系统控制无线索）、“电磁继电器的介绍”（自主控制有线索）、“电磁继电器的介绍”（自主控制无线索）。

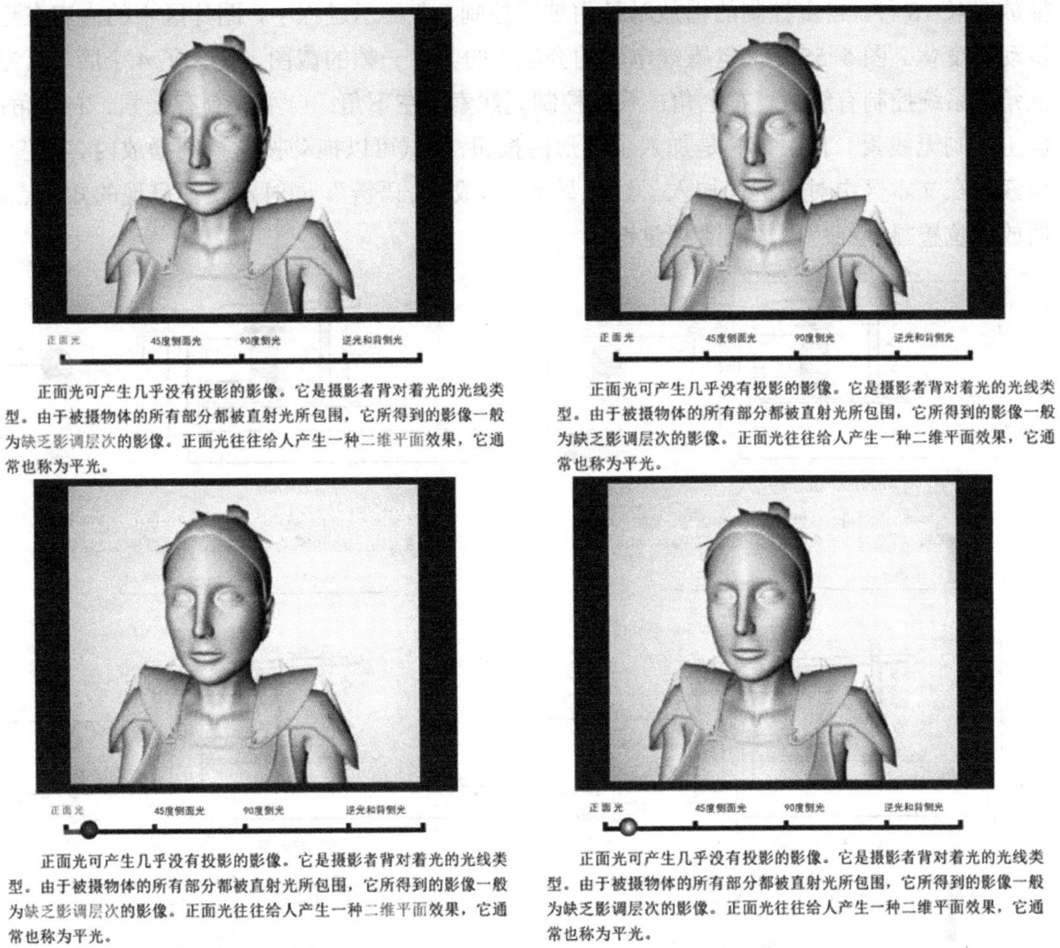

图 5-54　“摄影中光的介绍”学习材料画面

所有动态画面采用 Adobe Flash CS5.5 软件制作，打包输出 exe 文件格式，全屏播放。所有内容均分为图和文两部分，文是对图的详细介绍，与图片呈现同步。“摄影中光的介绍”共有 4 个知识点，分别是知识点 1“正面光”、知识点 2“45 度侧面光”、知识点 3“90 度侧光”、知识点 4“逆光和背侧光”，系统控制播放时长为 120 秒，每个知识点播放时长 30 秒，自主控制的播放时长由被试控制，在显示过程中，图片区中的内容在逐步动态变化。图 5-54 是“摄影中光的介绍”的其中一帧的截图，包含了 4 个版本（左上角：系统控制有线索、右上角：系统控制无线索、左下角：自主控制有线索、右下角：自主控制无线索）。自主控制是加入了圆形的按钮，被试可以拖动按钮控制播放内容进度。线索是在文本区中对关键词加入了红色显示，同时，对正在呈现的知识点、播放的位置显示红色。

“电磁继电器的介绍”共有 4 个知识点，分别是知识点 1“电磁继电器构造”、知识点 2“电磁继电器工作原理（电路组成）”、知识点 3“电磁继电器工作原理（通电状态）”、知识点 4“电磁继电器工作原理（断电状态）”，系统控制播放时长为 72 秒，每个知识点播放时长 18 秒，自主控制的播放时长由被试控制。在显示过程中，图片区中的内容在逐步动态变化。图 5-55 是“电磁继电器的介绍”的其中一帧的截图，包含了 4 个版本（左上角：系统控制有线索、右上角：系统控制无线索、左下角：自主控制有线索、右下角：自主控制无线索）。自主控制是加入了圆形的按钮，被试可以拖动按钮控制播放内容进度。线索是在文本区中对关键词加入了红色显示，形成“言语链”，同时对正在呈现的知识点、播放的位置显示红色，形成“视觉链”。

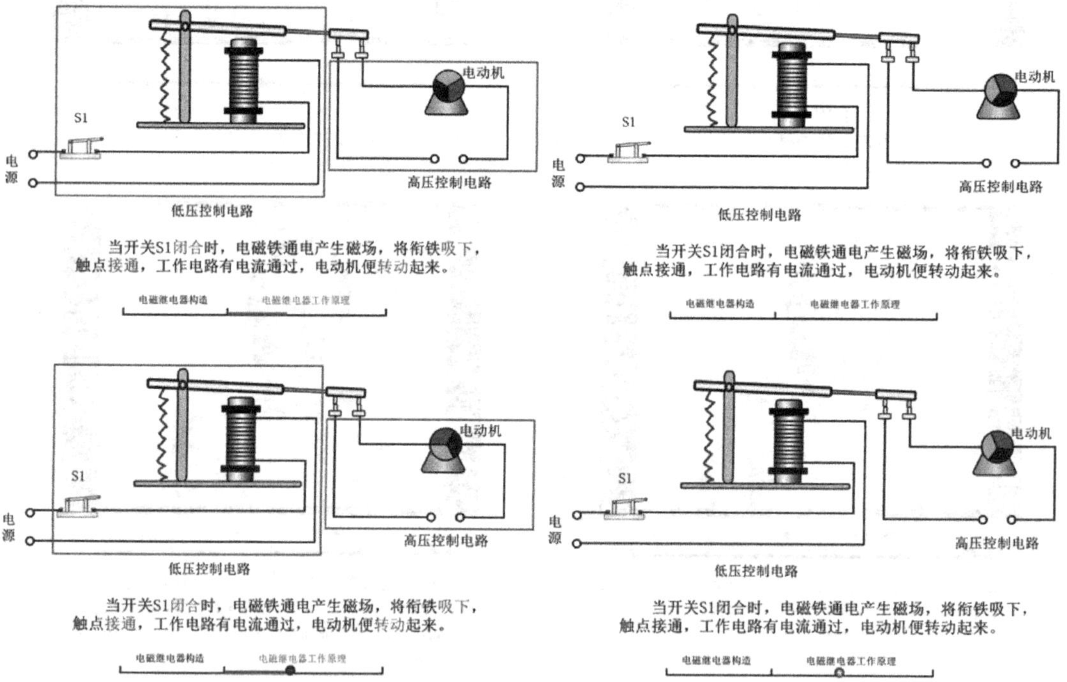

图 5-55 “电磁继电器的介绍”学习材料画面

（四）实验仪器

同实验 1。

（五）实验程序

首先，对来参加实验的被试随机分组。根据分组，测量学生的先前知识，“电磁继电器的介绍”和“摄影中光的介绍”两份先前知识问卷按随机顺序发给被试。“电磁继电器的介绍”先前知识问卷总分为 26 分，先前知识 16 分及 16 分以上的被试记为先前知识经验过高；“摄影中光的介绍”先前知识问卷总分为 22 分，先前知识 13 分及 13 分以上的被试记为先前知识经验过高。考虑到被试是通过短信或电话预约来参加实验，因此，对先前知识过高的同学照样参加眼动实验，获得同样的报酬，但结束后该被试所有数据不纳入最后的统计分析。

然后，被试坐在眼动仪的机器前，进行眼睛校准。校准完毕，呈现眼动实验的指导语：“亲爱的同学，欢迎您来参加眼动实验。实验中将呈现一个动画，请您仔细观看，在观看过程中，请尽量保持头部不动”，进入正式实验并学习材料。

实验结束后，依次分别完成学习材料感知难度、保持测验、迁移测验和心理努力程度评定四份问卷，完成问卷时间控制在 20 分钟以内。

当测试完一个学习材料，完成该材料对应的所有后测问卷，休息 5 分钟，再进行另一个的学习材料的测试，并完成后测问卷。两个学习材料的测试顺序是由电脑随机决定。

（六）数据管理

同实验 1。

三、实验结果

（一）后测问卷分析

为检验动态图文交互控制方式与图文关联线索对不同性质学习材料的学习效果影响，使用学习材料感知难度、保持测验、迁移测验、心理努力程度问卷，进行 2 动态图文交互控制方式（系统控制、自主控制）×2 关联线索（有、无）×2 材料性质（抽象程度低、抽象程度高）的三因素混合实验方差分析，其中交互控制方式、关联线索是被试间变量，材料性质是被试内变量。保持测验都是客观题，由一位评分者评阅；迁移测验大多是主观题，由两位评分者评阅，最后取二者的平均分。“电磁继电器的介绍”的迁移测验评分者的一致性系数为 0.96，“摄影中光的介绍”的迁移测验评分者的一致性系数为 0.92。表 5-13 是实验 4 被试后测问卷的得分汇总。

表 5-13　实验 4 被试后测问卷得分

交互方式	关联线索	学习材料感知难度				保持测验				迁移测验				心理努力程度			
		抽象程度低		抽象程度高		抽象程度低		抽象程度高		抽象程度低		抽象程度高		抽象程度低		抽象程度高	
		M	*SD*	*M*	*SD*	*M*	*SD*	*M*	*SD*	*M*	*SD*	*M*	*SD*	*M*	*SD*	*M*	*SD*
系统控制	有	5.24	1.35	5.06	1.48	8.41	2.18	8.71	1.31	7.58	1.50	7.35	1.41	6.35	1.62	6.12	1.54
	无	5.18	1.59	5.12	1.32	7.71	1.49	8.18	1.55	7.70	1.36	7.23	1.95	6.47	1.91	6.65	1.77
自主控制	有	5.22	1.73	4.50	0.92	8.28	2.11	8.89	1.13	7.50	1.51	8.56	0.92	5.94	1.86	6.00	1.57
	无	5.41	1.87	4.94	1.89	7.82	1.13	7.94	1.34	7.29	1.32	7.59	1.06	6.17	1.55	6.29	1.69

学习材料感知难度：四个实验组不同学习材料感知难度如图 5-56 所示。

交互控制方式主效应不显著（F（1,65）=0.187，p=0.667>0.05）；关联线索主效应不显著（F（1,65）=0.282，p=0.597>0.05）；交互控制方式和关联线索的交互效应不显著（F（1,65）=0.282，p=0.597>0.05）。

学习材料性质的主效应不显著（F（1,65）=2.514，p=0.118>0.05）；材料性质和交互控制方式的交互效应不显著（F（1,65）=1.13，p=0.292>0.05）；材料性质和关联线索的交互效应不显著（F（1,65）=0.168，p=0.683>0.05）；交互控制方式、关联线索、材料性质三者的交互效应不显著（F（1,65）=0.022，p=0.882>0.05）。由于所有材料的难度均值都在 4～5 分，表明难度中等。

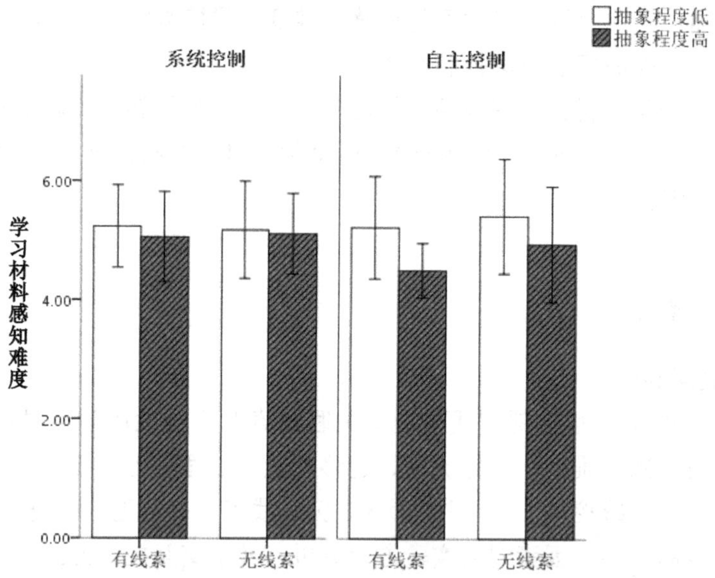

图 5-56　实验 4 不同组别的学习材料感知难度

保持测验：四个实验组不同学习材料保持测验成绩如图 5-57 所示。

图文交互控制方式的主效应不显著（*F*（1,65）＝0.003，p＝0.955>0.05）；关联线索的主效应显著（*F*（1,65）＝4.81，p＝0.032<0.05，η^2＝0.069），对于抽象程度低的学习材料，有关联线索的保持测验成绩（*M*＝8.345，*SD*＝2.114）高于无关联线索（*M*＝7.765，*SD*＝1.304），对于抽象程度高的学习材料，有关联线索的保持测验成绩（*M*＝8.797，*SD*＝1.208）高于无关联线索（*M*＝8.059，*SD*＝1.434）。交互控制方式和关联线索的交互效应不显著（*F*（1,65）＝0.019，p＝0.890>0.05）。

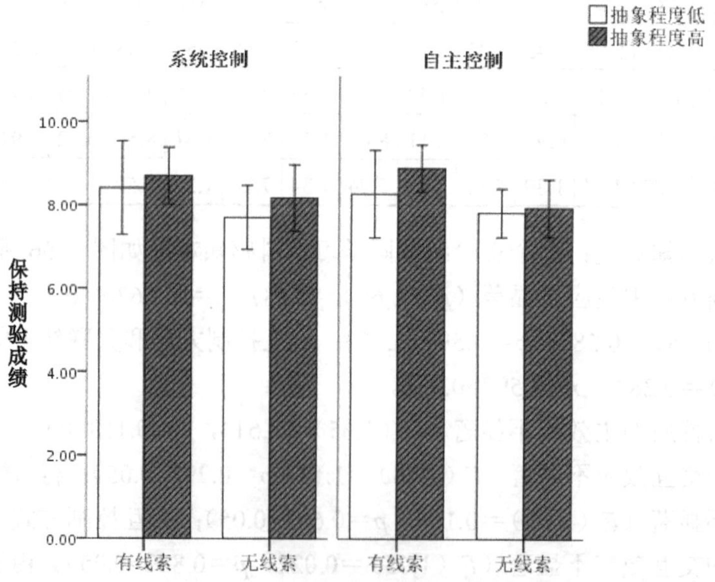

图 5-57　实验 4 不同组别的保持测验成绩

学习材料性质的主效应不显著（$F(1,65)=2.563$，$p=0.114>0.05$）；材料性质和交互控制方式的交互效应不显著（$F(1,65)=0.001$，$p=0.969>0.05$）；材料性质和关联线索的交互效应不显著（$F(1,65)=0.115$，$p=0.735>0.05$）；交互控制方式、关联线索、材料性质三者的交互效应不显著（$F(1,65)=0.516$，$p=0.475>0.05$）。

迁移测验：四个实验组不同学习材料迁移测验成绩如图 5-58 所示。

交互控制方式的主效应不显著（$F(1,65)=1.145$，$p=0.289>0.05$）；关联线索的主效应不显著（$F(1,65)=1.415$，$p=0.239>0.05$）；交互控制方式和关联线索的交互效应不显著（$F(1,65)=1.420$，$p=0.240>0.05$）。

学习材料性质的主效应不显著（$F(1,65)=0.480$，$p=0.491>0.05$），学习材料性质和交互控制方式的交互效应显著（$F(1,65)=4.896$，$p=0.030<0.05$，$\eta^2=0.070$）；材料性质和关联线索的交互效应不显著（$F(1,65)=1.151$，$p=0.287>0.05$）；交互控制方式、关联线索、材料性质三者的交互效应不显著（$F(1,65)=0.321$，$p=0.573>0.05$）。

简单效应分析：当学习材料的抽象程度为低时，系统控制和自主控制材料之间的迁移成绩无显著差异（$F(1,65)=0.532$，$I-J=0.250$，$p=0.468>0.05$）；当学习材料的抽象程度为高时，系统控制和自主控制材料之间的迁移成绩存在显著差异（$F(1,65)=5.401$，$I-J=-0.778$，$p=0.023<0.05$，$\eta^2=0.077$）。

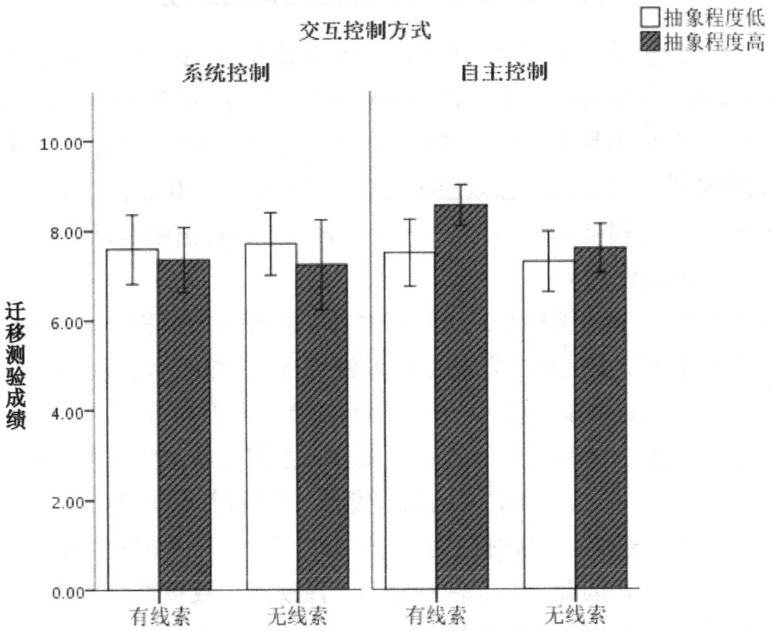

图 5-58　实验 4 不同组别的迁移测验成绩

心理努力程度：四个实验组不同学习材料心理努力程度如图 5-59 所示。交互控制方式的主效应不显著（$F(1,65)=0.633$，$p=0.429>0.05$），关联线索的主效应不显著（$F(1,65)=0.635$，$p=0.429>0.05$），交互控制方式和关联线索的交互效应不显著（$F(1,65)=0.007$，$p=0.935>0.05$）。

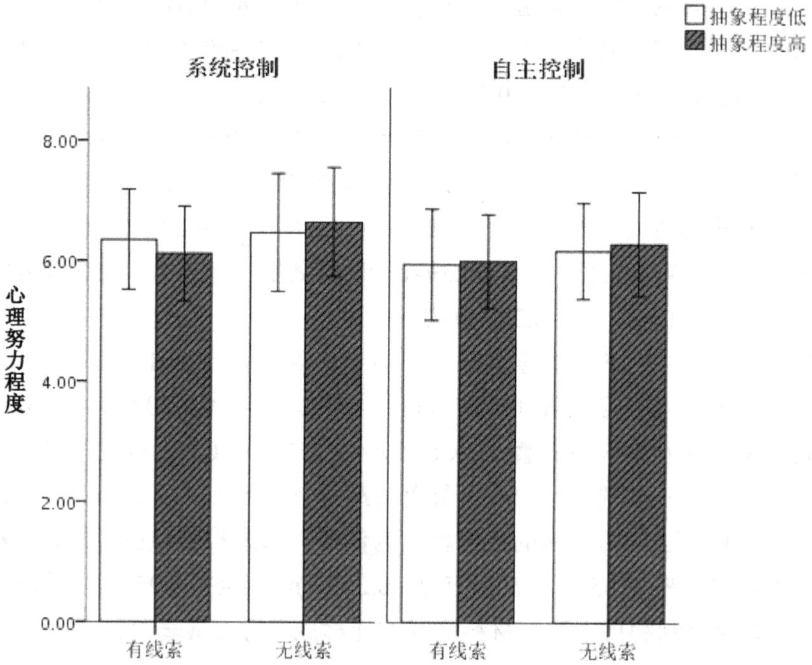

图 5-59 实验 4 不同组别的心理努力程度

学习材料性质的主效应不显著（F（1,65）=0.027，p=0.870>0.05）；学习材料性质和交互控制方式的交互效应不显著（F（1,65）=0.111，p=0.740>0.05）；学习材料性质和关联线索的交互效应不显著（F（1,65）=0.462，p=0.499>0.05）；交互控制方式、关联线索、学习材料性质三者的交互效应不显著（F（1,65）=0.251，p=0.618>0.05）。由于所有材料的心理努力程度均值都在 5～6 分，表明被试付出中等以上努力。

（二）整体眼动数据分析

本实验使用的总体眼动指标有：总注视时间、注视点个数和平均注视时间。对总体眼动数据进行 2 动态图文交互控制方式（系统控制、自主控制）×2 关联线索（有、无）×2 材料性质（抽象程度低、抽象程度高）的三因素混合实验方差分析，其中交互控制方式、关联线索是被试间变量，材料性质是被试内变量。系统控制组的学习材料呈现时间是固定不变的，其中“摄影中光的介绍”（抽象程度低）呈现时间为 120 秒（2 分），“电磁继电器的介绍”（抽象程度高）呈现时间为 72 秒（1.2 分），自主控制组的学习材料呈现时间是因被试不同而变化，因此，对总注视时间、注视点个数按每分钟单位时间加权，系统控制中“摄影中光的介绍”中眼动指标除以 2，“电磁继电器的介绍”中眼动指标除以 1.2，**自主控制材料中，每一位被试的眼动指标除以呈现时间（单位：分钟）**，平均注视时间不作加权处理。表 5-14 是实验 4 总体眼动数据描述性统计。

表 5-14 实验 4 总体眼动数据描述性统计

交互方式	线索	加权总注视时间（s）				加权注视点个数				平均注视时间（ms）			
		抽象程度低		抽象程度高		抽象程度低		抽象程度高		抽象程度低		抽象程度高	
		M	*SD*	*M*	*SD*	*M*	*SD*	*M*	*SD*	*M*	*SD*	*M*	*SD*
系统控制	有	48.41	2.29	56.52	3.68	185.18	20.77	210.06	14.30	242.60	20.81	264.71	22.39
	无	42.24	9.95	44.32	6.17	175.71	13.93	175.85	29.94	232.94	49.47	224.11	62.25
自主控制	有	45.20	9.62	47.22	11.47	195.11	85.48	205.07	90.84	235.00	48.78	237.22	36.91
	无	43.67	12.64	44.97	11.33	175.06	74.87	180.44	62.66	234.71	61.35	232.94	37.71

加权总注视时间（s）：四个实验组不同学习材料的加权总注视时间如图 5-60 所示。交互控制方式的主效应不显著（$F(1,65)=2.056$，$p=0.156>0.05$）；关联线索的主效应非常显著（$F(1,65)=9.316$，$p=0.003<0.01$，$\eta^2=0.125$），对于抽象程度低的学习材料，有线索的加权总注视时间（$M=46.76$，$SD=7.17$）长于无线索（$M=42.95$，$SD=11.22$），对于抽象程度高的学习材料，有线索（$M=51.74$，$SD=9.71$）长于无线索（$M=44.64$，$SD=8.99$）；交互控制方式和关联线索的交互效应显著（$F(1,65)=4.030$，$p=0.049<0.05$，$\eta^2=0.058$）。

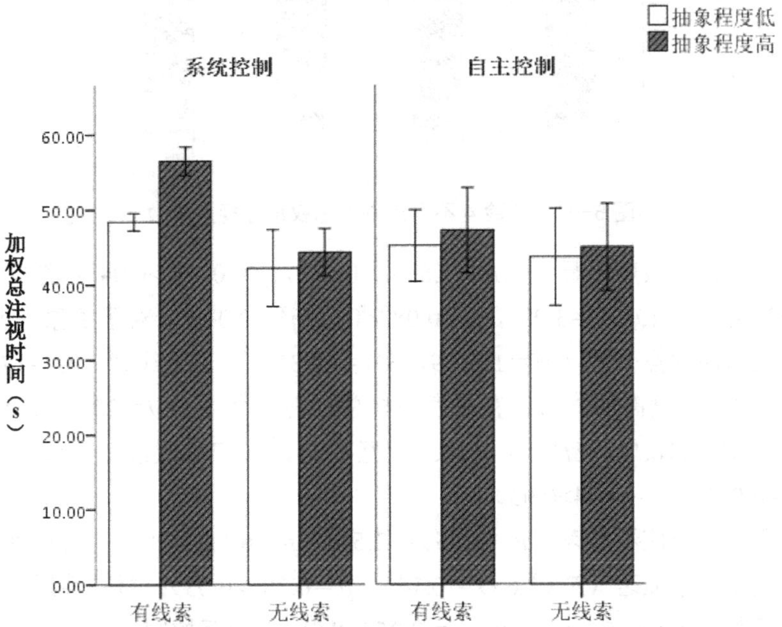

图 5-60 实验 4 不同组别的加权总注视时间（s）

材料性质的主效应非常显著（$F(1,65)=7.250$，$p=0.009<0.01$，$\eta^2=0.100$），抽象程度低（$M=44.89$，$SD=9.51$）低于抽象程度高（$M=48.24$，$SD=9.96$）。材料性质和交互控制方式的交互效应不显著（$F(1,65)=1.878$，$p=0.175>0.05$）；材料性质和关联线索的交互效应不显著（$F(1,65)=1.806$，$p=0.184>0.05$）；交互控制方式、关联线索

和材料性质的交互效应不显著（F（1,65）=1.119，p=0.294>0.05）。

简单分析：当交互控制方式为系统控制时，有关联线索和无关联线索材料之间的加权总注视时间有非常显著差异（F（1,65）=12.622，I-J=9.188，p=0.001<0.01，η^2=0.163）；当交互控制方式为自主控制时，有关联线索和无关联线索材料之间的加权总注视时间无显著差异（F（1,65）=0.553，I-J=1.897，p=0.460>0.05）。

加权总注点个数：四个实验组不同学习材料的加权总注视点个数如图 5-61 所示。

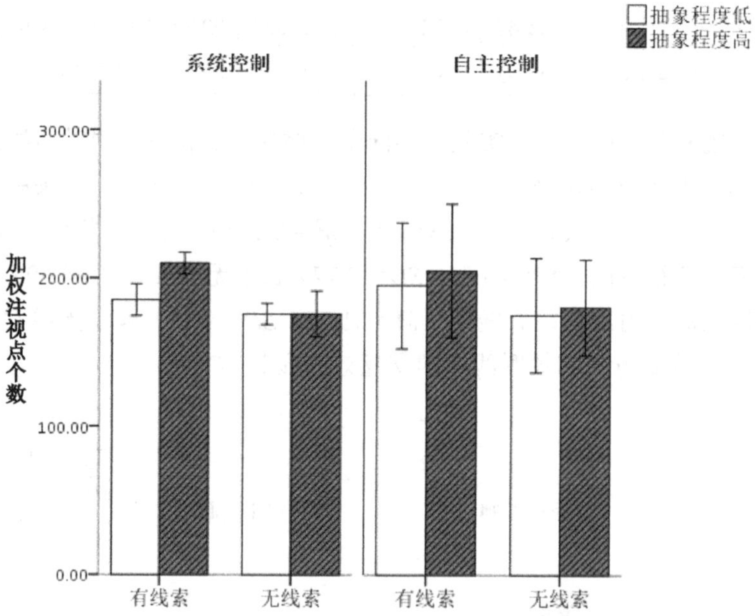

图 5-61 实验 4 不同组别的加权总注视点个数

交互控制方式主效应不显著（F（1,65）=0.031，p=0.860>0.05）；图文关联线索的主效应边缘显著（F（1,65）=3.091，p=0.083<0.1，η^2=0.045），对于抽象程度低的材料，有线索的加权总注视点个数（M=190.29，SD=62.31）大于无线索（M=175.38，SD=53.03），对于抽象程度高的材料，有线索加权总注视点个数（M=207.49，SD=65.03）大于无线索（M=178.14，SD=48.42）；交互控制方式和关联线索的交互效应不显著（F（1,65）=0.001，p=0.984>0.05）。

材料性质的主效应不显著（F（1,65）=2.512，p=0.118>0.05）；材料性质和交互控制方式的交互效应不显著（F（1,65）=0.145，p=0.705>0.05）；材料性质和关联线索的交互效应不显著（F（1,65）=1.325，p=0.254>0.05）；交互控制方式、关联线索和材料性质三者的交互效应不显著（F（1,65）=0.626，p=0.432>0.05）。

平均注视时间（ms）：四个实验组不同学习材料的平均注视时间如图 5-62 所示。

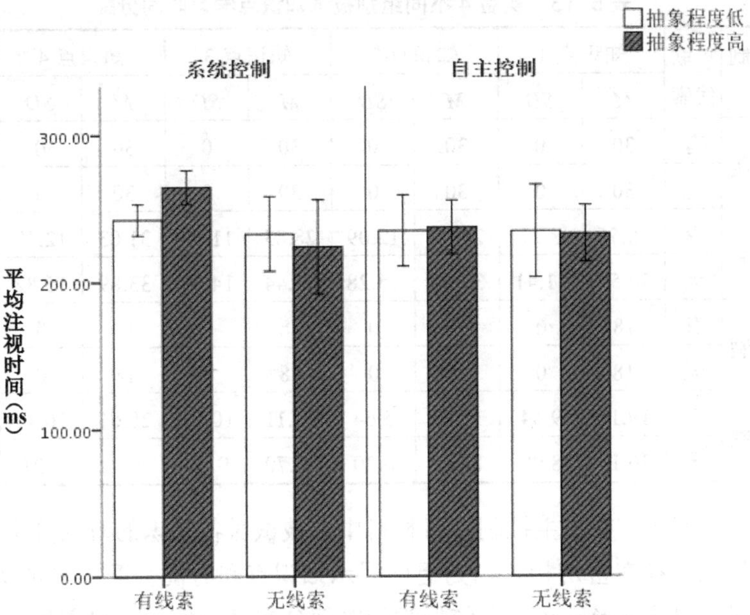

图 5-62 实验 4 不同组别的平均注视时间（ms）

交互控制方式主效应不显著（$F(1,65)=0.395$，$p=0.532>0.05$）；关联线索的主效应不显著（$F(1,65)=1.981$，$p=0.164>0.05$）；交互控制方式和关联线索的交互效应不显著（$F(1,65)=1.375$，$p=0.245>0.05$）。

材料性质的主效应不显著（$F(1,65)=0.527$，$p=0.470>0.05$）；材料性质和交互控制方式的交互效应不显著（$F(1,65)=0.459$，$p=0.500>0.05$）；材料性质和关联线索的交互效应边缘著（$F(1,65)=3.403$，$p=0.070<0.1$，$\eta^2=0.050$）；材料性质、关联线索和交互控制方式的交互效应不显著（$F(1,65)=2.026$，$p=0.159>0.05$）。

交互效应分析：对于抽象程度低的材料，有线索的平均注视时间和无线索之间无显著差异（$F(1,65)=0.189$，$I\text{-}J=4.975$，$p=0.665>0.05$）；对于抽象程度高的材料，有线索的平均注视时间和无线索之间存在显著差异（（$F(1,65)=4.864$，$I\text{-}J=22.435$，$p=0.031<0.05$，$\eta^2=0.070$）。

（三）整体学习时间分配

对所有被试在各个知识点的学习时间进行统计。其中，系统控制组的每个知识点的分配是按照材料预设的时间平均分配，抽象程度低的每个知识点呈现动态画面的时间是 30 秒，抽象程度高的每个知识点呈现动态画面的时间是 18 秒。自主控制组的时间是由学习者自己决定，在数据分析时，需要对被试的眼动停留在各个知识点画面的时间进行累加。

表 5-15 实验 4 不同组别被试知识点学习时间分配

材料性质	交互控制方式	关联线索	知识点 1		知识点 2		知识点 3		知识点 4		合计	
			M	*SD*	*M*	*SD*	*M*	*SD*	*M*	*SD*	*M*	*SD*
抽象程度低	系统控制	有	30	0	30	0	30	0	30	0	120	0
		无	30	0	30	0	30	0	30	0	120	0
	自主控制	有	20.56	8.27	29.96	12.09	28.83	11.58	31.03	12.48	110.38	44.40
		无	24.59	11.41	32.67	15.28	31.44	14.69	33.89	15.82	122.59	57.20
抽象程度高	系统控制	有	18	0	18	0	18	0	18	0	72	0
		无	18	0	18	0	18	0	18	0	72	0
	自主控制	有	19.18	9.44	11.46	5.64	22.11	10.84	20.61	10.11	73.36	36.03
		无	20.18	8.90	14.31	6.30	21.70	9.51	20.92	9.21	77.11	33.91

从表 5-15 可知，在自主控制学习材料中，被试对各知识的时间分配不是平均的，时间分配与知识点存在密切相关。为更好展示知识点和时间分配二者的关系，图 4-63 是知识点时间分配的柱形比较，系统控制的时间分布是一致的，自主控制的时间分布呈现出长短不一，但整体错落有致。

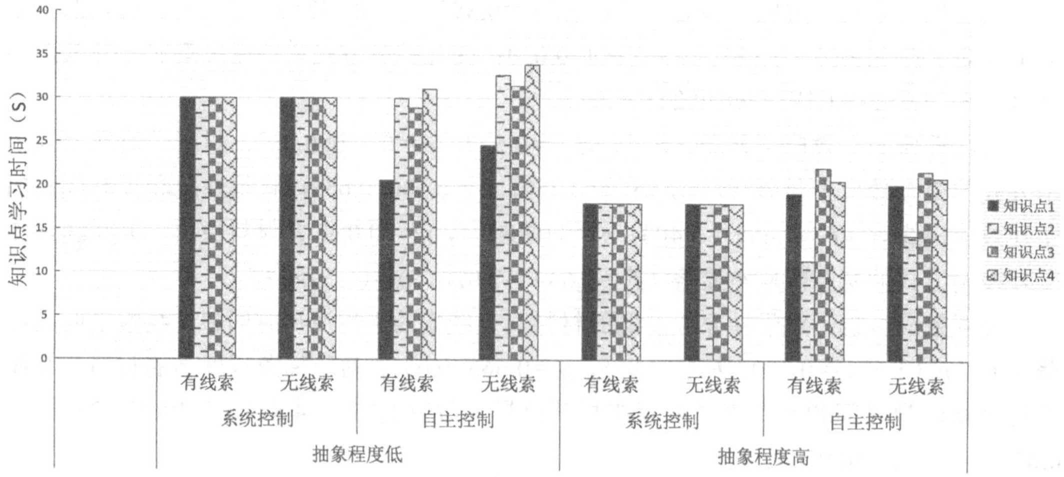

图 5-63 实验 4 不同组别学习材料各知识点的时间分配

为更好地展示自主控制的学习时间分布特征，图 5-64、图 5-65 分别是低抽象材料、高抽象材料的各知识点时间分配的折线图。折线图表明：一是变化趋势相对趋同，不管是否有线索，同性质的各知识点时间分配与知识点密切相关，呈现出一定的规律；二是总体而言，无线索的比有线索的在每一个知识上分配的时间更长，说明学习材料中加入线索后在一定程度上可以减少学习者盲目搜索时间，有利于缩短整体学习时间，从而提高学习效率。

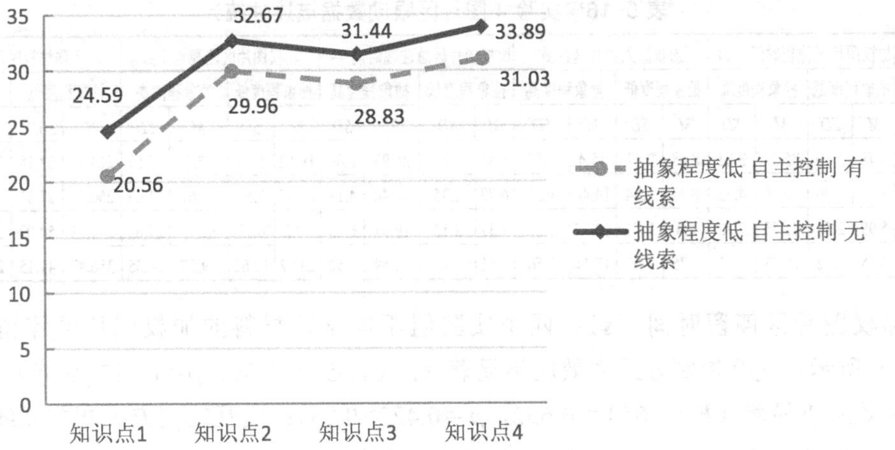

图 5-64　抽象程度低材料各知识点的时间分配

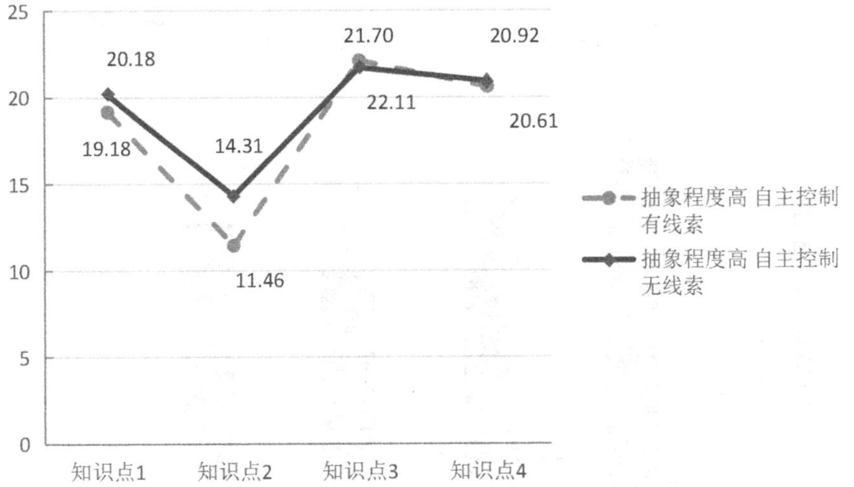

图 5-65　抽象程度高材料各知识点的时间分配

（四）兴趣区眼动数据分析

对八个材料的图片区、文本区进行了划分，确保不同材料的图片区、文本区的位置、面积大小差异不显著，在同一个材料中，图片区大约面积占 66.20%，文本区大约面积占 33.80%。选取的眼动指标有：兴趣区停留时间、进出兴趣区次数、总注视时间、注视点个数和平均注视时间。除平均注视时间之外，其他眼动指标都要进行加权统计，加权方法和前面整体眼动数据分析一样。

1. 图片区

对图片区眼动数据进行 2 动态图文交互控制方式（系统控制、自主控制）×2 关联线索（有、无）×2 材料性质（抽象程度低、抽象程度高）的三因素混合实验方差分析，其中交互控制方式、关联线索是被试间变量，材料性质是被试内变量。图片区的眼动数据如表 5-16 所示。

表 5-16　实验 4 图片区眼动数据描述性统计

交互方式	线索	加权图片区停留时间（s）				加权进入图片区次数				加权图片区总注视时间（s）				加权图片区注视点个数				平均注视时间（ms）			
		抽象程度低		抽象程度高		抽象程度低		抽象程度高		抽象程度低		抽象程度高		抽象程度低		抽象程度高		抽象程度低		抽象程度高	
		M	*SD*	*M*	*SD*	*M*	*SD*	*M*	*SD*	*M*	*SD*	*M*	*SD*	*M*	*SD*	*M*	*SD*	*M*	*SD*	*M*	*SD*
系统控制	有	6.78	2.29	35.53	3.03	8.48	2.62	15.4	2.57	6.35	1.85	26.98	2.69	19.62	5.66	123.25	12.57	264.11	28.18	233.53	18.20
	无	8.92	3.06	32.08	4.32	8.35	1.84	14.46	1.83	6.78	2.35	24.46	4.18	25.97	7.59	96.61	11.09	250.59	27.36	231.76	41.28
自主控制	有	5.99	2.51	25.55	7.28	8.4	2.71	19.77	5.64	5.37	2.12	19.91	6.23	19.2	6.37	89.91	27.63	261.11	54.07	220.56	26.87
	无	9.35	5.42	29.83	8.31	8.75	1.67	17.11	3.66	8.51	4.97	23.59	6.52	23.02	12.62	89.37	20.35	336.47	41.15	237.64	25.65

加权图片区停留时间（s）：四个实验组不同学习材料的加权图片区停留时间如图 5-66 所示。交互控制方式主效应不显著（$F(1,65)=2.59$，$p=0.113>0.05$）；关联线索的主效应不显著（$F(1,65)=0.652$，$p=0.422>0.05$）；交互控制方式和关联线索的交互效应不显著（$F(1,65)=1.305$，$p=0.257>0.05$）。

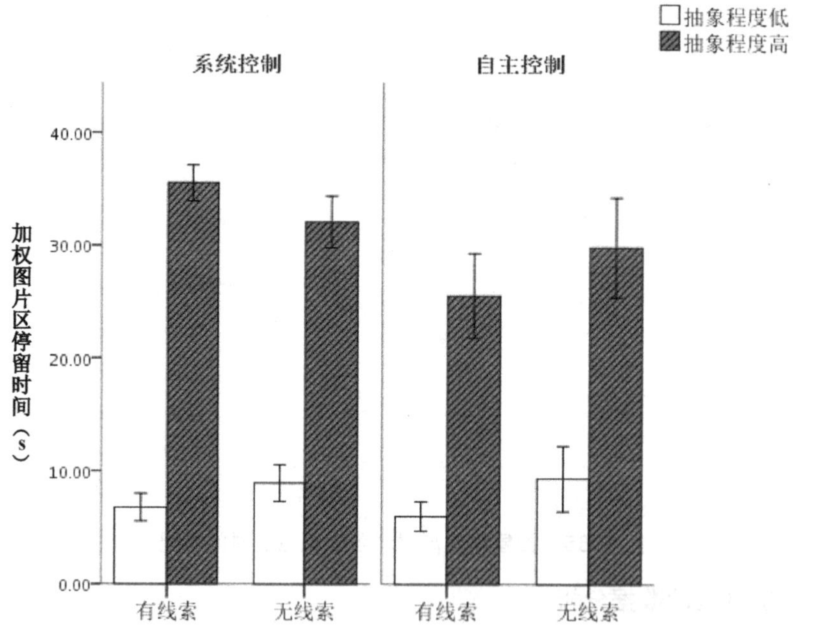

图 5-66　实验 4 不同组别的加权图片区停留时间（s）

材料性质的主效应极其显著（$F(1,65)=262.13$，$p=0.000<0.001$，$\eta^2=0.801$），抽象程度高的学习材料在图片区停留时间（$M=30.67$，$SD=6.28$）显著长于抽象程度低的在图片区的停留时间（$M=7.74$，$SD=3.05$）；材料性质与交互控制方式的交互作用显著（$F(1,65)=4.37$，$p=0.041<0.05$，$\eta^2=0.063$）；材料性质与图文关联线索的交互作用不显著（$F(1,65)=0.677$，$p=0.414>0.05$）；交互控制方式、图文关联线索、材料性质三者的交互作用不显著（$F(1,65)=1.315$，$p=0.256>0.05$）。

简单效应分析：对于低抽象程度材料，系统控制的图片区停留时间和自主控制无显著差异（$F(1,65)=0.011$，$I-J=0.178$，$p=0.918>0.05$）；对于高抽象程度材料，系统控制的图片区停留时间和自主控制有显著差异（$F(1,65)=4.271$，$I-J=6.113$，$p=$

0.043<0.05，$\eta^2=0.062$）。

加权进入图片区次数：四个实验组不同学习材料的加权进入图片区次数如图 5-67 所示。交互控制方式的主效应不显著（$F(1,65)=2.02$，$p=0.16>0.05$）；关联线索的主效应不显著（$F(1,65)=0.425$，$p=0.517>0.05$）；交互控制方式和关联线索的交互效应不显著（$F(1,65)=0.056$，$p=0.814>0.05$）。

材料性质的主效应极其显著（$F(1,65)=119.016$，$p=0.000<0.001$，$\eta^2=0.647$），高抽象程度进入图片区的次数（$M=16.73$，$SD=3.85$）显著多于低抽象程度（$M=8.49$，$SD=2.22$）；材料性质与交互控制方式交互作用显著（$F(1,65)=4.98$，$p=0.029<0.05$，$\eta^2=0.071$）；材料性质与图文关联线索的交互作用不显著（$F(1,65)=1.616$，$p=0.208>0.05$）；材料性质、交互控制方式、图文关联线索三者的交互作用不显著（$F(1,65)=0.533$，$p=0.468>0.05$）。

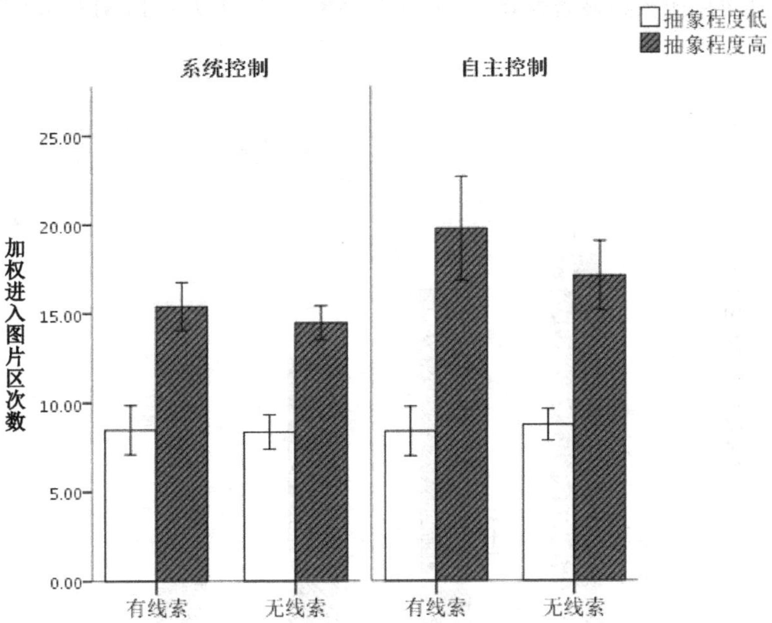

图 5-67　实验 4 不同组别的加权进入图片区的次数

简单效应分析：对于低抽象程度材料，系统控制进入图片区的次数和自主控制无显著差异（$F(1,65)=0.021$，$I-J=-0.157$，$p=0.886>0.05$）；对于高抽象程度材料，系统控制进入图片区的次数和自主控制存在边缘显著差异（$F(1,65)=3.775$，$I-J=-3.508$，$p=0.056<0.1$，$\eta^2=0.055$）。

加权图片区总注视时间（s）：四个实验组不同学习材料的加权图片区总注视时间如图 5-68 所示。交互控制方式主效应不显著（$F(1,65)=1.134$，$p=0.291>0.05$）；关联线索的主效应不显著（$F(1,65)=0.493$，$p=0.485>0.05$）；交互控制方式和关联线索的交互效应不显著（$F(1,65)=1.743$，$p=0.191>0.05$）。

材料性质的主效应极其显著（$F(1,65)=213.539$，$p=0.000<0.001$，$\eta^2=0.767$），

高抽象程度的学习材料在图片区的总注视时间（$M=23.68$，$SD=5.21$）显著长于低抽象程度（$M=6.73$，$SD=3.05$）；材料性质与交互控制方式交互作用边缘显著（$F(1,65)=3.490$，$p=0.066<0.1$，$\eta^2=0.051$）；材料性质与图文关联线索的交互作用不显著（$F(1,65)=0.267$，$p=0.607>0.05$）；材料性质、交互控制方式、图文关联线索三者的交互作用不显著（$F(1,65)=0.564$，$p=0.456>0.05$）。

简单效应分析：（1）对于低抽象程度材料，系统控制和自主控制在图片区的注视时间不存在显著差异（$F(1,65)=0.065$，$I\text{-}J=-0.377$，$p=0.800>0.05$）；对于高抽象程度材料，系统控制和自主控制在图片区的注视时间不存在显著差异（$F(1,65)=2.541$，$I\text{-}J=3.966$，$p=0.116>0.05$）。（2）在系统控制条件下，低抽象程度材料和高抽象程度材料在图片区的注视时间存在极其显著差异（$F(1,65)=133.926$，$I\text{-}J=-19.155$，$p=0.000<0.001$，$\eta^2=0.673$）；在自主控制条件下，低抽象程度材料和高抽象程度材料在图片区的注视时间存在极其显著差异（$F(1,65)=82.377$，$I\text{-}J=-14.813$，$p=0.000<0.001$，$\eta^2=0.559$）。

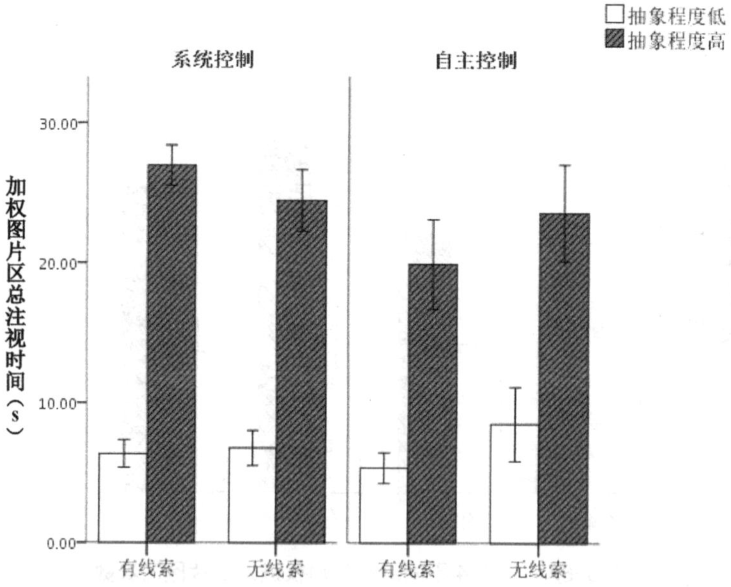

图 5-68 实验 4 不同组别的加权图片区总注视时间（s）

加权图片区总注视点个数：四个实验组不同学习材料的加权图片区总注视点个数如图 5-69 所示。交互控制方式主效应边缘显著（$F(1,65)=3.536$，$p=0.065<0.1$，$\eta^2=0.052$）；关联线索的主效应不显著（$F(1,65)=0.530$，$p=0.469>0.05$）；交互控制方式和关联线索的交互效应不显著（$F(1,65)=1.016$，$p=0.317>0.05$）。

材料性质的主效应极其显著（$F(1,65)=352.288$，$p=0.000<0.001$，$\eta^2=0.844$），高抽象程度在图片区的总注视点个数（$M=99.64$，$SD=20.06$）多于低抽象程度（$M=21.96$，$SD=8.40$）；材料性质与交互控制方式交互作用显著（$F(1,65)=5.034$，$p=0.028<0.05$，$\eta^2=0.072$）；材料性质与关联线索的交互作用显著（$F(1,65)=5.068$，$p=$

0.028<0.05，$\eta^2=0.072$）；材料性质、交互控制方式、关联线索三者的交互作用边缘显著（F（1,65）=2.980，$p=0.089<0.1$，$\eta^2=0.044$）。

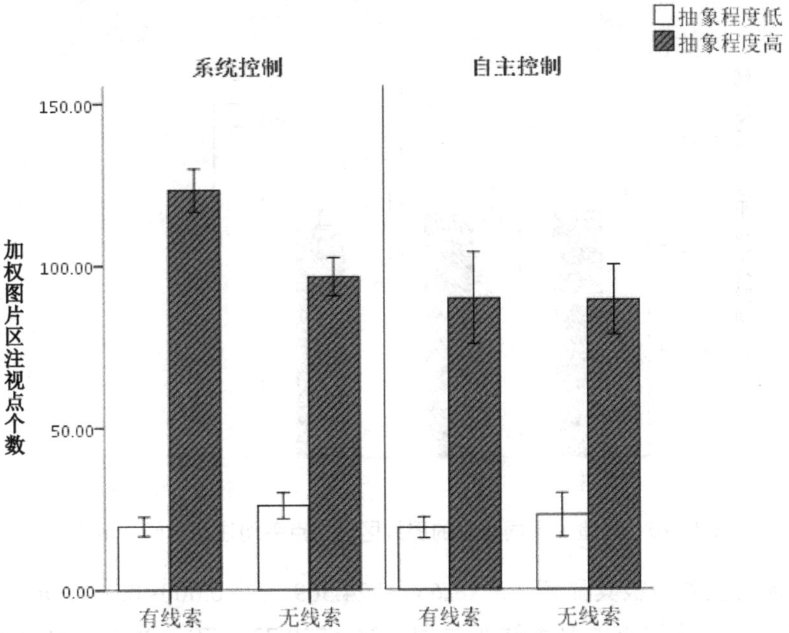

图 5-69　实验 4 不同组别的加权图片区注视点个数

简单效应分析：（1）对于低抽象程度材料，系统控制组在图片区的注视点个数和自主控制不存在显著差异（F（1,65）=0.170，$I\text{-}J=1.683$，$p=0.682>0.05$）；对于高抽象程度材料，系统控制组在图片区的注视点个数和自主控制存在显著差异（F（1,65）=4.788，$I\text{-}J=20.291$，$p=0.032<0.05$，$\eta^2=0.069$）。（2）对于低抽象程度材料，有关联线索组在图片区的注视点个数和无关联线索组无显著差异（F（1,65）=1.550，$I\text{-}J=-5.083$，$p=0.218>0.05$）；对于高抽象程度材料，有关联线索组在图片区的注视点个数和无关联线索组无显著差异（F（1,65）=2.147，$I\text{-}J=13.588$，$p=0.148>0.05$）。

简单简单效应分析：在系统控制下，当学习材料为低抽象程度时，有关联线索组在图片区的注视点个数和无关联线索组无显著差异（F（1,65）=1.194，$I\text{-}J=-6.353$，$p=0.279>0.05$），当为高抽象程度材料时，有关联线索和无关联线索存在显著差异（F（1,65）=4.068，$I\text{-}J=26.634$，$p=0.048<0.05$，$\eta^2=0.059$）；在自主控制下，当材料为低抽象程度材料时，有关联线索组在图片区的注视点个数和无关联线索组无显著差异（F（1,65）=0.442，$I\text{-}J=-3.812$，$p=0.508>0.05$），当为高抽象程度材料时，有关联线索组和无关联线索组无显著差异（F（1,65）=0.002，$I\text{-}J=0.541$，$p=0.967>0.05$）。

图片区注视点平均注视时间（ms）： 四个实验组不同学习材料的图片区平均注视时间如图 5-70 所示。交互控制方式主效应不显著（F（1,65）=1.907，$p=0.172>0.05$）；关联线索的主效应不显著（F（1,65）=1.976，$p=0.165>0.05$）；交互控制方式和关联线索的交互效应边缘显著（F（1,65）=3.854，$p=0.054<0.1$，$\eta^2=0.056$）。

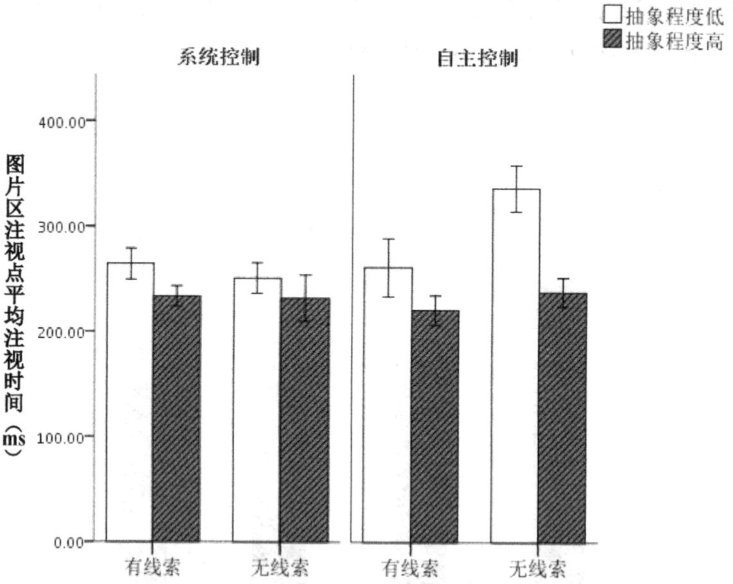

图 5-70 实验 4 不同组别的图片区注视点平均注视时间（ms）

材料性质的主效应极其显著（F（1,65）$=24.309$，$p=0.000<0.001$，$\eta^2=0.272$），高抽象程度在图片区注视点的平均注视时间（$M=230.72$，$SD=28.72$）短于低抽象程度（$M=277.83$，$SD=42.23$）。材料性质与交互控制方式交互作用显著（F（1,65）$=5.52$，$p=0.022<0.05$，$\eta^2=0.078$）；材料性质与图文关联线索的交互作用不显著（F（1,65）$=1.475$，$p=0.229>0.05$）；材料性质、交互控制方式、关联线索三者的交互作用边缘显著（F（1,65）$=3.345$，$p=0.072<0.1$，$\eta^2=0.049$）。

简单效应分析：（1）对于低抽象程度材料，图片区的注视点平均注视时间在系统控制和自主控制存在显著差异（F（1,65）$=4.741$，$I\text{-}J=41.00$，$p=0.033<0.05$，$\eta^2=0.068$）；对于高抽象程度材料，系统控制和自主控制无显著差异（F（1,65）$=0.064$，$I\text{-}J=4.00$，$p=0.802>0.05$）。（2）在系统控制下，图片区的注视点平均注视时间在有关联线索和无关联线索不存在显著差异（F（1,65）$=0.153$，$I\text{-}J=8.00$，$p=0.697>0.05$）；在自主控制下，有关联线索和无关联线索存在显著差异（F（1,65）$=5.756$，$I\text{-}J=-46.00$，$p=0.019<0.05$，$\eta^2=0.081$）。

简单简单效应分析：在系统控制下，当材料为低抽象程度时，有关联线索和无关联线索无显著差异（F（1,65）$=0.249$，$I\text{-}J=14.00$，$p=0.619>0.05$），当材料为高抽象程度时，有关联线索和无关联线索无显著差异（F（1,65）$=0.008$，$I\text{-}J=2.00$，$p=0.930>0.05$）。在自主控制下，当材料为低抽象程度时，有关联线索和无关联线索存在非常显著差异（F（1,65）$=7.952$，$I\text{-}J=-75.00$，$p=0.006<0.01$，$\eta^2=0.109$），当材料为高抽象程度时，有关联线索和无关联线索不存在显著差异（F（1,65）$=0.750$，$I\text{-}J=-17.00$，$p=0.390>0.05$）。

2. 文本区

对文本区眼动数据进行 2 动态图文交互控制方式（系统控制、自主控制）×2 关联线索（有、无）×2 材料性质（抽象程度低、抽象程度高）的三因素混合实验方差分析，其中交互控制方式、关联线索是被试间变量，材料性质是被试内变量。文本区的眼动数据如表 5-17 所示。

表 5-17 实验 4 文本区眼动数据描述性统计

交互方式	线索	加权文本区停留时间（s）				加权进入文本区次数				加权文本区总注视时间（s）				加权文本区注视点个数				平均注视时间（ms）			
		抽象程度低		抽象程度高		抽象程度低		抽象程度高		抽象程度低		抽象程度高		抽象程度低		抽象程度高		抽象程度低		抽象程度高	
		M	*SD*	*M*	*SD*	*M*	*SD*	*M*	*SD*	*M*	*SD*	*M*	*SD*	*M*	*SD*	*M*	*SD*	*M*	*SD*	*M*	*SD*
系统控制	有	52.04	2.17	20.41	2.92	10.21	4.30	14.60	7.30	38.13	3.88	17.73	2.12	161.85	11.40	78.88	9.09	236.47	17.94	204.12	16.69
	无	48.98	3.05	24.22	4.09	9.04	2.08	13.76	6.88	34.44	5.26	18.65	3.90	150.79	12.54	80.20	9.76	225.29	25.20	211.76	25.63
自主控制	有	51.41	10.87	31.52	6.84	8.85	2.81	19.68	9.84	38.97	9.25	27.27	6.30	173.70	41.97	111.98	23.01	229.44	25.92	247.22	19.54
	无	48.77	10.17	25.96	6.21	9.24	1.66	17.07	8.54	35.15	11.58	21.22	5.33	152.73	38.51	86.77	19.55	212.35	20.96	227.06	18.94

加权文本区停留时间（s）：四个实验组不同学习材料的加权图片区停留时间如图 5-71 所示。交互控制方式主效应不显著（$F(1,65)=0.954$，$p=0.332>0.05$）；关联线索的主效应不显著（$F(1,65)=0.402$，$p=0.528>0.05$）；交互控制方式和关联线索的交互效应不显著（$F(1,65)=0.575$，$p=0.451>0.05$）。

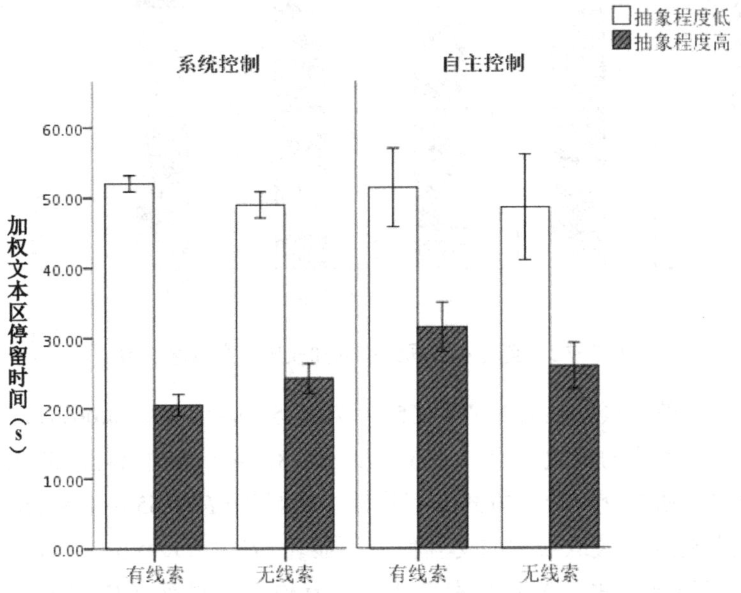

图 5-71 实验 4 不同组别的加权文本区停留时间（s）

材料性质的主效应极其显著（$F(1,65)=155.247$，$p=0.000<0.001$，$\eta^2=0.705$），高抽象程度材料加权文本区停留时间（$M=25.611$，$SD=5.56$）低于低抽象程度（$M=50.27$，$SD=9.03$）；材料性质与交互控制方式交互作用边缘显著（$F(1,65)=3.062$，$p=0.085<0.1$，$\eta^2=0.405$）；材料性质与图文关联线索的交互作用不显著（$F(1,65)=0.274$，$p=0.602>0.05$）；材料性质、交互控制方式、图文关联线索三者的交互作用不显著（$F(1,65)=$

1.455，$p=0.232>0.05$）。

简单效应分析：对于低抽象程度材料，系统控制组在文本区的停留时间和自主控制组无显著差异（F（1,65）$=0.014$，$I\text{-}J=0.520$，$p=0.907>0.05$）；对高抽象程度材料，系统控制组和自主控制组存在显著差异（F（1,65）$=6.360$，$I\text{-}J=-6.424$，$p=0.014<0.05$，$\eta^2=0.089$）。

加权进入文本区次数：四个实验组不同学习材料的加权进入文本区次数如图 5-72 所示。交互控制方式的主效应不显著（F（1,65）$=1.731$，$p=0.193>0.05$）；关联线索的主效应不显著（F（1,65）$=0.591$，$p=0.445>0.05$）；交互控制方式和关联线索的交互效应不显著（F（1,65）$=0.001$，$p=0.972>0.05$）。

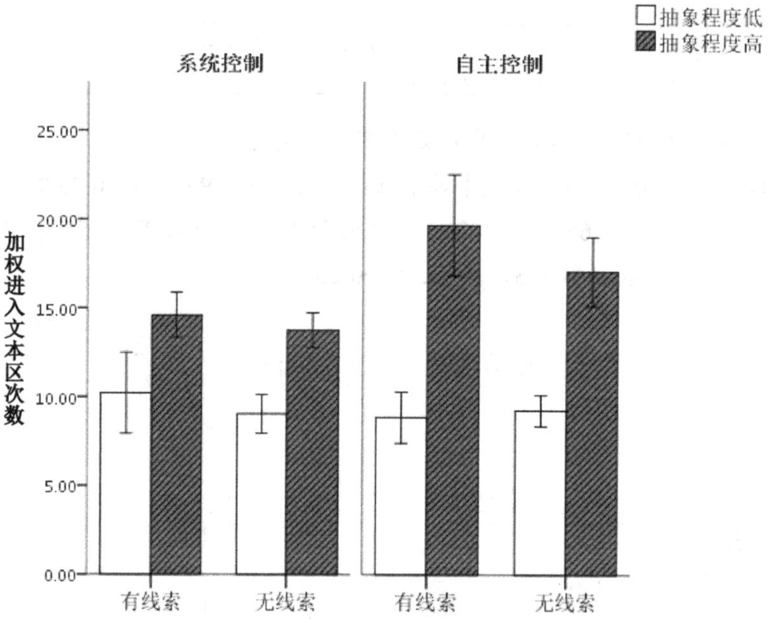

图 5-72 实验 4 不同组别的加权进入文本区次数

材料性质的主效应极其显著（F（1,65）$=72.625$，$p=0.000<0.001$，$\eta^2=0.528$），高抽象程度组进入文本区的次数（$M=16.33$，$SD=3.78$）高于低抽象程度的次数（$M=9.33$，$SD=2.84$）；材料性质与交互控制方式交互作用非常显著（F(1,65)$=8.57$，$p=0.005<0.01$，$\eta^2=0.117$）；材料性质与关联线索的交互作用不显著（F(1,65)$=0.670$，$p=0.416>0.05$）；材料性质、交互控制方式、关联线索三者的交互作用不显著（F（1,65）$=1.042$，$p=0.311>0.05$）。

简单效应分析：对于低抽象程度材料，系统控制组进入文本区的次数和自主控制组无显著差异（F（1,65）$=0.173$，$I\text{-}J=0.579$，$p=0.679>0.05$）；对于高抽象程度材料，系统控制和自主控制存在显著差异（F（1,65）$=5.560$，$I\text{-}J=-4.192$，$p=0.021<0.05$，$\eta^2=0.079$）。

加权文本区总注视时间（s）：四个实验组不同学习材料的加权文本区总注视时间如

图 5-73 所示。

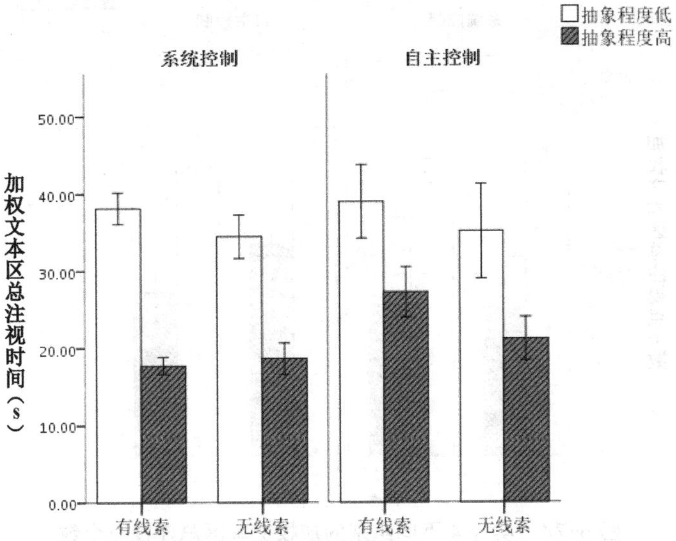

图 5-73 实验 4 不同组别的加权文本区总注视时间（s）

交互控制方式主效应不显著（F（1,65）=1.600，p=0.210>0.05）；关联线索的主效应不显著（F（1,65）=1.366，p=0.247>0.05）；交互控制方式和关联线索的交互效应不显著（F（1,65）=0.430，p=0.514>0.05）。

材料性质的主效应极其显著（F（1,65）=82.087，p=0.000<0.001，η^2=0.558），高抽象程度组在文本区的总注视时间（M=21.31，SD=4.88）低于低抽象程度组（M=36.71，SD=7.99）；材料性质与交互控制方式交互作用不显著（F（1,65）=2.399，p=0.126>0.05）；材料性质与图文关联线索的交互作用不显著（F（1,65）=0.122，p=0.728>0.05）；材料性质、交互控制方式、图文关联线索三者的交互作用不显著（F（1,65）=1.006，p=0.320>0.05）。

加权文本区总注视点个数：四个实验组不同学习材料的加权文本区总注视点个数如图 5-74 所示。

交互控制方式主效应不显著（F（1,65）=1.724，p=0.194>0.05）；关联线索的主效应不显著（F（1,65）=1.888，p=0.174>0.05）；交互控制方式和关联线索的交互效应不显著（F（1,65）=0.801，p=0.374>0.05）。

材料性质的主效应极其显著（F（1,65）=152.33，p=0.000<0.001，η^2=0.701），高抽象程度在文本区的注视点个数（M=89.79，SD=17.62）显著低于低抽象程度（M=159.97，SD=29.63）；材料性质与交互控制方式交互作用不显著（F（1,65）=1.290，p=0.260>0.05）；材料性质与图文关联线索的交互作用不显著（F（1,65）=0.127，p=0.723>0.05）；材料性质、交互控制方式、图文关联线索三者的交互作用不显著（F（1,65）=0.532，p=0.468>0.05）。

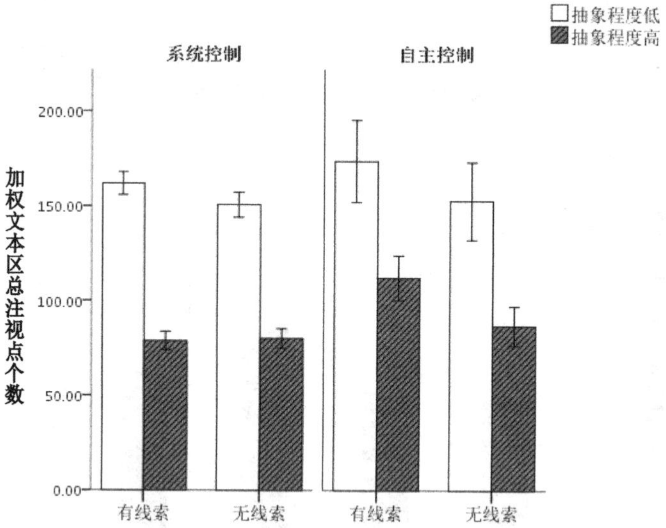

图 5-74 实验 4 不同组别的加权文本区总注视点个数

文本区注视点平均注视时间（ms）：四个实验组不同学习材料的文本区总注视点平均注视时间如图 5-75 所示。交互控制方式主效应不显著（$F（1,65）=1.025$，$p=0.315>0.05$）；图文关联线索的主效应不显著（$F（1,65）=1.154$，$p=0.287>0.05$）；交互控制方式和关联线索的交互效应不显著（$F（1,65）=0.789$，$p=0.378>0.05$）。

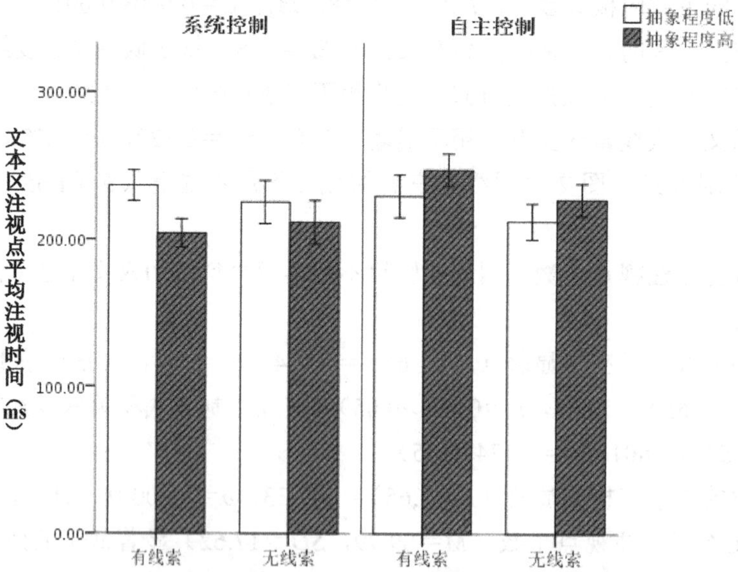

图 5-75 实验 4 不同组别的加权文本区总注视平均注视时间（ms）

材料性质的主效应不显著（$F（1,65）=0.000$，$p=0.441>0.05$）；材料性质与交互控制方式交互作用极其显著（$F（1,65）=20.523$，$p=0.000<0.001$，$\eta^2=0.240$）；材料性质与图文关联线索的交互作用不显著（$F（1,65）=0.829$，$p=0.366>0.5$）；材料性质、交互

控制方式、图文关联线索三者的交互作用不显著（F（1,65）=1.602，p=0.210>0.05）。

简单效应分析：对于低抽象程度材料，系统控制组在文本区注视点的平均注视时间和自主控制无显著差异（F（1,65）=0.827，$I\text{-}J$=10.00，p=0.366>0.05）；对于高抽象程度材料，系统控制组在文本区注视点的平均注视时间和自主控制存在非常显著差异（F（1,65）=8.783，$I\text{-}J$=−29.00，p=0.004<0.01，η^2=0.119）。

四、讨论

（一）交互控制方式与关联线索对不同性质材料多媒体学习效果的影响

交互控制方式：系统控制组和自主控制组的学习材料感知难度、保持成绩、迁移成绩、心理努力程度均无显著差异。

关联线索：有关联线索组的保持成绩显著高于无关联线索组，在学习材料感知难度、迁移成绩、心理努力程度均无显著差异。

材料性质：抽象程度低组和抽象程度高组的学习材料感知难度、保持测验、迁移测验、心理努力程度均无显著差异。

交互效应：交互控制方式和材料性质对迁移成绩存在交互影响。对抽象程度高的学习材料，自主控制的迁移成绩显著高于系统控制；对抽象程度低的学习材料，交互控制方式无显著影响作用。

本实验假设一，交互控制方式对不同性质学习材料的学习效果有显著差异，自主控制对抽象程度高学习材料的有显著促进作用，系统控制对抽象程度低的有显著促进作用。本实验的结果是：自主控制对抽象程度高学习材料的迁移成绩有显著促进作用。部分验证假设一。

本实验假设二，关联线索可以显著促进学习效果，但动态图文会削弱关联线索的有效性。本实验的结果是：有关联线索组的保持成绩显著高于无关联线索组。部分验证假设二。

（二）交互控制方式与关联线索对不同性质材料多媒体学习眼动行为的影响

整体眼动行为：有关联线索组的加权总注视时间、加权注视点个数显著多于无关联线索组，抽象程度高组的加权总注视时间边缘显著多于抽象程度低组。对抽象程度高的材料，有线索组的平均注视时间显著大于无线索组，抽象程度低的材料则无显著差异。

图片兴趣区眼动行为：高抽象程度组在图片区的加权停留时间显著大于低抽象程度组。对于抽象程度高的材料，系统控制组的图片区加权停留时间大于自主控制组（运动性导致学习者更专注图区），抽象程度低的材料无显著差异；高抽象程度组进入图片区的次数显著多于低抽象程度组（切换次数多）；对于高抽象程度材料，系统控制组进入图片区的次数显著少于自主控制组，抽象程度低的材料无显著差异（切换次数少）。高抽象程度组在图片区的加权总注视时间显著多于低抽象程度组；高抽象程度组在图片区的加权总注视点个数显著多于低抽象程度组；对于高抽象程度材料，系统控制组加权图片区总注视点个数显著多于自主控制组，抽象程度低的材料无显著差异；在自主控制下，有关联线索的图片区平均注视时间显著低于无关联线索组，系统控制无显著差异。

文本兴趣区眼动行为：高抽象程度在文本区的加权停留时间显著低于低抽象组。对于抽象程度高的材料，系统控制组的文本区加权停留时间显著小于自主控制组，抽象程度低的材料无显著差异。高抽象程度组进入文本区的次数显著多于低抽象程度组（图文切换次数多）。对于高抽象程度材料，系统控制组进入文本区的次数显著少于自主控制组，抽象程度低的材料无显著差异（图文切换次数少）。高抽象程度材料在文本区的加权总注视时间显著低于低抽象程度组；高抽象程度组在文本区的加权总注视点个数显著少于于低抽象程度组；对于高抽象程度材料，系统控制组的文本区平均注视时间显著低于自主控制组，低抽象程度材料则无显著差异（运动性削弱了学习者对文本的关注度）。

本研究发现，交互控制方式对整个画面的加权总注视时间、加权注视点个数、平均注视时间无显著影响；抽象程度高的材料，加入关联线索会使学习者投入更多的注意力。

在动态图文中，材料性质会影响学习者对图文的注意力分配，高抽象材料对图片区的加权停留时间相对更长，而低抽象材料对文本区的加权停留时间相对更长。交互控制对高抽象材料的影响较为明显，在系统控制下，由于动态缘故，动态图文一帧帧自动切换，对于高抽象材料，学习者把注意力集中在图片上，在自主控制下，学习者会尽可能兼顾画面中的所有信息，包括文本。

材料性质会影响学习者图文阅读时图文的切换方式。高抽象材料，学习者在图文之间切换次数相对更多，表明学习者更加需要从图、文协同来构建对知识的理解，而低抽象材料在图文之间的切换次数相对更少。

在系统控制下，画面是一帧帧切换，动态性会削弱关联线索的作用；在自主控制下，关联线索的作用相对更强。

五、结论

（1）对于抽象程度高的图文学习材料，学习者的自主交互控制有利于加强对材料的深度理解，对迁移成绩有显著促进作用。

（2）关联线索会使学习者投入更多的注意力，对保持记忆有明显的作用；动态切换会削弱线索效果，但在自主控制下，关联线索的作用依然保持。

（3）交互控制可以使学习者根据知识点特性（如难易程度、抽象程度）自主分配学习时间；关联线索在一定程度上可以减少盲目搜索时间，有利于缩短整体学习时间。

（4）材料性质会影响学习者的图文阅读方式，对高抽象程度的材料，学习者在图文之间切换次数相对更多，更加依赖对图文的协同构建。

（5）以上（1）～（4）的结论表明，交互控制是实现图文融合的有效途径之一，画面的切换速度直接影响到关联线索的效果。

第六章　教育图文融合设计规则讨论与验证

教育实验的目的在于通过探讨教育现象中的因果关系，从中发现一定的规律或总结相应的策略，反过来更好地应用于教育实践。本研究的核心主题是构建教育图文融合设计规则，在此指引下，构建了教育图文融合模型，确定了融合的基本途径，并开展了与融合途径相对应的眼动实验。通过对上一章的眼动实验讨论和结论的深入分析，发现和挖掘出教育图文融合设计规则。由于图文融合的途径包括“图文相关性”“语义图示”“交互控制”和“关联线索”，因此教育图文融合设计规则应包括这四方面。

此外，为验证实验室情境下的设计规则对自然情境下教师或设计者的设计实践的可行性，以及对学生真实学习效果的有效性，需要分别对教师或教学资源设计者、学生开展问卷调查。对同一规则，教师或教学资源设计者评价此规则与具体设计行为的匹配程度，与此同时，学生评价此规则指导下画面变化后的学习效果，并对二者相关分析和效应量检验，以验证此规则在“设计规则→设计行为→设计效果”之间的逻辑是否一致性。本章的研究逻辑如图 6-1 所示。

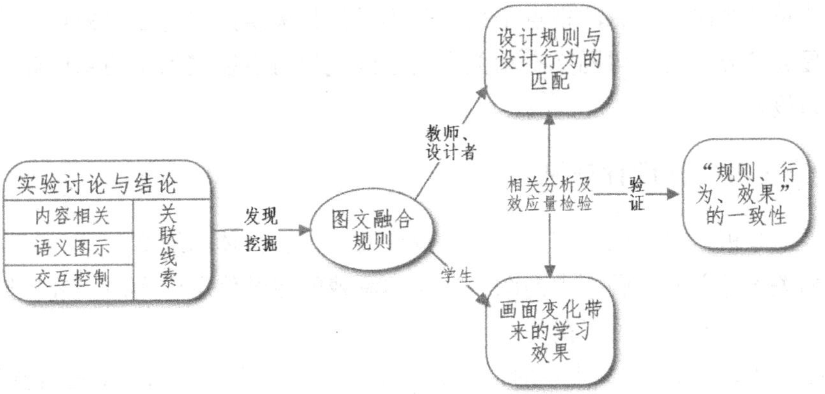

图 6-1　第六章的研究逻辑

第一节　图文相关性设计规则讨论

多媒体是由多种信息媒体有机整合的综合媒体，在梅耶看来，这些媒体都可以归之为语词和画面，语词是以文本和言语呈现的材料，画面主要是指静态的图形图像或动态画面。多媒体学习的图文理解整合模型中指出，图、文在早期通过视听双通道进入感觉记忆，但在后期的工作记忆阶段，图、文信息需要进行整合完成知识的构建。

双重编码理论认为，人脑中存在言语和意象两个功能独立却又相互联系的加工系统，可以同时通过语言、视觉的形式共同呈现信息，但需要指出的是，要取得好的效果，前提在于建立言语表征和视觉表征的二者联系。换言之，在图文设计时，对图文媒体的选取应该特别考虑图文之间的相关性，图文相关是指图、文二者之间彼此关连、相互依存，其暗含的主要是指语义层面的关联。现有研究表明，图、文在工作记忆阶段共享同一语义系统。①正因如此，本文把图文相关设计作为实现图文融合的基本途径之一。

一、实验中的图文相关性设计分析

本文在实验 1 中的多媒体学习材料中涉及图文相关性设计。

在实验 1 中，图文之间高相关的设计，主要是通过增加图片中细节来现实，这些细节是文本中关键内容的再现。经评定，实验 1 材料中高相关组和低相关组的图文相关性存在极其显著差异。结果显示：高相关组的迁移成绩显著高于低相关组，高相关组的保持测验与低相关组无显著差异，但均值稍高。这与 Peek（1993）、张红香（1997）、Berends（2009）、费广洪（2013）等人研究结论类似，即在图文学习中，学习效果与图文相关性密切相关，随着相关性的提高而提高。②高相关组的学习材料感知难度、心理努力程度与低相关组无显著差异，但从整体的均值看，高相关组均小于低相关组，表明高相关在一定程度上有助于促进学习者对图、文信息的整合，降低学习者的认知负担。在眼动指标方面，高相关组在图片区的总注视时间、总注视点个数显著高于低相关组，高相关组在文本区的总注视时间、总注视点个数显著小于低相关组，二者在注视点平均注视时间方面均无显著差异。这表明图文高相关有助于改变学习者以文为主的阅读倾向，会增加对图的精力投入。

二、图文相关性设计规则

根据以上分析，提出以下图文相关性设计的总则和具体的细则。

图文相关设计总则：画面中的图、文媒体承载的教学信息应为同一或相似主题的知识点，尽可能排除其他无关干扰。

设计细则 1.1：画面以图为主时，应该选取恰当的文本对图的细节进行注解或分析，尽可能明确画面表达的主题或揭示画面的内涵。

设计细则 1.2：画面以文为主时，应该选取恰当的图像对文本的抽象意义进行直观性描述，尽可能使冗长晦涩的文本更加容易理解。

设计细则 1.3：画面中图、文没有明显主次时，应该按照互补、协作的要求选取图文媒体，尽可能使二者和谐共处、相互渗透、相得益彰。

---

① 李松清，赵庆柏等. 多媒体学习中图文加工的认知神经机制[J]. 心理科学进展，2015，23（8）：1361-1370.

② 费广洪等. 图文相关性对不同认知方式大学生阅读影响的眼动研究[J]. 心理学报，2013，45（7）：783-789.

设计细则 1.4：图文媒体的选取应该与学习者的理解能力、偏爱、学习风格相一致，尽可能使图文媒体与真实情境中的学习者得到最大程度的关联。

在图文相关设计总则中，明确指出了图、文二者在表征知识时应该保持目标对象一致性，建构二者相互言说、互文表达的共同语境。

设计细则 1.1 是画面以图为主时，对如何选取文本的规定；设计细则 1.2 是画面以文为主时，对如何选取图片的规定；设计细则 1.3 是画面图文没有明显主次时，对二者如何协调的规定；设计细则 1.4 是图文媒体的选择，对二者如何与学习者匹配的规定。设计细则 1.1～1.4 都可以从实验 1 的设计材料、实验分析或结果中找到相关的证据来源。

第二节　语义图示设计规则讨论

图示是承载具体语义信息，依据知识属性进行结构化组织的可视化表征。图示并不是与生俱来，需要设计者对抽像知识内容的提炼、组织和再造，经过精心的设计加工形成。换言之，图示被赋予了具体的、约定俗成的符号意义，目的是为了更清晰、更好地揭示知识内容的深层次关系。

读图比读文字更直观、快捷，而且带来轻松的视觉享受，但读图是一把双刃剑，有可能给学习者带来浅阅读、词语钝化等负面影响。为此，不少学者指出借助图示来突破浅层学习，图示俨然成为多媒体学习研究领域的热点。一般而言，图示是对纯文本内容的图形化，设计者在对文本内容深度理解的基础上设计可视化的语义图示，从而使图示和关键文本共同呈现在多媒体画面中，整个过程是“一化为二”的过程，这直接关系到多媒体学习的质量。正因如此，本文把语义图示设计作为实现图文融合的基本途径之一。

一、实验中的语义图示设计分析

本文在实验 2-1、实验 2-2、实验 3 中的多媒体学习材料中涉及语义图示的设计，其中实验 2-1 是关于语义图示的有无、实验 2-2 是关于语义图示的呈现方式、实验 3 是关于语义图示的组织结构。

在实验 2-1 中，为陈述性知识设置命题网络图示、程序性知识设置产生式语义图示，并进行图示的有无比较。结果显示：有语义图示组的保持测验、迁移测验均显著高于无语义图示。这表明利用命题网络语义图示呈现陈述性知识、利用产生式语义图示呈现程序性知识对学习有促进作用，与以往插图研究的结论类似，即有插图的学习效果比无插图更好，也证实了 Mayer 提出的多媒体认知原则，即语词与画面共同呈现比单一的语词效果更好。有语义图示组的学习材料感知难度显著低于无语义图示组、心理努力程度边缘显著低于无语义图示组。这表明在画面上添加与文本对应的语义图示，虽然画面信息量增大，但反而降低了学习者的认知负荷。在眼动指标方面，有语义图示组的图示区停留时间、图示区总注视时间、图示区注视点个数都显著高于无图示组，有语义图示组的文本区停留时间、文本区总注视时间、文本区注视点个数都显著高于无图示组，表明图示改变了学习者在画面学习中的注意力分配，但终究以文本阅读为主导。

在实验 2-2 中，为陈述性知识设置命题网络图示的直接呈现和构建呈现、为程序性知识设置产生式语义图示的直接呈现和构建呈现。直接呈现是设计者把图示提供给学习者，与文本一起呈现；构建呈现是设计者提供的图示未构建完整，需要学习者根据自己的理解去构建，由于眼动实验采集数据的要求，本实验的构建呈现是要求学习者去选择正确的选项。结果显示：语义图示构建呈现组和直接呈现组的保持测验无显著差异，构建呈现组的迁移成绩显著高于直接呈现组。构建呈现组的学习材料感知难度高于直接呈现组、心理努力程度显著高于直接呈现组。这表明语义图示的构建呈现对学习有一定的促进作用，但会增加学习者的认知负荷。本结论也证实了乔纳森的观点，即利用思维工具建模有助于学习，但其局限性是需要学习者对这个任务全身心投入，给他们施加了很重的认知负荷。①在眼动指标方面，构建呈现组在图示区的停留时间、总注视时间、总注视点个数、平均注视时间显著多于直接呈现组。这表明要求学习者去构建，在任务的驱动下会改变他们的阅读模式。

在实验 3 中，为同样的知识内容分别设置了与之高度匹配、不匹配的图示组织结构，由于知识内容蕴涵的是“循环”语义，高度匹配图示的结构是循环结构，不匹配图示的结构是线性结构，对二者进行比较。结果显示：图示组织结构匹配组的迁移成绩显著高于不匹配组，保持成绩二者无显著差异。这表明，图示对学习具有一定的促进作用，但其前提是图示的组织结构应该与知识结构相匹配。本结论证实了 Mayer 所提出的观点：即多媒体学习材料应该为学习者提供或建立与知识结构相一致的引导，否则学习者任何费尽心思的建构都可能是毫无作用的。②图示组织结构匹配组的感知难度、心理努力程度均小于不匹配组。这表明，匹配的图示组织结构有助于降低学习者的认知负荷。在眼动指标方面，图示结构匹配组在图示区的停留时间百分比、总注视时间、注视点个数显著高于不匹配组；匹配组的注视点平均注视时间边缘显著高于不匹配组。这表明图示结构会改变学习者的注意力分配，匹配的图示结构会使学习者投入更多的注意力。

二、语义图示设计规则

根据以上分析，提出以下图示设计的总则和具体的细则。

语义图示设计总则：图示是抽象文本的可视化，图示蕴涵的语义必须与文本语义保持一致性。图示设计及呈现应尽可能促进主动学习行为的投入，帮助学习者深入思考、突破浅层学习，实现对知识的意义建构。

设计细则 2.1：多媒体画面中避免过多使用纯文本，应尽可能利用图示对知识实现化繁为简、化抽象为具体、化隐性为显性的可视化表征。

① [美]D. H. 乔纳森. 技术支持的思维建模——用于概念转变的思维工具（第三版）[M]. 顾小清（译）. 上海：华东师范大学出版社，2008：21.

② [美]梅耶多媒体学习[M]. 牛勇，邱香译. 北京：商务印书馆，2006：66-67.

设计细则 2.2：图示设计应建基于文本知识的认知语义特性。对于陈述性知识，图示应采取命题网络和结构性表征方法（如概念图、关系图），尽可能展示知识属性、知识点之间关系；对于程序性知识，图示应采取产生式表征方法（如过程图、流程图），尽可能展示事物的状态、发展变化及动态的因果关系。

设计细则 2.3：图示应避免简单的直接呈现，尽可能让学习者投入更多精力、自主完成图示的构建（如采取交互方式引导他们确认、表达）。

设计细则 2.4：不同的图示具有不同的功能和用途，图示的组织结构应与知识结构相匹配（如比较知识结构适合选用矩阵图示；分类知识结构适合选用树形/层级图示；过程、顺序、因果类知识结构适合选用链索形图示等）。

在语义图示设计总则中，明确指出了图、文二者在表征知识时应该保持意义的一致性，目的是为学习者创设更多的意义关联。

设计细则 2.1 是关于画面中对图示设计目的的规定；设计细则 2.2 是关于画面中图示类型与知识类型的规定；设计细则 2.3 是关于画面中图示的呈现方式规定；设计细则 2.4 是图示组织结构与知识结构的规定。设计细则 2.1～2.4 都可以从实验 2-1、实验 2-2、实验 3 中的设计材料、实验分析或结果中找到相关的证据来源。

第三节　交互设计规则讨论

多媒体画面包括图、文、声、像和交互五大基本要素，其中，交互是多媒体画面具备的独特功能，通过交互功能优化教学过程，从而促进学习者的认知及思维能力的发展。在多媒体学习中，交互行为参与的频率越来越高，随着技术的发展，交互形式会越来越多样、逼真，逐步融入到整个多媒体学习过程或情境中。

多媒体学习过程是信息加工过程，包括“选择信息”“组织信息”“整合信息”“建立模型”等一系列的认知活动。交互究竟在多媒体学习中存在什么样的作用和影响？交互的作用应该在于控制、协调各通道之间的信息处理，使多媒体学习具有积极主动的主观能动性。图 6-2 体现了交互在多媒体学习中所承担的角色。

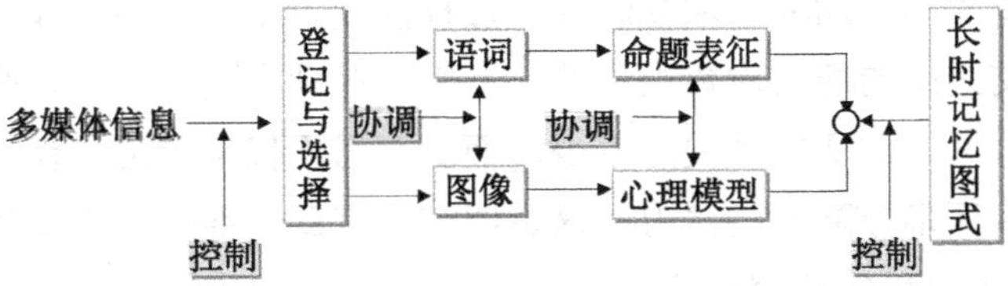

图 6-2　交互在多媒体学习中的作用

从图 6-2 可知，交互在多媒体学习中所起的作用实质是在于构建各种关联，包括媒体关联，通道关联、媒体信息与学习者自身的关联等。正因如此，在实验设计中，本文把交互作为实现图文媒体融合的基本途径之一。

一、实验中的交互设计分析

本文在实验 2-2、实验 4 中的多媒体学习材料中涉及交互设计。

在实验 2-2 中，语义图示的构建呈现通过交互设计实现，即学习者需要通过交互，把图示补充完整，当选择错误选项时，要求学习者重选。结果显示：交互使学习者对学习材料的感知难度、心理努力程度有一定程度增加，与此同时，交互仅使程序性知识组的迁移成绩得到显著提高。在本实验中，交互并没有使学习者感到舒适的体验，而是引导学习者完成任务，对图文关键内容的确认，显然这增加了认知负荷。需要指出的是，所增加的认知负荷不是内在认知负荷、也不是外在认知负荷，而是相关认知负荷，该负荷是由于学习者集中精力投入学习、为了完成学习任务导致，因此对学习有积极的促进作用。然而，在程序性知识组的保持测验，在陈述性知识的保持测验、迁移测验方面，本实验中的交互设计并没有体现对学习的促进作用，其原因可能在于保持测验涉及的是对知识的记忆、再现，陈述性知识涉及的是一些简单的概念及概念间的关系，学习者只需通过浅阅读就能掌握对以上知识；程序性知识的迁移测验主要是对知识因果联系的推理，需要学习者通过深度阅读才能理解。在眼动指标方面，图示区的交互增加了该区域的停留时间、总注视时间和平均注视时间，这表明交互促进了对该区域的精力投入，有助于对该区域进行深度加工。本实验肯定了交互对知识构建存在促进作用，但与此同时会占用学习者更多的认知资源。证实了陈丽[①]教授提出的交互层次塔原理，即操作性交互可以激发学习者在高层次的概念交互，从而最终促进意义学习和知识建构。

在实验 4 中，交互用于控制动态画面的播放，即学习者可以用交互来调控动态画面的呈现速度，用来选择学习内容，与此同时，动态画面中的图、文在交互的作用下同步呈现，形成互动。结果显示：交互对抽象程度高的学习材料的迁移成绩有显著促进作用。交互组的学习材料感知难度、心理努力程度与非交互组无显著差异，但从均值看，交互组均小于非交互组，表明交互在一定程度上可以给学习者更好的用户体验。从整体学习时间分配来看，非交互组学习者在各个知识点的学习时间是平均分配的，交互组学习者在各个知识点的学习时间分配与知识点存在密切关系，学习者在信息量大、难度高的知识点上主动分配了更多时间。在眼动指标方面，对于抽象程度高的学习材料，交互组在图片区的加权停留时间、加权总注视时间、加权注视点个数均小于非交互组，其原因在于交互组在图、文之间的切换次数大于非交互组，在动态画面中，非交互组主要把精力集中在变化的图片区，对文本区关注较少，而交互组不仅可以集中精力关注变化的图片区，也可以在文本区多分配一些精力，这表明交互有助于促使学习者根据自我需要来分配注意力，这与胡卫星[②]的研究结论类似。

① 陈丽. 远程学习的教学交互模型和教学交互层次塔[J]. 中国远程教育，2004，(5)：24-28.

② 胡卫星. 动画情境下多媒体学习的实验研究[D]. 大连：辽宁师范大学，2012.

二、交互设计规则

根据以上分析，提出以下交互设计的总则和具体的细则。

交互设计总则：交互设计必须以理解图文内容为基础目标，让学习者能够主动调控认知过程（包括选择信息、组织信息、整合信息等），尽可能帮助学习者创造和建立与画面之间的有意义联结，使他们感知到舒适的用户体验。

交互设计细则 3.1：在动态画面中，为保证学习者与图文内容之间的粘合度，画面应该设置交互功能，用来自主调控播放速度和选择学习内容。

交互设计细则 3.2：当文本内容的抽象程度较高时，画面中图像（可视化）区域应该设置交互功能，用来支持学习者参与思维建模。

交互设计细则 3.3：为增强图文之间关联性，画面可以设置交互控制图文内部细节的变化过程，使它们实时同步或交替呈现，形成互动呼应的效果。

交互设计细则 3.4：为激发学习者快速有效建立言语和视觉模型，画面可以设置交互功能，引导学习者对图文关键内容的反馈确认。

在交互总则中，阐述了交互设计的基本目标在于理解图文内容，交互设计的功能在于让学习者能够主动调控认知过程，交互设计的作用在于帮助学习者创造和建立与画面之间的有意义联结。

与交互设计细则 3.1 相对应的是实验 4 中自主控制组的学习材料；与交互设计细则 3.2 相对应的是实验 4 中高抽象材料组的学习材料；与交互设计细则 3.3 相对应的是实验 4 中高抽象材料有线索组的学习材料；与交互设计细则 3.4 相对应的是实验 2-2 中构建呈现组的学习材料。

第四节　关联线索设计规则讨论

多媒体画面中，线索包括颜色、箭头、方框、闪烁、位置变化、速度变化等，由于线索的非内容信息特性，许多研究者更倾向于称之为多媒体教学的设计形式。在本文中，线索主要用途是用来关联媒体，使独立、不同视觉形式的图片媒体、文本媒体能够形成一种整体意义的表达，共同作用于多媒体学习过程。

已有研究发现，线索具有引导学习者关注多媒体画面中的特定内容，忽视对无关内容的干扰的作用；线索具有一定的组织、整合图文信息的作用，能够提高学习效果。[①]那么，线索究竟如何作用于多媒体学习过程呢？图 6-3 体现了线索在多媒体学习中的作用机理。

---

① 王福兴，段朝辉，周宗奎. 线索在多媒体学习中的作用[J]. 心理科学进展，2013，(8)：1430-1440.

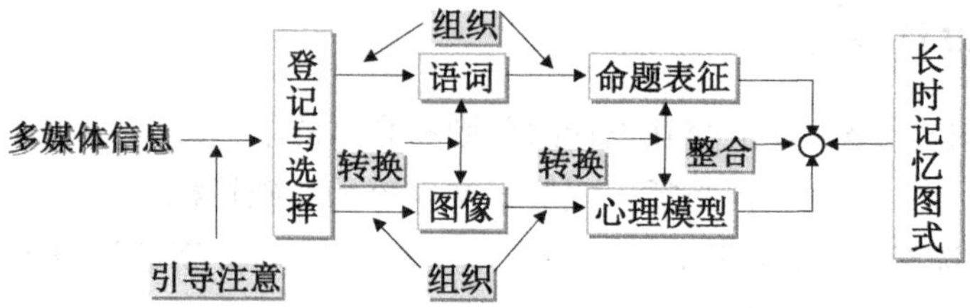

图 6-3 线索在多媒体学习中的作用

从图 6-3 可知，线索在多媒体学习中的作用表现在：线索引导学习者的注意力分配，对信息登记与选择；线索引导学习者组织语词建立命题表征、组织图像建立心理表征；线索引导学习者对语词与图像、命题表征和心理模型的转换，在与长时记忆信息的比对下实现对知识信息的整合。以上分析表明，线索的实质是在多媒体学习过程中为信息的选择、组织、建立模型，整合信息提供引导作用。

正因如此，在实验设计中，本文把关联线索作为实现图文媒体融合的基本途径之一。

一、实验中的关联线索设计分析

本文在实验 1、实验 3 和实验 4 中的多媒体学习材料中涉及关联线索的设计。

在实验 1 中，图文关联线索的实现，一是在文本区通过对关键文本设置红色，形成对沃克环流成因或现象解释的“言语链”；二是在图片区通过箭头设置颜色，并在箭头旁添加与文本内容对应的“备注”。结果显示：有线索组的保持测验和迁移测验都显著高于无线索组。当前已有研究中，线索能否促进学习的结论不一致，但大部分结论是线索可以促进学习①，本结论支持线索促进学习这一观点。有线索组的材料感知难度、心理努力程度与无线索组无显著差异，但总体而言，有线索组低于无线索组。这表明线索在一定程度上可以降低认知负荷。在眼动指标方面，有线索组在整体画面的总注视时间、总注视点个数与无线索组无显著差异，有线索组的平均注视时间边缘高于无线索组；有线索组在图片区的总注视时间、总注视点个数、平均注视时间均显著高于无线索组；在文本区，有线索组在文本区的总注视时间、总注视点个数均显著低于无线索组，平均注视时间无显著差异。这表明线索可以增加画面关键部位的吸引力，在图文阅读中，图文关联线索会增加学习者对图片区的深度加工。

在实验 3 中，图文关联线索的实现，一是在文本区通过对关键文本设置红色，形成对空调工作原理解释的“言语链”；二是分别在文本、图示区通过设置颜色，并添加与文本内容对应的“数字序号”。结果显示，有线索组的保持成绩显著高于无线索组，而在迁移成绩方面无显著差异。本结论支持线索促进浅层学习，未发现其对深层学习的作用。有线索组的材料感知难度边缘显著低于无线索组，而心理努力程度无显著差异。这表明线索对认知负荷无显著降低。在眼动指标方面，有线索组在文本、图示兴趣区的停留时

① 王福兴，段朝辉，周宗奎. 线索在多媒体学习中的作用[J]. 心理科学进展，2013，(8)：1430-1440.

间百分比、总注视时间、注视点个数、平均注视时间与无线索组均无显著差异，有线索组的首次注视时间显著长于无线索组；在线索区，有线索组的到达时间显著低于无线索组，有线索组的线索区停留时间百分比、注视点个数、进入线索区次数显著高于无线索组。这表明线索让学习者可以准确、快速加工特定区域，会增加对学习者对线索区的注视。

在实验4中，图文关联线索的实现，一是在文本区通过对关键文本设置红色，形成对画面解释的"言语链"；二是在图文中间设置进度框，对正在播放知识点的位置显示"红色"，形成"视觉链"。结果显示：有线索组的保持测验显著高于无线索组，而在迁移成绩方面无显著差异。本结论支持线索促进浅层学习，未发现其对深层学习的作用。有线索组的材料感知难度、心理努力程度与无线索组无显著差异。这表明在动态画面中，线索未降低认知负荷。在眼动指标方面，有线索组在整体画面的加权总注视时间、加权总注视点个数显著高于无线索组，但平均注视时间无显著差异；有线索组在图片兴趣区的加权停留时间、加权进入图片区次数、加权图片区总注视时间、加权图片区总注视点个数与无线索组均无显著差异；有线索组在文本兴趣区的加权停留时间、加权进入文本区次数、加权文本区总注视时间、加权文本区总注视点个数与无线索组均无显著差异。这表明与静态画面相比，动态画面中的线索未能加强学习者对图片区或文本区的深度加工，动态在一定程度上降低了线索的有效性。这与胡卫星[①]的研究结论类似。

二、关联线索设计规则

根据以上分析，提出以下关联线索的设计总则和具体的细则。

关联线索设计总则：线索是画面中非教学内容的信息（如颜色、箭头、闪烁等），线索应该凸显画面中的关键教学内容，引导学习者加工特定的教学内容，尽可能帮助学习者建构命题表征和心理模型，并建立二者的联系。

设计细则 4.1：大篇幅文本避免使用同一样式，对关键文本应该设置对比（如字号、重量、字体、色彩、材质、方向、节奏变化等）；教学信息量大、复杂图像的关键部位、细节处应该设置标注或提示（如箭头、闪烁、文字、方框或其他物理属性变化等）。

设计细则 4.2：画面中图像与文本存在一定程度的逻辑语义关系时，应该在图像、文本中各自加入关联线索，使二者互为语境、互补意义，形成相互作用又彼此依赖的强关联。

设计细则 4.3：画面中文本语义蕴涵步骤、过程、顺序等动态因果关系时，应该分别在关键文本、关键图像处添加线索（如数字序号、动态箭头、字体样式变化、时间变化、位置变化等），在文本区域形成"言语链"，与此同时在对应的图像区域形成"视觉链"，尽可能形成整合的知识信息。

设计细则 4.4：快速运动在一定程度上会削弱线索的作用，因此在动态图文中不必加入过多线索，如果为保证动态图文中线索的有效性，画面应该设置为可自主控制播放。

① 胡卫星. 动画情境下多媒体学习的实验研究[D]. 大连：辽宁师范大学，2012.

在关联线索设计总则中，阐述了关联线索设计的目的在于帮助学习者建构命题表征和心理模型，并建立二者的联系。关联线索设计的要求是需要凸显画面中的关键教学内容，引导学习者加工特定的教学内容。

设计细则 4.1 是对单独的文本、单独的图片设置关联线索的规定；设计细则 4.2、设计细则 4.3 是对具有逻辑或因果语义关系的图文混排设置关联线索的规定；设计细则 4.4 是对动态图文中设置关联线索的规定。设计细则 4.1～4.4 都可以从实验 1、实验 3、实验 4 中的设计材料、实验分析或结果中找到相关的证据来源。

第五节　设计规则的验证

梅耶在假设的基础上提出多媒体学习理论模型，多年来通过大量的实验支撑多媒体学习理论的发展和构建多媒体教学设计规则，走的是一条循证实践路线。与梅耶类似，本研究提出的图文融合设计规则是建立在实验室中眼动实验的基础上。华中师范大学郑旭东教授认为，实验室情境下的多媒体教学设计规则是否能够平滑地迁移到具体复杂多变的课堂教学实践呢？[①]同理，本文以“发现的逻辑”为导向构建的图文融合设计规则，能否应用于真实的设计实践？能否真正改善学习者的学习效果？因此，本文总结的图文融合设计规则能否重复、迁移和推广受制于教师或教学资源设计者的真实设计情境、学习者的自然学习情境等诸多因素。

北京师范大学郑兰琴博士、杨开城教授指出，为创生真伪可判、功能明细的客观知识，建议采用 DCR（Design-Centered Research，以设计为中心的研究）的教育研究取向。[②]DCR 研究关注的是教育研究中的一致性，一致性是指设计的目标与手段的一致性、设计与实施的一致性。一致性研究关注不一致的真实来源和缺陷分析，可以生成可证伪的知识，为理论研究提供相关证据。[②]同理，本研究要考虑的是“设计规则→设计行为→设计效果”之间是否一致性，期望通过一致性研究验证设计规则在真实设计实践中的可行性及存在的问题。

一、调查目的

为了解本文所总结的 4 个方面、16 条图文融合设计规则，一是教师或教学资源设计者评价此规则与真实设计行为的匹配程度；二是应用设计规则修改多媒体画面后，学习者对学习效果改善程度的评价。期望通过以上两个方面的调查，验证“设计规则→设计行为→设计效果”之间的是否一致，从而判定设计规则在真实设计实践中的可行性及发现其存在的问题。

---

① 郑旭东，吴秀圆，王美倩. 多媒体学习研究的未来：基础、挑战与趋势[J]. 现代远程教育研究，2013，(6)：17-23.

② 郑兰琴，杨开城. 为什么要研究一致性而不是有效性[J]. 中国电化教育研究，2014，(9)：20-23+33.

二、调查过程

为实现调查目的，设计了调查问卷。问卷分为教师或教学资源设计者版、学生版（见附录 5）。教师或教学资源设计者的调查方式是通过本人直接给教育技术学专业的教师 12 人、数字教学资源的专业开发人员 14 人（教育信息化公司人员、兼职研究生）发放问卷，共发放问卷 26 份，回收 26 份，回收率 100%，有效问卷 100%。学生的调查方式是通过给教育技术学专业大二、大三学生发放问卷 66 份，回收 66 份，回收率 100%，有效问卷 100%。

三、调查结果

收集调查数据，利用 SPSS22.0 工具对数据进行整理分析。

（一）相关分析

对 26 名教师或教学资源设计者的评分数据进行可靠性分析，得出 Cronbach's alpha 系数为 0.812，表明评估者的一致性较好。具体得分如表 6-1 所示。

表 6-1　设计规则与设计行为的匹配程度评价得分

规则	平均值	标准差	规则	平均值	标准差
规则 1.1	6.000	0.849	规则 3.1	6.039	1.076
规则 1.2	6.654	0.562	规则 3.2	6.462	0.859
规则 1.3	6.077	0.845	规则 3.3	5.846	1.223
规则 1.4	5.885	0.864	规则 3.4	6.500	0.583
规则 2.1	6.423	0.504	规则 4.1	6.462	0.582
规则 2.2	5.385	0.941	规则 4.2	5.808	1.327
规则 2.3	5.192	1.415	规则 4.3	6.730	0.533
规则 2.4	6.231	0.514	规则 4.4	6.462	0.582

从表 6-1 可知，设计规则与设计行为的匹配程度全部都在 5 分以上（7 点量表），表明设计规则与设计行为的匹配程度较好。其中规则 4.3、规则 1.2 匹配程度相对最高，规则 2.2、规则 2.3 的匹配程度相对最低。

对 66 名学生的评分数据进行可靠性分析，得出 Cronbach's alpha 系数为 0.785，表明评估者的一致性较好。具体得分如表 6-2 所示。

从表 6-2 可知，设计规则与设计行为的匹配程度绝大多数都在 5 分以上（7 点量表），表明设计行为对学习效果的改善程度较好。其中规则 2.1、规则 3.2 的改善程度相对最高，规则 2.2、规则 2.3 的改善程度相对最低。

6-2　设计行为对学习效果改善程度的评价得分

规则	平均值	标准差	规则	平均值	标准差
规则 1.1	5.242	1.266	规则 3.1	6.030	0.976
规则 1.2	6.212	1.117	规则 3.2	6.349	0.832
规则 1.3	5.652	1.387	规则 3.3	5.803	1.011
规则 1.4	5.394	1.568	规则 3.4	6.015	0.920
规则 2.1	6.409	0.764	规则 4.1	5.939	1.051
规则 2.2	4.758	1.458	规则 4.2	5.697	1.176
规则 2.3	4.879	1.965	规则 4.3	6.000	0.911
规则 2.4	5.197	1.591	规则 4.4	6.061	0.802

对设计规则与设计行为的匹配程度评价得分和设计行为对学习效果改善程度的评价得分两组数据进行相关性检验，结果如表 6-3 所示。其中，Pearson 相关性为 0.809，sig（双侧）均为 0.000<0.001，这表明匹配程度评价和改善程度评价二者的变化趋势是相对一致的，存在极其显著的正相关。

表 6-3　匹配程度评价和改善程度评价的相关性检验

		匹配程度评价	改善程度评价
匹配程度评价	Pearson 相关性	1	.809**
	显著性（双尾）		.000
	N	16	16
改善程度评价	Pearson 相关性	.809**	1
	显著性（双尾）	.000	
	N	16	16

注：**表示 $p<0.001$。

（二）效应量检验

效应量（Effect Size）是衡量实验效应强度或关联强度的重要指标，效应量可以精确地检测两类事物的重叠程度。效应量与显著性检验不同，不受样本容量的影响。在平均数检验中，效应量表示两组样本的非重叠程度，效应量越小，重叠度越大，效应量越大，重叠度则越小。效应量的计算常采用 Cohen 的 d 值计算，其计算公式①②为：

$$d=\frac{M_1-M_2}{\sqrt{\dfrac{(n_1-1)S_1^2+(n_2-1)S_2^2}{n_1+n_2}}}$$

其中 M_1、M_2 代表两组数据的平均值；n_1、n_2 代表两组数据的样本大小；S_1、S_2 代表两组数据的标准差。如果 Cohen 的 d 值在 0～0.2 表示一致程度较高、在 0.2～0.8 表示一

① Cohen, J. Statistical power analysis for the behavioral sciences[M]. New York: Academic Press, 1969.

② 郑兰琴，杨开城. 为什么要研究一致性而不是有效性[J]. 中国电化教育研究，2014，(9)：20-23+33.

致程度中等；在 0.8 以上表示一致程度较低。结果如表 6-4 所示。

表 6-4　匹配程度评价和改善程度评价的效应量检验

规则	Cohen 的 d 值	规则	Cohen 的 d 值
规则 1.1	0.658	规则 3.1	0.008
规则 1.2	0.449	规则 3.2	0.136
规则 1.3	0.341	规则 3.3	0.041
规则 1.4	0.352	规则 3.4	0.584
规则 2.1	0.020	规则 4.1	0.559
规则 2.2	0.475	规则 4.2	0.092
规则 2.3	0.173	规则 4.3	0.897
规则 2.4	0.758	规则 4.4	0.543

从表 6-4 可以看出，规则 2.1、规则 2.3、规则 3.1、规则 3.2、规则 3.3、规则 4.2 的一致性程度较高；规则 1.1、规则 1.2、规则 1.3、规则 1.4、规则 2.2、规则 2.4、规则 3.4、规则 4.1、规则 4.4 的一致性程度中等；规则 4.3 的一致性程度较低。进一步分析发现，规则 4.3 的一致性程度之所以较低，原因在于教师或资源设计者对该规则与设计行为的匹配程度评价较高，与此同时，相应的设计材料对学习者学习效果的改善却没有达到预期的高度，但终究是改善了学习效果，由此观之，规则 4.3 依然是可行的。

一致性程度反映了实验室设计规则在自然情境下设计实践的迁移和可行性程度。研究表明，本研究通过眼动实验总结的设计规则总体上具有较好的可行性。

第七章　结论和展望

一、研究总结

一直以来，技术促进学习的研究总是让人沮丧，因为没有足够的证据表明学习效果的改善是由于技术介入的结果。技术对教育的影响为何如此微弱？学习科学认为，技术应用于教育的最好方法是支持学习者能够经历或体验深层次学习行为。随着信息技术的发展，多媒体成为信息化教学的基本“文本”，多媒体学习已经走向常态化。多媒体画面是学习者与多媒体教学信息之间的对话接口，其呈现质量直接影响到多媒体学习效果。本研究提出，高质量的多媒体画面必须以学习者为中心的设计取向，在于更好地支持认知、促进认知。

图文是多媒体画面的最基本组成要素，图文设计是多媒体画面设计的基础工作。然而，当前多媒体画面设计中存在重图轻文、图文割裂化的设计倾向；图文设计更多的是依赖设计者的直觉或主观经验，缺乏成熟的设计规则指导；图文设计往往停留在满足表层的视觉感官需求，没有深入到知识层面，尤其是在如何促进学习者认知方面的研究还非常匮乏。基于以上认识及对图文关系梳理的基础上，本研究提出教育图文融合设计这一概念，认为图像类媒体、文本类媒体二者在多媒体画面中应该既要保持各自特质，又应该彼此依存、相互渗透、形成合力并发挥最大效能。至此，教育图文融合设计规则的构建成为本研究的核心主题。

教育图文融合设计规则的构建应该从已有的研究中得到启发。在对多媒体学习理论模型的梳理过程中发现，Schnotz 的图文理解整合模型是多媒体学习在理论层面的最新发展；在对多媒体教学信息规则梳理过程中发现，当前的多媒体教学信息设计规则在引导学习者完成知识的意义建构，激发、组织学习者思维方面的规则还处于空白；在对可视化促进思考的梳理过程中发现，图示或图文的视觉表征方式设计依然是画面设计的主角，画面设计应该注重内涵，特别要考虑知识特性以及知识背后的思维规律。

教育图文融合设计规则的构建应该明确多媒体画面中图文融合设计的行为逻辑，使后期的规则构建具有针对性。本研究试图通过构建图文融合设计模型，探明图文融合设计的工作机制。为此，通过问卷调查当前多媒体画面设计中存在的缺陷，认为教育图文融合设计模型应该建基于多媒体画面语言学的理论框架，即着眼于对语构（语法）、语义和语用三层框架及它们之间的互动匹配的整体考虑。与此同时，通过专家访谈，从他们的视角提炼出多媒体画面中可视化促进认知的关键要素，认为可视化促进认知的关键在于多媒体画面设计应该围绕构建知识内容的强关联，构建支持学习者意义建构的学习环境而展开。至此，教育图文融合的真正本质昭然若揭，即通过可视化的手段构建知识内容的强关联，建立图文之间的关联映射。

在对图文融合本质揭示的基础上，本研究确定了图文融合设计的模型，包括理论构想版和设计过程版。理论构想版是对图文融合设计的形象描述，指出图文融合设计需要以知识内容为设计的逻辑起点，借助图文媒体把客观存在的知识表征出来，并通过“内容相关”“语义图示”“关联线索”和“交互控制”四方面建立图文二者的关联；设计过程版是理论构想版的具体化，采用分层设计思想，形成了具体的设计步骤，使设计过程成为结构化的信息处理过程。

教育图文融合模型为设计规则的建构建立了理论框架，在实践层面为多媒体画面的设计提供了行动指南，指出教育图文融合途径的基本途径是从“内容相关”“语义图示”“关联线索”和“交互控制”四方面相互补充或演化而来。为此，实验设计主要从以上四方面着手，形成了有针对性的实验项目，利用眼动的研究方法，观测教育图文融合设计对多媒体学习效果和眼动行为带来的影响，并从中发掘出教育图文融合设计规则。教育图文融合设计规则如表 7-1 所示。

表 7-1　教育图文融合设计规则

<table>
<tr><th>设计总则</th><th>设计细则</th></tr>
<tr><td rowspan="4">1. 内容相关规则：画面中的图、文媒体承载的教学信息应为同一或相似主题的知识点，尽可能排除其他无关干扰</td><td>规则 1.1：画面以图为主时，应该选取恰当的文本对图的细节进行注解或分析，尽可能明确画面表达的主题或揭示画面的内涵</td></tr>
<tr><td>规则 1.2：画面以文为主时，应该选取恰当的图像对文本的抽象意义进行直观性描述，尽可能使冗长晦涩的文本更加容易理解</td></tr>
<tr><td>规则 1.3：画面中图、文没有明显主次时，应该按照互补、协作的要求选取图文媒体，尽可能使二者和谐共处、相互借鉴、相得益彰</td></tr>
<tr><td>规则 1.4：图文媒体的选取应该与学习者的理解能力、偏爱、学习风格相一致，尽可能使图文媒体与真实情境中的学习者得到最大程度的关联</td></tr>
<tr><td rowspan="4">2. 语义图示规则：图示是抽象文本的可视化，图示蕴涵的语义必须与文本语义保持一致性。图示设计及呈现应尽可能促进主动学习行为的投入，帮助学习者深入思考、突破浅层学习，实现对知识的意义建构</td><td>规则 2.1：多媒体画面中避免过多使用纯文本，应尽可能利用图示对知识实现化繁为简、化抽象为具体、化隐性为显性的可视化表征</td></tr>
<tr><td>规则 2.2：图示设计应建基于文本知识的认知语义特性。对于陈述性知识，图示应采取命题网络和结构性表征方法（如概念图、关系图），尽可能展示知识属性、知识点之间关系；对于程序性知识，图示应采取产生式表征方法（如过程图、流程图），尽可能展示事物的状态、发展变化及动态的因果关系</td></tr>
<tr><td>规则 2.3：图示应避免简单的直接呈现，尽可能让学习者投入更多精力、主动构建完整的图示（如采取交互方式引导他们确认、表达）</td></tr>
<tr><td>规则 2.4：不同的图示具有不同的功能和用途，图示的组织结构应与知识结构相匹配（如比较知识结构适合选用矩阵图示；分类知识结构适合选用树形/层级图示；过程、顺序、因果类知识结构适合选用链索形图示等）</td></tr>
</table>

续表

设计总则	设计细则
3. 交互设计规则：交互设计必须以理解图文内容为基础目标，让学习者能够主动调控认知过程（包括选择信息、组织信息、建立言语和视觉模型、检验模型等），尽可能帮助学习者创造和建立与画面之间的有意义联结，使他们感知到舒适的用户体验	**规则 3.1：**在动态画面中，为保证学习者与图文内容之间的粘合度，画面应该设置交互功能，用来自主调控播放速度和选择学习内容
	规则 3.2：当文本内容的抽象程度较高时，画面中图像（可视化）区域应该设置交互功能，用来支持学习者亲身参与认知模拟或思维建模
	规则 3.3：为增强图文之间关联性，画面可以设置交互控制图文内部细节的变化过程，使它们实时同步或交替呈现，形成互动呼应的效果
	规则 3.4：为激发学习者快速有效建立言语和视觉模型，画面可以设置交互功能，引导学习者对图文关键内容的反馈确认
4. 关联线索设计规则：线索是画面中非教学内容的信息（如颜色、箭头、闪烁等），线索应该凸显画面中的关键教学内容，引导学习者加工特定的教学内容，尽可能帮助学习者建构命题表征和心理模型，并建立二者的联系	**规则 4.1：**大篇幅文本避免使用同一样式，对关键文本应该设置对比（如字号、重量、字体、色彩、材质、方向、节奏变化等）；教学信息量大、复杂图像的关键部位、细节处应该设置标注或提示（如箭头、闪烁、文字、方框或其他物理属性变化等）
	规则 4.2：画面中图像与文本存在一定程度的逻辑语义关系时，应该在图像、文本中各自加入关联线索，使二者互为语境、互补意义，形成相互作用又彼此依赖的强关联
	规则 4.3：画面中文本语义蕴涵步骤、过程、顺序等动态因果关系时，应该分别在关键文本、关键图像处添加线索（如数字序号、动态箭头、字体样式变化、时间变化、位置变化等），在文本区域形成“言语链”，与此同时在对应的图像区域形成“视觉链”，尽可能形成整合的知识信息
	规则 4.4：快速运动在一定程度上会削弱线索的作用，因此在动态图文中不必加入过多线索，如果为保证动态图文中线索的有效性，画面应该设置为可自主控制播放

为验证实验室总结出的设计规则迁移到具体实践中的可行性，本研究设计问卷调查检测“设计规则→设计行为→设计效果”之间的一致性。调查从两个方面展开，一方面是从教师或教学资源设计者层面调查，调查设计规则与真实设计行为的匹配程度；一方面是从学生层面调查，调查真实设计行为对学习效果改善程度。调查结果表明，设计规则对设计行为的正面影响和设计行为对学习效果的改善二者之间的变化趋势是相对一致的，存在极其显著的正相关；本研究通过眼动实验总结的设计规则总体上具有较好的可行性。

总的来讲，本研究提出的教育图文融合设计模型是对当前多媒体画面设计框架的突破，使多媒体画面设计逻辑更加清晰、设计行为流程化和模式化，其中所涉及的理念、方法为多媒体画面语言学的后续研究提供了借鉴。本研究通过眼动实验所总结的教育图文融合设计规则，服务于多媒体画面的设计，具有很强的实用性和参考价值。

二、创新之处

本研究的创新之处主要体现在以下几个方面：

（1）研究视角创新。一是本研究通过哲学思辨或宏观分析确立了图文关系，即提出图文融合设计观，打破了过去对媒体自身属性的单一考虑，突出强调媒体之间的互动匹配关系；二是本研究以支持认知、促进认知为设计导向，以多媒体画面语言学语义、语构、语用三层为指导框架，突出强调多因素的整体考虑，是对多媒体教学信息设计规则研究的深化和超越。以上两方面体现了本研究的视角创新。

（2）研究内容创新。本研究提出的图文融合设计模型涉及知识可视化、思维可视化、认知心理学（视觉思维、双重编码、认知负荷、工作记忆、图文理解整合模型）、多媒体画面语言学等多学科理论。图文融合设计模型中提炼出影响多媒体画面设计的各种关键因素，使复杂设计活动得以流程化和模式化。

（3）研究方法创新。本研究综合运用多种研究方法。采取量化与质性研究相结合，通过词频分析全面了解当前多媒体画面设计现状与需求，从专家层面提炼出可视化促进认知的多媒体画面的关键要素，再通过逻辑思辨推演出图文融合设计模型。通过眼动实验方法验证图文融合的具体途径，归纳总结出图文融合设计规则，并分别通过对教师或教学资源设计者、学生问卷调查方法验证实验室规则过渡到现实实践的可行性。

（4）研究结论创新。本研究提出的教育图文融合设计模型，为多媒体画面设计提供了一定的模式参照；本研究从四个方面提出的十六条教育图文融合设计规则，可操作性强，是已有多媒体画面设计规则的补充和拓展，对完善多媒体画面语言学体系具有重要的理论意义和实践价值。

三、研究的不足之处

本研究主要存在以下不足：一是教育图文融合设计模型对图文融合设计的描述还存在比较笼统的方面，比如语用层面，学生、教师、设备/工具/环境是如何匹配的。由于图文融合设计模型对本研究的作用在于理清设计规则的构建思路，因此图文融合设计模型并未得到实践的检验。二是眼动实验结论和实验材料、研究对象存在很大的相关性，实验材料的选择、设计应该经过更加严格的检验，以提高材料的效度。问卷调查、眼动实验等参与者主要是师范大学的学生，虽然随机选取，但选取范围有限，而且女性偏多。三是本研究的图文融合设计规则来源于大学生的眼动实验，主要针对理科类相关课程，规则的可迁移程度是否足够好，是否具有普适性还不能确定。四是图文融合设计规则虽然经过后期的一致性检验，从理论上说明有较好的可行性，但由于时间和条件所限，毕竟未经过大量设计者的真实实践检验。

四、后续研究与展望

在理论的发展过程中，研究倾向于累积性。虽然本研究的整体过程是有序和客观的，但理论的建立过程往往是循环往复的。本研究提出的教育图文融合设计模型和相关设计规则，只是多媒体画面研究的一个阶段性研究成果。笔者认为，本研究有待深入研究的问题如下：

（1）图文融合设计模型的进一步验证和完善

本研究提出的图文融合设计模型包括理论构想版，也包括设计过程版。理论构想版指出了图文融合设计的途径；设计过程版指出了图文融合设计的步骤。图文融合设计途径为后期的眼动实验设计提供依据，虽然从中发掘出设计规则，但这并不意味着图文融合设计模型是完善的。当前研究只是对模型的暂时性接受，尤其是设计过程版，对设计行为还存在比较笼统的描述，这还需设计者在大量设计实践中不断改进。

（2）图文融合设计规则的进一步拓展

本研究提出四个方面十六条图文融合设计规则，是建立在对多媒体学习眼动行为观察和测验测量的基础上。设计规则的构建是以支持学习者深度认知为导向，而迁移是思维参与认知加工活动的重要体现，本研究把迁移测验效果作为是否调动深层思维的主要评价，这显得有点笼统。后期的研究应该把图文融合设计与具体的思维形式或思维过程对应起来，使图文设计规则具有针对性，比如什么样的图文设计对概念建构、归纳推理、问题解决等思维有促进作用。

（3）设计规则的研究从实验室走向自然教学情境

本研究设计规则的提出是以提出假设、验证假设的实验室为主，强调对变量的精确控制。显然，真实的教学情境往往不符合这些边界条件，实验室设计规则也往往在难以简单地迁移到复杂的现实教学，致使研究成果的推广程度较差。为解决此问题，需要引入新的方法论——基于设计的研究，把实验室研究推向鲜活的现实教学情境，解除实验室过多的条件限制。与此同时，应该结合更多其他的理论如具身认知理论，或其他研究方法如会话分析等。

（4）在设计规则的基础上推出相应的设计模式

本研究提出四个方面十六条图文融合设计规则，但对于缺乏经验的设计者来讲，往往会觉得这些规则抽象难以理解。拥有设计规则并不意味着掌握了设计方法和经验，因此，在多媒体画面设计时设计规则往往成为孤立的被记忆的程序列表。解决此问题最好的办法是，在设计规则的基础上推出相应的设计模式，使多媒体画面的设计形成更多的设计模式或现成模板，一方面可以降低开发时间，提高资源开发效率；另一方面让更多缺乏经验的教师参与到资源设计当中来，使资源设计更加契合自身的需要。

附　录

附录 1　多媒体教学资源的界面[①]设计现状及一般需求的调查问卷

学生版

亲爱的同学：

您好！首先非常感谢您填写本问卷！

在大学阶段，多媒体教学资源（如电子教材、多媒体课件、教学软件、网络课程等）的使用已经是非常普遍。本问卷旨在调查当前多媒体教学资源的界面设计现状以及大家对多媒体界面的一般设计需求，以便更好地为设计人员提供支持，从而改善多媒体教学效果。本问卷是匿名填写，在选项前“□”内打“√”，在横线上表达您的真实想法。答案无所谓对错，仅作学术研究之用，希望得到您的支持。

1. 您的性别：□男　　□女
2. 您的年级：□大一　　□大二　　□大三　　□大四
3. 您的专业：□文科　　□理科　　□工科　　□其他
4. 您的任课教师是否使用多媒体教学？

   □从来不用　　□极少使用　　□偶尔使用　　□经常使用
5. 您认为多媒体教学的效果如何？

   □很差　　□差　　□一般　　□较好　　□非常好
6. 从多媒体教学资源的界面设计来看，请您列出 3 条以上不合理的现象？

   （耐心填写，非常感谢！）

① 考虑到被调查者对“多媒体画面”专业术语的理解程度不一，因此在开放性问卷中，统一使用了与之意思接近、通俗易懂的“界面”一词。

7. 您认为理想中的多媒体教学资源的界面应该如何？请列出至少 5 条。

（耐心填写，非常感谢！）

教师版

尊敬的教师：

您好！首先非常感谢您参与调查，填写本问卷！

在大学阶段，多媒体教学资源（如电子教材、多媒体课件、教学软件、网络课程等）的使用已经是非常普遍。本问卷旨在调查当前多媒体教学资源的界面设计现状以及大家对多媒体界面的一般设计需求，以便更好地为设计人员提供支持，从而改善多媒体教学效果。本问卷是匿名填写，在选项前“□”内打“√”，在横线上表达您的真实想法。答案无所谓对错，仅作学术研究之用，希望得到您的支持。

1. 您的性别：□男　　　□女
2. 您的学历：□本科　　□硕士　　□博士
3. 您所任教的科目：　　□文科　　□理科　　□工科　　□其他
4. 您是否使用多媒体教学？

   □从来不用　　□极少使用　　□偶尔使用　　□经常使用
5. 您认为多媒体教学的效果如何？

   □很差　　□差　　□一般　　□较好　　□非常好
6. 从当前您接触的多媒体教学资源的界面设计来看，请您列出 3 条以上不合理的现象？

（耐心填写，非常感谢！）

7. 您认为理想中的多媒体教学资源的界面应该如何？请列出至少 5 条。

（耐心填写，非常感谢！）

附录 2　专家意见咨询开放性问卷

尊敬的专家：

您好！

首先，感谢您接受我的邀请参与专家意见咨询！我是赣南师范大学教育技术学专业教师、天津师范大学教育技术学专业在读博士生温小勇，师从王志军教授，研究方向是多媒体画面语言。麻烦您对我征询的问题提出宝贵意见，非常感激您的帮助！

多媒体画面是数字学习资源的基本组成单位，是数字时代知识内容的重要载体。多媒体画面在功能上是人机之间传递与交换知识信息的界面或对话的接口，其功能不仅仅是传递知识信息和艺术美感，在支持学习者认知加工、尤其是在高阶思维活动方面也应该有所体现，因而对多媒体画面的设计提出了更高的要求。为引导、促进学习者更好地认知，您认为在多媒体画面的设计时应该注意哪些关键要素的设计，请您列出一些？

附录3 镶嵌图形测验

教师口头指导语一

同学们，请大家做一个实验，实验的内容是从复杂图形中找简单图形。现在，大家拿到的纸上有八个简单的图形，等下由工作人员再发给您复杂的图形。请注意：每一个复杂图形中都包含了以下八个中的其中一个简单图形，要求您从每个复杂图形中找出一个简单图形并且用铅笔描画出来。在寻找的过程中，可以参照简单的图形。第一次给您七个复杂的图形，时间限定为2分钟，要求您尽快描画。请大家听从我的口令。

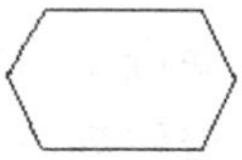
A

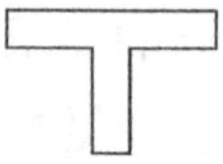
B

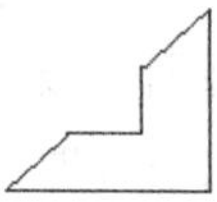
C

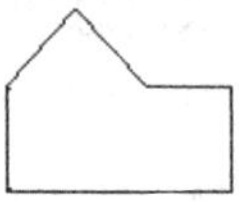
D

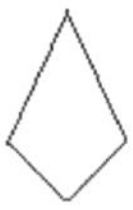
E

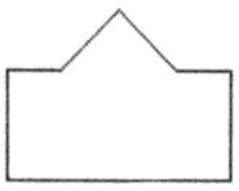
F

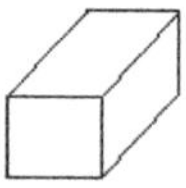
G

H

简单图形

（一）测验一（1～7）

从如下的每个复杂图形中找出一个简单图形，请用铅笔描绘。

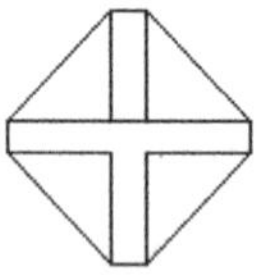
1

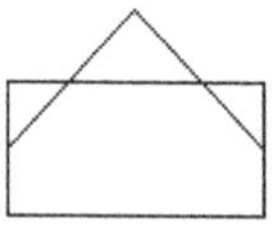
2

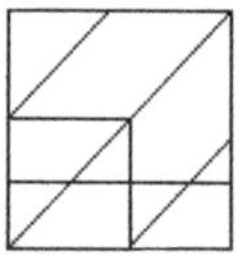
3

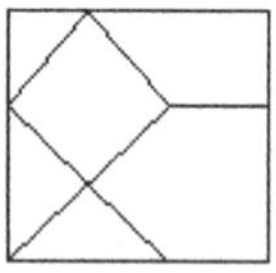
4

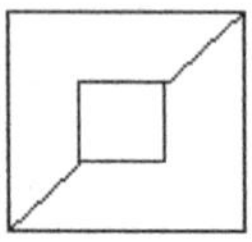
5

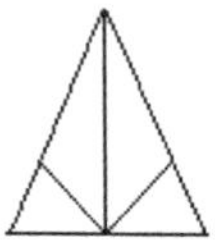
6

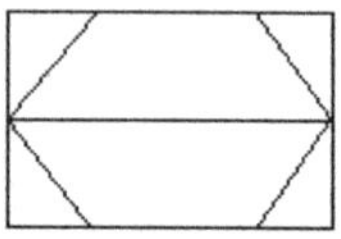
7

教师口头指导语二

同学们，现在开始第二次测验，大家将拿到的是十八个复杂图形，要求您从每个复杂图形中找出一个指定的简单图形，然后用铅笔描画出来。时间限定为9分钟，做法和上面一样。待会由工作人员统一发给您这些复杂图形。请听从我的口令！

（二）测验二（8～25）

从如下复杂图形中找出指定的简单图形，请用铅笔描绘。

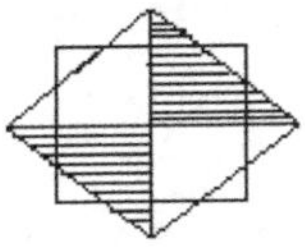

8. 找出简单图形F

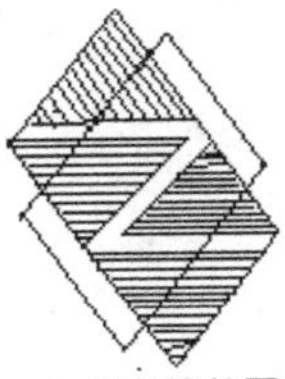

9. 找出简单图形A

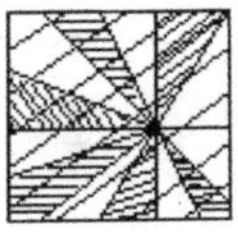

10. 找出简单图形F

11. 找出简单图形G

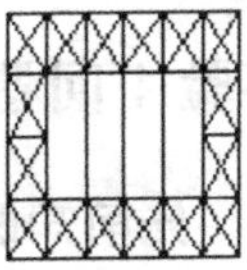

12. 找出简单图形B

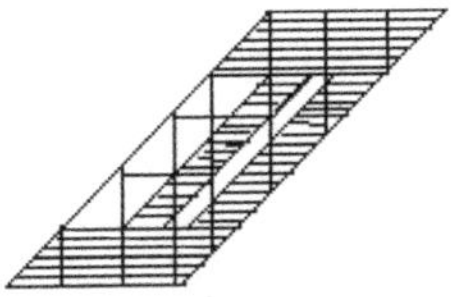

13. 找出简单图形C

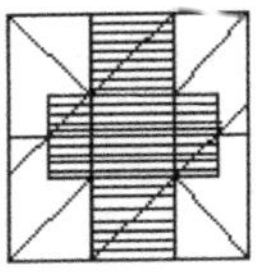

14. 找出简单图形G

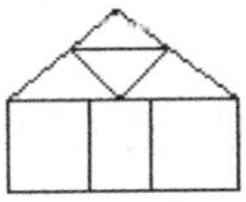

15. 找出简单图形D

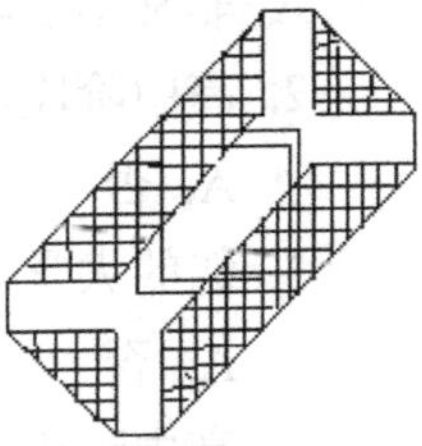

16. 找出简单图形H

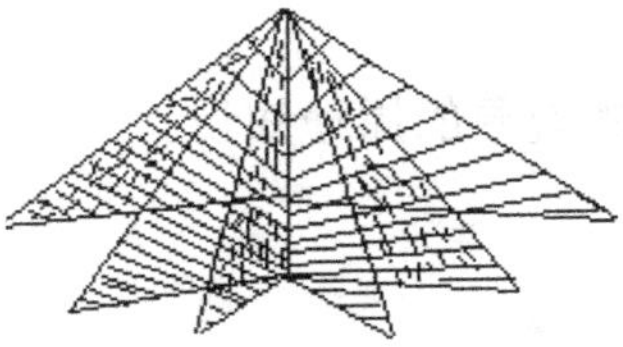

17. 找出简单图形E

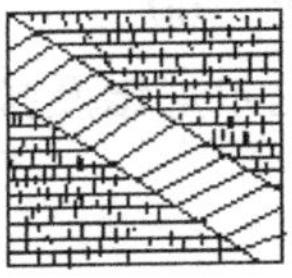

18. 找出简单图形F

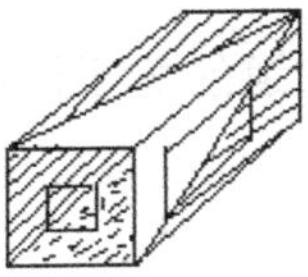

19. 找出简单图形C

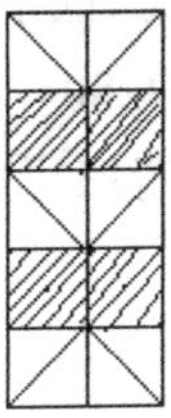

20. 找出简单图形G

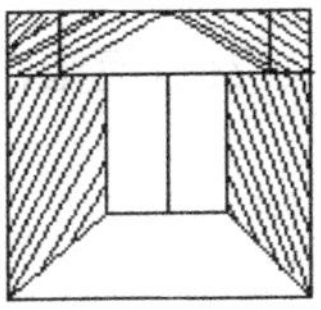

21. 找出简单图形B

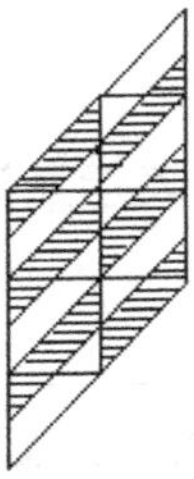

22. 找出简单图形G

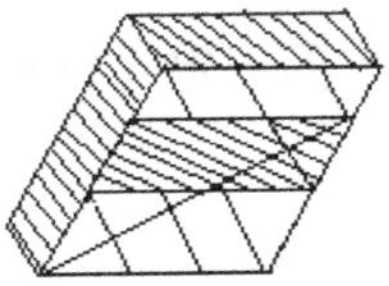

23. 找出简单图形A

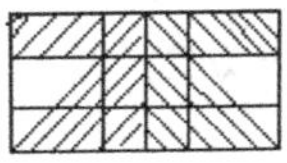

24. 找出简单图形C

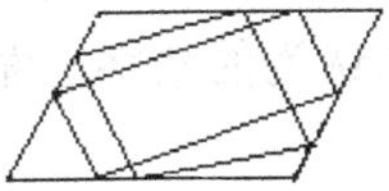

25. 找出简单图形A

（三）数据处理说明

（1）对1～7号7个图形，每做对一个计1分；对8、9、11、12、15、16、17、19、20、22、23号11个图形，每做对一个计6分；对10、13、14、18、21、24、25号7个图形，每做对一个计7分。

（2）计算每个被试的分数，并得出全体测试同学的平均分数。

（3）比平均分低，越低越接近场依存型；比平均分高，越高越接近场独立型。

附录 4　对相关实验的问卷

实验 1 问卷

先前知识测验

1. 你对沃克环流原理的相关知识了解多少？（　　）

A. 非常不了解　　B. 不了解　　C. 一般了解　　D. 了解　　E. 非常了解

2. 高中阶段，您是文科生吗？（　　）

A. 否　　B. 是

3. 您的大学专业和地理相关吗？（　　）

A. 否　　B. 是

4. 高中阶段，假设地理满分是 100 分，您的分数一般处于（　　）？

A. 低于 60 分　　B. 60～69 分　　C. 70～79 分

D. 80～89 分　　E. 90～100 分

5. 请您写出你所知道的关于沃克环流、厄尔尼诺及拉尼娜现象的原理知识。

学习材料感知难度评定

请给刚才呈现的学习材料一个难度的评定（1～9，1 表示最简单，9 表示最难，在你认为的数字上面打“√”）

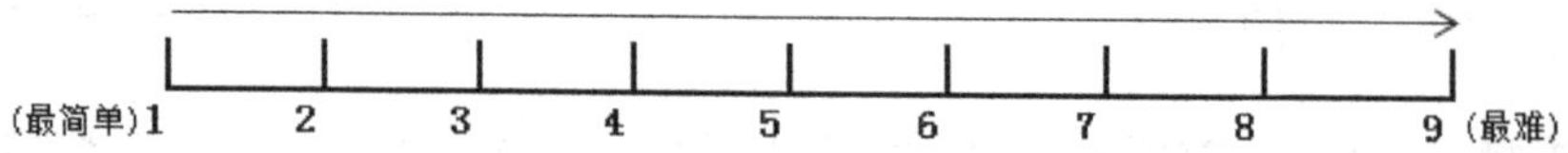

保持测验

1. 什么是“沃克环流”？（名词解释）

2. 判断题。

以下对“拉尼娜现象”典型特征的判断，正确的打“√”，错误的打“×”。

（1）沃克环流异常偏强（　　）。

（2）在赤道太平洋东部，对流性降水受到抑制（　　）。

（3）赤道太平洋大气偏东信风比正常减弱（　　）。

（4）一般而言，出现厄尔尼诺现象后，紧接着出现拉尼娜现象（　　）。

以下是“厄尔尼诺”对环太平洋热带地区气候影响的判断，正确的打“√”，错误的打“×”。

（1）沃克环流异常偏强（　　）。

（2）澳大利亚海温上升，大气对流活动加强、暴雨频繁，洪涝成灾（　　）。

（3）西太平洋和印度洋一带，由于海温下降，大气对流活动减弱、降水减少，旱灾严重（　　）。

（4）发生时，赤道附近太平洋西部将变得更加湿润（　　）。

迁移测验

1. 以下关于“沃克环流”的说法不准确的是（　　）。

A. 它是热力环流　　B. 发生在赤道海洋表面

C. 由于全球变暖导致　　D. 东西方向出现水温差异

2. 若“沃克环流”增强，则表明（　　）。

A. 南美洲西部沿岸洋流势力减弱　　B. 澳大利亚东侧沿岸暖流势力减弱

C. 太平洋南、北部海区水温温差增大　　D. 太平洋东、西部海区水温温差增大

3. 若“沃克环流”减弱，下列气候变化中，在澳大利亚东部沿海地区最可能发生的是（　　）

A. 降水减少　　B. 气温急剧上升

C. 风暴天气明显增多　　D. 降水季节变化更加显著

4. 以下不可能属于“厄尔尼诺”现象是（　　）。

A. 非洲的干旱　　B. 印尼深林大火

C. 南美的干旱　　D. 澳洲的干旱

5. 近年来，秘鲁沿岸水温异常升高，渔民多次发现捕鱼量大幅减小，与此同时，澳大利亚东部却因干旱频发森林大火，请解释其中的可能缘由。

6.“拉尼娜现象”对我国气候存在哪些可能影响？

心理努力程度评定

请对刚才学习中您所付出的心理努力做出评定（1～9，1 表示最少的努力，9 表示最大的努力，在你认为的数字上面打“√”)。

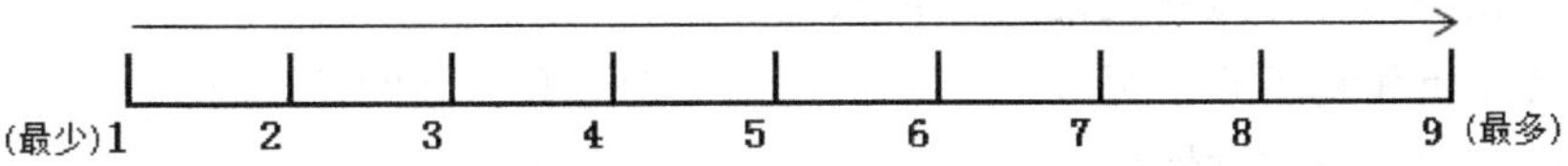

实验 2-1 问卷

陈述性知识

先前知识测验

1. 你对细胞膜的相关知识了解多少？（　　）

A. 非常不了解　B. 不了解　C. 一般了解　D. 了解　E. 非常了解

2. 高中阶段，您是理科生吗？（　　）

A. 否　　　　B. 是

3. 您的大学专业和生物相关吗？（　　）

A. 否　　　　B. 是

4. 高中阶段，假设生物满分是 100 分，您的分数一般处于（　　）？

A. 低于 60 分　　B. 60～69 分　　C. 70～79 分　　D. 80～89 分

E. 90～100 分

5. 请您写出你所知道关于细胞膜的构成、特点、功能等相关知识。

学习材料感知难度评定

请给刚才呈现的学习材料一个难度的评定（1～9，1 表示最简单，9 表示最难，在你认为的数字上面打“√”）

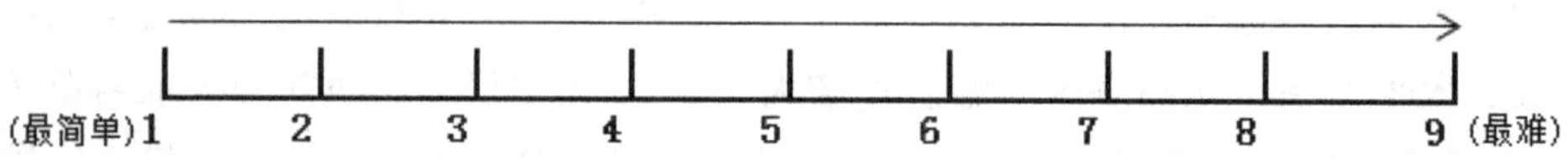

保持测验

1. 细胞膜的主要成分是________、________和少量成分的________。

2. 物质转运包括________、________、________、________四种方式。

3. 脂质的主要成分为________和________。

4. 判断题

以下正确的打“√”，错的打“×”。

（1）大多数蛋白质分子可以运动。（　　）

（2）自由扩散不需要耗能。（　　）

（3）胞吞胞吐需要耗能。（　　）

（4）在组成细胞膜的脂质中，脂肪最丰富。（　　）

（5）磷脂分子是轻油般的液体，具有流动性。（　　）

迁移测验

1. 细胞膜的结构特点和功能特性依次是（　　）

①蛋白质和磷脂分子组成　　②具有一定的流动性

③是一种选择透过性膜　　④保护细胞内部

A. ①③　　B. ②③　　C. ①④　　D. ②④

2. 一个科学家发现，当温度升高到一定程度时，细胞膜的厚度变小，而面积增大，这体现了细胞膜具有（　　）

A. 一定的流动性　　B. 选择透过性

C. 专一性　　D. 控制物质进出细胞的功能

3. 将红色荧光染料标记的小鼠细胞与绿色荧光染料标记的人细胞融合后，放到 10℃的恒温箱中培育 40min，其结果是两种荧光点分布不均匀，由此说明的问题是（　　）

A. 细胞膜是静止的　　　　B. 细胞膜流动性不受环境影响

C. 细胞膜具有选择透过性　　　　D. 细胞膜流动性受温度影响

4. 在多细胞生物内，各个细胞都不是孤立存在的，他们之间维持功能协调，必须依赖于（　　）。

A. 物质交流　　　　B. 能量交流

C. 物质和能量交换　　　　D. 物质交换、能量交换和信息交流

5. 苋菜的细胞液中有一些红色的物质，无论用清水怎么洗，清水仍不见红色物质，但若把苋菜放在沸水中一烫，水会立刻变成红色。请用所学的原理解释。

6. 在处理污水时，为降低有毒重金属离子对水的污染，请根据材料中的有关知识提出一些建议？

心理努力程度评定

请对刚才学习中您所付出的心理努力做出评定（1～9，1 表示最少的努力，9 表示最大的努力，在你认为的数字上面打“√”）。

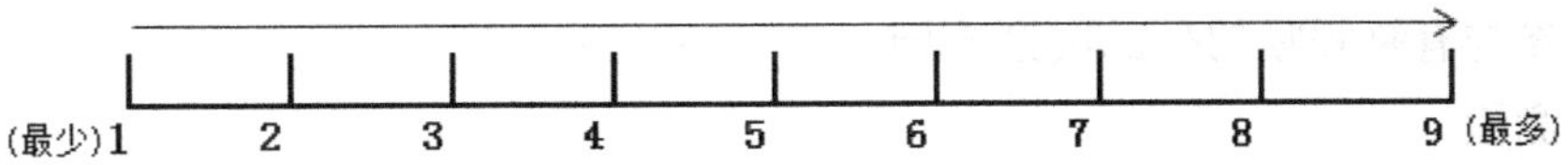

程序性知识

先前知识测验

1. 你对有氧呼吸的相关知识了解多少？（　　）

A. 非常不了解　　B. 不了解　　C. 一般了解　　D. 了解

E. 非常了解

2. 高中阶段，您是理科生吗？（　　）

A. 否　　B. 是

3. 您的大学专业和生物相关吗？（　　）

A. 否　　B. 是

4. 高中阶段，假设生物满分是 100 分，您的分数一般处于（　　）？

A. 低于 60 分　　B. 60～69 分　　C. 70～79 分　　D. 80～89 分

E. 90～100 分

5. 请您写出你所知道关于有氧呼吸的原理、工作过程等相关知识。

学习材料感知难度评定

请给刚才呈现的学习材料一个难度的评定（1～9，1 表示最简单，9 表示最难，在你认为的数字上面打“√”）

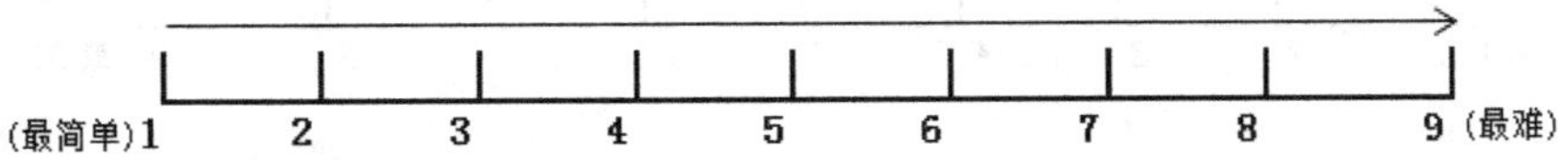

保持测验

1. 有氧呼吸包括________个阶段。
2. 细胞进行有氧呼吸的主要场所是________。
3. 丙酮酸 C_3H_4O 是在第_______个阶段产生。
4. 葡萄糖经过有氧呼吸分解成______和_______
5. 第一阶段和第二阶段都生成________个 ATP，第三阶段生成______个 ATP。
6. 有氧呼吸过程中，在线粒体内进行的阶段是第_____阶段和第_____阶段。
7. 判断题

以下正确的打“√”，错的打“×”。

（1）有氧呼吸的每个阶段都需要酶参与。（　　）

（2）第三阶段产生的 ATP 最多。（　　）

（3）有氧呼吸的每个阶段都需要氧参与。（　　）

（4）有氧呼吸会产生 CO_2。（　　）

（5）参与有氧呼吸的酶的类别不同。（　　）

迁移测验

1. 有氧呼吸过程中释放的 CO_2 中的氧（　　）。

A. 全部来自氧气　　B. 全部来自水

C. 全部来自葡萄糖　　D. 来自葡萄糖和水

2. 在有氧呼吸过程中，吸进来的氧最终 （　　）。

A. 参与氧化有机物　　B. 直接参与 ATP 的生成

C. 参与水的生成　　D. 参与酶的催化作用

3. 用含 ^{18}O 的葡萄糖跟踪有氧呼吸过程中的氧原子，^{18}O 转移的途径是（　　）

A. 葡萄糖→丙酮酸→水　　B. 葡萄糖→丙酮酸→氧

C. 葡萄糖→氧→水　　D. 葡萄糖→丙酮酸→二氧化碳

4. 让一只白鼠吸入放射性的 $^{18}O_2$，该白鼠体内最先出现含 ^{18}O 化合物是（　　）。

A. 二氧化碳　　B. 水　　C. 丙酮酸　　D. 乳酸

5. 花盆要经常松土，请用原理解释其原因。

6. 从内地到西藏旅游，到达西藏后很多人会出现乏力现象，为缓解这一症状，请提出一些建议？

心理努力程度评定

请对刚才学习中您所付出的心理努力做出评定（1～9，1 表示最少的努力，9 表示最大的努力，在你认为的数字上面打“√”）。

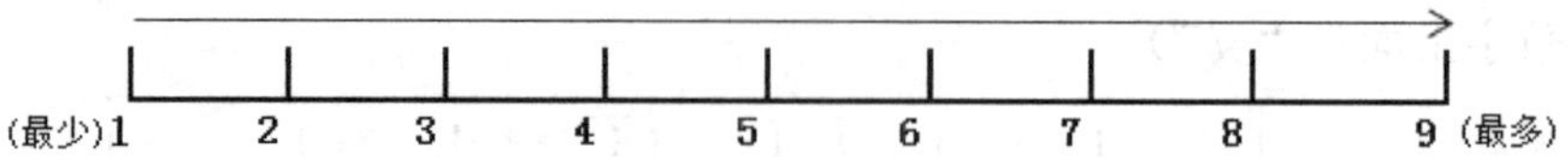

实验 2-2 问卷

陈述性知识

先前知识测验

1. 你对神经系统的相关知识了解多少？（　　）

　A. 非常不了解　　B. 不了解　　C. 一般了解　　D. 了解

　E. 非常了解

2. 高中阶段，您是理科生吗？（　　）

　A. 否　　B. 是

3. 您的大学专业和生物相关吗？（　　）

　A. 否　　B. 是

4. 高中阶段，假设生物满分是 100 分，您的分数一般处于（　　）？

　A. 低于 60 分　　B. 60～69 分　　C. 70～79 分　　D. 80～89 分

　E. 90～100 分

5. 请您写出你所知道关于神经系统构成、原理的相关知识。

学习材料感知难度评定

请给刚才呈现的学习材料一个难度的评定（1～9，1 表示最简单，9 表示最难，在你认为的数字上面打“√”）

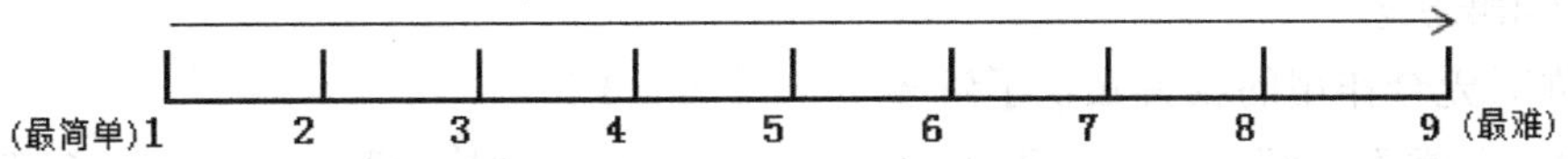

保持测验

1. 神经系统包括____________和____________两大部分。

2. 神经系统的基本结构和功能单位是________________。

3. 突起可分为____________和________________。

4. 反射弧包括________、________、_______、_______、_______五大部分。

5. 判断题

以下正确的打“√”，错的打“×”。

（1）中枢神经系统是大脑。（　　）

（2）神经元的功能是接受刺激。（　　）

（3）反射弧是神经系统结构和功能的基本单位。（　　）

（4）反射弧中任何一个环节发生障碍，反射活动将减弱或消失。（　　）

迁移测验

1. 下列哪项不属于小脑的功能（　　）。

　A. 调节内脏活动　　B. 维持身体平衡

C. 维持姿势　　　　D. 协调随意运动

2. 杂技团中的演员在表演走钢丝时神经系统起着主要作用的结构是（　　）。

A. 大脑　　B. 脊髓　　C. 脑干　　D. 小脑

3. 意外事故，使脊椎胸部折断，出现大小便失禁现象，这是由于（　　）。

A. 泌尿系统受到破坏　　B. 脊髓的 排尿、排便中枢受到破坏

C. 脊髓失去了反射功能　　D. 脊髓的排尿、排便中枢失去了大脑的控制

4. 有关周围神经的叙述，下列错误的是（　　）。

A. 含有感觉神经　B. 含有运动神经

C. 不包括脊髓　　D. 不包括自主神经系统

5. 请说明中枢神经系统与外周神经系统的关系？

6. 请你设计一个简明的表格，分类记录神经系统的组成和各自的主要功能。

心理努力程度评定

请对刚才学习中您所付出的心理努力做出评定（1～9，1 表示最少的努力，9 表示最大的努力，在你认为的数字上面打“√”）。

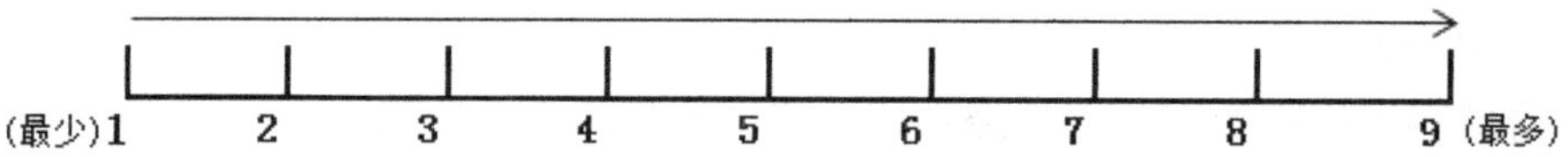

程序性知识

先前知识测验

1. 你对光合作用的相关知识了解多少？（　　）

A. 非常不了解　　B. 不了解　　C. 一般了解　　D. 了解

E. 非常了解

2. 高中阶段，您是理科生吗？（　　）

A. 否　　B. 是

3. 您的大学专业和生物相关吗？（　　）

A. 否　　B. 是

4. 高中阶段，假设生物满分是 100 分，您的分数一般处于（　　）？

A. 低于 60 分　　B. 60～69 分　　C. 70～79 分　　D. 80～89 分

E. 90～100 分

5. 请您写出你所知道关于光合作用工作过程的相关知识。

学习材料感知难度评定

请给刚才呈现的学习材料一个难度的评定（1～9，1 表示最简单，9 表示最难，在你认为的数字上面打“√”）

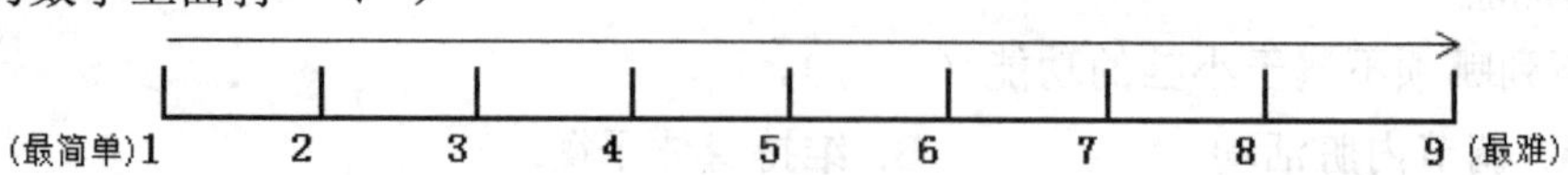

保持测验

1. 光合作用包括____________和____________两大部分。
2. 光合作用的场所是__________________。
3. 水是在__________阶段中裂解的。
4. 氧气是在_____阶段中形成的；氧气中的 O 来自_________。
5. ATP 是在_______阶段形成的。
6. 葡萄糖是在______阶段中形成的；糖类中的 C 来自______，其转移途径为_____。
7. 判断题

以下正确的打“√”，错的打“×”。

（1）光反应与暗反应是一个整体，二者紧密联系、缺一不可。（　　）

（2）划分光反应和暗反应的根据是是否需要光能。（　　）

（3）光合作用的本质是物质和能量代谢。（　　）

（4）光反应不需要酶，暗反应需要多种酶。（　　）

迁移测验

1. 光合作用过程的正确顺序是（　　）。

①二氧化碳的固定　②氧气的释放　③叶绿素吸收光能　④水的光解

⑤三碳化合物被还原

A. ④③②⑤①　　B. ④②③⑤①

C. ③②④①⑤　　D. ③④②①⑤

2. 光合作用包括光反应和暗反应两个阶段，下列参与暗反应必需的物质是（　　）。

A. CO_2、H_2O、ADP　　B. H_2O、CO_2、ATP

C. CO_2、[H]、ATP　　D. [H]、H_2O、ADP

3. 光合作用的暗反应中，三碳化合物转变成葡萄糖，最起码需要的条件是（　　）。

①CO_2　②叶绿素分子　③ATP　④[H]　⑤多种酶　⑥五碳化合物

A. ②③④　　B. ③④⑤　　C. ①③⑤　　D. ①③④

4. 某科学家用 ^{14}C 的二氧化碳来追踪光合作用中的碳原子，证明其转移的途径是（　　）

A. 二氧化碳　叶绿素　ATP

B. 二氧化碳　三碳化合物　ATP

C. 二氧化碳　三碳化合物　糖类

D. 二氧化碳　五碳糖　糖类

5. 将植物栽培在适宜的光照、温度和充足 CO_2 条件下：如果突然中断 CO_2 气体的供应，短时间内叶绿体中 C_3 化合物与 C_5 化合物相对含量将如何变化？请说说原因。

6. 请说说提高农作物光合作用强度的措施。

心理努力程度评定

请对刚才学习中您所付出的心理努力做出评定（1～9，1 表示最少的努力，9 表示最大的努力，在你认为的数字上面打“√”）。

(最少)1　2　3　4　5　6　7　8　9 (最多)

实验 3 问卷

先前知识测验

1. 你对空调工作原理的相关知识了解多少？（　　）

   A. 非常不了解　B. 不了解　C. 一般了解　D. 了解　E. 非常了解

2. 高中阶段，您是理科生吗？（　　）

   A. 否　B. 是

3. 您的大学专业和物理相关吗？（　　）

   A. 否　B. 是

4. 高中阶段，假设物理满分是 100 分，您的分数一般处于（　　）？

   A. 低于 60 分　B. 60～69 分　C. 70～79 分　D. 80～89 分　E. 90～100 分

5. 请您写出你所知道关于空调的组成、结构、工作原理等相关知识。

学习材料感知难度评定

请给刚才呈现的学习材料一个难度的评定（1～9，1 表示最简单，9 表示最难，在你认为的数字上面打“√”）

(最简单)1　2　3　4　5　6　7　8　9 (最难)

保持测验

1. 空调的结构包括：______，_______，______，______，________组件组成。
2. 空调主要由两大部分组成：________和________。
3. 材料中给出的空调制冷剂是：________。
4. 判断题

以下正确的打“√”，错的打“×”。

（1）节流装置起降压降温的作用。（　　）

（2）空调压缩机可以压缩气体，也可以压缩液体。（　　）

（3）制冷系统是利用制冷剂在系统循环过程中发生化学变化时吸热和放热的。（　）

（4）空气中的水蒸汽遇到冷的蒸发器后就会凝结成水滴，顺着水管流出去，这就是空调会出水的原因。（　　）

迁移测验

1. 高温高压气态制冷剂通过冷凝器后变成（　　）制冷剂。

   A. 高温高压气态　　B. 低温低压气态

   C. 低温低压雾状　　D. 高温高压液态

2. 如果一台空调内、外机放在一个封闭的空间内，在制冷时，整个房间温度会（　）。

   A. 上升　　B. 保持不变　　C. 下降

3. （　　）是制冷系统中低压和高压、低温和高温的分界线。

   A. 储液干燥器　　B. 蒸发器　　C. 压缩机　　D. 冷凝器

4. 写出制冷系统制冷循环 4 个工作过程，并与之对应的制冷剂的状态。

5. 请写出制冷空调制冷度不足的可能原因？

心理努力评定

请对刚才学习中您所付出的心理努力做出评定（1～9，1 表示最少的努力，9 表示最大的努力，在你认为的数字上面打“ √ ”）。

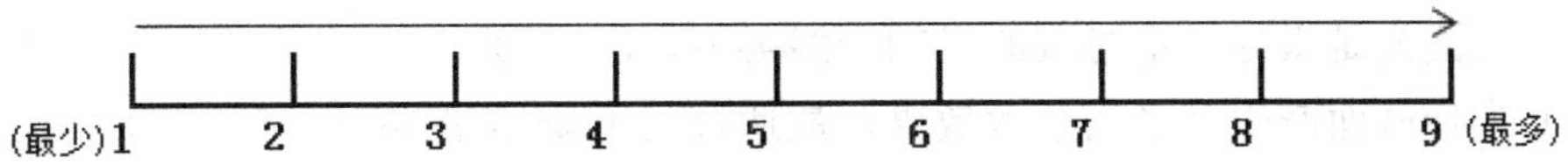

实验 4 问卷

抽象程度低材料

先前知识测验

1. 你对摄影中光学的相关知识了解多少？（　　）

   A. 非常不了解　　B. 不了解　　C. 一般了解　　D. 了解

   E. 非常了

2. 高中阶段，您是理科生吗？（　　）

   A. 否　　B. 是

3. 您的大学专业和物理相关吗？（　　）

   A. 否　　B. 是

4. 高中阶段，假设物理满分是 100 分，您的分数一般处于（　　）？

   A. 低于 60 分　　B. 60～69 分　　C. 70～79 分　　D. 80～89 分

   E. 90～100 分

5. 请您写出你所知道关于摄影中光的种类及如何运用的相关知识。

学习材料感知难度评定

请给刚才呈现的学习材料一个难度的评定（1～9，1 表示最简单，9 表示最难，在你认为的数字上面打“ √ ”）

(最简单)1　2　3　4　5　6　7　8　9（最难）

保持测验

1. 正面光也称为______。

2. 可以突出强烈的明暗对比的光是_______。

3. _________是表现被摄体质感最充分的一类光线。

4. 当光线移到被摄体后面时，就会产生______。

5. 可以强烈地制造画面深度感的光是________。

6. 使人物显得更生动和自然的光是_______。

7. 给人是平面，缺乏层次影调的光是________ 。

8. 如果背景是明亮，不透明的被摄主题的前景变暗，就会形成_____。

9. 判断题

以下正确的打“√”，错的打“×”。

（1）正面光是摄影者正对着的光的光线类型。（　　）

（2）为使画面产生夸张的艺术效果，最适合采用45度的侧光。（　　）

（3）在拍摄静物、广告产品和人物肖像时，为了突出被摄物体的外形，因采用逆光和侧光。（　　）

（4）为使光线产生排列效果，适宜采用45度侧光。（　　）

迁移测试题

1. 一般室外拍摄白背景与高调效果的照片，应该选择的宜适天气是（　　）

A. 晴天　　B. 阴天　　C. 雨天　　D. 雾天

2. 运用侧向或侧逆向的硬光作主光，可以表现人物的（　　）。

A. 表现人物细腻肌肤　　B. 表现人物粗糙肌肤

C. 表现人物光润面容　　D. 表现人物容光焕发

3. 拍摄吸收型平滑质感产品时，（　　）都不宜作为主光光位。

A. 顺光或前侧光　　B. 逆光或侧逆光

C. 顺光或逆底光　　D. 逆光或顶光

4. 在对人像摄影中，为突出人物形象，应该如何利用各种角度光产生的影调？

5. 拍摄高调照片要注意哪些方面？

心理努力评定

请对刚才学习中您所付出的心理努力做出评定（1～9，1 表示最少的努力，9 表示最大的努力，在你认为的数字上面打“√”）。

(最少)1　2　3　4　5　6　7　8　9（最多）

抽象程度高材料

先前知识测验

1. 你对电磁继电器的相关知识了解多少？（　　）

A. 非常不了解　B. 不了解　C. 一般了解　D. 了解

E. 非常了解

2. 高中阶段，您是理科生吗？（　　）

A. 否　B. 是

3. 您的大学专业和物理相关吗？（　　）

A. 否　B. 是

4. 高中阶段，假设物理满分是 100 分，您的分数一般处于（　　）？

A. 低于 60 分　B. 60～69 分　C. 70～79 分　D. 80～89 分

E. 90～100 分

5. 请您写出你所知道关于电磁继电器的组成部件、工作原理等相关知识。

学习材料感知难度评定

请给刚才呈现的学习材料一个难度的评定（1～9，1 表示最简单，9 表示最难，在你认为的数字上面打“√”）

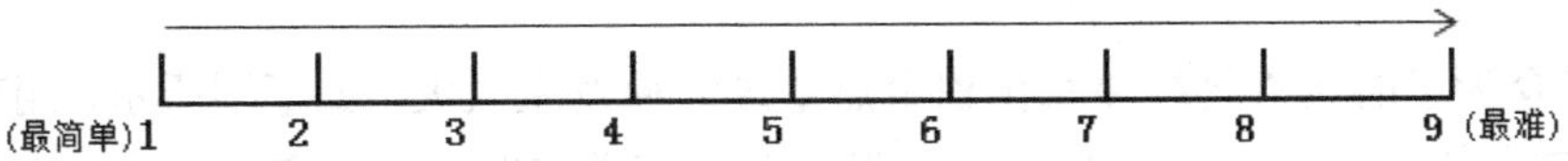

保持测验

1. 电磁继电器的结构如图所示，其中 A 是________，B 是________，C 是________，D 是______________，E 是_____________。它利用__________对衔铁的吸放，代替开关去控制电路的通断。

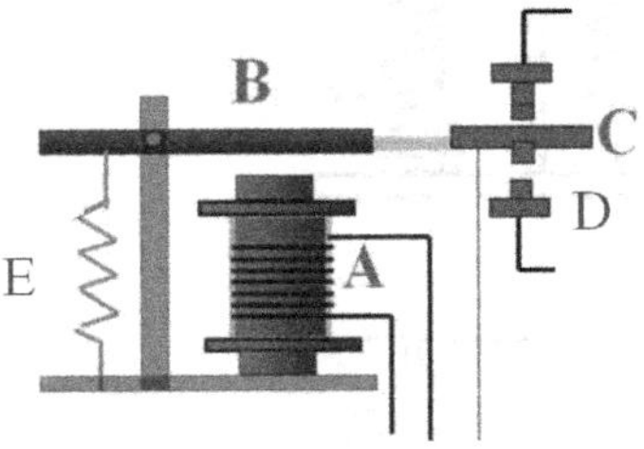

2. 电磁继电器由______________电路和____________电路构成。

3. 判断题

以下正确的打“√”，错的打“×”。

（1）电热器中没有电磁铁。（　　）

（2）电磁铁磁性强弱，可用改变电流大小来控制。（　　）

（3）利用电磁继电器主要是为了节约用电。（　　）

（4）电磁继电器在电路中的作用相当于一个开关。（　　）

迁移测验

1. 关于电磁继电器的衔铁的选用，应该选择哪种材料（　　）

A. 选用软铁材料　　B. 选用钢棒

C. 以上两种材料都可以使用　　D. 以上两种材料都不行

2. 用电磁继电器控制高电压、强电流的开关，其主要优点是（　　）

A. 节约用电　　B. 安全用电

C. 保护用电器　　D. 操作简单

3. 下列方法不能改变电磁铁的磁性强弱的是（　　）

A. 改变线圈匝数　　B. 改变通过线圈中电流的方向

C. 在通电的螺旋管中插入铁芯　　D. 改变线圈中的电流方向

4. 下图中，羊群被细漆包线围着，羊在圈中时电铃不响；当羊逃离时，碰到漆包线，电铃就报警，试解释此报警电路的工作原理。

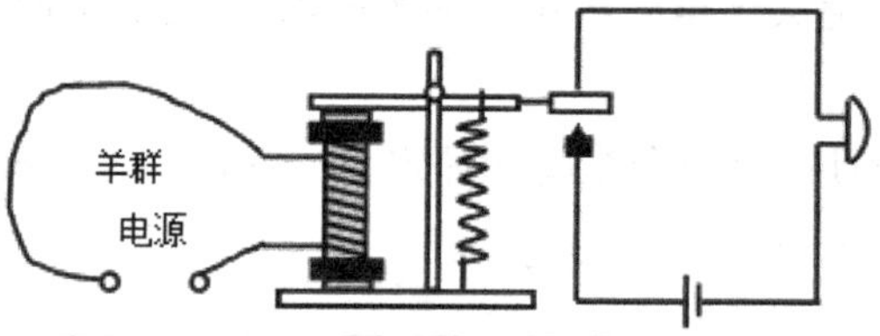

5. 粮仓为了防止谷物缓慢氧化积聚热量过多而发生火灾，如下图所示，用带金属丝的水银温度计和电磁继电器安装成自动报警器，正常情况下绿灯亮，当仓内温度升高时红灯亮，同时电铃也响，以此来报警，请按上述要求把各元件连成电路。

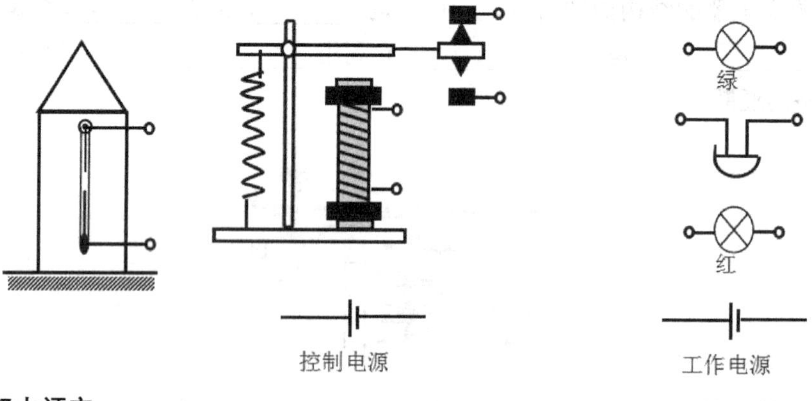

心理努力评定

请对刚才学习中您所付出的心理努力做出评定（1～9，1 表示最少的努力，9 表示最大的努力，在你认为的数字上面打“√”）。

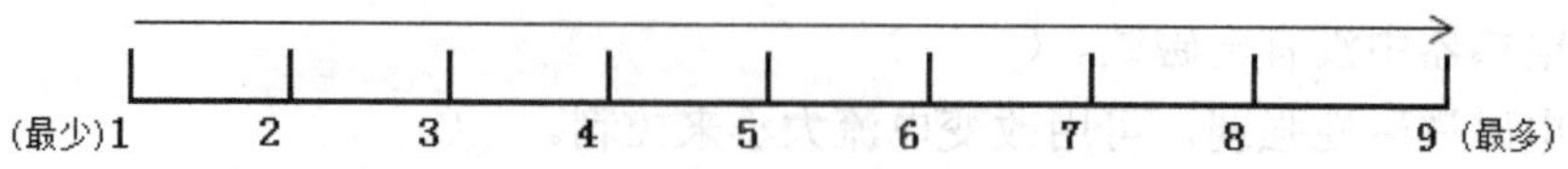

附录 5　教育图文融合设计规则问卷调查

教师或教育资源开发者版

您好！根据前期的眼动实验结果，初步确立 16 条图文融合设计规则。为验证**实验室情境下的设计规则对自然情境下设计实践的可行性**，现做如下问卷调查，请耐心填写，感谢您的大力支持和帮助！本问卷是匿名填写，在选项“□”内或在您认可的数字下打“√”。答案无所谓对错，仅作学术研究之用，希望得到您的支持。

您的性别：□男　　　　□女

您的职业：□教育技术学专业教师　　　　□数字教育资源的专业开发人员

一、内容相关规则　**画面中的图、文媒体承载的教学信息应为同一或相似主题的知识点，尽可能排除其他无关内容干扰。**该规则包括 1.1、1.2、1.3、1.4 四条子规则。

<table>
<tr><td colspan="8">规则 1.1：画面以图为主时，应该选取恰当的文本对图的细节进行注解或分析，尽可能明确画面表达的主题或揭示画面的内涵。</td></tr>
<tr><td>画面 1</td><td colspan="7">画面 2</td></tr>
<tr><td>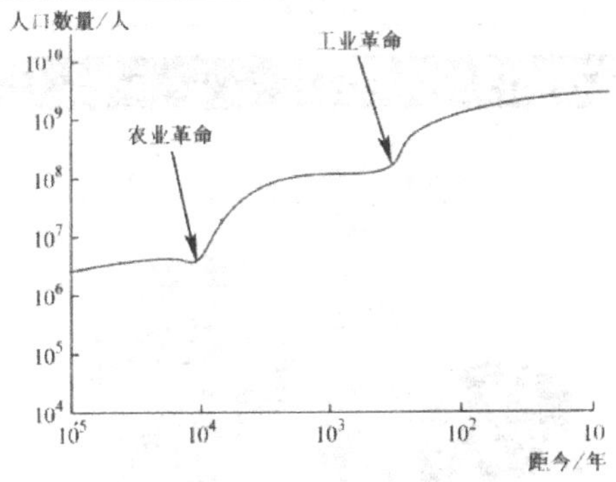

10 万年以来的人口增长</td><td colspan="7">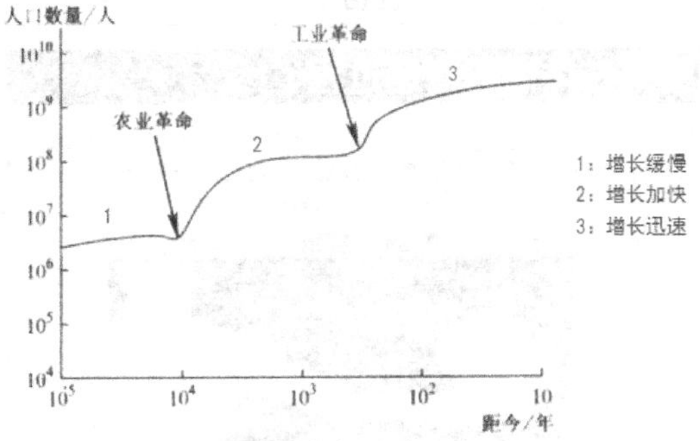

10 万年以来的人口增长</td></tr>
<tr><td colspan="8">画面变化：画面 2 增加数字，并在图的侧边添加文字说明。</td></tr>
<tr><td rowspan="2">您认为画面 2 的变化与规则 1.1 的契合程度（在您认可的数字下划“√”）</td><td colspan="7">低 ————————〉高</td></tr>
<tr><td>1</td><td>2</td><td>3</td><td>4</td><td>5</td><td>6</td><td>7</td></tr>
<tr><td colspan="8">注：素材来自人民教育出版社普通高中教科书《地理 2 必修》第 2 页。</td></tr>
</table>

<table>
<tr><td colspan="8">规则 1.2：画面以文为主时，应该选取恰当的图像对文本的抽象意义进行直观性描述，尽可能使冗长晦涩的文本更加容易理解。</td></tr>
<tr><td>画面 1</td><td colspan="7">画面 2</td></tr>
<tr><td>RGB色彩模型是指通过对红、绿、蓝三个颜色通道的变化以及它们相互之间的叠加来得到各式各样的颜色。例如，两种色光进行等比例混合的话，得到品红、黄、青三色光。

红+绿=黄
红+蓝=品红
绿+蓝=青
红+绿+蓝=白
三基色光全无=黑</td><td colspan="7">RGB色彩模型是指通过对红、绿、蓝三个颜色通道的变化以及它们相互之间的叠加来得到各式各样的颜色。例如，两种色光进行等比例混合的话，得到品红、黄、青三色光。

红+绿=黄
红+蓝=品红
绿+蓝=青
红+绿+蓝=白
三基色光全无=黑
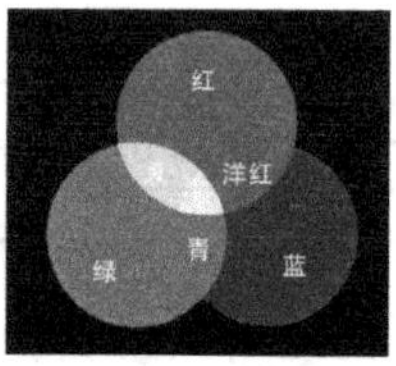</td></tr>
<tr><td colspan="8">画面变化：画面 2 增加了图片。</td></tr>
<tr><td rowspan="2">您认为画面 2 的变化与规则 1.2 的契合程度（在您认可的数字下划“√”）</td><td colspan="7">低 ——————————〉高</td></tr>
<tr><td>1</td><td>2</td><td>3</td><td>4</td><td>5</td><td>6</td><td>7</td></tr>
<tr><td colspan="8">注：素材来自高等教育出版社高等学校教材《多媒体画面艺术基础》第 63、70 页。</td></tr>
</table>

<table>
<tr><td colspan="8">规则 1.3：画面中图、文没有明显主次时，应该按照互补、协作的要求选取图文媒体，尽可能使二者和谐共处、相互借鉴、相得益彰。</td></tr>
<tr><td>画面 1</td><td colspan="7">画面 2</td></tr>
<tr><td>疼痛在体内的传递过程
疼痛信号到达脊髓，随即被传送到控制腿部肌肉的运动神经，这是无需大脑大脑参与反射。同时疼痛信号会经脊髓向上传递至脑丘，至此我们才感觉到疼痛。
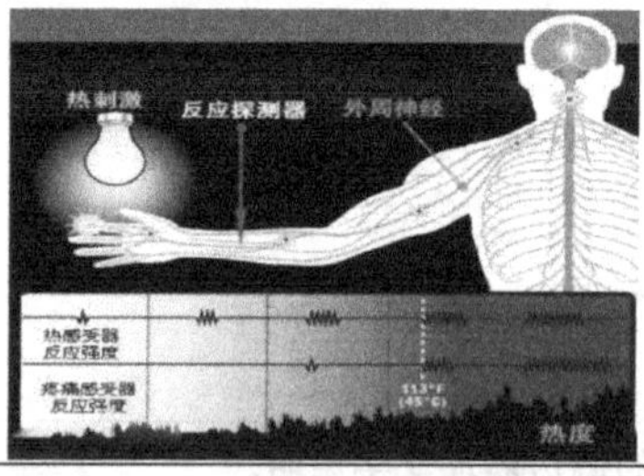</td><td colspan="7">疼痛在体内的传递过程
疼痛信号到达脊髓❶，随即被传送到控制腿部肌肉的运动神经，这是无需大脑大脑参与反射。同时疼痛信号会经脊髓向上传递至脑丘❷，至此我们才感觉到疼痛。
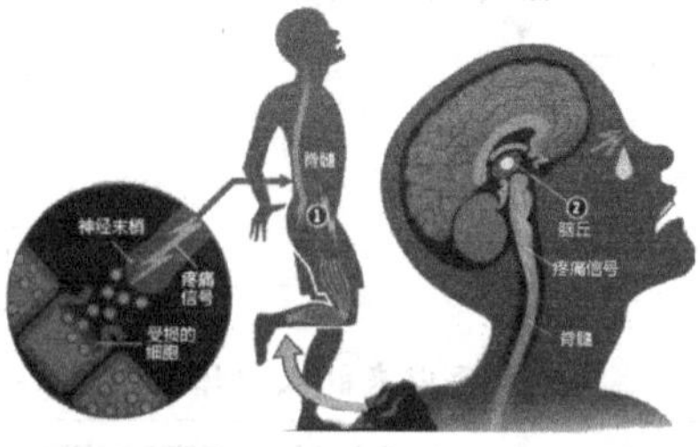</td></tr>
<tr><td colspan="8">画面变化：画面 2 中的关键文本处增加数字，图片不同并其中也增加了与文本对应的数字。</td></tr>
<tr><td rowspan="2">您认为画面 2 的变化与规则 1.3 的契合程度（在您认可的数字下划“√”）</td><td colspan="7">低 ——————————〉高</td></tr>
<tr><td>1</td><td>2</td><td>3</td><td>4</td><td>5</td><td>6</td><td>7</td></tr>
<tr><td colspan="8">注：画面 1 改编自百度百科“疼痛感”词条[2016-10-8]；画面 2 改编自人民邮电出版社《图解力：跟顶级设计师学作信息图》第 79 页。</td></tr>
</table>

规则 1.4：图文媒体的选取应该与学习者的理解能力、偏爱、学习风格相一致，尽可能使图文媒体与真实情境中的学习者得到最大程度的关联。	
画面 1	画面 2
水分子的分解 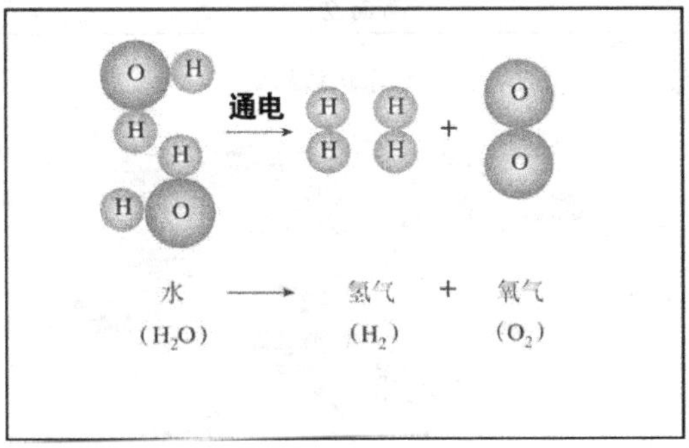 	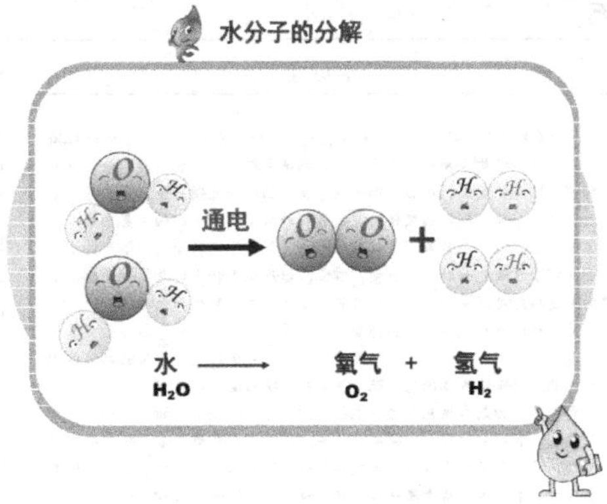
画面变化：画面 2 中的图形采用了“拟人”手法，画面 1 应用于初中化学教学，画面 2 应用于小学科学教学。	
您认为画面 2 的变化与规则 1.4 的契合程度（在您认可的数字下划“√”）	低 ——————————〉高 1 2 3 4 5 6 7
注：素材来自湖南教育出版社《九年级化学（上册）》第 39 页。	

二、图示规则 <u>**图示是抽象文本的可视化，图示蕴涵的语义必须与文本语义保持一致性。图示设计及呈现应尽可能促进主动学习行为的投入，帮助学习者深入思考、突破浅层学习，实现对知识的意义建构。**</u>该规则包括 2.1、2.2、2.3、2.4 四条子规则。

规则 2.1：多媒体画面中避免过多使用纯文本，应尽可能利用图示对知识实现化繁为简、化抽象为具体、化隐性为显性的可视化表征。	
画面 1	画面 2
在某个音乐网站上，将音乐分为中国音乐和外国音乐，在中国音乐里分了港澳台音乐和大陆音乐两种，在外国音乐里分了欧美音乐和日韩音乐；在大陆音乐里又分了男歌手、女歌手和组合乐队，在女歌手里有宋祖英、彭丽媛等歌手的作品。	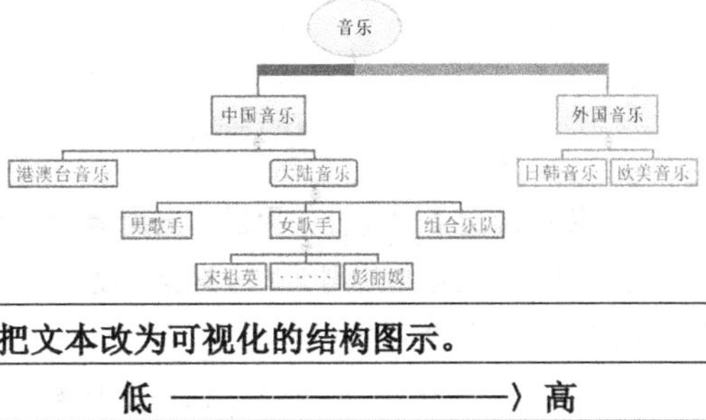
变化：画面 1 是文本描述，画面 2 把文本改为可视化的结构图示。	
您认为画面 2 的变化与规则 2.1 的契合程度（在您认可的数字下划“√”）	低 ——————————〉高 1 2 3 4 5 6 7
注：素材来自教育科学出版社《高中信息技术基础（必修）》第 67 页。	

<table>
<tr><td colspan="2">规则 2.2：图示设计应建基于文本知识的认知语义特性。对于陈述性知识，图示应采取命题网络和结构性表征方法（如概念图、关系图），尽可能展示知识属性、知识点之间关系；对于程序性知识，图示应采取产生式表征方法（如过程图、流程图），尽可能展示事物的状态、发展变化及动态的因果关系。</td></tr>
<tr><td>画面 1</td><td>画面 2</td></tr>
<tr><td>神经系统分为中枢神经系统和周围神经系统。中枢神经系统包括脑和脊髓，两者在结构和功能上紧密联系。脑是中枢神经系的高级部分，包括大脑（端脑、间脑）、小脑、脑干（中脑、脑桥和延髓）等。大脑是控制运动、产生感觉及实现高级脑功能的高级神经中枢；小脑的主要功能是协调骨骼肌的运动，维持和调节肌肉的紧张，保持身体的平衡；脑干的主要功能是调节呼吸、心跳、心血管、吞咽，以及视听和平衡等反射中枢。脊髓的主要功能是联系脑、躯干和内脏，完成一些简单的反射活动。
周围神经系统包括12对脑神经和31对脊神经，把脑和脊髓与全身其他器官联系起来，使中枢神经系统既能感受内外环境的变化，又能调节体内各种功能，以保证人体的完整统一及其对环境的适应。
神经系统的基本结构和功能单位是神经元，神经元由细胞体和突起两部分构成，其中突起可分为树突和轴突，树突接外部受刺激，轴突输出神经冲动。神经系统的基本活动方式是反射，反射活动的形态基础是反射弧。反射弧的基本组成：感受器→传入神经→神经中枢→传出神经→效应器。反射弧必须完整，缺一不可。</td><td>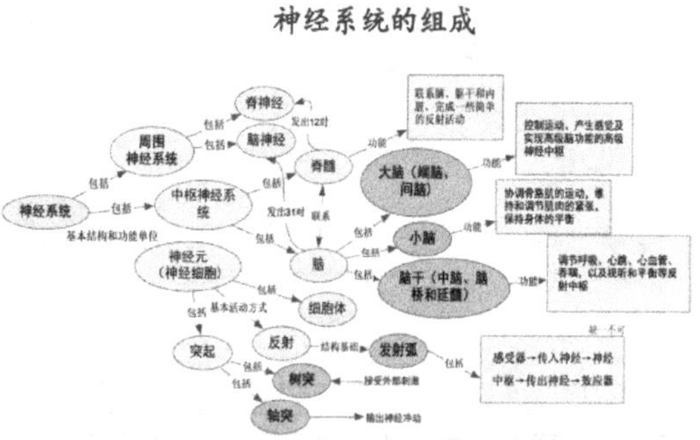</td></tr>
<tr><td colspan="2">**变化：画面 1 是纯文本的陈述性知识，画面 2 利用概念图呈现了画面 1 的陈述性知识。**</td></tr>
<tr><td colspan="2">注：素材来自本研究实验 2-2。</td></tr>
<tr><td>画面 1</td><td>画面 2</td></tr>
<tr><td>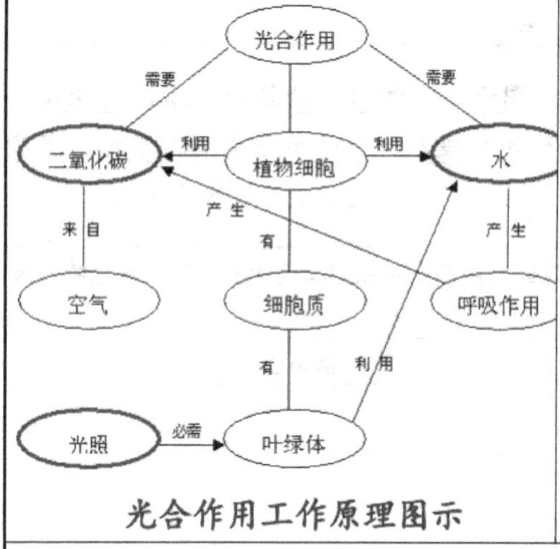</td><td>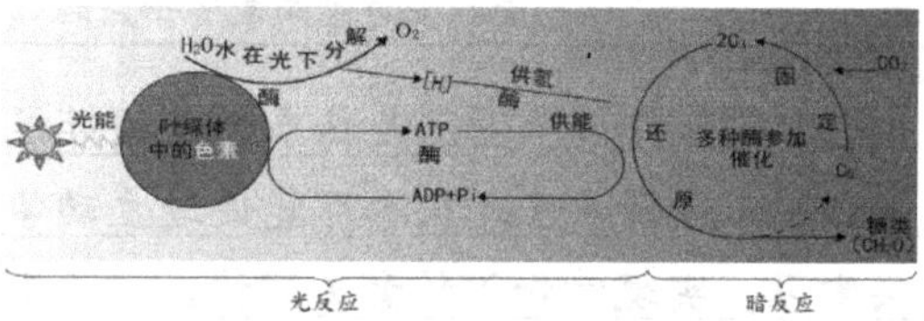
光合作用工作原理图示</td></tr>
<tr><td colspan="2">**变化：画面 1 对光合作用过程采用概念图示，画面 2 对光合作用过程采用产生式图示。**</td></tr>
<tr><td rowspan="2">您认为画面 2 的变化与规则 2.2 的契合程度（在您认可的数字下划“√”）</td><td>低 ——————————〉高</td></tr>
<tr><td>1 2 3 4 5 6 7</td></tr>
<tr><td colspan="2">注：素材来自本研究实验 2-2。</td></tr>
</table>

<table>
<tr><td colspan="2">规则 2.3：图示应避免简单的直接呈现，尽可能让学习者投入更多精力、自主完成图示的构建（如采取交互方式引导他们确认、表达）。</td></tr>
<tr><td>画面 1</td><td>画面 2</td></tr>
<tr><td>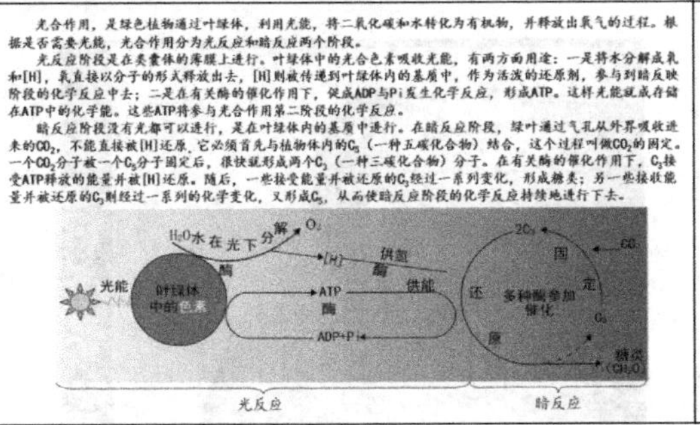
</td><td>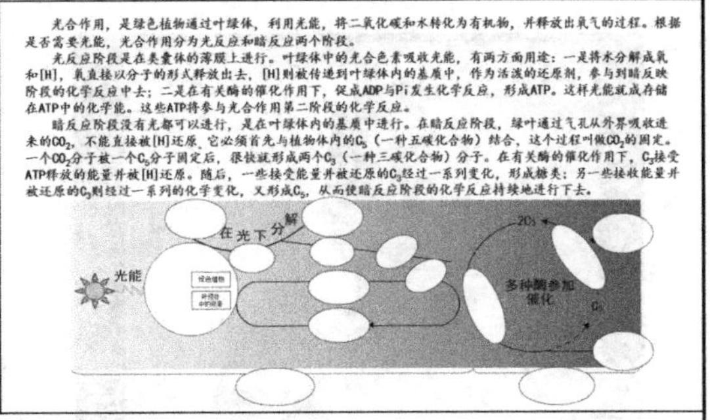
</td></tr>
<tr><td colspan="2">变化：画面 1 是图示直接呈现；画面 2 对图示遮挡呈现，要求学习者自己根据文中内容，“二选一”的方式构建完整正确的图示。</td></tr>
<tr><td rowspan="2">您认为画面 2 的变化与规则 2.3 的契合程度（在您认可的数字下划“ √”）</td><td>低 ————————〉高</td></tr>
<tr><td>1　2　3　4　5　6　7</td></tr>
<tr><td colspan="2">注：素材来自本研究实验 2-2。</td></tr>
</table>

<table>
<tr><td colspan="2">规则 2.4：不同的图示具有不同的功能和用途，图示的组织结构应与知识结构相匹配（如比较知识结构适合选用矩阵图示；分类知识结构适合选用树形/层级图示；过程、顺序、因果类知识结构适合选用链索形图示等）。</td></tr>
<tr><td>画面 1</td><td>画面 2</td></tr>
<tr><td>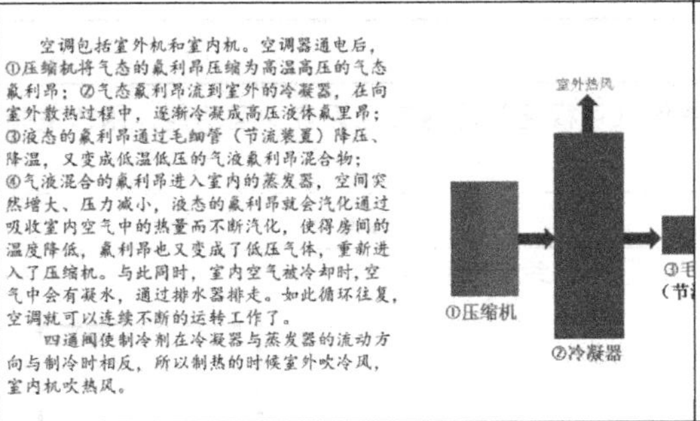
</td><td>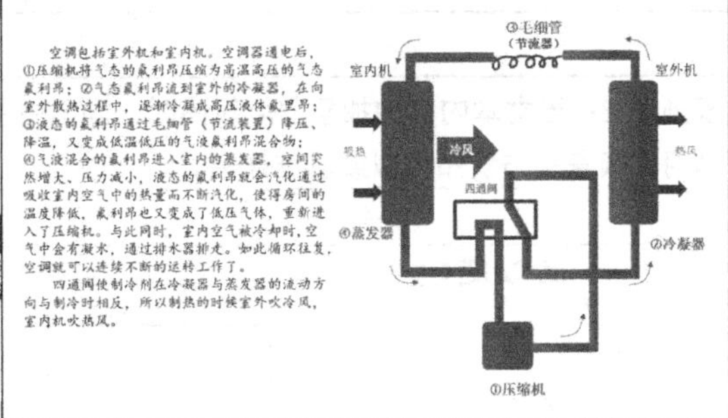
</td></tr>
<tr><td colspan="2">变化：空调循环制冷，画面 1 的图示采用了直线型结构，画面 2 的图示采用了环形结构。</td></tr>
<tr><td rowspan="2">您认为画面 2 的变化与规则 2.4 的契合程度（在您认可的数字下划“ √”）</td><td>低 ————————〉高</td></tr>
<tr><td>1　2　3　4　5　6　7</td></tr>
<tr><td colspan="2">注：素材来自本研究实验 3。</td></tr>
</table>

三、交互规则　交互设计必须以理解图文内容为基本目标，让学习者能够主动调控认知过程（包括选择信息、组织信息、整合信息等），尽可能帮助学习者创造和建立与画面之间的有意义联结，使他们感知到舒适的用户体验。该规则包括 3.1、3.2、3.3、3.4 四条子规则。

<table>
<tr><td colspan="2">规则 3.1：在动态画面中，为保证学习者与图文内容之间的粘合度，画面应该设置交互功能，用来自主调控播放速度和选择学习内容。</td></tr>
<tr><td>画面 1</td><td>画面 2</td></tr>
<tr><td>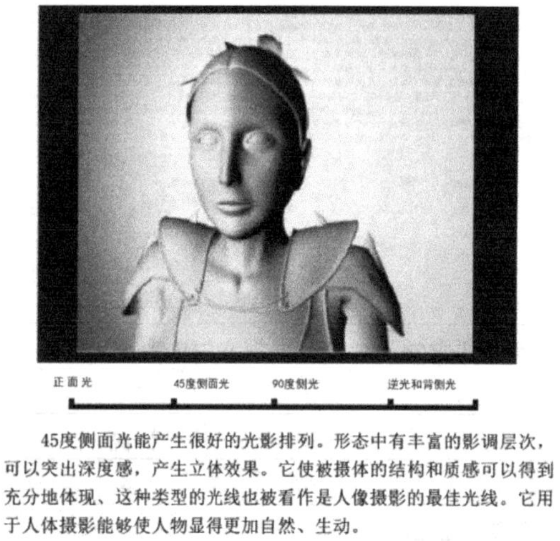
</td><td>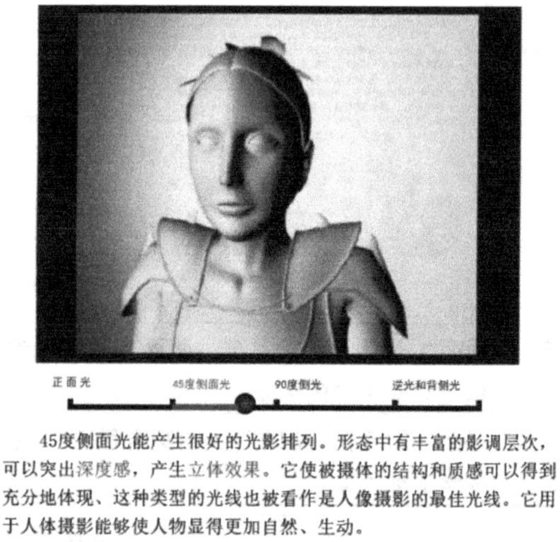
</td></tr>
<tr><td colspan="2">变化：画面 1 是动画自动播放；画面 2 是用户控制播放，学习者自主选择内容，标注了“学习进度”供学习者观察。</td></tr>
<tr><td>您认为画面 2 的变化与规则 3.1 的契合程度（在您认可的数字下划“√”）</td><td>低 ——————————〉高
1　2　3　4　5　6　7</td></tr>
<tr><td colspan="2">注：素材来自实验 4。</td></tr>
</table>

<table>
<tr><td colspan="2">规则 3.2：当文本内容的抽象程度较高时，画面中图像（可视化）区域应该设置交互功能，用来支持学习者亲身参与认知模拟或思维建模。</td></tr>
<tr><td>画面 1</td><td>画面 2</td></tr>
<tr><td>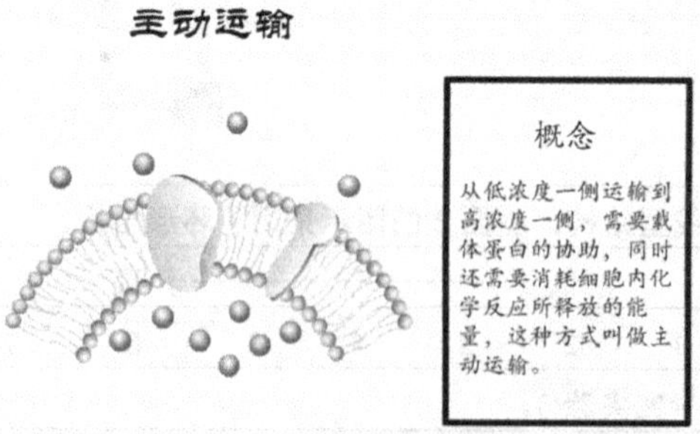
</td><td>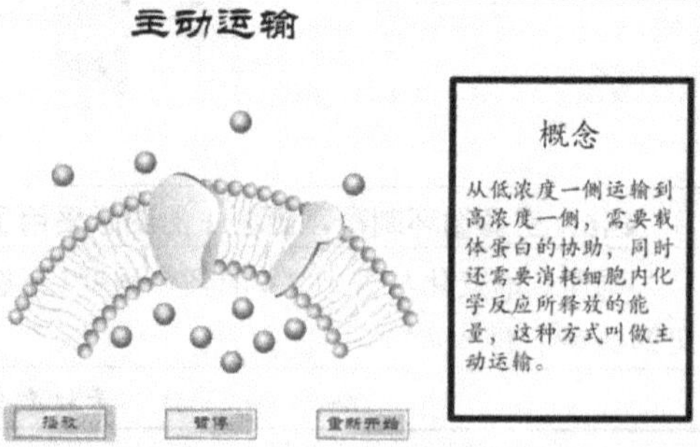
</td></tr>
<tr><td colspan="2">变化：画面 2 增加了学习者可以自主控制的交互。</td></tr>
<tr><td>您认为画面 2 的变化与规则 3.2 的契合程度（在您认可的数字下划“√”）</td><td>低 ——————————〉高
1　2　3　4　5　6　7</td></tr>
<tr><td colspan="2">注：素材来自王鹤颖制作的《物质跨膜运输的方式》。</td></tr>
</table>

<table>
<tr><td colspan="2">规则 3.3：为增强图文之间关联性，画面可以设置交互控制图文内部细节的变化过程，使它们实时同步或交替呈现，形成互动呼应的效果。</td></tr>
<tr><td>画面 1</td><td>画面 2</td></tr>
<tr><td>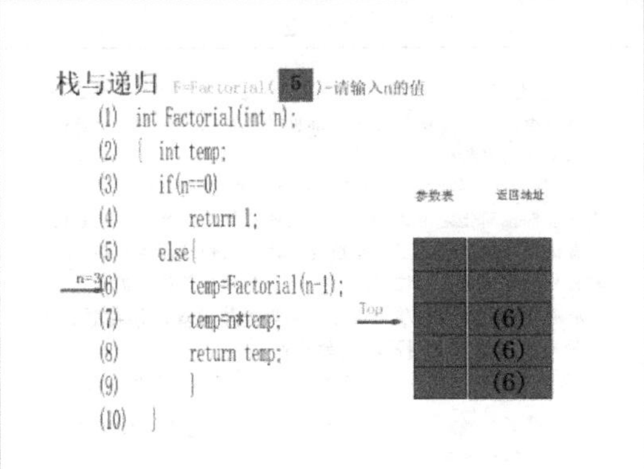
</td><td>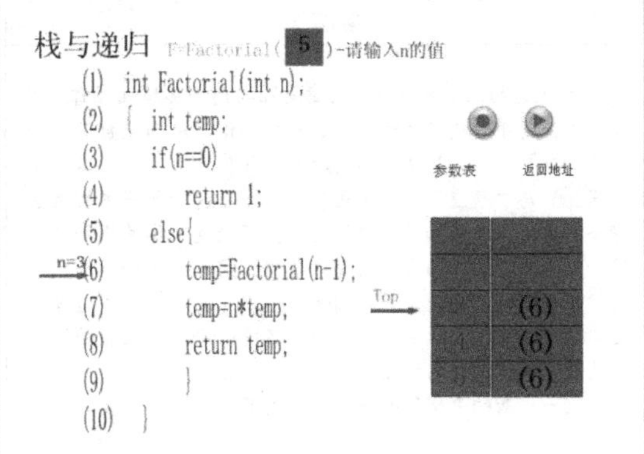
</td></tr>
<tr><td colspan="2">变化：画面 2 增加了对图示的控制，与文本变化相对应。</td></tr>
<tr><td rowspan="2">您认为画面 2 的变化与规则 3.3 的契合程度（在您认可的数字下划“√”）</td><td>低 ——————————〉高</td></tr>
<tr><td>1　2　3　4　5　6　7</td></tr>
<tr><td colspan="2">注：素材来自邱宏制作的《栈与递归》。</td></tr>
</table>

<table>
<tr><td colspan="2">规则 3.4：为激发学习者快速有效建立言语和视觉模型，画面可以设置交互功能，引导学习者对图文关键内容的反馈确认。</td></tr>
<tr><td>画面 1</td><td>画面 2</td></tr>
<tr><td>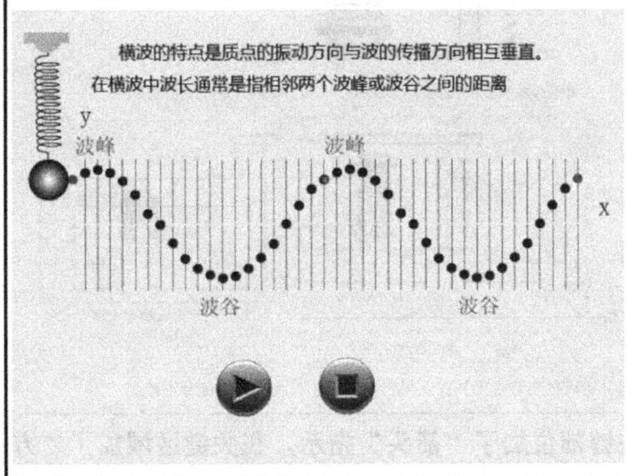
</td><td>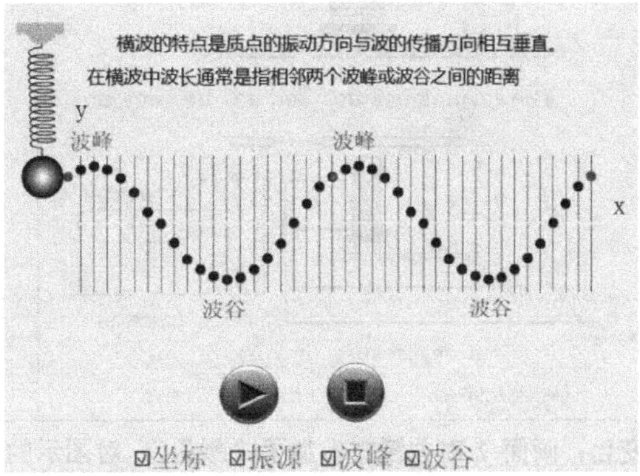
</td></tr>
<tr><td colspan="2">变化：画面 2 增加了“复选框”，学习者可以控制动画中是否呈现该内容。</td></tr>
<tr><td rowspan="2">您认为画面 2 的变化与规则 3.4 的契合程度（在您认可的数字下划“√”）</td><td>低 ——————————〉高</td></tr>
<tr><td>1　2　3　4　5　6　7</td></tr>
<tr><td colspan="2">注：素材来自马文龙制作的《波的形成和传播》。</td></tr>
</table>

四、线索规则　<u>线索是画面中非教学内容的信息（如颜色、箭头、闪烁等），线索必须凸显画面中的关键教学内容，引导学习者加工特定的教学内容，尽可能帮助学习者形成图像和言语心理模型并在二者间建立联系。</u>该规则包括 4.1、4.2、4.3、4.4 四条子规则。

规则 4.1：大篇幅文本避免使用同一样式，对关键文本应该设置对比（如字号、重量、字体、色彩、材质、方向、节奏变化等）；教学信息量大、复杂图像的关键部位、细节处应该设置标注或提示（如箭头、闪烁、文字、方框或其他物理属性变化等）。

画面 1	画面 2
建构主义的基本观点是：儿童是在与周围环境相互作用的过程中，逐步建构起关于外部世界的知识，从而使自身认知结构得到发展的。儿童与环境的相互作用涉及两个基本过程："同化"与"顺应"。同化是个体把外界刺激所提供的信息整合到自己原有认知结构内的过程；顺应是个体的认知结构因外部刺激的影响而发生改变的过程。同化是认知结构数量的扩充，而顺应则是认知结构性质的改变。认知个体通过同化与顺应这两种形式来达到与周围环境的平衡。儿童的认知结构就是通过同化与顺应过程逐步建构起来，并在"平衡—不平衡——新的平衡"的循环中得到不断的丰富、提高和发展。	建构主义的基本观点是：儿童是在与周围环境相互作用的过程中，逐步建构起关于外部世界的知识，从而使自身认知结构得到发展的。 儿童与环境的相互作用涉及两个基本过程："同化"与"顺应"。同化是个体把外界刺激所提供的信息整合到自己原有认知结构内的过程；顺应是个体的认知结构因外部刺激的影响而发生改变的过程。同化是认知结构数量的扩充，顺应则是认知结构性质的改变。**认知个体通过同化与顺应这两种形式来达到与周围环境的平衡。** 儿童的认知结构就是通过同化与顺应过程逐步建构起来，并在"平衡—不平衡——新的平衡"的循环中得到不断的丰富、提高和发展。

变化：画面 2 对关键文本处的呈现方式做了"颜色""字号""下划线"等修改。

注：素材来自百度文库某教师的课件[EB/OL]http://wenku. baidu. com/view/79d5aa73482fb4daa58d4bda. html?from=search，2016-10-12。

画面 1

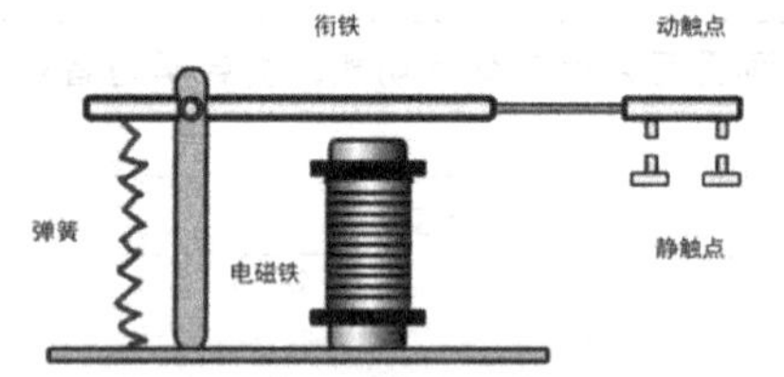

电磁继电器的具体部件包括电磁铁、衔铁、弹簧、动触点和静触点。

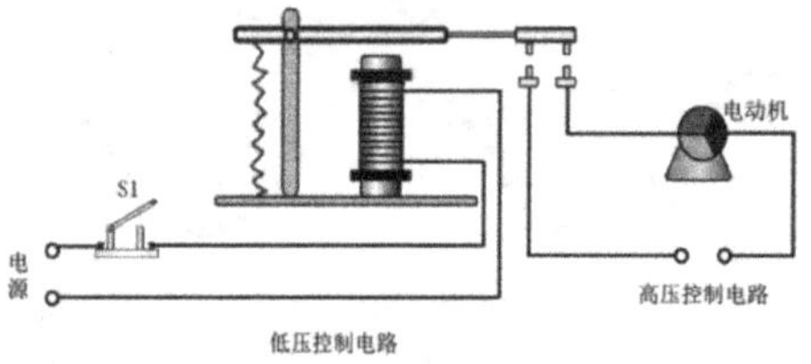

电磁继电器由低压控制电路和高压工作电路两大部分组成。

画面 2

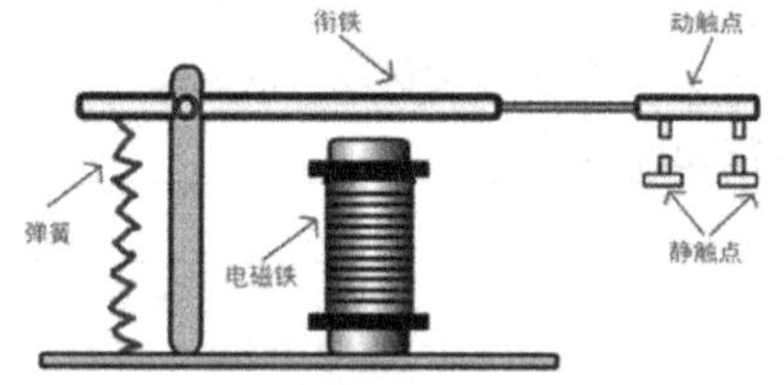

电磁继电器的具体部件包括电磁铁、衔铁、弹簧、动触点和静触点。

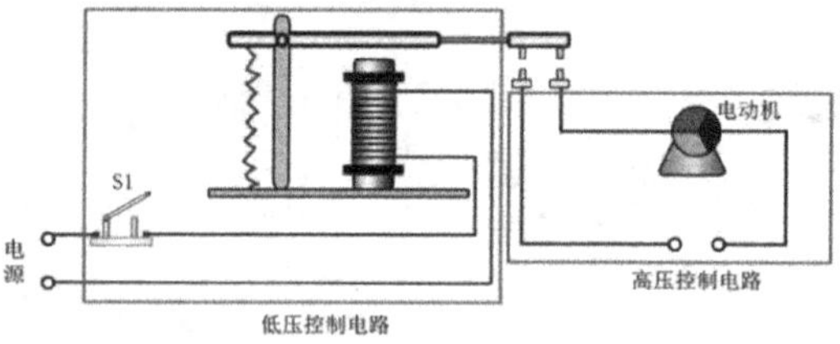

电磁继电器由低压控制电路和高压工作电路两大部分组成。

变化：画面 2 对关键文本加了"颜色"，对图示的关键部位加了"箭头"指示，在关键区域加了"方框"。

您认为画面 2 的变化与规则 4.1 的契合程度（在您认可的数字下划"√"）	低 ————————〉高
	1　2　3　4　5　6　7

注：素材来自本研究实验 4。

规则 4.2：画面中图像与文本存在一定程度的逻辑语义关系时，应该在图像、文本中各自加入关联线索，使二者互为语境、互补意义，形成相互作用又彼此依赖的强关联。	
画面 1	画面 2
疼痛在体内的传递过程 疼痛信号到达脊髓，随即被传送到控制腿部肌肉的运动神经，这是无需大脑大脑参与反射。同时疼痛信号会经脊髓向上传递至脑丘，至此我们才感觉到疼痛。 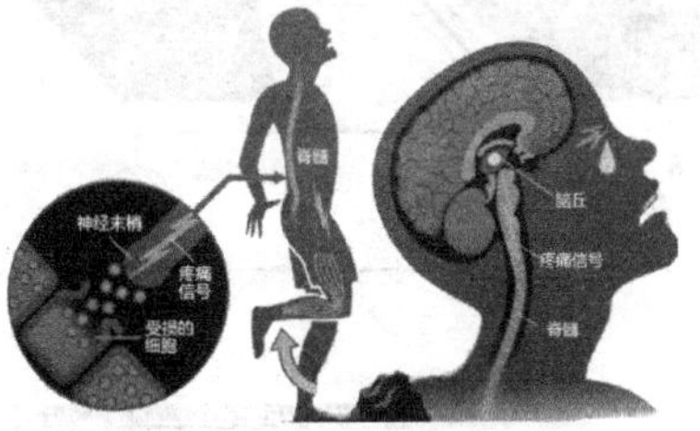 	**疼痛在体内的传递过程** 疼痛信号到达脊髓❶，随即被传送到控制腿部肌肉的运动神经，这是无需大脑大脑参与反射。同时疼痛信号会经脊髓向上传递至脑丘❷，至此我们才感觉到疼痛。 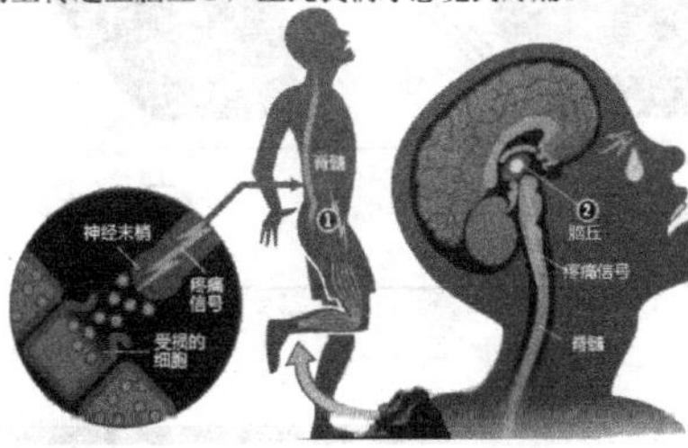
变化：画面 2 分别在文、图中的关键词、细节处加了对应数字。	
您认为画面 2 的变化与规则 4.2 的契合程度（在您认可的数字下划“√”）	低 ————————〉高 1　2　3　4　5　6　7
注：素材来自人民邮电出版社《图解力：跟顶级设计师学作信息图》第 79 页。	

规则 4.3：画面中文本语义蕴涵步骤、过程、顺序等动态因果关系时，应该分别在关键文本、关键图像处添加线索（如数字序号、动态箭头、字体样式变化、时间变化、位置变化等），在文本区域形成“言语链”，与此同时在对应的图像区域形成“视觉链”，尽可能形成整合的知识信息。	
画面 1	画面 2
当沃克环流增强时，东太平洋海温会变得更冷，赤道西太平洋海温可能会进一步升高，东西太平洋气压差也进一步增大，西太平洋也会更多雨，而东太平洋则更加少雨，即东旱西涝。 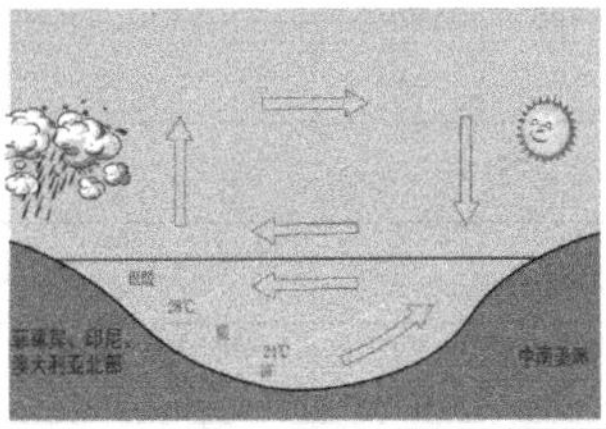	当沃克环流增强时，东太平洋海温会变得更冷，赤道西太平洋海温可能会进一步升高，东西太平洋气压差也进一步增大，西太平洋也会更多雨，而东太平洋则更加少雨，即东旱西涝。 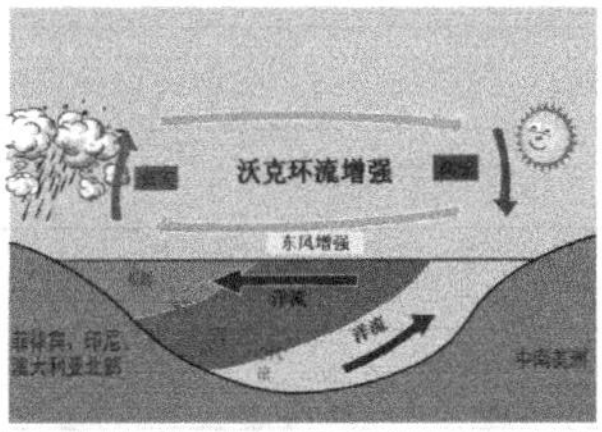
变化：画面 2 分别在文本中加了颜色变化，形成“增高-更冷-升高-增大-多雨-少雨”的言语链、对应的图示中加了箭头的色彩，标注文本，形成视觉链。	
您认为画面 2 的变化与规则 4.3 的契合程度（在您认可的数字下划“√”）	低 ————————〉高 1　2　3　4　5　6　7
注：素材来自本研究实验 1。	

<table>
<tr><td colspan="2">规则 4.4：快速运动在一定程度上会削弱线索的作用，因此在动态图文中不必加入过多线索，如果为保证动态图文中线索的有效性，画面应该设置为可自主控制播放。</td></tr>
<tr><td>画面 1</td><td>画面 2</td></tr>
<tr><td>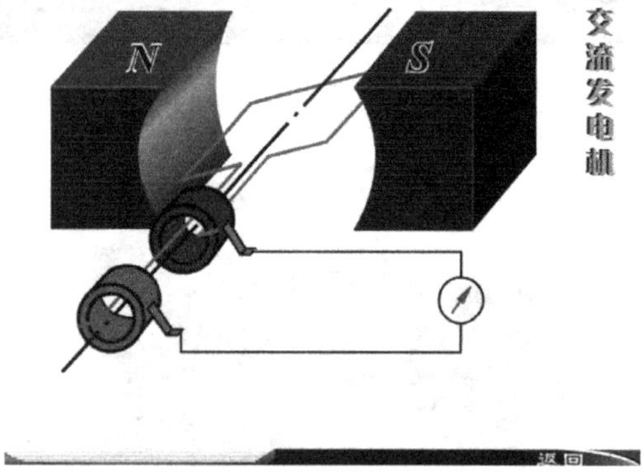
</td><td>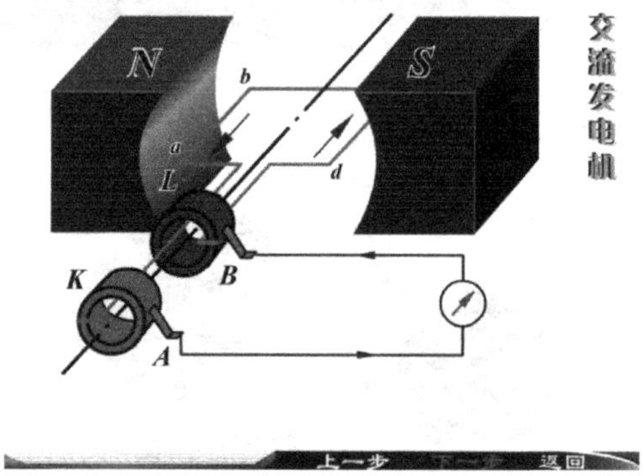
</td></tr>
<tr><td colspan="2">变化：画面 1 是动画快速播放；画面 2 是一步步控制播放，在控制播放中标注了“电流方向”供学习者观察。</td></tr>
<tr><td rowspan="2">您认为画面 2 的变化与规则 4.4 的契合程度（在您认可的数字下划“√”）</td><td>低 ——————————〉高</td></tr>
<tr><td>1　2　3　4　5　6　7</td></tr>
<tr><td colspan="2">注：素材来自张争光制作《初中物理实验集锦——交流电机》。</td></tr>
</table>

您对以上 **16** 条规则评价如何？您认为存在一些什么问题？请指出。

再次感谢您的支持与帮助！

温小勇

学生版

亲爱的同学，您好！现做如下问卷调查，请耐心填写，感谢您的大力支持和帮助！本问卷是匿名填写，在选项“□”内或在您认可的数字下打“√”。答案无所谓对错，仅作学术研究之用，希望得到您的支持。

您的性别：□男　□女

您的专业：□文科　□理科

您的年级：□大一　□大二　□大三　□大四

下面请您观察画面，对比 2 种画面的学习效果。修改后的画面与修改前相比，学习效果是否更好？

<table>
<tr><td colspan="2">第 1 题</td></tr>
<tr><td>修改前</td><td>修改后</td></tr>
<tr><td>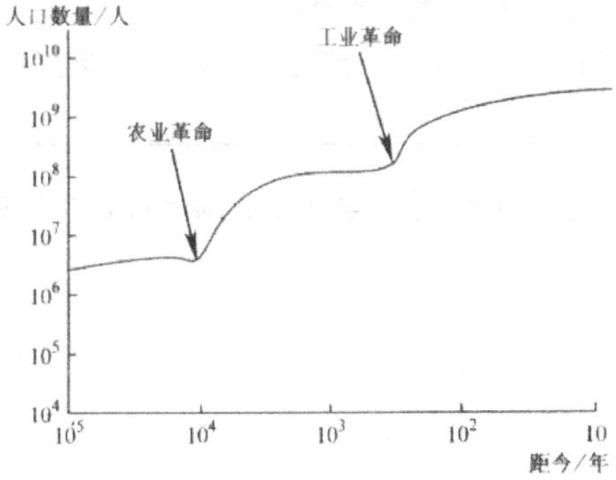

10 万年以来的人口增长</td><td>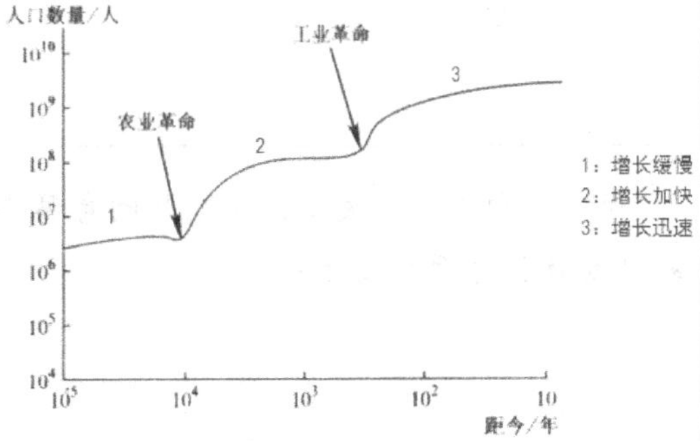

10 万年以来的人口增长</td></tr>
<tr><td colspan="2">画面变化：画面 2 增加数字，并在图的侧边添加文字说明。</td></tr>
<tr><td rowspan="2">您认为修改后的画面学习效果好于修改前的画面吗？</td><td>低 ———————〉高</td></tr>
<tr><td>非常不符合（1 分）、较为不符合（2 分）、有点不符合（3 分）、一般（4 分）、、有点符合（5 分）、较为符合（6 分）、非常符合（7 分）</td></tr>
</table>

第 2 题	
修改前	修改后
RGB色彩模型是指通过对红、绿、蓝三个颜色通道的变化以及它们相互之间的叠加来得到各式各样的颜色。例如，两种色光进行等比例混合的话，得到品红、黄、青三色光。 红+绿=黄 红+蓝=品红 绿+蓝=青 红+绿+蓝=白 三基色光全无=黑	RGB色彩模型是指通过对红、绿、蓝三个颜色通道的变化以及它们相互之间的叠加来得到各式各样的颜色。例如，两种色光进行等比例混合的话，得到品红、黄、青三色光。 红+绿=黄 红+蓝=品红 绿+蓝=青 红+绿+蓝=白 三基色光全无=黑 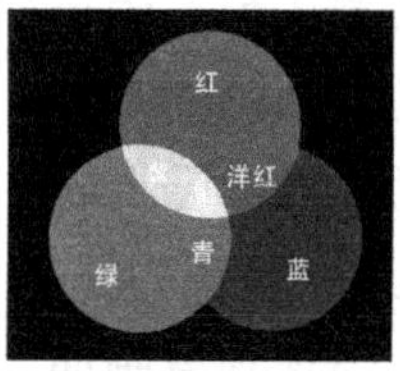
画面变化：画面 2 增加了图片。	
您认为修改后的画面学习效果好于修改前的画面吗？	**低 ——————————〉高** **非常不符合（1 分）、较为不符合（2 分）、有点不符合（3 分）、一般（4 分）、** **有点符合（5 分）、较为符合（6 分）、非常符合（7 分）**

说明：由于篇幅关系，学生版问卷第 3～16 题不再罗列。学生版问卷编制方法参照“教师或教育资源开发者版”。

参考文献

中文部分

[1][俄]列夫·维果茨基. 思维与语言[M]. 李维，译. 北京：北京大学出版社，2010.

[2][法]安德烈·焦尔当. 学习的本质[M]. 杭零，译. 上海：华东师范大学出版社，2015.

[3][法]安德烈·焦尔当，裴新宁，高文. 变构模型——学习研究的新路径[M]. 杭零，译. 北京：教育科学出版社，2010.

[4][加]Mark Smiciklas. 视不可当：信息图与可视化传播[M]. 项婷婷，张东宁，译. 北京：人民邮电出版社，2013.

[5][美]D. H. 乔纳森. 技术支持的思维建模——用于概念转变的思维工具（第三版）[M]. 顾小清，译. 上海：华东师范大学出版社，2008.

[6][美]Eric Jensen. 适于脑的策略[M]. 脑科学与教育应用研究中心，译. 北京：中国轻工业出版社，2006：5.

[7][美]W. J. T. 米歇尔. 图像理论[M]. 陈永国，胡文征，译. 北京：北京大学出版社，2006：2-3.

[8][美]陈超美. 科学前沿图谱——知识可视化探索（第二版）[M]. 陈悦，王贤文，胡志刚，侯海燕，译. 北京：科学出版社，2014.

[9][美]大卫·伊斯利（David Esley），乔恩·克莱因伯格（Jon Kleinberg）. 网络、群体与市场：揭示高度互联世界的行为原理与效应机制[M]. 李晓明，王卫红，译. 北京：清华大学出版社，2011.

[10][美]德克森. 认知设计：提升学习体验的艺术[M]. 简驾，译. 北京：机械工业出版社，2013.

[11][美]理查德·E. 梅耶. 多媒体学习[M]. 牛勇，邱香，译. 北京：商务印书馆，2006：10-16.

[12][美]鲁道夫·阿恩海姆. 视觉思维——审美直觉心理学[M]. 滕守尧，译. 成都：四川人民出版社，1998：18.

[13][美]鲁道夫·阿恩海姆. 艺术与视知觉[M]. 滕守尧，朱疆源，译. 成都：四川人民出版社，1998：3，9.

[14][美]麦金. 怎样提高发明创造力——视觉思维训练[M]. 王玉秋，吴明泰，于静

涛，译. 大连：大连理工大学出版社，1991：13.

[15][美]尼尔森（Nielsen，J），佩尼斯（Pernice，K.）. 用眼动追踪提升网站可用性[M]. 冉令华，张欣，刘太杰，译. 北京：电子工业出版社，2011.

[16][美]诺曼. 设计心理学[M]. 梅琼，译. 北京：中信出版社，2015.

[17][美]司马贺. 人类的认知——思维的信息加工理论[M]. 荆其诚等，译. 北京：科学出版社，1986.

[18][日]木村博之. 图解力：跟顶级设计师学作信息图[M]. 吴晓芬，顾毅，译. 北京：人民邮电出版社，2013.

[19][日]日西村克己. 逻辑思考力[M]. 邢舒睿，译. 北京：中国人民大学出版社，2013.

[20][日]小林重顺. 色彩心理探析[M]. 南开大学色彩与公共艺术研究中心，译. 天津：人民美术出版社，2006：45.

[21][日]伊达千代，内藤孝彦. 文字设计的原理[M]. 悦知文化，译. 北京：中信出版社，2011.

[22][日]永田丰志. 激活你大脑的“图解思考”术[M]. 王欣，译. 北京：龙门书局，2012.

[23][瑞]费尔迪南·德·索绪尔. 普通语言学教程[M]. 高名凯，译. 北京：商务印书馆，2002：102-106.

[24][希]柏拉图. 理想国[M]. 郭斌和，张竹明，译. 北京：商务印书馆，1986：268-271.

[25][英]爱德华·德·波诺. 比知识还多：CoRT 思维技能训练[M]. 汪凯，王以，译. 北京：企业管理出版社，2004.

[26][英]东尼·博赞，巴利·博赞. 思维导图[M]. 叶刚，译. 北京：中信出版社，2009.

[27][英]爱德华·德博诺. 头脑的机制[M]. 聂晓华等，译. 北京：春秋出版社，1989.

[28]安璐. 教学 PPT 中插图效果的眼动实验研究[D]. 徐州：江苏师范大学硕士论文，2013.

[29]白学军，杨海波，沈德立. 知觉负载和线索位置对视觉选择性注意的影响[J]. 心理科学，2008，(2)：258-265.

[30]白学军等. 窗口大小、呈现速度和字号对引导式文本阅读的影响[J]. 心理科学，2011，34（2）：278-283.

[31]包霄林. 思维的模式[M]. 杭州：浙江大学出版社，2011.

[32]曹卫真等. 常见教学网页图文搭配方式对记忆效果影响的研究[J]. 电化教育研究，2012，(2)：93-100.

[33]陈富，王嘉毅. 大学教学中 PPT 应用效果研究[J]. 电化教育研究，2015，(1)：29-37.

[34]陈桄，龚朝花，黄荣怀. 电子教材：概念、功能与关键技术问题[J]. 开放教育研究，2012，(2)：28-32.

[35]陈洪澜. 论知识分类的十大方式[J]. 科学学研究，2007，(1)：26-31.

[36]陈力丹，王亦高. 论图文关系的历史变迁——以柏拉图式的图文观为先导[J]. 现代传播，2008，(4)：14-17.

[37]陈丽. 远程学习的教学交互模型和教学交互层次塔[J]. 中国远程教育，2004，(5)：24-28.

[38]陈丽君. 问题发现思维研究[M]. 广州：暨南大学出版社，2012.

[39]陈燕燕. 知识可视化中视觉隐喻及其思维方法[J]. 现代教育技术，2012，(6)：16-19.

[40]陈铮. 信息呈现方式和学生的认知风格对多媒体环境下科学学习效果影响的实验研究[D]. 重庆：西南师范大学硕士学位论文，2001.

[41]陈宗明，黄华新. 符号学导论[M]. 郑州：河南人民出版社，2004.

[42]董琦琦. 在疏离与聚合之间——图文关系考辨及相关问题研究[J]. 江西社会科学，2012，(8)：76-81.

[43]费广洪等. 图文相关性对不同认知方式大学生阅读影响的眼动研究[J]. 心理学报，2013，45（7）：783-789.

[44]高文. 知识的组织与表征——现代教学模式建构的基本要素之一[J]. 外国教育资料，2000，(4)：24-27.

[45]高燕. 插入动画对学生记忆和问题解决成绩的影响研究[D]. 长春：东北师范大学硕士学位论文，2004.

[46]葛畅，陆长德，余隋怀. 视觉思维在产品设计中的应用概述[J]. 现代制造工程，2008，(5)：96-99.

[47]龚少英，段婷，王福兴，周宗奎，卢春晓. 装饰图片影响多媒体学习的眼动研究[J]. 心理发展与教育，2014，(4)：403-410.

[48]顾小清，权国龙. 以语义图示实现可视化知识表征与建模的研究综述[J]. 电化教育研究，2014，(5)：45-52.

[49]顾亦鸣，梁嘉. 图解思维[M]. 北京：北京大学出版社，2014.

[50]郭京龙，郭志族. 中国思维科学研究报告[M]. 北京：中国社会科学出版社，2007.

[51]韩晓芳，王亚非. 创造性思维与视觉传播设计[M]. 沈阳：辽宁美术出版社，1997.

[52]何克抗. E-learning 与高校教学的深化改革（上）[J]. 中国电化教育，2002，(2)：8-12.

[53]何克抗. 教育技术专业人员如何创新——2009 全国教育技术学博士生论坛上的讲话[J]. 现代教育技术，2010，(3)：5-12.

[54]何克抗. 如何实现信息技术与教育的“深度融合”[J]. 课程·教材·教法，2014，(2)：58-67.

[55]胡凤培，蔡雷历，柴黎林，葛列众. 页面布局中项目位置信息提示的视觉搜索策略研究[J]. 心理科学，2010，(6)：1512-1515.

[56]胡卫平，魏运华. 思维结构与课堂教学——聚焦思维结构的智力理论对课堂教学的指导[J]. 课程·教材·教法，2010，(6)：32-37.

[57]胡卫星，刘陶. 基于动画信息表征的多媒体学习研究现状分析[J]. 电化教育研究，2013，(3)：81-85.

[58]胡卫星. 动画情境下多媒体学习的实验研究[D]. 大连：辽宁师范大学，2012.

[59]黄荣怀，陈庚，张进宝，陈鹏，李松. 关于技术促进学习的五定律[J]. 开放教育研究，2010，(2)：11-19.

[60]黄希庭. 心理学导论[M]. 北京：人民教育出版社，1991：418-468.

[61]蒋建梅. 图像时代和谐图文共生关系的建构[J]. 现代传播，2010，(4)：13-16.

[62]教育部. 教育部办公厅征求对《关于“十三五”期间全面深入推进教育信息化工作的指导意见（征求意见稿）》意见. [N/OL]. [2015-9-2]. http：//www.moe.edu.cn/srcsite/A16/s3342/201509/t20150907_206045. html.

[63]兰国帅，张一春. 合理利用超媒体注释技术促进英语阅读理解及词汇习得[J]. 中国远程教育，2013，(9)：40-45.

[64]李成. 大学生图文阅读中插图效应的眼动研究[D]. 长春：吉林大学硕士学位论文，2009.

[65]李金钊. 基于脑的课堂教学框架设计与实践应用[M]. 上海：华东师范大学出版社，2013：51.

[66]李帆. 视觉思维转换[M]. 重庆：重庆出版社，2009.

[67]李洪玉. 思维策略[M]. 天津：百花文艺出版社，2002.

[68]李可亭. 材料呈现方式对阅读困难儿童多媒体学习效果的影响[J]. 中国特殊教育，2013，(9)：46-49.

[69]李克东. 应用可视化思维工具，促进学生思维能力发展[J]. 中国信息技术教育，2013，(7)：7-9.

[70]李铭. 视觉原理[M]. 北京：世界图书出版公司，2012.

[71]李晟. 教学课件图文布局及背景色的眼动个案研究[D]. 桂林：广西师范大学硕士学位论文，2011.

[72]李松清，赵庆柏等. 多媒体学习中图文加工的认知神经机制[J]. 心理科学进展，2015，23（8）：1361-1370.

[73]李素敏，纪德奎，成莉霞. 知识的意义建构与基本条件[J]. 课程·教材·教法，2015，(3)：40-47.

[74]李艳红，赵波，甘健侯. 基于知识地图的MOOC课程开发[J]. 现代教育技术，

2015，（5）：85-90.

[75]李烨鑫. 矛盾场域理论视野下的图文关系[J]. 河南社会科学，2012，（7）：92-94.

[76]李烨鑫. 图像化时代的图文关系研究[D]. 武汉：华中师范大学，2012.

[77]李智晔. 多媒体学习的认知—传播模型及其基本特征[J]. 教育研究，2013，（8）：112-116.

[78]林崇德，胡卫平. 思维型课堂教学的理论与实践[J]. 北京师范大学学报（社会科学版），2010，（1）：29-36.

[79]林玉环. 技术支持下的小学科学中高年级学生高阶思维可视化研究[J]. 教育信息技术，2015，（6）：17-20.

[80]刘朝霞. 图形组织器促进学习维度和理性思维发展的应用研究[D]. 南昌：江西师范大学，2010.

[81]刘东峰. 图形设计基础[M]. 北京：人民邮电出版社，2012.

[82]刘名卓. 网络课程的可用性研究[D]. 上海：华东师范大学，2010.

[83]刘青，薛澄岐. 基于眼动跟踪技术的界面可用性评估[J]. 东南大学学报（自然科学版），2010，（2）：331-334.

[84]刘儒德，徐娟. 文本内容和图文顺序对图片理解的影响[J]. 心理科学，2006，（5）：1076-1080.

[85]刘儒德，赵妍，柴松针，徐娟. 多媒体学习的认知机制[J]. 北京师范大学学报（社会科学版），2007，（5）：22-27.

[86]刘石佳. 界面中的图形设计与认知研究[D]. 杭州：浙江大学，2010.

[87]刘世清. 多媒体学习与研究的基本问题——中美学者的对话[J]. 教育研究，2013，（4）：113-117.

[88]刘晓明. 论视觉思维的创造性及其内在机制[J]. 浙江社会科学，1999，（11）：113-118.

[89]刘濯源. 当学习力遇到思维可视化——基于思维可视化的中小学生学习力发展策略[J]. 基础教育参考，2014，（21）：7-10.

[90]刘濯源. 基于“未来课堂”的思维可视化研究[J]. 中国信息技术教育，2013，（1）：83-84.

[91]刘濯源. 思维可视化：减负增效的新支点[J]. 中小学管理，2014，（6）：10-13.

[92]刘子瑜，马毓，徐中玉，张丽红. 高校逾九成课堂借助幻灯 PPT 被指扼杀教学激情有学生称这种教学模式让人昏昏欲睡[N/OL]. [2015-2-9]. http://news.xinhuanet.com/edu/2009-10/10/content_12203372.htm.

[93]鲁忠义. 工作记忆与语篇认知研究[M]. 北京：北京大学出版社，2013.

[94]吕阳. 基于视觉思维的用户界面信息可视化设计研究[D]. 南昌：东华理工大学，2015.

[95]毛昕，黄英，那履弘. 教学中的思维可视化技术[J]. 工程图学学报，2009，（3）：

173-178.

[96]皮忠玲. 视频播客呈现方式对学习效果的影响及其机制的眼动研究[D]. 武汉：华中师范大学，2014.

[97]钱家渝. 视觉心理学：视觉形式的思维与传播[M]. 上海：学林出版社，2006.

[98]邱仁宗. 当代思维研究新论[M]. 北京：中国社会科学出版社，1993.

[99]邱婷. 知识可视化作为学习工具的应用研究[D]. 南昌：江西师范大学，2006.

[100]邱婷，钟志贤. 论图形组织器[J]. 远程教育杂志，2009，(6)：61-66.

[101]沙沙. 我国基础教育数字教材中插图的演进[J]. 科技与出版，2013，(12)：83-85.

[102]沈德立，陶云. 初中生有无插图课文的眼动过程研究[J]. 心理科学，2001，(4)：385-388.

[103]寿天德. 视觉信息处理的脑机制[M]. 上海：上海科技教育出版社，1997.

[104]孙静. 思维可视化与交互式教学在高中艺术生数学课堂的应用[D]. 苏州：苏州大学硕士学位论文，2013.

[105]孙众，骆力明. 小学生到底喜欢什么样的学习资源[J]. 中国电化教育，2015，(7)：79-84.

[106]唐孝威，何洁等. 思维研究[M]. 杭州：浙江大学出版社，2014.

[107]汪海波，薛澄岐，黄剑伟，宋广丽. 基于认知负荷的人机交互数字界面设计和评价[J]. 电子机械工程，2013，(10)：57-60.

[108]汪晓东，张立春，肖鑫雨. 大脑学习探秘[J]. 开放教育研究，2011，(5)：44-51.

[109]汪振城. 视觉思维中的意象及其功能[J]. 学术论坛，2005，(2)：131-133.

[110]王福兴，段朝辉，周宗奎. 线索在多媒体学习中的作用[J]. 心理科学进展，2013，(8)：1430-1440.

[111]王福兴等. 邻近效应对多媒体学习中图文整合的影响：线索的作用[J]. 心理学报，2015，47（2)：224-233.

[112]王立君，顾海根，吴樟彬. 概念图对不同个性差异学生学习促进的实验研究[J]. 心理科学，2010，(2)：459-461.

[113]王立君. 概念图在促进认知和评估知识结构方面的理论与实证研究[M]. 成都：四川大学出版社，2008.

[114]王宁，琚向红，葛正鹏. 开放教育网络课程学习满意度影响因素[J]. 2014，(6)：111-118.

[115]王通讯. 论知识结构[M]. 北京：北京出版社，1986：22-23.

[116]王同亿. 现代汉语大词典[M]. 海口：海南出版社，1992：1137.

[117]王晓丹. “P-S-K”三通道多媒体学习认知模型研究[D]. 宁波：宁波大学，2012.

[118]王雪. 多媒体画面中文本设计规则的实验研究[D]. 天津：天津师范大学，2015.

[119]王雪. 多媒体学习研究中眼动跟踪实验法的应用[J]. 实验室研究与探索，

2015，(3)：190-195.

[120]王燕. 基于“概念图”的可视化语文知识表征与建模研究[D]. 杭州：杭州师范大学，2014.

[121]王益文，林崇德. 工作记忆的认知模型与神经机制[J]. 心理科学，2006，29(2)：412-414.

[122]王莹. 多媒体教学软件视觉信息设计策略研究——基于视觉思维视角[D]. 沈阳：沈阳师范大学硕士学位论文，2013.

[123]王映学. 知识分类与教学设计[M]. 甘肃：甘肃教育出版社，2008.

[124]王宇熙，兰国帅，张一春. 媒体类型不同组合方式对大学生多媒体学习效果的影响[J]. 现代远距离教育，2015，(2)：48-53.

[125]王玉琴，王咸伟. 媒体组合与学习步调对多媒体学习影响的眼动实验研究[J]. 电化教育研究，2007，(11)：61-66.

[126]王志军. 多媒体字幕显示技术的实验研究[J]. 中国电化教育，2003，(7)：83-85.

[127]王志军，王雪. 多媒体画面语言学理论体系的构建研究[J]. 中国电化教育，2015，(7)：42-48.

[128]王志军，温小勇，施鹏华. 技术支持下思维可视化课堂的构建研究——以小学语文阅读教学为例[J]. 中国电化教育，2015，(6)：116-121.

[129]王志军，吴向文，冯小燕，温小勇. 基于大数据的多媒体画面语言研究[J]. 电化教育研究，2017，(4)：59-65.

[130]王珠珠，费龙. 信息技术促进教育变革的内涵及其难点探析[J]. 中国电化教育，2015，(7)：1-5.

[131]文东，王玉琴，吴秀园. 基于认知神经科学视角的多媒体学习认知理论创新[J]. 现代远程教育研究，2013，(3)：40-49.

[132]吴忭，顾小清. 图示化学习工具促进知能发展的学习行为模式分析[J]. 开放教育研究，2014，(5)：59-65.

[133]武雁飞. 基于双重编码理论的多媒体图文教学模式[J]. 黑龙江教育学院学报，2013，(9)：172-173.

[134]郗璨璨. 论读图时代下新闻图片与文字的竞合关系[J]. 西南科技大学学报(哲学社会科学版)，2012，(12)：101-108.

[135]谢洋，刁文佳，谭思嘉. 过分依赖 PPT 课堂教学丢灵魂[N/OL]. [2015-2-9]. http://zqb.cyol.com/content/2009-09/25/content_2868916.htm.

[136]熊丙奇. 大学教师为何患上“PPT 依赖症”[J]. 上海教育，2009，(11)：25.

[137]许哲. 教育语义图示的模型构建与应用验证[D]. 上海：华东师范大学，2015.

[138]亚里士多德. 亚里士多德全集（第九卷）[M]. 北京：中国人民大学出版社，1994：641.

[139]闫国利，白学军. 眼动研究心理学导论[M]. 北京：科学出版社，2012.

[140]杨东. 儿童解决学科问题认知模型的理论构建与实证研究[D]. 重庆：西南师范大学，2003.

[141]杨向荣. 论微博的图文景观及其内在张力[J]. 江苏社会科学，2014，(2)：161-166.

[142]姚东，张翔. 编排设计：视觉信息的组织与构造[M]. 南京：南京师范大学出版社，2009.

[143]叶新东，陈卫东，许亚锋，杨刚. 利用思维导图方式呈现中文古文对学习内容识记的影响研究[J]. 电化教育研究，2013，(5)：90-96.

[144]叶新东. 未来课堂环境下的可视化教学研究[D]. 上海：华东师范大学，2014.

[145]游泽清.《多媒体画面艺术理论》是如何创建出来的[J]. 中国电化教育，2010，(6)：6-9.

[146]游泽清. 多媒体画面艺术基础[M]. 北京：高等教育出版社，2003.5-10.

[147]游泽清. 多媒体画面艺术设计[M]. 北京：清华大学出版社，2009：10-13，229-240.

[148]游泽清. 多媒体画面艺术应用[M]. 北京：清华大学出版社，2012：31-32.

[149]游泽清. 多媒体画面语言中的认知规律研究[J]. 中国电化教育，2004，(11)：72-76.

[150]游泽清. 谈谈多媒体画面艺术理论[J]. 电化教育研究，2009，(7)：5-8.

[151]游泽清. 多媒体及其发展概况[J]. 电视技术，2005，(2)：84-87.

[152]游泽清. 十年磨一剑——“多媒体画面语言学”诞生纪实[J]. 中国信息技术教育，2011，(22)：9-13.

[153]于雪丽. 图形表征、视空间能力对不同认知灵活性高一学生物理问题解决的影响[D]. 开封：河南大学，2011.

[154]于鷃，苑志旺. 国内外对“设计多媒体教材”研究的比较[J]. 中国信息技术教育，2012，(7)：36-40.

[155]余虹. 艺术与归家——尼采·海德格尔·福柯[M]. 北京：中国人民大学出版社，2005：231.

[156]苑晓东. 信息可视化中的视觉思维[D]. 大连：大连工业大学硕士学位论文，2014.

[157]曾天山. 国外关于教科书插图研究的述评[J]. 外国教育研究，1999，(3)：20-23.

[158]钟志贤. 大学教学模式革新：教学设计视域[M]. 北京：教育科学出版社，2008：278.

[159]周越，徐继红. 知识点提取——教学内容的微分析技术[J]. 电化教育研究，2015，(10)：77-83.

[160]张浩. 思维发生学[M]. 北京：中国社会科学出版社，1994.

[161]张会平，周宁. 基于知识可视化的隐性知识转换模型研究[J]. 知识组织与知识管理，2007，(2)：60-63.

[162]张惠芳. 思维可视化技术在小学品德与社会学科教学中的运用[J]. 中国电化教育，2013，(11)：117-120.

[163]张家华，张剑平，黄丽英，彭超云，林晓芬. "三分屏" 网络课程界面的眼动实验研究[J]. 远程教育杂志，2009，(6)：74-78.

[164]张抗. 基于知识地图的多媒体教材研究与实现[D]. 成都：四川师范大学，2010.

[165]张丽，盛群力. 技术应如何致力于促进学习？[J]. 远程教育杂志，2009，(2)：26-32.

[166]张凌. 基于认知地图的隐性知识表达与共享[D]. 武汉：武汉大学，2010.

[167]张庆林，邱江. 思维心理学[M]. 重庆：西南师范大学出版社，2007.

[168]张维忠，唐慧荣. 可视化教学内容设计的五大原则[J]. 电化教育研究，2010，(10)：99-102.

[169]张霞. 知识可视化研究综述[J]. 软件导刊·教育技术，2013，(2)：8-10.

[170]章明. 视觉认知心理学[M]. 上海：华东师范大学出版社，1991.

[171]赵博. 从"知识灌输"到"能力发展"的巨变—— "未来课堂" 中的思维可视化技术对落实课改的现实价值[J]. 中国信息技术教育，2013，(3)：77-79.

[172]赵国庆，黄荣怀，陆志坚. 知识可视化的理论与方法[J]. 开放教育研究，2005，11 (1)：23-27.

[173]赵国庆. 概念图、思维导图教学应用若干重要问题的探讨[J]. 电化教育研究，2012，(5)：78-84.

[174]赵国庆. 别说你懂思维导图[M]. 北京：人民邮电出版社，2015：130-131.

[175]赵慧臣，王淑艳. 知识可视化应用于学科教学的新观点——访瑞士知识可视化研究开拓者马丁·爱普教授[J]. 开放教育研究，2014，(2)：4-10.

[176]赵慧臣. 知识可视化的视觉表征研究综述[J]. 远程教育杂志，2010，(1)：75-80.

[177]赵慧臣. 知识可视化视觉表征的理论建构与教学应用[M]. 北京：中国社会科学出版社，2011.

[178]赵慧臣. 知识可视化视觉表征的设计方法[J]. 开放教育研究，2012，(5)：25-30.

[179]赵立影. 基于工作记忆的多媒体学习设计[J]. 电化教育研究，2011，(8)：98-102.

[180]赵姝，赵国庆，吴亚滨，徐宁仪. 思维训练：技术有效促进学习的催化剂[J]. 现代远程教育研究，2012，(4)：28-34.

[181]赵玉，司国东. 网络学习资源的界面开发方法研究[J]. 中国远程教育，2015，

（1）：65-70.

[182]郑旭东，吴秀圆，王美倩. 多媒体学习研究的未来：基础、挑战与趋势[J]. 现代远程教育研究，2013，（6）：17-23.

[183]郑玉玮，崔磊. 多媒体学习中表征构建的研究[J]. 电化教育研究，2009，（1）：89-92.

[184]中华人民共和国国家质量监督检验检疫总局. 多媒体用户界面的软件人类工效学（第 1 部分）：设计原则和框架[S]. 北京：中国标准出版社，2007.

[185]中华人民共和国国家质量监督检验检疫总局. 多媒体用户界面的软件人类工效学（第 3 部分）：媒体选择和组合[S]. 北京：中国标准出版社，2007.

[186]周宁，陈勇跃，金大卫，张会平. 知识可视化框架研究[J]. 情报科学，2007，25（4）：566-569.

[187]占小红，王祖浩. 师范生课堂知识结构的特征研究[J]. 全球教育展望，2014，（8）：83-91.

[188]郑兰琴，杨开城. 为什么要研究一致性而不是有效性[J]. 中国电化教育研究，2014，（9）：20-23+33.

[189]朱永海. 基于知识分类的视觉表征研究[D]. 南京：南京师范大学，2013.

[190]朱永明. 从创意思维训练到视觉语言研究[J]. 南京艺术学院学报，2005，（6）：152-154.

[191]朱永明. 视觉传达设计中的图形、符号与语言[J]. 南京艺术学院学报，2004，（1）：58-62.

[192]朱永明. 视觉语言探析：符号化的图像形态与意义[M]. 南京：南京大学出版社，2011.

[193]朱永明. 图像时代的视觉语言形态与传播探讨[J]. 中国出版，2010，（8）：21-22.

[194]庄严. "思维可视化"的活动设计[J]. 科学课（小学版），2004，（12）：32-34.

英文部分

[1]Astleiter, H. & Wiesner, C. An Integrated Model of Multimedia Learning and Motivation [J]. Journal of Educational Multimedia and Hypermedia, 2004, 13 (1): 3-21.

[2]Ayres, P., & Sweller, J. The split-attention principle in multimedia learning. In R. E. Mayer (Ed.), The Cambridge handbook of multimedia learning[M]. Cambridge: Cambridge University Press, 2005: 135-146.

[3]Baddeley A D. Is Working Memory Still Working?[J]. American Psychologist, 2011, 56 (11): 851-864.

[4]Barthes, R. Image Music Text[M]. London: Fontana Press, 1977: 41.

[5]Benson, P. J. Problems in picturing text: A study of visual/verbal problem solving[J].

Technical Communication Quarterly, 1997, 6 (2): 141-160.

[6]Blevis, E. Digital imagery as meaning and form in HCI and design: An introduction to the visual thinking backpage gallery[J]. Interactions. 2011, (9): 60-65.

[7]Bourne L E, Eksreand B R, Dominowski R L. The Psychology of Thinking[M]. Englewood Cliffs, NJ: Prentice-Hall, 1971.

[8]Burkhard, R. Learning from Architects: The Difference between Knowledge Visualization and Information Visualization[A]. in: Eight International Conference on Information Visualization (IV04), London, 2004-07.

[9]Burkhard, R. Knowledge Visualization: The Use of Complementary Visual Representations for the Transfer of Knowledge-A Model, a Framework, and Four New Approaches[D]. PhD thesis, Swiss Federal Institute of Technology Zurich, 2005.

[10]Canham, M., & Hegarty, M. Effects of knowledge and display design on comprehension of complex graphics[J]. Learning and Instruction, 2010, 20 (2): 155-166.

[11]Carney, RN&Levin, JR. Pictorial illustrations still improve students' learning from text [J]. Educational Psychology Review, 2002, 14 (1): 5-26.

[12]Chambliss, M. J, & Calfee, R. C. Textbooks for learning[M]. Oxford. England: Blackwell, 1998.

[13]Chen, C., &Paul, R. J. Visualizing a knowledge domain's intellectual structure[J]. Computer, 2001, 34 (3): 65-71.

[14]Clark, J. M., Paivio, A. Dual coding theory and education[J]. Educational Psychology Review, 1991, (3): 149-210.

[15]Cohen, J. Statistical power analysis for the behavioral sciences[M]. New York: Academic Press, 1969.

[16]Colin Ware. Information visualization-Preception for Design (2nd Edition)[M]. San Francisco: Morgan Kaufmann Press, 2004.

[17]Dansereau，D. F., &Simpson，D. D . A picture is worth a thousand words: The case for graphic representations[J]. Professional Psychology: Research and Practice, 2009, 40 (1): 104-110.

[18]Davinia H, Tobias L, Ralf K, et al. Social Tools in a MOOC on Educational Technologies[M]. Berlin: Springer Berlin Heidelberg, 2013.

[19]Dwyer & Lamberski. A review of the research on the effects of the use of Color in the teaching-learning process[J]. International Journal of Instructional Media, 1982-1983, 10: 303-328.

[20]Eitel, A., Scheiter, K., & Schüler, A. How inspecting a picture affects processing of text in multimedia learning[J]. Applied Cognitive Psychology, 2013, 27 (4): 451-461.

[21]Eppler, M. J. & Burkhard, R. A. Knowledge Visualization. Towards a new discipline

and its field of application, ICA Working Dissertation#2/2004[R]. University of lugano. In Schwartz, D. G (Ed) Encyclopedia of Knowledge Management. Idea Group, 2004.

[22]Fischer, F. Bruhn, J., Grasel, C., & Mandl, H. Fostering collaborative knowledge construction with visualization tools[J]. Learning and Instruction, 2002, (2): 213-232.

[23]Fred Paas, Alexander Renkl&John Sweller. Cognitive load theory and instructional design: recent development[J]. Educational Psychologist, 2003, 38 (1): 1-4.

[24]Horz, H. &Schnotz, W. Multimedia: How to Combine Language and Visuals[J]. Language at Work: Bridging Theory and Practice, 2008, 4 (4): 43-50.

[25]Joassen, D. H., &Wang, S. Acquiring structual knowledge from semantically structured hypertext[J]. Journal of Computer-Based Instruction, 1993, 20 (1): 1-8.

[26]John Sweller, Jeroen J. G. van Merrienboer, and Fred G. W. C. Paas, Cognitive Architecture and Instructional design[J]. Educational Psychology Review, 1998, 10 (3): 251-296.

[27]Jonassen, D. H., & Serrano, J. Case-Based Reasoning and Instructional Design: Using Stories to Support Problem Solving[J]. ETR & D, 2002, 50 (2): 65-77.

[28]Kensinger, E. A., & Schacter, D. L. (2006). Processing emotional pictures and words: Effects of valence and arousal[J]. Cognitive, Affective, and Behavioral Neuroscience, 2006, (6): 110-126.

[29]Kress, G & T van Leeuwen. Reading Images: The Grammar of Visual Design [M]. London: Routledge, 2006: 177.

[30]Landorf, H. What's going on in this picture? Visual thinking strategies and adult learning[J]. New Horizons in Adult Education and Human Resource Development, 2006, 20 (4): 28-32.

[31]Lee, C. B., Jonassen, D., & Teo, T. The role of model building in problem solving and conceptual change[J]. Interactive Learning Environments, 2011, (3): 247-265.

[32]Lowe, R. K. Diagrammatic information: Techniques for exploring its mental representation and processing[J]. Information design journal, 1993, 7 (1): 3-17.

[33]M. Giaquinto. Visual Thinking in Mathematics—An epistemological study[M]. Oxford: Oxford University Press, 2007.

[34]Maria Bannert. Managing cognitive load-recent trends in cognitive load theory[J]. Learing and Instruction, 2002, 12 (1): 139-146.

[35]Martin J Eppler. A comparison between concept maps, mind maps, conceptual diagrams, and visual metaphors as complementary tools for knowledge construction and sharing[J]. Information Visualization, 2006, (5): 202-210.

[36]Martinec, R&Salway, A. A system for image—text relations in new media[J]. Visual Communication, 2005, 4 (3): 337-371.

[37]Mautone, P. D., & Mayer, R. E. Signaling as a cognitive guide in multimedia learning[J]. Journal of Educational Psychology, 2001, 93 (2): 377-389.

[38]Mayer, R. E. (Ed.). The Cambridge handbook of multimedia learning[M]. Cambridge: Cambridge University Press, 2005.

[39]Mayer, R. E. Multimedia learning[M]. Cambridge: Cambridge University Press, 2001.

[40]Mayer, R. E., & Moreno, R. A split-attention effect in multimedia learning: Evidence for dual processing systems in working memory[J]. Journal of Educational Psychology, 1998: 90 (2), 312-320.

[41]Mayer, R. E., & Moreno, R. A cognitive theory of multimedia learning: implications for design principles. Paper presented at ACM SIGCHI Conference on Human Factors in Computing Systems[C]. Los Angeles, CA, 1998.

[42]Mayer, R. E. Different Problem-solving competencies established in learning computer programming with and without meaningful models[J]. Journal of Educational Psychology, 1975, 67: 725-734.

[43]McCandless, D. Information is beautiful[M]. London, UK: Collins, 2009.

[44]Moreno, R. Does the modality principle hold for different media? A test of the method- learning hypothesis, Journal of Computer Assisted Learning, 2006, 22: 149-158.

[45]Moreno, R. Learning in High- Tech and Multimedia Environments, Current Directions in Psychological Science, 2006, 15: 63-67.

[46]Paivio, A. Mental Representation: A Dual Coding Approach[M]. Oxford: Oxford University Press, 1986: 53.

[47]Palma J. Longo, O. R. Anderson, &Paul Wicht. Visual Thinking Networking Promotes Problem Solving Achievement for 9th Grade Earth Science Students[J/OL]. Electronic Journal of Science Education, 2002, 7 (1): 1-51.

[48]Philip Yenawine. Theory into Practice: The Visual Thinking Strategies[EB/OL]. [2015-6-13]. http://vtshome.org/system/resources/W1siZiIsIjIwMTIvMDQvMjYvMTBfMjBfNDFfMTI0X1Ro ZW9yeUludG9QcmFjdGljZS5wZGYiXV0/TheoryIntoPractice.pdf

[49]Plaut, D. C. Graded modality-specific specialization in semantics: A computational account of optic aphasia[J]. Cognitive Neuropsychology, 2002, 19 (7): 603-639.

[50]Plötzner, R., & Lowe, R. Special Issue: Dynamic visualisations and learning[J]. Learning and Instruction, 2004, (14): 235-357.

[51]Reilly, J. M., Ring, J., & Duke, L. Visual Thinking Strategies: A new role for art in medical education[J]. Family Medicine, 2005, 37 (4): 250-252.

[52]Richard E. Mayer. The Cambridge Handbook of Multimedia Learning (Second Edition)[M]. Cambridge: Cambridge University Press, 2009.

[53] S. Kalyuga, P. Chandler, & J. Sweller. Managing split-attention and redundancy in multimedia instruction[J]. Applied Cognitive Psychology, 1999, (13): 351-371.

[54] S. -O. Tergan, T. Keller, and R. A. Burkard. Integrating knowledge and information: digital concept maps as a bridging technology[J]. Information Visualization, 2006, 5 (3): 167-174.

[55] Sarah Edwards, Nick Coopen. Mind Mapping as a Teaching Resource[J]. The Clinical Teacher, 2010, 7 (4): 236-239.

[56] Schnotz, Bannert. Construction and Interference in Learning from Multimedia Representation[J]. Learning and Instruction, 2003, 13 (2): 141-156.

[57] Schnotz, W. &Bannert, M. Construction and interference in learning from multimedia representation[J]. Learning and Instruction, 2003, 13 (2): 141-156.

[58] Schnotz, W. An Integrated Model of Text and Picture Comprehension[A]. Mayer R. (Ed.). The Cambridge Handbook of Multimedia Learning[M]. Cambridge: Cambridge University Press, 2005: 49-69.

[59] Schnotz, W. Towards an integrated view of learning from text and visual displays[J]. Educational Psychology Review, 2002, 14: 101-120.

[60] Schriver, KA. Dynamics in document design: creating text for readers[M]. Willey Computer Publishing, 1997.

[61] Seufert, L. S. Activating Representations in Permament Memory: Different Benefits for Pictures and Words [J]. Journal of Exerimental Psychology: Learning, Memory and Cognition, 1997, 23 (5): 1106-1121.

[62] Shneiderman, B. Inventing discovery tools: Combining information visualization with data mining[J]. Information Visualization, 2002, (1): 5-12.

[63] Stolpnik, A. Visual Hints for Semantic Graph Exploration[Z]. Tel-Aviv University, 2009.

[64] Tanja Keller&Sigmar-Olaf Tergan. Visualizing Knowledge and Information[M]. Germany: Springer, 2005.

[65] Vail E F. Knowledge mapping: getting started with knowledge management[J]. Information Systems Management, 1999, (16): 10-23.

[66] Van Gog, T., &Scheiter, K. Eye tracking as a tool to study and enhance multimedia learning[J]. Learning and Instruction, 2010, 20 (2): 95-99.